U0678765

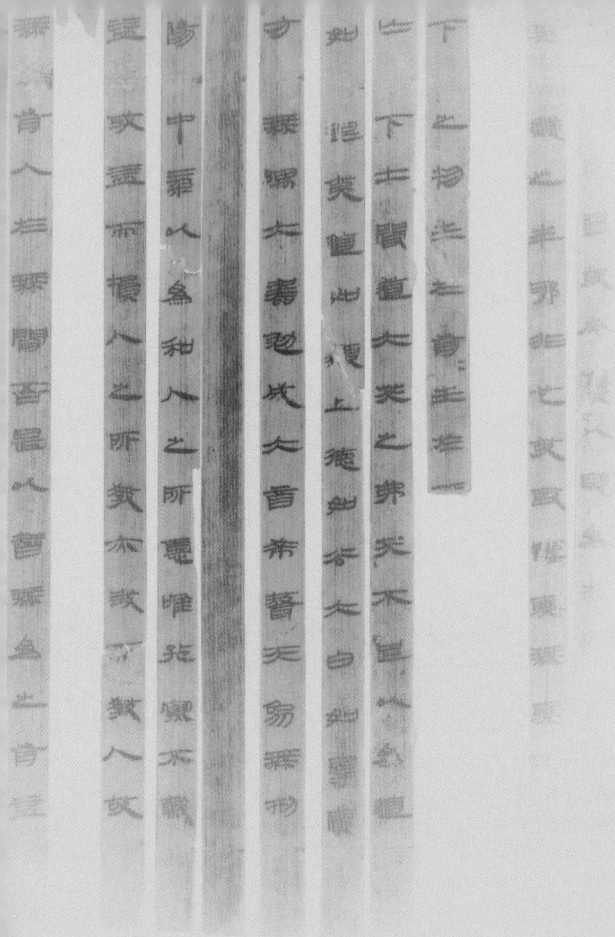

“出土文献与中国文学研究丛书”编委会

出土文献与中国文学研究丛书

陈良武 主编

出土文献与中国文学史研究论集

黄金明 陈良武◎编

作 者 简 介

黄金明，文学博士，教授，博士生导师，曾担任闽南师范大学研究生处处长、教务处处长、文学院院长。福建省文学学会副会长。在《中国音乐》《文学评论》《文学理论与批评》等重要学术刊物上发表论文 50 多篇，撰写并出版学术专著《汉魏晋南北朝诔碑文研究》等多部。主持国家社科基金项目 2 项，国家艺术基金项目 1 项。主持的教学改革项目获福建省高等教育教学成果奖二等奖、基础教育教学成果奖一等奖。

陈良武，文学博士，教授，博士生导师，闽南师范大学文学院中国古代文学学科负责人、出土文献与中国文学暨文化研究中心负责人。主要从事出土文献与古代文学、中国古代学术思想与文学、闽南文献与文学等领域的教学与研究。出版专著《黄道周学术思想与文学研究》，点校出版《榕坛问业》，合作出版《出土文献与中国文学史研究（先秦卷）》。主持国家社科基金项目 2 项、全国高校古委会项目等其他项目多项。发表相关学术论文多篇。

内 容 简 介

2016 年 4 月 16 日至 17 日，由闽南师范大学主办、文学院承办的“第五届出土文献与中国文学史研究学术研讨会”在闽南师范大学举行。本届会议邀请了国内外近 20 所高校的 40 余位专家学者，围绕出土文献与文学文本阐释、出土文献与文学暨文化研究等问题展开了充分而深入的研讨，展示了出土文献与中国文学史研究的新思考、新成果，扩大了出土文献与中国文学研究的影响，推动了该领域研究的不断深入。本书是该会议论文的结集，按照“出土文献与文学文本阐释”“出土文献与文学暨文化研究”两个专题编排。“出土文献与文学文本阐释”部分主要编入利用出土文献对诸如《诗经》《楚辞》《左传》等经典文学文本进行阐释研究的文章，“出土文献与文学暨文化研究”编入的是基于出土文献的文学研究以及文、史、哲多学科融合的综合性研究。各个部分均按照文学史、学术史的时间顺序编排。

总　序

闽南师范大学文学院的“出土文献与中国文学研究丛书”即将付梓，嘱予为之序。看着这沉甸甸的十部著作，回忆起多年来文学院的老师们在这一学科领域中所付出的巨大精力与艰辛，我不由得心潮澎湃。

出土文献与中国文学研究，是中国文学史研究中极具前沿性的研究方向。常言道，“十年磨一剑”，这十部著作，正展示了闽南师范大学文学院近十年来在该研究领域中所取得的丰硕成果。其中，有多项是国家社科基金和教育部规划项目的结项成果，已经获得有关鉴定专家的好评；一批相关论文也已在报刊公开发表，在一定程度上填补了相关领域空白，拓展了研究的思路。

20年前，闽南师大文学院（当时是漳州师范学院中文系）在讨论学科的重点研究方向时，便将出土文献与中国文学研究确定为古典文学研究的重点方向，以提高古代文学师资队伍质量，也用以培养硕士研究生对这一研究领域的关注和兴趣。虽然说当时系里的师资力量并不雄厚，但是并没有人对此提出异议。报送省教育厅后，教育厅十分支持，立即将我校这一课题列为省古代文学的重点研究方向。2005年，教育部对我们申报的课题“出土文献与中国文学史研究”予以批准立项，给我们很大的鼓励，也成了我们第一阶段工作的起点。我在《出土文献与中国文学史研究（先秦卷）》（2011年版）的后记中有这样一段话：

感谢教育部对这项课题的支持与资助。从2005年教育部立项后，我们立即组织漳州师范学院古典文学教研室的老师投入这一课题的研究，希望能够尽快拿出成果来。但是这毕竟是一个比较新的研究课题，而且应当承认我们这支队伍中的多数人原先接触这方面的材料也很有限，更遑论自己进行研究了。然而，如果仅仅综述一下前人的研究成果意义虽有，但并不很大。因此，我们在组织队伍并进行分工时，就要求大家一要熟悉相关内容，熟悉前人的研究成果，掌握最新资料；二要投入研究，以自己的研究成果来补充和加强、加深研究工作的进展，应能提出本专题在未来研究中具有前瞻性的问题。我们不仅是为完成课题而开展研究，更希望在这一工作进行的过程中，培养和锻炼出一支能够熟悉并从事这一领域研究的队伍来。因此，我们的这一部书，既有各专题研究状况的综述，又有各自作为支撑的研究成果。应当讲，我们的目的已经初步达到。

2008 年，我们的课题已经取得阶段性的成果。为了推进这一领域的研究，也考虑到距离首届北京会议已过九年，我向学校提出，由我校组织召开第二届全国出土文献与中国文学史研究学术研讨会。这个建议当即得到校领导特别是老校长林继中先生的支持，古代文学教研室的老师大多撰写了相关研究领域的论文。会议召开时，省外也来了不少学者，本次会议达到了我们预期的效果。不久，我们出版了会议的论文集，也相应加快了课题的研究进度。

2010 年，我们的课题如期结项，并于 2011 年正式出版了先秦卷。这样，加上此前出版的《出土文献与〈楚辞·九歌〉》《汉魏晋南北朝诔碑文研究》，我们已经有了四部出土文献与中国文学史研究的著作，可以开始考虑第二个十年的工作计划了。

特别值得高兴的是，我们第二届会议的召开，确实起到了二传手的作用，高校的古代文学界被触动了。我们的会议开完不久，山东济南大学蔡先金副校长和张兵主任与我们联系，讨论共同推进在高校古代文学研究中重视出土文献研究的工作。蔡校长告诉我们，他们准备召开第三届出土文献会议，届时邀请我们参加。此后，济南大学成立了“出土文献与中国文学研究中心”（2010），并一鼓作气连续举办了第三届（2012）、第四届（2014）出土文献与中国文学史研究学术研讨会，进一步起到了扩大宣传的作用。

闽南师范大学文学院从第二个十年开始，就向更高的目标冲击。2013

年，黄金明老师的“出土文献与秦汉魏晋南北朝文学研究”获得国家社科基金项目立项。2014年，陈良武老师的“百年来出土文献与中国文学史研究史论”获得国家社科基金项目立项。要完成这两个选题，如果过去没有一定的积累，是很不容易的。金明得益于自己前期的诔碑文研究的成果积累，而良武得益于在“先秦卷”中承担了大量的工作。因为当时我承担的任务太多，同学们在背后叫我“汤总”，意思是什么事都管。良武和常斐在“先秦卷”中协助我做了许多工作。

与此同时，我拉着王朝华老师一起来完成中华书局约好的《老子》“三全本”的撰写任务。我也是从“先秦卷”中发现朝华具有比较强的思辨能力。在《老子》“三全本”撰写过程中，我们毫无疑义要认真研究最新出土的各种文献资料，尤其是帛书《老子》和北大简《老子》。2014年7月《老子》“三全本”如期出版，得到了专家和读者的一致好评，迄今已发行几十万册。前年已签订版权转让合同，入选国家对外学术交流的“大中华文库”。2020年，商务印书馆又出版了现代阐释本《老子》。本丛书所收的王朝华老师的《出土简帛与先秦两汉典籍专题研究》应能体现出其行文的风格。

尤其值得一提的是，本丛书收入了五位年轻学者的几部专著。这些专著中有四部多是从文字学的角度，结合出土文献，对许多问题作出新的阐释，让人有耳目一新之感。“第八届出土文献与中国文学研究学术研讨会”由复旦大学出土文献与古文字研究中心承办，我当时就特别高兴。在致辞中，我说“这是一次突破”。因为准确释读古文字，是研究出土文献的基础。以前，每一期的《古文字研究》我都是要看的，网上一些重要的相关信息我也十分关注。不仅文字学，考古学动态也非常需要了解。以前《考古》《文物》《中原文物》《江汉考古》等重要的考古学杂志，我也是每期必读的。不同学科相互联系的重要性，我就不需要多说了。

本丛书还有一部我校2016年举办的“第五届出土文献与中国文学史研究学术研讨会”的论文集。六年前开的会，现在出论文集，是迟了一些，但论文集中许多学者的真知卓见是不会过时的。第五届会议上，来自全国各地高校的学者特别多，他们对于我校一连获得两个关于出土文献的国家社科基金项目深感惊讶。我校不仅有在校生提交了这方面的研究论文，也有已毕业的学生带着他们的研究成果返校来参加本次会议，大家都认为我校在这一研究领域成果确实喜人。第五届会议之后，黄金明、陈良武、蔡树才等的国家社科基金项目先后顺利结项，其成果已纳入本丛书中。嗣后，本丛书中的作者又先后获得“《诗经》学出土文献汇辑汇校集释与《诗经》学专题研究”（陈良武，2022）、“出土文献视域下的《老子》字义诠释和文本整理”（吴文文，2022）、“出土战国叙事文献整理与研究”（蔡树才，2021）等数项国家社科基金项目，显现出我校在此领域研究中良好的发展态势。

2022 年，经过努力，酝酿多年的“出土文献与中国文学暨文化研究中心”获准成立。中心将继续聚焦出土文献，开展出土文献与古代文学暨文化的研究，开展中华文化元典的整理、阐释、现代转化及普及工作。陈良武为中心负责人，本丛书即由其策划、主编。本辑丛书所包括的十部著作具体书目胪列如下（按作者姓名拼音排序）①

蔡树才：《出土简帛与东周文学考论》（2015 年度国家社科基金项目成果）

陈练军：《居延汉简词汇的历史语用研究》

陈良武：《百年来出土文献与中国文学史研究史论》（2014 年度国家社科基金项目成果）

何家兴：《新出文献文本释读与文学考论》

黄金明：《出土文献与秦汉魏晋南北朝文学研究》（2013 年度国家社科基金项目成果）

黄金明、陈良武主编《出土文献与中国文学暨文化研究论稿》（第五届出土文献与中国文学史研究会议论文集）

贾燕子：《甲骨文文字分类解析》

王朝华：《出土简帛与先秦两汉典籍专题研究》

吴文文：《北大汉简老子研究》（2014 年度教育部人文社会科学研究青年基金项目成果）

杨继光：《碑刻文献校读与研究》

① 贾燕子教授另著有《甲骨文祭祀动词句型研究》（社会科学文献出版社，2022），亦作为“出土文献与中国文学研究丛书”之一，已先期出版。

我衷心祝贺本丛书早日问世，并期待“出土文献与中国文学暨文化研究中心”后续更多成果的出现。是为序。

汤漳平

2022 年 11 月 12 日

前　言

2016年4月16~17日，由闽南师范大学主办、文学院承办的“第五届出土文献与中国文学史研究学术研讨会”在闽南师范大学举行。此届会议是文学院院长黄金明教授主持的2013年度国家社科基金项目“出土文献与秦汉魏晋南北朝文学研究”（13BZW053）计划的一个重要环节，也是闽南师范大学文学院（原漳州师范学院中文系）在2008年12月成功举办“第二届出土文献与中国文学史研究学术研讨会”之后所办的又一次学术盛会。

此届会议邀请了国内外近20所高校的40余位专家学者，围绕出土文献与文学文本阐释、出土文献与文学暨文化研究等问题展开了充分而深入的研讨，展示了出土文献与中国文学史研究的新思考、新成果，扩大了出土文献与中国文学研究的影响，推动了该领域研究的不断深入。

会议结束之后，《闽南师范大学学报》（哲学社会科学版）2016年第2期发表的杨艳君撰写的会议综述，对此届专题研讨会收到的论文以及会议研讨进行了较全面的介绍。但是，会议专题研讨成果一直没有出版，其中主要原因是国家社科基金结项工作的要求，即与项目结项相关的材料必须结项后方可出版。

目前，此届会议所依托的国家社科基金项目“出土文献与秦汉魏晋南北朝文学研究”已经以优秀等级顺利结项，会议专题研讨成果的出版自然提上工作日程。经统筹安排，决定将其纳入“出土文献与中国文学研究”丛书出版。

此次出版，相关问题说明如下。

一、自此届专题研讨会至今，当时提交的会议论文许多已经在相关刊物上发表，其中不乏在一些重要期刊上发表者。本次出版首先征得了各位作者的同意，其中已发表的文章均在文章最后注明所发表的刊物。部分作者工作单位已经变动，经征求意见，改为现就职单位。

二、会议专题研讨论文成果按照“出土文献与文学文本阐释”“出土文献与文学暨文化研究”两个专题编排。“出土文献与文学文本阐释”部分主要编入利用出土文献对诸如《诗经》《楚辞》《左传》等经典文学文本进行阐释研究的文章，“出土文献与文学暨文化研究”编入的是基于出土文献的文学研究以及文、史、哲多学科融合的综合性研究的成果。各个部分均按照文学史、学术史的时间顺序编排。

三、因出版社对文稿的排版有统一要求，故在编辑稿件的过程中，按照出版社的出版规范统一调整了文章排版格式，对其中参考文献不完整的，在查阅相关文献后补上缺少的信息，如著作者、出版单位、页码等，引文亦请作者进行了核对（包括论文作者后来修订发表的版本）。

衷心感谢与会专家对闽南师范大学文学院学科建设的支持。

因时间和水平有限，书稿中难免存在这样或那样的问题，敬请各位专家与广大读者批评指正。

编　者

2022 年 8 月

目　录

上编：出土文献与文学文本阐释

下编：出土文献与文学暨文化研究

上编：出土文献与文学文本阐释

由乐歌到经典：出土文献对《诗经》诠释的启迪与效用*

张树国

（杭州师范大学人文学院　中国文学与传统文化研究中心，

浙江　杭州　311210）

摘　要： 本文所谓出土文献指的是清华简《耆夜》以及上博简《孔子诗论》。《耆夜》内容为周武王伐耆（黎）胜利后，于文王庙室举行饮至之礼时，武王、周公、毕公等人所赋的五篇乐歌。学界一般认为《诗经》是西周、春秋时期的仪式乐歌，风雅颂赋比兴的分类与仪式有关，以及《诗经》的排序受到了仪式的影响，但苦于没有第一手文献材料，很多说法流于猜测，有待证实。清华简《耆夜》证明《诗经》作为仪式性文本，对解决各种疑窦提供了富有启发性的喻示。在春秋末期“礼崩乐坏”以后，《诗三百》作为仪式乐歌已经凝固为文本集。《孔子诗论》是孔子讲授《诗三百》的唯一文本，讲授方法基本上属于《汉书·艺文志》所谓“玩经文”，玩味本文，采其功用，意蕴悠长，在《诗经》阐释史上具有非常重要的价值。以《孔子诗论》为参照，可以明了汉代齐鲁韩三家今文经“章句”之学中的故事、谶纬、天文、历数以及古文经《毛诗序》等都是汉代学者的添加，体现了《诗经》学在汉代的发展，与所谓“诗本义”或者“孔子

* 本文为国家社科基金一般项目“出土文献与两周时期历史文学文本研究”（项目编号：15BZW043）成果。

本义”并无太大瓜葛。董仲舒“〈诗〉无达诂”论目的是为汉儒阐释《诗经》的穿凿附会手法大开方便之门，使政治缘饰儒术，为变革寻求合法性根据。

关键词： 乐歌 《耆夜》 《孔子诗论》 《诗经》诠释

《诗》是否“合乐”是《诗经》阐释史上的一个重要命题。《左传·襄公二十九年》记载“季札观乐”，鲁襄公为到访的吴国季札演奏了除《商颂》之外的全部乐歌。《墨子·公孟》：“诵《诗三百》，弦《诗三百》，歌《诗三百》，舞《诗三百》。”《史记·孔子世家》：“三百五篇孔子皆弦歌之，以求合《韶》《武》《雅》《颂》之音。”由此观之，《诗经》的原始风貌应为仪式乐歌。清华简《耆夜》及《周公之琴舞》组诗是非常值得重视的出土文献，是记载上古仪式生活与乐歌演奏的珍贵文本。在春秋战国之际“礼崩乐坏”之后，这些仪式乐歌便不再是供欣赏演奏的“场上之曲”了。上博简《孔子诗论》虽为断简残编，却是《汉书·艺文志》所谓“古之学者”“存其大体，玩经文”的唯一文本。这两篇珍贵文本早已出版，学者研究成果较多，然仍有个别字认错，以讹传讹，妨害文意，笔者将在行文中进行考释，并将出土文献放置在《诗经》阐释的历史语境之内，解决一些学术争端以及《诗经》阐释史中的一些问题。

一　《诗经》“六义”与仪式关系研究现状之分析

对《诗经》“六义”即“风雅颂赋比兴”的解释有多种，较通行的解法是风雅颂为内容分类，赋比兴是《诗经》的艺术手法。有学者认为，《诗经》“六义”始初皆为祭祀仪式之名，随着仪式的消亡，这些仪式乐歌开始结集，成为“文本集”，总名为《诗经》。值得注意的是，对于风、雅、颂与仪式有关，学界争议不多，关键是赋、比、兴怎么会成为仪式用歌呢？周策纵《古巫医与“六诗”考——中国浪漫文学探源》认为，“赋”往往与颁赐物品相涉。《仪礼·聘礼》：“假器于大夫，肦肉及廋车。”郑玄注：“肦犹赋也……古文肦作纷。”《易·巽》九二爻辞：“巽在床下，用史巫纷若，吉，无咎。”“纷若”为巫舞之状，则赋、肦、纷乃巫的工作，也可能与巫医登高山及高禖崇拜有关系。[①]“比”与“辩”“变”同义，可能与两人或数人对白或对唱有关；“兴”字原象四手持一长方形的承盘之形，表示古人陈器物的同时伴以乐舞或歌辞。[②]“赋”“朌”古音帮纽双声，韵部鱼元对转，音近相通。“比”（帮纽脂部）与“辩”（並纽元部）、“变”（帮纽元部）韵部较远，此说不成立。赋、比与仪式之间的关系，证据不是很充足。但“兴”还是可以找到证据的。“兴”可能来源于“兴祭”仪式，《礼记·乐记》论说礼乐“达神明之德，降兴上下之神”，《史记·五帝本纪》：“（大）禹乃兴《九招》之乐。”“兴乐”即奏乐，《周礼·大司乐》记载“兴乐六成”，有六个乐章，通过演奏乐舞召唤天神地祇前来享用祭品。“兴祭”具有图腾祭乐的特色。随着原始祭仪的消失，“兴”逐渐凝固为一种“乐语”，成为《诗经》的艺术手法了。[③]王秀臣《礼仪与兴象——〈礼记〉元文学理论形态研究》将“兴”作为仪式象征，如“动作之兴”为行为象征，“言之兴”为语体象征，“诗之兴”为乐语象征，“物之兴”为器物象征。[④]分析全面而准确。

《诗经》“风”诗与祭祀仪式的关系，并不是显而易见的。葛兰言(Marcel Granet)《古代中国的节庆与歌谣》认为《诗经》中“很像古老民歌”的风诗具有来自远古的启示意义，“原本具有仪式上的价值”[⑤]，与季节性的节庆仪典关系密切。如《郑风·溱洧》与招魂习俗有关；《豳风·七月》作为长篇诗体历书，实际上是远古农业祭“八蜡”仪式上的乐歌，称为“豳颂”，在《周礼·籥章》中有记载。“八蜡”即农历“腊八”的前身，属于远古时代的“农业祭”或“丰收祭”。每年十二月农事结束，要迎请那些对农业生产有功的神灵如猫神、虎神等来祭祀。这些图腾祭具有扮演的特性，演员戴着面具。列维-斯特劳斯认为，面具被赋予了社会的和宗教的功能，使表演者的身份发生了相应的变化，能在神与人之间起到更好的沟通作用，神与人之间的界限也因此消融。[⑥]在图腾祭仪中，乐师和演员要根

---

① 周策纵：《古巫医与“六诗”考——中国浪漫文学探源》，上海古籍出版社，2009，第146页。

② 周策纵：《古巫医与“六诗”考——中国浪漫文学探源》，上海古籍出版社，2009，第172页。

③ 张树国：《宗教伦理与中国上古祭歌形态研究》，人民出版社，2007，第413~430页。

④ 王秀臣：《礼仪与兴象——〈礼记〉元文学理论形态研究》，社会科学文献出版社，2014，第24~31页。

⑤ 〔法〕葛兰言：《古代中国的节庆与歌谣》，赵丙祥、张宏明译，广西师范大学出版社，2005，第6页。

⑥ 〔法〕克洛德·列维-斯特劳斯：《面具之道》，张祖建译，中国人民大学出版社，2008，第11页。

据祭祀对象的不同，选择不同的面具。但就《诗经·国风》一百六十首来说，与祭祀仪式有关的风诗毕竟是少数。

《诗经》中的“三颂”全部为仪式乐歌，在傅斯年《周颂说——附论鲁南两地与诗书之来源》[①]、高亨《周颂考释》[②]、姚小鸥《诗经三颂与先秦礼乐文化》[③] 等论著中都有详细论述。陈致《从礼仪化到世俗化——〈诗经〉的形成》一书主要借助音乐考古资料及古文字材料，讨论《诗经》“南”“风”“雅”“颂”等概念的最初含义及与仪式之关系。这本书存在很多争议。如第二章“庸、颂、讼（诵）：商代祭祀的乐器、乐调和礼辞”认为西周初年的仪式乐器主要来自商代影响，如《周颂·有瞽》使用诸如应、田、县鼓、鞉、柷等乐器，与祭祀殷人祖先的《商颂·那》诗相同，就说明“周朝统治者承继了殷人的乐器，因为那些并非周人原来所有的乐器”[④]。另如“《清庙》大概为周早期模仿《商颂》之作”，这个说法很武断。《商颂》的时代存在巨大争议，《毛诗》传笺所谓“殷商旧歌”说以及《史记·宋世家》“宋襄公”之时说，已经被证明是不可信的。王国维《观堂集林·说商颂》认为，“《商颂》当为宋诗”，“《商颂》盖宗周中叶宋人所作以祀其先王”。[⑤] 高亨《诗经今注》采用其说，认为《商颂》五篇皆为宋君所作。《商颂·殷武》题解云：“这是宋君祭祀宋武公的乐歌。宋为殷后，故称殷武。宋武公立于周宣王（笔者按：当为平王）六年，在春秋前。正考父辅佐过宋武公。”[⑥] 《从礼仪化到世俗化——〈诗经〉的形成》一书仅凭借《周颂·有瞽》与《商颂·那》所用仪式乐器相同来确定两个重要朝代之间的音乐文化联系，未免简单化。事实上，西周初年确实借鉴了商代音乐的乐器与乐调，并应用于“制礼作乐”。西周初年的编钟只有宫、角、徵、羽而无“商”音，后来之所以有“商”音，是因为“商人识之，故谓之商”（《礼记·乐记》）。著名的“周大武乐章”包含“六成”，与之相配的六首诗歌俱在《周颂》之中。据高亨《周代大武乐考释》考证，

---

① 中华书局编辑部编《中研院历史语言研究所集刊论文类编·历史编·先秦卷》（第一册），中华书局，2009，第1~18页。

② 董治安编《高亨著作集林》（第十卷），清华大学出版社，2004，第155~250页。

③ 姚小鸥：《诗经三颂与先秦礼乐文化》，北京广播学院出版社，2000。

④ 陈致：《从礼仪化到世俗化——〈诗经〉的形成》，吴仰湘、黄梓勇、许景昭译，上海古籍出版社，2009，第31页。

⑤ 王国维：《观堂集林》（二），中华书局，1959，第116、117页。

⑥ 董治安编《高亨著作集林》（第三卷），清华大学出版社，2004，第603页。

为《我将》《武》《赉》《般》《酌》《桓》。[①] “大武乐章”吸收了商乐因素，《礼记·乐记》记载孔子与乐师宾牟贾的对话：“声淫及商何也？对曰：非《武》音也。子曰：若非《武》音，则何音也？对曰：有司失其传也。若非有司失其传，则武王之志荒矣。”之后孔子借周乐官苌弘之语对“大武乐章”中的“商音”进行解说，成为后人探索“武乐六成”的重要资料。

陈致《从礼仪化到世俗化——〈诗经〉的形成》对“颂”的字义解说道，“‘颂’字右边的‘页’是个象形字，像一个下跪的人在向他人表示尊敬”（42 页）。至于左边的“公”旁，作者引甲骨文“多公”“公宫”，说明“公”在商代语言里应是一个表示尊敬的通称，很有可能指死去的商王或先祖，如“先公”。而“颂”的金文字形，“正像一个人跪在祖先面前，以示人们祭祀祖先时的虔诚及其对祖先的敬畏。与这一从字源学上作出的推断相合的是，今本《诗经》三颂部分收集的诗篇（《周颂》31 首、《鲁颂》4 首、《商颂》5 首），如大家所知，形成一组十分完整的称颂祖先且用于祭祀的诗歌”（44 页）。作者虽然引用了许多甲骨文、金文资料，但基本上是望文生义，解释古文字的基本方法也是不对的。“颂”为形声字，“公”为声符。籀文中则以“容”为声符。“容”“公”均属古音东部。清代阮元《释颂》释“颂”为“容”，为“舞容”之义，“惟三颂各章皆是舞容。故称为颂”。[②] “颂”在上博简《孔子诗论》中写作“讼”，“讼”有“歌讼”义（《说文·言部》），简 2 云：“讼，平德也，多言後（后），其乐安而迟，其歌绅而葛（同“逷”，逖，远义），其思深而远，至矣。”[③] 由简文“其乐安而迟”可证王国维《说周颂》“颂之声较风雅为缓”[④] 之说也是正确的。由此看来，即使“颂”字本身的意义足够复杂，也无法囊括所有“三颂”文本的意义。至于陈致《从礼仪化到世俗化——〈诗经〉的形成》认为“周代所创制之《象》、《勺》这些乐舞结合体源自商文化。学者们已注意到，驯养大象和沉溺于饮酒为商人的习俗”（151 页），以及“鲁颂”也受商乐影响等，证据基本不可信。

---

① 董治安编《高亨著作集林》（第九卷），清华大学出版社，2004，第 80~117 页。

② 阮元：《揅经室集》下《揅经室一集》卷一，中华书局，1993，第 19 页。

③ 马承源主编《上海博物馆藏战国楚竹书》（第一册），上海古籍出版社，2001，图版第 2 页。

④ 王国维：《观堂集林》（二），中华书局，1959，第 111 页。

以颂美为主的“正雅”中的大部分也都属于仪式乐歌，《小雅·楚茨》最具典范意义。清代凌廷堪《〈诗·楚茨〉考》认为：“《小雅·楚茨》凡六章，言王朝卿大夫之祭礼也。首章言黍稷为酒食之用，遂及正祭之妥侑也；二章言牲牢为鼎俎之用，遂及祊祭之飨报也；三章言傧尸于堂之礼也；四章言尸嘏主人之礼也；五章言既祭而彻也；六章言既彻而燕也。”[①] 凌廷堪认为《楚茨》所描绘的礼仪生活场景类似于《仪礼》中的《少牢馈食礼》，类似诗篇诸如《大雅·凫鹥》《小雅·湛露》《小雅·巧言》等。根据祭祀对象的不同，仪式生活也体现为多种形态。日本学者家井真认为，《雅》与《颂》一样，也是赞扬神灵或祖灵以求其庇护的诗歌。“雅”为“夏”的假借字，而“夏”有假面舞蹈之义，是由巫师在宗庙或神社中使用的宗教假面歌舞剧诗。[②] 他甚至认为“《雅》诸篇几乎都是假面歌舞诗”（17 页），这一说法有其合理性，仪式生活中“祭尸”可能戴有面具。雅、夏相通，但不能在将“夏”字曲解为“假面舞蹈”的前提下，遂谓《雅》全部相当于日本的“歌舞伎”。“夏”有“舞”义，《周礼·春官·大司乐》：“舞大夏，以祭山川。”钟乐有“九夏”之名。“大雅”在文献中通常写作“大夏”，《墨子·天志下》：“《大夏》之道之然：帝谓文王，予怀明德。”值得庆幸的是，《孔子诗论》保存了孔子评论《大雅·皇矣》的文字。《孔子诗论》记载了孔子评论“大雅”文字：“《大雅》，盛德也，多言……”（简 2）“‘怀尔明德’曷，成谓之也；‘有命自天，命此文王’，成命之也。信矣。孔子曰：‘此命也夫！文王虽欲已，得乎？此命也时也？文王受命矣。”（简 7、简 2）[③]《大雅·皇矣》中“帝谓文王”重复三次。顾颉刚《六大在五官上》提出“上帝显圣”说：“予周国君臣以共见乎？毋亦假于巫祝，借于卜筮，以博得国人之信仰耳。”[④] 但《诗经》中的“变雅”作品，就不是仪式中的“假面舞蹈”了。《左传·襄公十四年》：“瞽为诗，工诵箴谏。”杜预注：“为诗以讽刺。工，乐人也，诵箴谏之辞。”西周王庭之所以选择瞽蒙颂诗美刺政治，一方面是因为瞽蒙看不见君主脸色，《荀子·劝学》云“不观气色而言谓之瞽”；另一方面是由于瞽蒙“精于聪”，

---

① 凌廷堪：《礼经释例》卷十，阮元、王先谦编《清经解　清经解续编》（第五册），凤凰出版社，2005，第 6479 页。

② 〔日〕家井真：《〈诗经〉原意研究》，陆越译，江苏人民出版社，2012，第 3 页。

③ 李零：《上博楚简三篇校读记》，中国人民大学出版社，2007，第 32 页。

④ 《顾颉刚学术文化随笔》，中国青年出版社，1998，第 132 页。

因此“人主以备乐”（《淮南子·缪称训》）。瞽蒙在诵诗之时往往有舂牍、琴瑟之类乐器来伴奏。

《诗经》雅颂部分以“什”编类，如《鹿鸣之什》《文王之什》《清庙之什》等，陆德明《经典释文》释“什”云：“至于王者施教，统有四海，歌诗之作，非止一人，篇数既多，故以十篇编为一卷，名之为什。”[①] 朱熹释云：“雅颂无诸国别，故以十篇为一卷，而谓之什。”[②] “什”即“以十篇为一卷”之意。但家井真认为“什”是“乐曲、乐章十篇为一总括之意”，“颂中的‘什’本身就成了在宗庙前庭由尸或巫表演的十幕一场的宗教舞蹈诗”[③]，因此将《清庙之什》《臣工之什》等打乱顺序，重新编排，以符合其“宗教舞蹈诗”的顺序。如《清庙之什》诸篇是在周的宗庙里祭祀先祖后稷、古公亶父、文王、武王、成王的组诗，因此按照《思文》《天作》《清庙》《维清》《我将》《维天之命》《执竞》《昊天有成命》《时迈》《烈文》的顺序重新编成。其一，这一做法并不符合西周、春秋时代礼乐生活的实际，春秋诸国贵族往来朝聘，往往乐奏“《文王》之三”“《鹿鸣》之三”。《左传·襄公四年》“穆叔聘晋”条云：“晋侯享之，金奏《肆夏》之三，不拜。工歌《文王》之三，又不拜。歌《鹿鸣》之三，三拜。”“《文王》之三”，杜注云：“《大雅》之首，《文王》、《大明》、《绵》。”“《鹿鸣》之三”，杜注云：“《小雅》之首，《鹿鸣》、《四牡》、《皇皇者华》。”[④] 可见《诗经》编排早在春秋时期就已经完成了，后世学者不应该随意改动其顺序。其二，《清庙之什》中的《我将》，据高亨《周代大武乐考释》考证，为“武乐六成”之首章，与《武》（《周颂·臣工之什》）、《赉》、《般》、《酌》、《桓》（四首均收入《周颂·闵予小子之什》）并称为“周大武乐章”。[⑤] 从“武乐六成”分见《清庙之什》、《臣工之什》以及《闵予小子之什》来分析，家井真解释“什”为“十幕一场的宗教舞蹈诗”是简单粗暴的。即使所谓“宗教舞蹈诗”勉强可以成立，也绝非家井真所描述的那个样子。近年出土的清华简中的《耆夜》与《周公之琴舞》可以说是《诗经》时代仪式生活的重要文本，反映了上古时代礼乐生活的实际。

---

① 陆德明：《经典释文》卷六，上海古籍出版社，2012，第 117 页。

② 朱熹：《诗集传》，上海古籍出版社，1980，第 99 页。

③ 〔日〕家井真：《〈诗经〉原意研究》，陆越译，江苏人民出版社，2012，第 47 页。

④ 《十三经注疏·春秋左传正义》，北京大学出版社，1999，第 829 页。

⑤ 董治安编《高亨著作集林》（第九卷），清华大学出版社，2004，第 80~117 页。

二 清华简《耆夜》:“仪式乐歌”的重要文本

《清华大学藏战国竹简》收录《耆夜》一文，十四简，文中收录五首诗歌，赵平安有很好的释文。[①] 为便于分析，本文采用宽式释文，文章分四段:“武王八年，征伐耆，大戡之。还，乃饮至于文太室，毕公高为客，卲（召）公保睪（奭）为夹（介），周公叔旦为主，辛公詎甲为立（位），作策逸为东尚（堂）之客，郘上甫命为司政，监饮酒。”李学勤《从清华简谈到周代黎国》认为，文中的“征伐耆，大戡之”，即今《尚书·西伯戡黎》，“黎”“耆”即今山西黎城。[②]《今文尚书》作《西伯戡耆》。[③] 文中“乃饮至于文太室”，即在太庙中的文王庙室举行“饮至”之礼。《左传·桓公二年》:“凡公行，告于宗庙；反，行饮至，舍爵策勋焉，礼也。”郑笺:“凡公行者，或朝或会或盟或伐，皆是也。”竹添光鸿《左氏会笺》云:“饮至者，告其至而饮酒于太庙中也。”[④] 文中提到五人，有周公旦、“郘上甫”（吕尚，或称姜尚)、“毕公高”、“卲公保睪”（召公奭，为周室“太保”)、“辛公詎甲”（为周太史，史籍中又称为“辛甲”)。《左传·襄公四年》记魏绛之语:“昔周辛甲之为大史也，命百官，官箴王阙。于《虞人之箴》曰:‘芒芒禹迹，画为九州。’”《汉书·艺文志》有“《辛甲》二十九篇”，班固自注:“纣臣，七十五谏而去，周封之。”“作策逸”见于《尚书·洛诰》“王命作册逸祝册”，为作册之史。《史记·周本纪》:“武王即位，太公望为师，周公旦为辅，召公、毕公之徒左右王。”上述五人皆为周武王之重臣。

> 王夜爵酬毕公，作歌一冬（终），曰《乐乐脂酉（酒）》:“乐乐脂酒，宴以二公。纴仁兄弟，庶民和同。方壮方武，穆穆克邦。嘉爵速饮，后爵乃从。”王夜爵酬周公，作歌一冬（终），曰《辅乘》:“辅乘既饬，人备（服）余不胄。且士奋甲，繄民之秀。方壮方武，克燮仇雠。嘉爵速饮，后爵乃复。”

---

① 参见李学勤主编《清华大学藏战国竹简》(壹)，中西书局，2010，第150页。

② 李学勤:《从清华简谈到周代黎国》，《出土文献》(第一辑)，中西书局，2010，第1页。

③ 皮锡瑞:《今文尚书考证》卷八，盛冬铃、陈抗点校，中华书局，1989，第222页。

④〔日〕竹添光鸿:《左氏会笺》，巴蜀书社，2008，第148页。

“夜爵”之“夜”，赵平安注云：“在此读为‘舍爵’之舍，舍在书母鱼部，可相通假。”“二公”当指毕公高与周公旦，均为武王之弟，即下文“纴仁兄弟”。《乐乐脂酉（酒）》韵脚很整齐，依次为公、同、邦、从，东部合韵。“輶乘”为“轻车”之意，《秦风·驷驖》中有“輶车鸾镳”。《輶乘》韵脚“冑”“秀”“雔”为幽部，“复”为觉部，幽觉对转，韵律整齐。

> 周公夜爵酬毕公，作歌一冬（终），曰《賏=》：“賏=戎备（服），壮武赳赳。毖情谋猷，裕德乃救（求）。王又（有）旨酒，我忧以颬。既醉又侑，明日勿稻（慆）。”周公或（又）夜爵酬王，作祝诵一冬（终），曰《明明上帝》：“明明上帝，临下之光。不（丕）显来各（格），歆厥禋明。於……月有成缺（?），岁有𨀣行。作兹祝诵，万寿无疆。”

“賏”，原释为“字从賏声，疑读为‘央’或‘英’”。“賏”为影纽耕部，“央”或“英”为影纽阳部，此说有问题。此字早见于《包山楚墓》简150“竹邑人宋賏”①，李守奎等认为：“影纽耕部，读 yīng。”② 这是正确的。《说文·贝部》：“賏，颈饰也，从二贝。”徐锴《说文解字系传》云：“蛮夷连贝为缨络是也。”此字当读若“婴”，音义相通。“賏=”应读作“婴贝”。《山海经》中“婴”“玉”多连言，如《西山经》“瑜次之山……其阳多婴垣之玉”。又有作“婴短之玉”者，如《西山经》：“泑山，神蓐收居之。其上多婴短之玉。”袁珂注：“郭璞云：‘垣或作短，或作根，或作埋，传写谬错，未可得详。’珂案：经文婴垣之玉，江绍原谓当即婴脰之玉。”③ 江说见《中国古代旅行之研究》第一章注⑩的长篇考证，谓《山海经》中的“垣”“短”均当系“脰”字之误，“婴脰之玉”即颈饰之玉。④脖颈除了以玉装饰外，还有以贝为饰者。《诗经·鲁颂·閟宫》：“贝冑朱綅，烝徒增增。”《毛传》：“贝冑，贝饰也。朱綅，以朱綅缀之。”孔颖达疏：“冑谓兜鍪，贝非为冑之物，故知以贝为饰。”“兜鍪”为“戎服”，可

① 湖北荆沙铁路考古队编《包山楚墓》，文物出版社，1991，图版 158。
② 李守奎等编著《包山楚墓文字全编》，上海古籍出版社，2012，第 257 页。
③ 袁珂校注《山海经校注》，上海古籍出版社，1980，第 27 页。
④ 江绍原：《中国古代旅行之研究》，上海文艺出版社，1989，第 24 页。

见以贝装饰兜鍪之风久远。上文“鼏=戎备（服）”即“婴贝戎服”，类似重文字例楚简多有。“㲎”，当从“孚”声，属幽部。《鼏=》韵脚依次为赳、救（求）、㲎、稻（慆），幽部合韵。

周公夜爵武王所作“祝诵一冬（终）”《明明上帝》，可能即《逸周书·世俘解》中的“《明明》三终”。《世俘解》记载，武王克商以后，在牧野举行典礼，“籥人奏《武》。王入，进《万》，献《明明》三终”。但《明明》歌词已亡，有学者认为是《大雅·大明》。[①] 赵平安谓“《明明》很可能就是《明明上帝》的异称”[②]，这一推测可能是正确的。从诗篇文本来分析，这是一首祭祀上帝、祝福武王的诗篇，诗歌韵脚依次为光、明、行、疆，均为阳部合韵，韵律很整齐。下面《蟋蟀》一诗，与《诗经·唐风·蟋蟀》内容很相近。

> 周公秉爵未饮，蟋蟀骤降于尚（堂）。□公作歌一冬（终），曰《蟋蟀》：“蟋蟀在尚（堂），役车其行。今夫君子，不喜不乐，夫日□□，□□□忘。毋（毋）已大乐，则冬（终）以康。康乐而毋忘，是惟良士之方。蟋蟀在席，岁矞（遹）员篓（落）。今夫君子，不喜不乐，日月其迈。从朝及夕，毋（毋）已大康，则冬（终）以作。康乐而毋□，是惟良士之惧。蟋蟀在舒（序），岁矞（遹）……道，毋（毋）已大康，则冬（终）以惧。康乐而毋忘（荒），是惟良士之惧（今本作瞿）。”（第三章缺四句）

竹简本《蟋蟀》三章，章十句。第三章现存六句，当缺四句。传本《唐风·蟋蟀》三章，章八句。从句式来看，传本《蟋蟀》四言贯彻到底，比竹简本要整齐得多，而竹简本要古拙一些，字句多有不同，传本很可能是在竹简本基础上发展而来。从较为完整的一、二两章用韵情况来看，竹简本《蟋蟀》第一章韵脚依次为“尚”（堂）、“行”、“忘”、“康”、“方”，均为阳部合韵；第二章韵脚依次为“落”（铎部）、“迈”（月部）、“作”（铎部）、“惧”（鱼部），铎月通转，鱼铎对转，均音近合韵。从用诗语境来看，传本《蟋蟀》已经看不出是仪式用歌了。《毛诗序》云：“《蟋蟀》，刺晋僖

---

① 黄怀信等：《逸周书汇校集注》，上海古籍出版社，1995，第 454 页。

② 李学勤主编《清华大学藏战国竹简》（壹），中西书局，2010，第 154 页。

公也。俭不中礼，故作是诗以闵之，欲其及时以礼自虞乐也。此晋也，而谓之唐，本其风俗，忧深思远，俭而用礼，乃有尧之遗风焉。”“晋僖公”即《史记·晋世家》中的“釐侯司徒”，“釐侯十四年，周宣王初立”。可见汉代经师对《蟋蟀》的解说是不靠谱的。上博简《孔子诗论》评价《蟋蟀》只有四字——“《七（蟋）率（蟀）》知难”（简27），胡平生释为“知世事之艰难”[①]，信息量有限。从竹简本《蟋蟀》来看，“□公作歌一冬（终），曰《蟋蟀》”之“□公”，原释认为是“周公”，笔者认为当是“毕公”，这是由“饮至之礼”的仪式所规定的。

上述饮酒与赋诗的场面实际上是“饮至之礼”中的“献宾”仪节，属于“飨礼”，主要表现为主、宾之间的献、酢、酬活动。据杨宽《西周史》研究，宾客迎入落座后，先由主人取酒爵到宾席前进献，叫作“献”；次由宾取酒爵到主人席前还敬，称为“酢”；再由主人把酒注觯，先自饮，劝宾随着饮，叫作“酬”。这样的献、酢、酬合称为“一献”之礼。[②]从本文来看，“毕公高为客”“周公叔旦为主”，这个位次的排定当由武王亲命辛甲“为立（位）”，即确定主宾之位，“主”既然已经赋诗饮酒，“宾”焉有不相“酢”“酬”之礼？若否，则失礼莫大焉。但（毕）公所赋《蟋蟀》是唐地古歌还是自己创作？本文认为为原创。因为武王、周公所作诗不见于传世典籍，那么将《蟋蟀》的著作权归于毕公，也应该是合理的推测。

与《耆夜》具有同样价值与意义的《周公之琴舞》组诗包括周公所作《无悔享君》四言一首及成王所作一组九首，其中《敬之》篇载于《周颂》，本文限于篇幅就不作分析了。这两组仪式乐歌具有标准的上古雅韵，虽然无法判断这些战国竹书文本内容是否产生于西周初年，是否为原创期的《诗》在当时演奏的真实场景，但《耆夜》与《周公之琴舞》一样，保存了仪式乐歌演奏的生动记录，这种“在场性”很值得重视，就《耆夜》组诗来看，仪式与乐歌的结合情况可能很复杂。

春秋战国之际的“礼崩乐坏”意味着仪式的消失，诗乐舞与仪式活动的原始统一体就被打破了，《诗》不再是乐官所传的“场上之曲”，而成为单一的“文本集”。这经历了两个过程。其一，《诗经》文本与原初语境即仪式的分离。“去仪式化”后，诗歌也就失去了“指向性”和诉诸感官享受

---

① 《胡平生简牍文物论稿》，中西书局，2012，第111页。

② 杨宽：《西周史》，上海人民出版社，1999，第789页。

的教训性与娱乐性。其二，诗乐的分离。就礼乐之邦鲁国而论，《论语·微子》记载："大师挚适齐，亚饭干适楚，三饭缭适蔡，四饭缺适秦，鼓方叔入于河，播鼗武入于汉，少师阳、击磬襄入于海。"说明春秋晚期，鲁国的八人雅乐班子已经出走了，这标志着《诗经》由"可歌"到诵读的转变。在这一转变过程中，孔子占有重要地位。出土文献《孔子诗论》保存了孔子讲授《诗经》的原始记录，其意义十分重大。

三 "古之学者"怎样"玩经文"——以《孔子诗论》为例

《汉书·艺文志》云："古之学者耕且养，三年而通一艺，存其大体，玩经文而已，是故用日少而畜德多，三十而五经立也。"顾实认为："此'古者'指春秋战国以后而言……'存其大体，玩经文而已'者，惟训诂通大义者能之。"[①] "玩"即玩味，"玩经文"的方法多样，如朱熹认为，"多就诗中采摭言语"，"随文生义"，等等。[②] 大体重在体悟，端正操行，发于行政，作为著书立说的学理根据。类似的"玩"法在儒家经典著作《论语》、《子思子》（保存在《礼记》中的《中庸》、《缁衣》、《坊记》、《表记》以及《郭店楚墓竹简》中的《五行》等篇章）、《孟子》、《荀子》中有大量的记载，诠释方法相当朴素。

孔子在《诗经》学上具有至为重要的意义。《史记·孔子世家》云："吾自卫反鲁，然后乐正，《雅》《颂》各得其所。"孔子生活的时代，《诗经》仍然是仪式乐歌的"场上之曲"，但已经处在由诗乐合一的仪式形态向诗乐分离的文本集过渡的阶段。在传世文献中，孔子论《诗》的文字散见于《论语》等书中，而上博简《孔子诗论》是孔子讲论《诗》的唯一相对完整的出土文献，论《诗》涉及56篇，记载孔子对《诗》文本的玩味与感悟，形式自由。论《诗》同时兼论"乐"，如"诗无吝志，乐无吝情，文无吝言"（简1）[③]，"《颂》，平德也，多言后，其乐安而迟，其歌绅而逖，其思深而远，至矣"（简2）[④]。从引文中可以看出，孔子论《诗》依然持有仪

---

① 班固编撰，顾实讲疏《汉书艺文志讲疏》，上海古籍出版社，2009，第93页。

② 黎靖德编《朱子语类》卷八十，中华书局，1994，第2078页。

③ 李零：《上博楚简三篇校读记》，中国人民大学出版社，2007，第11页。

④ 李零：《上博楚简三篇校读记》，中国人民大学出版社，2007，第32页。

式主义倾向，虽然也谈论《诗》的用乐问题，但已经开始剥离“乐”而就诗论诗，如对《周颂·清庙》等祭祀仪式用诗的解读：“《清庙》王德也至矣，敬宗庙之礼，以为其本；‘秉文之德’，以为其质……”（简5）[①] 已经离开仪式语境，从文本“义理”入手“玩经文”，注重对《诗》文本的感悟与引申。《孔子诗论》出土有年，学术界积累了丰富的成果，但以《诗经》阐释史的角度来观照《孔子诗论》的意义，这方面的工作尚少人做。

首先，孔子讲说《诗》的方法，体现为“通举大义”法。

> 《关雎》之改，《梂（樛）木》之时，《汉广》之智，《鹊巢》之归，《甘棠》之保，《绿衣》之思，《燕燕》之情，盖（盍）？童（动）而皆贤于其初者也。《关雎》以色喻于礼……（简10）

> 两矣，其四章则喻矣。以琴瑟之悦拟好色之愿，以钟鼓之乐……（简14）

> 好，反入于礼，不亦能改乎？（简12）

> 《绿衣》之忧，思古人也；《燕燕》之情，以其独也。（简16）

值得注意的是，马王堆帛书《德行》第341行有对《关雎》“以色喻于礼”的引申发挥：“榆（喻）之也者，自所小好榆（喻）乎所大好。‘茭（窈）芍（窕）【淑女，寤】339眛（寐）求之’，思色也。‘求之弗得，唔（寤）眛（寐）思伏’，言其急也。……340……繇（由）色榆（喻）于礼，进耳。341”[②] 马王堆帛书《德行》所谓“繇（由）色榆（喻）于礼”，很明显来源于上博简《孔子诗论》。《孔子诗论》云：“《燕燕》之情，以其独也。”马王堆帛书《德行》在论述“君子慎其独”问题时，也有解释《燕燕》的文字：“‘【燕燕】184于蜚（飞），差池其羽。之子于归，袁（远）送于野。瞻望弗及，汲（泣）沸（涕）如雨。’能差池其羽然□□185是袁

---

① “质”，《上海博物馆藏战国楚竹书·孔子诗论》原释为“业”，此处采用李零的考证，见《上博楚简三篇校读记》，中国人民大学出版社，2007，第31页。

② 魏启鹏：《简帛文献〈五行〉笺证》，中华书局，2005，第117页，图版（九）第280页。

（远），君子慎其独也。”[1] 马王堆帛书《德行》“然”之后缺字，据《郭店楚墓竹简·五行》应补为“句（后）能至哀”。[2] 据研究，马王堆帛书《德行》即竹书《五行》的汉初写本，出自孔子之孙子思（孔伋），由此可见子思是读过《孔子诗论》的。《孔子诗论》有几处评价《甘棠》的文字：

> 《甘棠》之保（褒，报）（简 10）

> 及其人，敬爱其树，其保（褒，报）厚矣。《甘棠》之爱，以召公（简 15）

> 吾以《甘棠》得宗庙之敬，民性古（固）然，甚贵其人必敬其立（位），悦其人必好其所为，恶其人者亦然。（简 24）

孔子论述《甘棠》的文字，见于《孔子家语·好生》：“孔子曰：吾于《甘棠》，见宗庙之敬甚矣。思其人必爱其树，尊其人必敬其位，道也。”[3]《孔子家语·庙制》：“《诗》云：‘蔽芾甘棠，勿翦勿伐，召伯所憩。’周人之于召公也，爱其人，犹敬其所舍之树。”[4]《说苑·贵德》在讲述召公“舍于甘棠之下而听断焉”的故事之后，亦引述了孔子这段话。

除《关雎》《甘棠》外，《孔子诗论》先后有三处说到《鹊巢》，如“《鹊巢》之归”（简 10）；“《鹊巢》之归，则[illegible]者……”（简 11）；“《鹊巢》出以百两，不亦有[illegible]乎？”（简 13）学者将“[illegible]”释为“离”。[5] 李零谓：“其声旁部分乃‘離’字所从，这里读为‘离’，指离而嫁人。”[6] 据裘锡圭考证，此字为从“辵”“悤”声之字，应该是“送”字异构。“悤”是清母东部，“送”是心母东部，音近相通。《鹊巢》第一章：“之子于归，百两御之。”《毛传》：“百两，百乘也。诸侯之子嫁于诸侯，送御皆百乘。”由

① 魏启鹏：《简帛文献〈五行〉笺证》，中华书局，2005，第 70 页，图版（二）第 273 页。

② 荆州博物馆：《郭店楚墓竹简》，文物出版社，1998，图版第 32 页，释文第 150 页。

③ 陈士珂辑《孔子家语疏证》，商务印书馆，1937，第 62 页。

④ 陈士珂辑《孔子家语疏证》，商务印书馆，1937，第 203 页。

⑤ 李学勤：《〈诗论〉分章释文》，姜广辉主编《经学今诠三编》，辽宁教育出版社，2002，第 135 页；李零：《〈上海博物馆藏战国楚竹书〉（一）释文校订》，姜广辉主编《经学今诠三编》，辽宁教育出版社，2002，第 184~185 页。

⑥ 李零：《上博楚简三篇校读记》，中国人民大学出版社，2007，第 17 页。

用车百乘，可见娘家送女之盛况，所以简 13 说："不亦有送乎？"[①] 上文《关雎》《甘棠》《鹊巢》属于《诗经》的"二南"，这与孔子对"二南"的特殊喜好分不开。《论语·阳货》记载："子谓伯鱼曰：女为《周南》、《召南》矣乎？人而不为《周南》、《召南》，其犹正墙面而立也与！"刘宝楠《论语正义》："窃又意二南，皆言夫妇之道，为王化之始。"[②]

其次，《孔子诗论》中的"感叹"语气贯穿于全篇，例如："《宛丘》吾善之，《猗嗟》吾喜之，《鸤鸠》吾信之，《文王》吾美之，《清庙》吾敬之，《烈文》吾悦【之】。"（简 21）在感叹之外，有义理的分析，指出所以然之故。"《宛丘》曰'洵有情，而无望'，吾善之。《猗嗟》曰'四矢反，以御乱'，吾喜之。《鸤鸠》曰'其仪一氏（兮），心如结也'，吾信之。'文王在上，於昭于天'，吾美之。【《清庙》曰'肃雍显相，济济】多士，秉文之德'，吾敬之。《烈文》曰'亡竞维人，不显维德，於乎！前王不忘'，吾悦之。"（简 22、简 6）由此可见，《孔子诗论》应是孔子讲授《诗经》的原始记录，仿佛闻其謦欬之声，增强了《诗经》的艺术感染力。《论语·述而》："子所雅言，《诗》、《书》、执礼，皆雅言也。"刘台拱《论语骈枝》云："夫子生长于鲁，不能不鲁语。惟诵诗读书执礼，必正言其音。所以重先王之训典，谨末学之流失。"[③] "正言其音"则诗意周全，以"雅言"而不是"鲁语"训读《诗经》，本身就是训诂之良法。

最后，孔子在讲说《诗经》时采用了"对举法"。据陈剑《〈孔子诗论〉补释一则》研究，简 16 与简 24 可以通联，读作："吾以《葛覃》得氏初之诗，民性固然，见其美必欲反其本。夫葛之见歌也，则（简 16）以絺绤之故也；后稷之见贵也，则以文武之德也。（简 24）"意思是说，葛可以提取纤维织成"絺绤"供人们使用，所以受到歌咏；后稷因为有文王、武王这样有德的后代，所以受到周人的尊崇。[④] 孔子对《诗经》的解读，基本上是玩味文本，采其功用，所谓"《诗》以正言，义之用也"（《汉书·艺文志》）。在《孔子诗论》、《论语》以及后世传述孔子言论的著作中，可

---

① 裘锡圭：《释古文字中的有些"悤"字和从"悤"、从"囱"之字》，《出土文献与古文字研究》（第二辑），复旦大学出版社，2008，第 1～12 页。

② 刘宝楠注《论语正义》，上海书店，1986，第 375 页。

③ 转引自刘宝楠注《论语正义》，上海书店，1986，第 145 页。

④ 陈剑：《〈孔子诗论〉补释一则》，姜广辉主编《经学今诠三编》，辽宁教育出版社，2002，第 223 页。

见孔子论《诗》没有造作故事，没有天文历算以及方术谶纬之类的玄学，这也是先秦诸子言《诗》论《诗》的传统。董治安曾作《战国文献论〈诗〉、引〈诗〉综录》①，收集《论语》《孟子》《荀子》等战国文献中对《诗经》的引用，大多采用“以意逆志”之法，表达对《诗经》“义理”及功用的理解。马承源认为：“《诗论》在汉时当然也无传本。”② 这个结论是对的。陈桐生《〈孔子诗论〉研究》用很大篇幅论证《孔子诗论》对四家诗的影响，但还看不出这种影响的直接证据。至于《孔子诗论》“未涉及的理论”，陈桐生总结出诸如“没有涉及美刺、比兴、讽谏概念”“没有以史证诗”“只是写他自己的读《诗》体会”等③，可以说《孔子诗论》体现了“古之学者”“存其大体，玩经文”的特点。

四 “〈诗〉无达诂”：经典化后的阐释多样性及其功过

在《诗》与仪式、《诗》与乐的两次分离以后，《诗经》传授经历了文本化、经典化的过程。从《孔子诗论》来看，孔子基本上是在玩味《诗经》的文本内容，兼及对其音乐形式及功用的解说。但没有证据表明《孔子诗论》在西汉有传授。西汉时代在《诗经》阐释史上影响较大的理论，为董仲舒《春秋繁露·精华》提出的“《诗》无达诂，《易》无达占，《春秋》无达辞”，此语又见于刘向《说苑·奉使》以及《诗纬·泛历枢》。刘向学《鲁诗》，为汉宣、元、成时人物。《诗纬》源自齐诗，为西汉哀、平之际谶纬之书，可见董仲舒的“《诗》无达诂”论很有市场。这一说法隐含两个命题：一是《诗经》文本阐释的不确定性，也就是没有形成统一的客观标准；二是为《诗经》阐释学上的“以意逆志”说提供了合理的前提。但若放在经典诠释学的视域之下，“《诗》无达诂”为以“章句”说《诗》大开方便之门，增加了阐释的自由度和多样性。这样做的后果，正如《汉书·艺文志》所批评的那样，“后世经传既已乖离，博学者又不思多闻阙疑之义，而务碎义逃难，便辞巧说，破坏形体；说五字之文，至于二三万言。后进弥以驰逐，故幼童而守一艺，白首而后能言；安其所习，毁所不见，终以自蔽。

① 董治安：《先秦文献与先秦文学》，齐鲁书社，1994，第64~88页。

② 马承源：《〈诗论〉讲授者为孔子之说不可移》，《中华文史论丛》（第67辑），上海古籍出版社，2001，第8页。

③ 陈桐生：《〈孔子诗论〉研究》，中华书局，2004，第209页。

此学者之大患也”。其主要批评的是汉代通行的“章句”之学。

“训诂”与“章句”是汉代经典诠释的两种主要方法。《汉书·扬雄传》：“雄少而好学，不为章句，训诂通而已。”《汉书·儒林传》记丁宽“作《易说》三万言，训故举大谊而已”。《后汉书·桓谭传》：“遍习《五经》，皆诂训大义，不为章句。”《后汉书·王充传》：“好博览而不守章句。”《后汉书·荀淑传》：“博学而不好章句。”《后汉书·卢植传》：“能通古今学，好研精而不守章句。”《后汉书·儒林列传》：“初，光武迁还洛阳，其经牒秘书载之二千余两，自此以后，参倍于前。”[①] 这些“经牒秘书”就包括大量今文《诗经》“章句”，在东汉末年董卓之乱中，“一时焚荡，莫不泯尽焉”。就清代陈乔枞《三家诗遗说考》、冯登府《三家诗异文疏证》及王先谦《诗三家义集疏》所搜集的佚文分析，汉代齐、鲁、韩三家今文经学一般采用“训诂”与“章句”两种不同的方法。训诂法，通过诗句训诂疏通文义。清马瑞辰认为：“诂训则博习古文，通其转注、假借，不烦章解句释，而奥义自辟。”[②] 钱大昕《〈经籍纂诂〉序》云：“有文字而后有诂训，有诂训而后有义理。诂训者，义理之所由出，非别有义理出乎诂训之外者也。”[③] 如申培传《鲁诗》，《汉书·儒林传》载：“申公独以《诗经》为训故以教，亡传，疑者则阙弗传。”颜师古注“亡传”云：“口说其指，不为解说之传。”《汉书·楚元王传》：“元王好《诗》，诸子皆读《诗》，申公始为《诗》传，号《鲁诗》。”“《诗》传”之“传”指训诂而非故事。

据王国维《汉魏博士考》研究，文景之时已置“专经博士”，如申公(培)、辕固、韩婴为《诗》博士，武帝时建元五年（前136）始置五经博士。“案汉世所立十四博士，皆今文学也。古文诸经，终汉之世未得立于学官。”[④]《汉书·艺文志》所谓“后世经传既已乖离”云云，当指西汉中晚期经典阐释学风发生了很大变化，主要体现为“训故举大谊”之风转变为“章句”之学，据说出自子夏（《后汉书·徐防传》），据马瑞辰分析，其特点为：“章句者，离章辨句，委曲支派，而语多傅会，繁而不杀。”[⑤] 据应劭《风俗通义》记载，汉武帝“立五经博士，开弟子员，设科射策，劝以

---

① 范晔：《后汉书》，中华书局，1965，第2548页。

② 马瑞辰：《毛诗传笺通释》，中华书局，1989，第4页。

③ 钱大昕：《〈经籍纂诂〉序》，阮元等纂集《经籍纂诂》，中华书局，1982，第1页。

④ 王国维：《观堂集林》(一)，中华书局，1959，第188页。

⑤ 马瑞辰：《毛诗传笺通释》，中华书局，1989，第4页。

官禄，讫于元始，百有余年，书积如丘山，传业浸众，枝叶繁滋，经说百万言，盖禄利之路然也”①。《文心雕龙·论说》云：“若秦延君之注《尧典》，十余万字；朱普之解《尚书》，三十万言：所以通人恶烦，羞学章句。若毛公之训《诗》，安国之传《书》，郑君之释《礼》，王弼之解《易》，要约明畅，可为式矣。”②

就今文《诗经》授受情况而论，据唐晏《两汉三国学案》卷五《诗》统计，《鲁诗》传授人物从“申公”以下，包括孔安国、瑕丘江公、刘向等五十七人。传《齐诗》者从“辕固”以下，包括夏侯始昌、董仲舒、匡衡等二十二人。传《韩诗》者从韩婴以下五十四人，《毛诗》传者如毛公、卫宏、郑众、贾逵、郑玄等三十八人。③ 大体而言，《鲁诗》侧重训诂，至刘向编纂《列女传》《说苑》《新序》，则以故事说《诗》。《齐诗》《韩诗》则侧重章句。《齐诗》杂以阴阳五行灾异之说，东汉马援“尝受《齐诗》，意不能守章句”，伏黯“以明《齐诗》，改定章句，作《解说》九篇”，至伏恭以伏黯“章句繁多”，乃“省减浮词，定为二十万言”（《诗古微·齐诗传授考》）。《韩诗》亦侧重章句，如薛汉“世习《韩诗》，父子以章句著名。汉少传父业，尤善说灾异、谶纬”。《韩诗》有《薛君章句》传世。杜抚“受业于薛汉，定《韩诗章句》”，杜琼亦著“《韩诗章句》十余万言”，张匡亦“习《韩诗》，作章句”（《诗古微·韩诗传授考》），等等。从这些记载来看，“章句”之学对《诗经》文句的解释侧重故事、谶纬、天文历数等阴阳五行之类的比附，往往谬托孔子，偏离经典原义，《汉书·艺文志》云：“汉兴，鲁申公为《诗》训故，而齐辕固、燕韩生皆为之传。或取《春秋》，采杂说，咸非其本义。与不得已，鲁最为近之。”班固的时代，《毛诗》尚未立于学官，唐晏《两汉三国学案》云：“至郑玄提倡《毛诗》，毛始大行于世，而鲁、韩皆微矣。”④ 《隋书·经籍志》“诗类”著录《韩诗》二十二卷（薛氏章句）、《韩诗翼要》十卷（汉侯苞传）、《韩诗外传》十卷之外，其他三十六部都属于《毛诗》。清代学者曾对“三家诗”做大量辑佚工作，本文根据这些材料，与《孔子诗论》比对，分析汉代《诗经》“章句”之学都添加了哪些内容。比较突出的几个特征如下。

---

① 应劭撰，王利器校注《风俗通义校注》，中华书局，1981，第596页。

② 黄叔琳注，李详补注，杨明照校注拾遗《增订文心雕龙校注》，中华书局，2000，第247页。

③ 唐晏：《两汉三国学案》，中华书局，1986，第211~213页。

④ 唐晏：《两汉三国学案》，中华书局，1986，第307页。

（一）以故事说诗

《汉书·儒林传》记载："（韩）婴推诗人之意，而作《内》、《外传》数万言，其语颇与齐、鲁间殊，然归一也。"《韩诗内传》亡于宋，今存《韩诗外传》与刘向《说苑》《新序》《列女传》相类似，都是先讲一个故事，然后引《诗》为证。《四库全书总目》"《韩诗外传》十卷"云："王世贞称《外传》引《诗》以证事，非引事以明《诗》，其说至确。"[①] 刘向习《鲁诗》，同时多用故事描述语境。如《周南·关雎》，《孔子诗论》云"《关雎》之改"，"以色喻于礼"，至《列女传》则云："康王夫人晏出朝，《关雎》起兴，思得淑女以配君子。"《周南·汉广》，《孔子诗论》简11云："《汉广》之智，则知不可得也。"《列女传》云："游女，汉水神。郑大夫交甫于汉皋见之。"《韩诗内传》云："郑交甫遵彼汉皋下，遇二女，与言曰：愿请子之佩。二女与交甫，交甫受而怀之，超然而去。回顾二女，即亡矣。"[②]《孔子诗论》多次说到《甘棠》，《韩诗外传》卷一曰："昔者周道之盛，邵伯在朝，有司请营邵以居。邵伯曰：'嗟！以吾一身而劳百姓，此非吾先君文王之志也。'于是出而就蒸庶于阡陌陇亩之间而听断焉。邵伯暴处远野，庐于树下，百姓大说，耕桑者倍力以劝。于是岁大稔，民给家足。""章句"本出经师讲诵，《汉书·艺文志》载"说"体著作，如《诗》有《鲁说》《韩说》，《论语》有《齐说》《鲁夏侯说》等，这些故事或出自传说，或望文生义，主要在于增加讲课的趣味性。

（二）以谶纬论《诗》

这主要体现在《齐诗》传授体系中出现了《诗纬》等著作。齐地儒生具有方士特性，其代表人物如辕固、董仲舒、萧望之、翼奉、匡衡、郎颛等人，用齐地特有的阴阳、五行、星占、灾异学说解释《诗经》，阐发变革更化的思想。清儒陈乔枞论《齐诗》宗旨有三："一曰四始，明五行之运也；二曰五际，稽三期之变也；三曰六情，著十二律之本也。"[③]"四始""五际""六情"是谶纬《诗》学的重要术语，其中"四始""五际"涉及《诗

---

① 永瑢等：《四库全书总目》，中华书局，1965，第136页。

② 冯登府：《三家诗遗说》，华东师范大学出版社，2010，第10页。

③ 陈乔枞：《诗纬集证》，《续修四库全书》（第77册），上海古籍出版社，1995，第761页。

经》的具体诗篇。《诗纬·含神雾》："集微揆著，上统元皇，下序四始，罗列五际。"《诗纬·泛历枢》："建四始五际而八节通，卯酉之际为革正，午亥之际为革命。"《诗纬·泛历枢》解释"四始"：

> 《大明》在亥，水始也。《四牡》在寅，木始也。《嘉鱼》在巳，火始也。《鸿雁》在申，金始也。

"亥"为北方"水"位，《汉书·李寻传》："五行以水为本。"《诗纬·泛历枢》："凡推其数皆从亥之仲起，此天地所定位，阴阳气周而复始，万物死而复苏。"与"亥"位相配的《大明》叙述文王通婚、武王降生到伐纣的史实，是殷灭周兴的史诗再现。"寅"为东方木位，为生长之方。《汉书·律历志》："寅，木也。"《白虎通义·五行》："寅者，演也。"即演生万物之意。与"寅"位相配的《四牡》属"正小雅"《鹿鸣之什》，为宾礼"《鹿鸣》之三"所奏乐歌，体现了君乐臣和的思想。"巳"为南方火位，《白虎通义·五行》："巳者，物必（毕）起。"《说文解字》："巳，已也。四月，阳气已出，阴气已藏，万物见，成文章。故巳为蛇，象形。"与"巳"位相配的《嘉鱼》即"正小雅"中的《南有嘉鱼》，为先秦宾礼"乡饮酒礼""燕礼"所用乐歌。"申"为西方金位，《礼记·月令》："孟秋之月……律中夷则。"《史记·律书》："言阴用事，申贼万物。"《白虎通义·五行》："申者，身也，律中夷则。"与"申"位相配诗篇为"变小雅"《鸿雁》，《齐诗》认为《鸿雁》体现王室失政之始。

"五际"见于《汉书·翼奉传》，翼奉所谓"易有阴阳，诗有五际"云云。颜师古注引孟康曰："《诗内传》曰：五际：卯、酉、午、戌、亥也。阴阳终始际会之岁，于此则有变改之政也。"《诗内传》为辕固所作（《汉书·儒林传》），可见"五际"说出自辕固。《诗纬·泛历枢》云："卯，《天保》也。酉，《祈父》也。午，《采芑》也。亥，《大明》也。"缺"戌"位。《汉书·翼奉传》云："臣奉窃学《齐诗》，闻五际之要《十月之交》篇。"则"戌"当指《十月之交》。清儒迮鹤寿《齐诗翼氏学·〈诗纬〉篇数不合辨》云："亥为《大明》，天下初定。卯为《天保》，君臣交勉。午为《采芑》，中兴事业。酉为《祈父》，政治废弛，急宜改革。至戌为《十月之交》，则天变见于上，地变见于下，王者所当恐惧修省也。"①

① 迮鹤寿：《齐诗翼氏学》，《续修四库全书》（第75册），上海古籍出版社，1995，第37页。

“五际”与“四始”一样，以时历律令以及阴阳消息比附《诗经》大小雅作品，主要是因为“二雅”是言“王政之所废兴”的诗篇，更为直接地反映了王朝的政治命运及吉凶休咎的“历数”。《诗纬》“四始”说重点在万物兴、盛、衰、败的开始，“五际”代表万物从出生、成长、衰落、死亡到复生的五个阶段，对《诗经》大小雅诗篇进行出人意料的解释，目的在于借助“历数”揭示王朝命运，倡言改革。

出土文本《孔子诗论》只涉及了“五际”中的《天保》《祈父》《十月之交》，未涉及“四始”诗篇。《孔子诗论》简9：“《天保》其得禄蔑疆矣，选寡德故也。《祈父》之刺（当为“责”），亦有以也。”简8：“《十月》善諀言。”[①] 胡平生《读上博藏战国楚竹书〈诗论〉札记》云：“‘諀’不仅从卑声，亦是‘卑’之卑小、卑微、非正统之意，‘卑言’乃是下民之言。《十月》诗中屡见‘今此下民，亦孔之哀’……它是代表了下民对国家政治、对达官贵人的怨恨之言。”[②] 由此可以看出，《孔子诗论》多就文本本身立义，而《诗纬》在文本之外，增加了政治伦理功用的解说。

五　出土文献对《诗经》阐释史的启迪效用

据上文所论，清华简《耆夜》以及《周公之琴舞》，显示了《诗经》在“前经典”时代是仪式性的文本。上博简《孔子诗论》，出现在“礼崩乐坏”的春秋末期，孔子手持《诗》文本玩味经文，可以说是《诗经》阐释史唯一的先秦写本。将这些出土文献与西汉《诗经》阐释加以比较，很容易判断出今文《诗经》学的某些特点和贡献。

（1）西汉齐、鲁、韩今文经学，自汉武帝“罢黜百家，独尊儒术”，立为学官，也就垄断了对《诗经》的解释。在训诂的同时，增加了许多故事来提高讲诵的趣味性，以鲁、韩最为突出，如《韩诗外传》《说苑》《新序》引《诗》证事，层累为“故事大全”；《齐诗》则采用天文、星占、历数、谶纬等“章句”来神乎其事，这一阐释史的走向与汉代统治者的需要相一致。

（2）西汉今文《诗经》获得了经典地位，就成了论证统治合法性的手

① 李零：《上博楚简三篇校读记》，中国人民大学出版社，2007，第25~26页。

② 《胡平生简牍文物论稿》，中西书局，2012，第107页。

段。董仲舒所谓“《诗》无达诂”就是在这样的前提下提出来的，同时为各种阐释策略提供了合理的前提。

（3）今文学者性喜“托古言制”，普遍有政治关怀，知晓统治者的需求。钱穆《两汉博士家法考》云：“盖治经而言灾异，虽与言礼制不同，要尚不失于通经致用之义。”[①] 如汉武帝即位以后，任用申培等人根据《周颂》建立明堂等礼仪建筑（《汉书·儒林传》），而谶纬《诗》学依据对《周颂》的解说来建立郊庙祭祀等国家礼仪等，都体现了今文“通经致用”的功利主义倾向。

（4）《毛诗序》不可尽信。《后汉书·儒林列传》：“初，九江谢曼卿善《毛诗》，乃为其训。（卫）宏从曼卿受学，因作《毛诗序》，善得《风》《雅》之旨，于今传于世。”[②]《毛诗序》对“六义”的解释与汉代忠君思想和美刺传统密不可分。与上博简《孔子诗论》比较，作为“题解”的《诗小序》大多为汉代经师讲授的记录，即“以史证诗”，除见诸先秦古书《左传》《国语》等书外，其引述史实以及美刺对象都是值得怀疑的。

（本文后发表于《浙江学刊》2016年第2期）

① 钱穆：《两汉博士家法考》，《两汉经学今古文平议》，商务印书馆，2001，第231页。
② 范晔：《后汉书》，中华书局，1965，第2575页。

从阜阳汉简《诗经》看汉代《诗经》流传情况

徐林云

（闽南师范大学　文学院，福建　漳州　363000）

摘　要： 汉代经学昌明，《诗经》尤甚。然而传世文献中关于《诗经》在汉代流传情况的记载多局限于“三家诗”说或“四家诗”说，而阜阳汉简《诗经》的出土则打破了这个定说，为我们认识汉代《诗经》的流传情况提供了新的线索。

关键词： 阜阳汉简　《诗经》　四家诗

清人皮锡瑞言：“孔子所定谓之经；弟子所释谓之传，或谓之记；弟子展转相授谓之说。惟《诗》、《书》、《礼》、《乐》、《易》、《春秋》六艺乃孔子所手定，得称为经。”[①] 孔子作为儒家学派的创始人，确立儒家经典，使这些经典著作在中国文学史以及中国文化史上都产生了重要影响。《四库全书总目提要四部类叙·经部总叙》有言，“盖经者非他，即天下之公理而已”[②]，直接尊奉儒家经典为“天下之公理”。而《诗经》作为六经之一在儒家文学史中具有很高的地位。至汉代，经学昌明，《诗经》尤甚。《汉书·艺文志》载：“孔子纯取周诗，上采殷，下取鲁，凡三百五篇。遭秦而

① 皮锡瑞：《经学历史》，中华书局，2004，第 39 页。

② 《四库全书总目提要四部类叙》（据江标《灵鹣阁丛书》刻印），中华书局，1991，第 1 页。

全者，以其讽诵，不独在竹帛故也。汉兴，鲁申公为《诗》训故，而齐辕固、燕韩生皆为之传。或取《春秋》，采杂说，咸非其本义。与不得已，鲁最为近之。三家皆列于学官。又有毛公之学，自谓子夏所传，而河间献王好之，未得立。"[①] 宋王应麟《困学纪闻》云："后汉翟酺曰：'文帝始置一经博士。'考之汉史，文帝时，申公、韩婴皆以《诗》为博士，五经列于学官者，唯《诗》而已。"[②] 这两段话对《诗经》的源流及《诗经》在汉初的传播情况作了总括性的叙述，从中不难窥见《诗经》在汉代的重要地位。

关于《诗经》在汉代的流传情况，文学史上一般有"三家诗"或"四家诗"的说法。《后汉书·儒林列传》云："《诗》，齐、鲁、韩。"[③] 齐、鲁、韩三家诗在文景之时就已立学官、设博士。《毛诗》则流传于民间，其开派大师为河间献王博士毛公，故曰"又有毛公之学，自谓子夏所传，而河间献王好之，未得立"。《汉书·艺文志》载："凡《诗》六家，四百一十六卷。"[④] 所言"六家"，是因为除齐、鲁、韩、毛四家外，《齐诗》又有"后氏""孙氏"两家。在两千多年的历史长河中，得以流传至今的唯有《毛诗》，其他均已亡佚。此外，据洪湛侯《诗经学史》统计，除《汉书·艺文志》记载，"见于其他文献记载者，尚有《韩诗薛君章句》二十二卷，《薛君章句》经杜抚所定之《杜君注》若干卷，杜琼所著之《韩诗章句》十万余言，侯包所著之《韩诗翼要》十卷。惟今日所见，除《韩诗外传》十卷尚存外均亡佚"[⑤]。到此，我们不禁会产生一个疑问，在经学蔚为大观的两汉时期，传习《诗经》的仅有齐、鲁、韩、毛这四家吗？如陈良武所言："在重视礼乐文化制度建设的汉代，以《诗经》之与礼乐制度的密切程度及其易于记诵的特点，仅有四家之传似乎不尽合于情理。"[⑥] 从古至今，《诗经》的研究历史源远流长，已很难再从传世文献中获得新的发现，然而，20 世纪以来出土的一些汉代文献资料，却为我们了解《诗经》在汉代流传的情况提供了新线索。

整理 20 世纪以来的汉代出土文献，可用于研究汉代《诗经》流传情况

---

① 班固：《汉书》，中华书局，1962，第 1708 页。
② 王应麟：《困学纪闻》，上海古籍出版社，2015，第 286 页。
③ 范晔：《后汉书》，中华书局，1965，第 2545 页。
④ 班固：《汉书》，中华书局，1962，第 1708 页。
⑤ 洪湛侯：《诗经学史》，中华书局，2002，第 117 页。
⑥ 陈良武：《出土文献与〈诗经〉研究》，《福建论坛》（人文社会科学版）2012 年第 11 期。

的有 1977 年在安徽阜阳双古堆一号汉墓发现的一批《诗经》残简，1978 年在湖北武汉地区发现的一面刻有《鲁诗》的东汉铜镜，等等。其中影响和价值最大的应当是阜阳汉简《诗经》。

阜阳汉简《诗经》（以下简称《阜诗》）出土于安徽阜阳双古堆一号汉墓，是西汉第二代汝阴侯夏侯灶（？~前 165）的随葬遗物，出土时仅存简片 170 余枚且严重残损，无书题。虽然简断篇残，但是其作为目前所见最早的《诗经》古本，真实展现了传世文献所未记载的《诗经》在汉代早期的风貌，故一经出土整理面世就产生重大影响，研究者众多，研究成果也颇为丰富。胡平生、韩自强著有《阜阳汉简诗经研究》[①] 一书，整理收录了《阜诗》的复原图、摹本及释文，统计《阜诗》有《国风》与《小雅》两种；《国风》有《周南》《召南》《邶风》《鄘风》《卫风》《王风》《郑风》《齐风》《魏风》《唐风》《秦风》《陈风》《曹风》《豳风》等残片，只有《桧风》未见；计有残诗（有的仅存篇名）六十五首，《小雅》则仅存《鹿鸣之什》中的四首诗的残句。该书还将《阜诗》与《毛诗》作了比对，并进一步探讨了《阜诗》究竟属于哪家。其中的《阜阳汉简〈诗经〉简论》一文，认为《阜诗》断不属于《毛诗》系统，也不会是三家诗中的任何一家。[②] 自胡、韩之后，学界对《阜诗》分属流派的问题进行了更加深入的探讨，如李学勤认为，这些残诗“肯定不属于齐、鲁、韩三家诗”，“它不属于传统上习知的经学系统”，“阜阳双古堆在原楚国境内，有可能是楚地经学的孑遗，入汉后渐归亡佚”[③]；洪湛侯于其著作《诗经学史》中专辟一节名为“阜阳汉简《诗经》疑为四家以外的另一家”[④]，对该问题进行研究讨论，并与胡、韩二人持相同看法，认为《阜诗》不属于四家诗系统。还有其他多位学者谈及这个问题，多数都认为《阜诗》为四家诗外的一家或者为楚地流传的另一个本子。但是也有部分学者持相反观点，认为《阜诗》的分属流派不出于四家诗范围。早在 1987 年，许廷桂在《阜阳汉简〈诗经〉校读札记》一文中就提出了自己的看法，认为“胡平生、韩自强同志的《阜阳汉简〈诗经〉简论》一文，用大量篇幅将阜阳汉简《诗经》的文

---

① 胡平生、韩自强：《阜阳汉简诗经研究》，上海古籍出版社，1988。

② 胡平生、韩自强：《阜阳汉简〈诗经〉简论》，《阜阳汉简诗经研究》，上海古籍出版社，1988，第 23~35 页。

③ 转引自骈宇骞《出土简帛书籍分类述略（六艺略）》，《中国典籍与文化》2005 年第 2 期。

④ 洪湛侯：《诗经学史》，中华书局，2002，第 145 页。

字与毛诗及齐鲁韩三家诗的残存文字作了比勘，以其颇有歧异，便断言‘绝非毛诗’，亦‘不会属于鲁、齐、韩三家中的任何一家’。这是囿于一个误解而作出的结论，无助于说明阜阳汉简《诗经》的价值”[①]。近年又有赵争作《两汉〈诗经〉流传问题略论——以阜阳汉简〈诗经〉为中心》一文，指出：“对于阜阳汉简《诗经》的家派性质，胡平生、韩自强据其异文与四家诗互有异同的情形，判定其为四家以外的传本。这也是在判定《阜诗》传派时一种公认的方法，然而这种方法实可讨论。”[②] 可以说，以胡平生和韩自强为代表的一方与以许廷桂和赵争为代表的另一方对于《阜诗》的分属流派问题形成了两种相反的看法，而对于这个问题的争议又直接影响到我们对《诗经》在汉代流传情况的认识。因此，笔者在前人研究的基础上在此对两种观点进行比较分析，以期对《阜诗》分属流派的问题形成一个明确的认识，从而达到通过出土的《阜诗》来了解《诗经》在汉代的流传情况的目的。

许廷桂对于其所持观点给出了理由，其引班固《汉书·艺文志》之言“昔仲尼没而微言绝，七十子丧而大义乖。故《春秋》分为五，《诗》分为四，《易》有数家之传”以及王应麟《诗考·序》之说“汉言诗者四家，师异指殊”，提出“《诗》之分‘家’，源自‘大义’、‘指意’上的差别”，认为不同家的《诗》，根本区别全在解说不同，至于经文间的出入，“是各家早期共同的传授方式注定了都要产生的”，“《诗经》正是‘以其讽诵’而较其他儒家典籍得到最完整的保存，同时在文字上也因此而最生纷歧。尽管汉儒治经最重家法，在递传中‘皆各守师法，持之弗失，宁固而不肯少变’（陈乔枞《三家诗遗说考》），这实是就诗说即‘大义’而言，但各家治《诗》者方音的歧异和汉字同音通假规律的普遍应用，在口耳相传中不可避免地都要产生经文的变改”。[③] 总而言之，就是许廷桂认为《阜诗》与四家诗的异文不足以证明《阜诗》就是有别于四家的另一家。赵争所持的理由与许廷桂大同小异，也是着眼于《阜诗》与四家诗的异文，其认为：

① 许廷桂：《阜阳汉简〈诗经〉校读札记》，《重庆师院学报》（哲学社会科学版）1987 年第 3 期。

② 赵争：《两汉〈诗经〉流传问题略论——以阜阳汉简〈诗经〉为中心》，《大连理工大学学报》（社会科学版）2013 年第 4 期。

③ 许廷桂：《阜阳汉简〈诗经〉校读札记》，《重庆师院学报》（哲学社会科学版）1987 年第 3 期。

"在汉初很长一段时间内，不存在一部在字形上具有定本意义的《诗经》文本。""汉初《诗》本异文转歧并非仅发于不同《诗经》传本间，即便同一诗家派别，其授受转写，亦当用字歧出，此为异；学于同一诗家，人用其乡致异文歧出，另有地域相近甚或同乡之人，音声相近而学于不同之诗家，其写录不同家派之《诗经》传本当有类同，此为同。"故"在汉武帝《诗》立学官以前，当并不存在一种在字形上具有定本意义的《诗经》文本，以地域为中心流传的不同传派的《诗》本，在字形上也并不呈现出划一的文本面貌，相同传派的《诗》本当在文本结构（文句、章次等）及诗说方面保持一致"。"汉初同一家派的《诗》本往往是指一组文字异形而文本结构和诗句意义基本相同的文本系列。若这种推论大致不差，则单凭用字差别无法判断一种《诗》本的家派。"①

现在反观认为"《阜诗》为四家《诗》外别一家"的理由，总结前人的研究成果，大致得出以下几个方面的原因。

其一，胡平生、韩自强《阜阳汉简〈诗经〉简论》将《阜诗》与四家诗进行异文比勘，指出《阜诗》绝非《毛诗》系统，并认定也不会是《齐诗》《鲁诗》《韩诗》三家中的任何一家。其引陈乔枞之语："汉儒治经，最重家法，学官所立，经生递传，专门命氏，咸自名家。三百余年，虽《诗》分为四，《春秋》分为五，文字或异，训义固殊，皆各守师法，持之弗失，宁固而不肯少变。（《齐说遗说考》）"② 可以看到，胡、韩二人与许氏都是从《阜诗》与四家诗的异文入手，并且都引用了陈乔枞的话作为佐证，却得出了两种完全相反的观点，究其根本则出于对汉代治经"师法"与"家法"的理解不同。许氏认为陈乔枞所谓师法之"宁固而不肯少变"者实就《诗》之"大义"而言，非拘泥于一字一词，而胡、韩二人则认为汉儒治经，各守师法，"文字或异，训义固殊"的情况只存在于不同师法之间，同一师法系统则"持之弗失，宁固而不肯少变"。

双方各执一词，似乎难以判断孰是孰非，好在除他们之外还有其他学者对汉代经学之"师法""家法"作出自己的理解。如洪湛侯就在其著作《诗经学史》第二编"诗经汉学"的第一章"汉代经学情况"中专立一节

① 赵争：《两汉〈诗经〉流传问题略论——以阜阳汉简〈诗经〉为中心》，《大连理工大学学报》（社会科学版）2013 年第 4 期。

② 胡平生、韩自强：《阜阳汉简诗经研究》，上海古籍出版社，1988，第 28 页。

谈论汉代“师法”与“家法”的问题，原文如下：

> 汉人治诗，最重师法。师之所传，弟之所受，一字不敢出入，违背了师说，则废弃不用。大致说来，前汉重师法，后汉重家法。所谓师法，即指师之所授；所谓家法，即师弟传授专守一家之学。皮锡瑞云：“先有师法，而后能成一家之言，师法者，溯其源，家法者衍其流也。”（《经学历史·经学极盛时代》）汉人无无师之学，训诂句读，皆从口授，书皆竹简，得之不易，若不从师，无从写录，因此汉之学必从师，然后能成一家之言。①

洪氏这段话直白易懂，大意即汉人治诗必定从师，如此方可成一家之言，故最重师法，所谓“师法”即“师之所传，弟之所受，一字不敢出入，违背了师说，则废弃不用”，而家法又出于师法。这里虽然没有引用陈乔枞之言，但同样是论汉代“师法”，笔者认为，“一字不敢出入，违背了师说，则废弃不用”是对“持之弗失，宁固而不肯少变”的另一种表述。那么洪氏与陈乔枞对于汉人治《诗》“师法”与“家法”的理解应当是相同的，“一字不敢出入”即“宁固而不肯少变”，而显然固而不变者严格到文本的字词之间，而非单指“大义”。此外，刘毓庆、郭万金《从文学到经学——先秦两汉诗经学史论》一书曾对四家诗外的诗学进行考索，提到几种出自汉代的出土文献，其中就包括《阜诗》。刘、郭二人同样将《阜诗》的文字与《毛诗》及三家诗进行比对，现作如下摘录：

> 《毛诗·蟋蟀》“弗曳弗娄”，韩、鲁作搂，阜诗作“弗𬡍弗溜”；
> 《毛诗·殷其靁》《韩诗》殷作磤，阜诗作“印其离”；
> 《毛诗·燕燕》“燕燕于飞”，三家同，阜诗作“匽匽于非”；
> 《毛诗·谷风》“方之舟之”，《鲁诗》同，阜诗作“放之州之”；
> 《毛诗·谷风》“既阻我德”，阜诗：“既沮我直”；
> 《毛诗·二子乘舟》“泛泛其景”，韩、鲁同，阜诗作“苉苉其光”；
> 《毛诗·淇澳》“宽兮绰兮”，《韩诗》作婥，阜诗作“宽旖绰旖”；

① 洪湛侯：《诗经学史》，中华书局，2002，第113~114页。

《毛诗·考盘》“独寐寤言，永矢弗谖”，阜诗作“□未吾言，柄矢弗缦”；

《毛诗·下泉》“忾我寤叹”，《鲁诗》忾作慨，阜诗作“气我吾难”；

《毛诗·绸缪》，《鲁诗》同，阜诗作“凋穋”；

《毛诗·伐木》“出自幽谷”，阜诗作“出自幼浴”；

《毛诗·旄丘》，阜诗作“鸱丘”；

《毛诗·简兮》“山有榛”，阜诗作“山有业”；

《毛诗·北风》“惠而好我”，阜诗作“惠然好我”；

《毛诗·小戎》“文茵畅毂”，《韩诗》同，阜诗作“文茵象畅”；

《毛诗·小戎》作“騧骊是骖”，阜诗“騧”作“驿”。①

从以上所摘录的《阜诗》与《毛诗》及三家诗的异文中可以看出，有些异文可能是由通假或其他因素造成的，而有些异文显然是由于内容上的不同。如此看来，《阜诗》与四家诗的异文不仅仅存在字形上的差异，也存在意义上的不同，这就对许廷桂和赵争提出的异议作出了正面的回应。

综上，双方的论争似乎有了一个结果，即可以通过《阜诗》与四家诗的异文判定《阜诗》为四家诗外的另一家。不过笔者认为，赵争所言也不无道理，单凭用字差别无法判断一种《诗》本的家派，只以《阜诗》与四家诗的异文来下定论或许缺乏说服力，若要证明《阜诗》是汉代于四家诗外流传的另一家，需要更多的证据来支撑和证明，但是不能就此说明《阜诗》属于四家诗系统。

其二，刘毓庆与郭万金对四家诗外的诗学进行考索时曾说：“清儒及二十世纪的《诗》学研究者，在研究汉代《诗》学史上所犯的一个最为严重的错误，是把凡不属于《毛诗》的《诗》说，皆归于三家《诗》系统。”并且对汉初经学的传播情况作出分析，内容如下：

第一，武帝之前，《诗》学传播混乱无序，经师众多，各呈其说，派系未分。虽然四家《诗》的开山祖师，先后在文、景之世被立为中

① 刘毓庆、郭万金：《从文学到经学——先秦两汉诗经学史论》，华东师范大学出版社，2009，第 197~198 页。

> 央或地方政府的博士官，但诗学出现稳定的传播系统与学术派系，是在汉武帝设立五经博士之后。司马迁在《儒林列传》中记述《诗》学传播时，根本没有出现“齐诗”、“鲁诗”之类的名称，其评韩婴说《诗》，也只言“其语颇与齐、鲁间殊”，所指的是地域性特点，而非派系归属。这说明，在司马迁时，《诗》学流派还没有完全形成。武帝之后，专经博士制度稳定化，才出现了稳定的《诗》学传播系统，故班固在《儒林传》中，才明确地标举出四家《诗》之名。但对于武帝之前散见于诸书的《诗》说与《诗》文本，决不可轻易地归纳于四家《诗》学之中。第二，武帝之后，三家《诗》虽因政治上的合法化与权威化，将众多士子诱入其门，但毕竟因其官学化，不得不把民间的传经空间留给一些《诗》学细流。因而我们从汉代文献到出土文献中，都发现了与四家《诗》不合的《诗经》文本与《诗》学遗说。我们决不可将这些异文、异说，轻易地认作是四家《诗》的别传。①

在这里，刘、郭二人虽然不是直接围绕《阜诗》展开探讨，但前文已交代，《阜诗》出土于西汉第二代汝阴侯夏侯灶之墓，意味着《阜诗》的写成时间最晚在汉文帝十五年（前 165），其所存年代与此二人所论述的汉初《诗经》流传的背景是相吻合的。当时的《诗》学流派尚未形成，因此《阜诗》不可能从属于四家诗的任一系统。武帝之后才出现稳定的《诗》学传播系统和学术派系，以及留给民间《诗》学细流的传播空间，都为四家诗之外的《诗》学系统提供了生存与传播的条件。赵争也同意在汉武帝专经博士制度稳定以前，当并不存在一种在字形上具有定本意义的《诗经》文本。笔者认为，这不仅不能够说明存在于汉初的《阜诗》属于四家诗中的一个系统，相反，这样一种特殊的汉初《诗》学传播的背景恰恰为多种《诗》学流派的存在与发展提供了更多可能，因此，我们不能将出土的《阜诗》轻易地归属到四家诗中的某一家。

其三，《阜诗》内容除了正文外还另有三片残简，胡、韩二人已作出整理说明：

---

① 刘毓庆、郭万金：《从文学到经学——先秦两汉诗经学史论》，华东师范大学出版社，2009，第 193 页。

> S 附 2.1：后妃献
>
> S 附 2.2：风（讽）□□□（刺？）风□
>
> S 附 2.3：风（讽）君□□□
>
> 稽之《毛诗序》，言“后妃”，言“讽”，言“刺”者甚多，虽然不能与之完全吻合，但是基本的格式是一致的。我们认为，它们应当是《阜诗》的《诗序》残文。[1]

对此观点，目前学界多数学者持认可态度。自清代以来，四家诗中只有《毛诗》有《诗序》的说法已经得到驳正，近年来，更是有许多学者致力于证明《鲁诗》《齐诗》《韩诗》三家诗原来都有诗序，且与《毛诗序》大同小异。《阜诗序》的出土为这一观点提供了有力的证明。不仅如此，《阜诗序》与《毛诗序》在内容和体例上的相似更为我们提供了一种可能，即陈良武所推论的“‘四家诗’与《阜诗》都有诗序且内容接近，说明传授《诗经》的各家都有一个共同的源头，来自相同师门的传授。……《阜诗》与‘四家诗’同源而异流的情况，恰好地印证了传世文献中关于汉代经学中师法、家法的记载”[2]。既然《阜诗》与四家诗可能存在同源而异流的情况，那么自然也有可能独立于四家诗之外，为汉初《诗经》流传的又一派系。

其四，从传世文献来看，《汉书·艺文志》并未将汉代的所有《诗》学系统全部收录，换言之，即汉初《诗经》的流派并非只有传世文献中明确记载的三家或四家，还有其他《诗》学系统存在。正如胡平生和韩自强所言：“《汉志》云：‘《诗》凡六家，四百一十六卷。’四家《诗》而云‘六家’，是因为《齐诗》又有‘后氏’、‘孙氏’两家。可见当时之分‘家’并不很严格。”[3] 加之汉代经学的昌盛，汉代《诗经》的流传多家并立、多家并传应当是一种正常情况。《汉书·楚元王传》有载：“楚元王交字游，高祖同父少弟也。好书，多材艺。……文帝时，闻申公为《诗》最精，以为博士。元王好《诗》，诸子皆读《诗》，申公始为《诗》传，号《鲁诗》。元王亦次之《诗》传，号曰《元王诗》，世或有之。”[4] 由此可知，楚元王学习

---

① 胡平生、韩自强：《阜阳汉简〈诗经〉简论》，《文物》1984 年第 8 期。

② 陈良武：《出土文献与〈诗经〉研究》，《福建论坛》（人文社会科学版）2012 年第 11 期。

③ 胡平生、韩自强：《阜阳汉简诗经研究》，上海古籍出版社，1988，第 30 页。

④ 班固：《汉书》，中华书局，1962，第 1921~1922 页。

《诗经》虽在申公门下，但是其自立一家，与《鲁诗》并立，号为《元王诗》。在这方面，刘、郭二人看法相同："班固将'元王诗'与申公的《鲁诗》相提并论，明确地表示它是与申公《鲁诗》不同的别一家《诗》学。"[①] 二人还对为什么《汉书·艺文志》没有收录《元王诗》一家以及《元王诗》的流传情况作出了解释和说明：

> 但元王一脉乃王室贵族，不以传经为业，故而"元王诗"不可能在社会上有多大影响，只是家传而已。元王后人世有好《诗》者，当与元王《诗传》有关。大儒刘向即元王裔孙。刘向在所著的《列女传》、《说苑》、《新序》中，保存了大量对《诗经》的理解与解释性文字。……显然刘向对三家诗皆有看法，以为"咸非其本义"，只是"与不得已"时，才觉"鲁最为近"。那么刘向所尊者何家？从逻辑上说，刘向自当得其家传。散见于刘向著作中的《诗》说，应当有部分为"元王诗"的遗存，因此与韩、鲁间有异同。[②]

从上述话语中可以得知，《元王诗》是汉代传习《诗经》派系中除四家诗外的另一家无疑，其与《鲁诗》的关系应当和《阜诗》与四家诗的关系一样，是同源异流，而非从属于《鲁诗》系统。此外，也有学者提出《阜诗》可能是《元王诗》的遗存的看法，对此刘、郭二人持否定态度，认为这是缺乏根据的，因为《阜诗》只有六十九篇，虽然有可能是由竹简残缺所致，但也有可能是因为《阜诗》本身就是一个不全的《诗经》传本，故在篇目上就与其他《诗》不同。关于《阜诗》与《元王诗》的关系问题，还有待进一步研究，笔者在此不作展开。其实，《阜诗》是否属于《元王诗》系统并非关键，关键在于《元王诗》的存在说明了汉代在四家诗外确实还存有其他《诗》学系统。

传世文献中除了《元王诗》外，刘、郭二人还列举了汉初"二贾"的案例，来证明汉代四家诗外还有其他《诗》学系统。

---

① 刘毓庆、郭万金：《从文学到经学——先秦两汉诗经学史论》，华东师范大学出版社，2009，第 194 页。

② 刘毓庆、郭万金：《从文学到经学——先秦两汉诗经学史论》，华东师范大学出版社，2009，第 194~195 页。

> 汉初“二贾”，陆贾在刘邦前时时称引《诗》《书》，他出现于三家未出之前，自然难以纳入三家诗的派系之中。其《新语·辨惑》曰：“诗云：‘有斧有柯。’言何以治之也。”所引诗既不见于今本《毛诗》，也不见于三家遗文。关于贾谊，清儒将他列入《鲁诗》，理由大约如范家相所说：“贾谊《新书》说《诗》，与《鲁诗》合，即《驺虞》可见矣。”但是要知道，贾谊十八岁时即以能诵《诗》《书》闻名，文帝元年（前179）为博士，其后即教授于皇家。而此时《鲁诗》之祖申公，尚在楚元王家为客，直到贾谊去世（前168）13年后（前155），鲁申公才“归鲁退居家教”，始“弟子自远方至受业者千余人”，鲁诗之学才开始形成。贾谊何传《鲁诗》?①

关于“二贾”之《诗》学，笔者认为，其究竟师承何种派系还有待更多的材料和研究加以进一步证实，但是它与《元王诗》一样，都是传世文献中所记载的可能存在于四家诗外的别一家。因此，《阜诗》可能就不是唯一存在于四家诗外的《诗》学系统了。那么，我们说《阜诗》是四家诗外的别一家也不单单只是一种大胆的假设了。刘、郭二人在考索四家诗之外的《诗》学时将其提出，目的也在于说明我们在研究汉代《诗》学史的时候不要囿于三家诗或四家诗的范围，而应当拓宽视野，打破“四家”定说，接受多种可能性的存在。

综上所述，《阜诗》就其文本本身而言，存在不同于《毛诗》和三家诗的异文，不论在字形还是意义上都独具特色，这就无法将其纳入三家诗或《毛诗》的范围。而且与《毛诗序》在内容和体例上相似的《阜诗序》，也提示我们《阜诗》与四家诗可能有同源异流的情况，这为《阜诗》为四家诗外的别一家的说法提供了又一证明。从外部条件来看，汉代经学的昌明，汉初《诗》学流派的未形成，以及传世文献中所可能存在的四家诗外的别家《诗》学体系，都为汉代《诗》学流传的多家并行提供了更多的空间，这大大增加了《阜诗》为四家诗外别一家的可能性。如此看来，说《阜诗》是四家诗外的别一家就不是仅凭《阜诗》与四家诗的异文而言了，不论是《阜诗》文本自身还是其存在的外在环境，都为这一说法提供了强有力的

① 刘毓庆、郭万金：《从文学到经学——先秦两汉诗经学史论》，华东师范大学出版社，2009，第196页。

证明。

费了诸多笔墨去证明《阜诗》为四家诗外的别一家确有很大可能，目的就是通过《阜诗》进一步了解汉代《诗经》的流传情况。关于汉代《诗经》的流传情况，前文已经有所提及。《诗经》在经学昌盛的汉代具有重要地位，但是文学史上的记载却大多局限于“三家诗”说或“四家诗”说，例如傅璇琮与蒋寅编写的《中国古代文学史通论·先秦两汉卷》一书中论述汉代《诗经》流传情况时就只提到“西汉王朝设立专门讲授儒家经典的官职即博士。其中以研究、讲授《诗经》著称的学者有齐人辕固生、鲁人申培、燕人韩婴”，“毛苌在河间传授《诗经》。这些人对《诗经》的解说各有特点，遂形成不同的学派，称为‘四家诗’”。[①] 其他版本的中国文学史论著也大都与此类似，均未脱出四家诗的范围。而出土的《阜诗》则弥补了传世文献的不足，为今世之人了解汉代《诗经》的流传情况提供了新的线索。如此，便如陈良武所言：“今天文学史教材中关于《诗经》在汉代流传的部分就有必要作出新的修订了。”[②]

然而，在了解汉代《诗经》的流传情况方面，《阜诗》带给我们的启示绝对不止如此。作为现存最早的一部《诗经》古本，其为抄本无疑，对此赵争曾做过相关研究。其根据《阜诗》残简中某些因形近致误的错字、《阜诗》的整治和各章抄写情形推测抄本《阜诗》当为据某种底本抄写而成，且非成于一人之手。在此基础上，赵争还进一步推测抄本《阜诗》的底本很可能是一种较为成形的《诗》本。由前文可知，出土的《阜诗》仅可见《国风》与《小雅》两种，十五《国风》中未见《桧风》，《小雅》也仅存《鹿鸣之什》中四首诗的残句。此种情况，有可能如刘毓庆和郭万金所推测的，是因为《阜诗》的抄写底本原本就是一个不完整的《诗经》传本，这使《阜诗》在篇目上与其他《诗》本不同。但也有可能是因为《阜诗》是墓主凭个人喜好作的摘录本《诗》，或者是抄本《阜诗》在传看过程中散佚造成了缺失。若赵氏的假说成立，那么关于“西汉武帝之前是否有完整版的《诗》本存世”的议题就值得深入探讨了。

此外，从传世文献来看，《阜诗》并未被任何典籍收录甚至只是提及。

---

① 傅璇琮、蒋寅主编《中国古代文学史通论·先秦两汉卷》，辽宁人民出版社，2005，第91页。

② 陈良武：《出土文献与〈诗经〉研究》，《福建论坛》（人文社会科学版）2012年第11期。

其可能的原因多种多样，或是在流传过程中亡佚了，或是《阜诗》派系受众面很小，知之者与其他《诗》学派系相比实在不值一提。汉代民间存在未被朝廷认可的《诗》家派系，这是确信无疑的，《毛诗》就是最好的例子。所以笔者大胆猜想，《阜诗》未见于传世典籍的最大一种可能性原因就是《阜诗》与《毛诗》一样，仅仅流传于民间，但产生的影响远不及《毛诗》，故汉代官方典册并未将其纳入《诗》家学派。汉初，《诗》学并未有明确的分派，《阜诗》则与其他《诗》学一样，进行自由传播，而在汉武帝确立专经博士制度之后，出现了稳定的《诗》学传播系统，正统的官方《诗》学流派占据主流且产生广泛影响，原本影响力就不大的《阜诗》则慢慢淡出大众视野，甚至被遗忘。若真有类似情况，那么《阜诗》绝对不是一个偶然性的存在，在汉初甚至是整个汉代，可能有很多同《阜诗》一样的《诗》家流派在民间传播着，但因影响甚微，渐渐消失于历史的长河之中，能像《毛诗》一样流传至今的则少之又少。换个角度说，《诗经》作为儒家文学的一部重要典籍，在尊儒崇儒的两汉时期，同时拥有多个流派系统，同时于官方与民间传播着，方能真正体现汉代经学之昌盛。

当然，这毕竟只是一种猜想，证实这个猜想除了竭力从传世文献中搜罗蛛丝马迹外，还要仰赖更多地下材料的出土。《阜诗》已经带给我们巨大的惊喜，不仅让我们认识到在汉代除了《毛诗》与三家诗外，还有别家《诗》学流派，也让我们得以管中窥豹，感受到汉代治《诗》、习《诗》风气的盛行，体验到所谓经学昌明的时代的气息，见识到汉代《诗经》流传情况的不同面貌。

《楚辞·招魂》“庐江”地望续考

刘　刚

（湖北文理学院　宋玉研究中心，湖北　襄阳　441053）

摘　要： 关于《楚辞·招魂》的庐江地望，多存歧说，莫衷一是，然均难与文本契合。今据鄂君启节所记泸江与《招魂》庐江相参互证，并以战国时事与地理及鄂君启节体例和《招魂》文本进行深入辨析，认为旧说舟节泸江为今安徽芜湖之青弋江或小淮水，既不合于鄂君启节铸制年代的时代背景，也不合于启节商路关卡标示的体例，疑点颇多，难以成立；而认为今安徽省舒城县之杭埠河、古之龙舒水，不仅符合舟节标示的地理条件与行文体例，而且符合《招魂》的文本语境与内在逻辑，当为鄂君启节与《招魂》共同记载的战国时代的庐江，从而为《招魂》庐江地望的研究提供了考古实证，为作者当年的《招魂》庐江为龙舒水说提出了新的论说。

关键词： 《楚辞·招魂》　庐江地望　鄂君启节　龙舒水

“路贯庐江兮左长薄”，这是《楚辞·招魂》乱辞中的一句话，意在描写作者与楚王曾经田猎的路向，其中“庐江”一词是研究作品写作时地与背景的一个“关键词”，历来备受研究者重视。值得注意的是，古往今来对庐江的注释一直存在较大的分歧，至今还没有一个能赢得学界共识的说法。

最早为“庐江”作注的是东汉王逸，他在《楚辞章句》中说：“庐江、长薄，地名也。言屈原行先出庐江，过历长薄。长薄在江北，时东行，故言左也。”① 研读此注，其中仅仅说出了庐江的三个要点：一是说它是“地名”，即河流名称；二是长薄在江北，庐江理应也在长江以北；三是它的参照地标是长薄。由于此注对于地名庐江没有标注它的地理方位，而所举的参照地标长薄又是个不可考的地名，或以为是描写性词语，无地标价值，后人认为并没有将庐江注释清楚。南宋洪兴祖《楚辞补注》因而“补曰：《前汉·地理志》：庐江出陵阳东南，北入江”②，意在补出庐江的流域所在，特别是发源与流经所在。然而这个援引于《汉书》的补注还是不够明确。清洪亮吉等嘉庆《泾县志》卷二十八《论泾县水道第三书》则进一步考辨说：“总之，以桑钦、班固、许慎、韦昭等记载考道元之注，亦多有可印合者。桑钦云，陵阳县淮水出东南，北入大江；而班固庐江下注云，庐江出陵阳东南，北入江。所出同，所入同，道里又同，是淮水即庐江水也。”③ 这个淮水古称小淮水，以与淮河相区别。此考辨虽将《汉书》所记庐江说得相对清楚，但又存在与《山海经》所记庐江不同的问题。

《山海经·海内东经》说：“庐江出三天子都，入江，彭泽西。”④ 这显然与发源于陵阳的庐江不是同一水流。关于《山海经》所记庐江，看似水流的发源地、流经参照非常明确，但由于古今地名所指的变异和研究者认知的不同，存在诸多不同的说法。①晋郭璞《山海经注》说：“彭泽，今彭蠡也，在寻阳彭泽县。”又于上条“浙江”（同出三天子都）注说：“按《地理志》，浙江出新安黟县南蛮中，东入海，今钱塘浙江是也。黟即歙也。”⑤ 以此知，郭璞认为，《山海经》所记庐江，源头在今安徽歙县，入江处在今江西寻阳西。以为庐江即今之鄱江。这是说法之一。②北魏郦道元《水经注》与郭璞注不同，认为三天子都即为今之江西庐山，“庐江之名，山水相依，互举殊称”⑥。而其释水按《庐山记》名曰白水，即明清之际所谓天门水。体会郦说，庐江即发源于庐山中，而非安徽歙县。这是说法之二。③清

---

① 洪兴祖：《楚辞补注》，白化文等点校，中华书局，1983，第213页。

② 洪兴祖：《楚辞补注》，白化文等点校，中华书局，1983，第213页。

③ 洪亮吉等：嘉庆《泾县志》卷二十八，《中国地方志集成·安徽府县志辑》（第46册），江苏古籍出版社，1998，第605页。

④ 袁珂校注《山海经校注》，上海古籍出版社，1980，第332页。

⑤ 袁珂校注《山海经校注》，上海古籍出版社，1980，第333~334页。

⑥ 郦道元著，陈桥驿校证《水经注校证》，中华书局，2007，第924页。

朱珔《文选集释·楚辞》说："钱氏坫曰，庐水即今清弋江。《海内东经》：'庐江出三天子都，入江。'下释云：'彭泽西。'此彭泽非九江郡彭泽县也。丹阳郡宛陵县有彭泽聚，乃此彭泽耳。"① 认为庐江入江处不在今江西彭泽西，而在安徽宛陵（今宣城）彭泽聚西。以为庐江即今之青弋江。青弋江虽与陵阳淮水邻近，在入江处合流，但终究不是同一条河流。这是说法之三。这三种说法在古代《楚辞》注本中均有引用，加之《楚辞补注》的说法，这就使《招魂》中庐江的地望注释复杂化了，更为关键者，用《海内东经》《汉书》《水经注》所记庐江注释《招魂》庐江，并不能符合《招魂》语境所限定的有关"庐江"地望的条件，况且上述三种文献的成书年代均晚于《招魂》的写作时间，能否与《招魂》庐江对应，还值得考虑。

此外，关于庐江的地望还有清徐文靖的说法，其据《隋书·地理志》以为庐江指桂阳南平（今南平市）之卢水，今人姜亮夫从其说。② 而此说仅据与庐江水流名称的相近，而与《汉书》和《山海经》所记庐江发源皆有出入，且其名晚出，更难以让人认同。

综观上述诸种说法，它们有一个共同的疑点，即所指庐江均在长江以南，既不能与汉初庐江国（郡）辖域在长江以北相印证，又不能与《招魂》文本语境相吻合，因而清代一批楚辞学者便另辟蹊径，去寻找新的线索。例如，李陈玉《楚词笺注》说："庐江、长薄，皆近郢地。"③ 贺宽《山响斋别集饮骚》说："庐江、长薄，南征所经，纪其地也。"④ 以为前人之注不可取，故仅言文本中庐江的大致方位，于发源、流经宁肯阙如，也不肯从前人成说。清王夫之《楚辞通释》则明言："庐江，旧以为出陵阳者，非是，襄汉之间有中庐水，疑即此水。长薄、山林互望皆丛薄也。右江左林，盖沿汉南江北而东游云梦之薮也。"⑤ 今人谭其骧、陈子展认同这一推测，并据《水经注》指实为古之维水，今之潼水，且标注于谭氏主编的《中国历史地图集》第1册中。然而其说亦不尽如人意，因其与文本中楚王自楚都出发

① 朱珔：《文选集释·楚辞》，《楚辞文献丛刊》（第21册），国家图书馆出版社，2014，第193页。

② 姜亮夫：《楚辞通故》，云南人民出版社，1999，第371页。

③ 李陈玉：《楚词笺注》，《楚辞文献丛刊》（第39册），国家图书馆出版社，2014，第272页。

④ 贺宽：《山响斋别集饮骚》，《楚辞文献丛刊》（第46册），国家图书馆出版社，2014，第583页。

⑤ 王夫之：《楚辞通释》，上海人民出版社，1975，第149页。

而"南征"的路向不合。

1957年，安徽寿县发现了战国楚怀王六年（前323）所制的"鄂君启节"四件，其中"舟节"铭文记有"泸江"（见附图），有力地证明了庐江地名在战国时期的实在。谭其骧最初认为舟节"泸江当即庐江"，他在《鄂君启节铭文释地》中说："我以为指的是汉代庐江郡得名所自的那条庐江，即今安徽庐江、桐城、枞阳三县境内的白兔河。"[①] 一年后，他又修正了自己的看法，以为铭文不当从商承祚释作"泸"，而应从郭沫若释作"浍"。他在《再论鄂君启节地理答黄盛璋同志》一文中说："'淮'与'浍'不仅声同，并且韵近，浍江当即桑钦所谓淮水，即今青弋江。"[②] 然商承祚所据为1960年新发现的一枚舟节，铭文清晰，释文不误，就是黄盛璋也纠正了释"浍"之误而改释为"泸"，并参考谭说，以为庐江指入江处与青弋江合流的小淮水。这为《招魂》庐江之研究又提供了新的线索。虽然谭其骧明确说舟节中的泸江与《招魂》之庐江无关，但那是因为他在释舟节泸江前就认为《招魂》庐江指的是"湖北宜城、襄阳界上的潼水"，而不愿改变初衷。事实上，今之潼水，古之维水，在《水经注》记载其水名之前有庐江或中庐水之名并无实证，只是研究者的推测而已。因而不能否定舟节泸江可以佐证《招魂》庐江的客观价值。

舟节研究者认为泸江是青弋江或在入江处与之合流的小淮水，并不符合舟节制于楚怀王六年的历史背景。青弋江或小淮水在今安徽芜湖一带，本属吴国，吴亡后属越。《史记·越王勾践世家》记载："于是越遂释齐而伐楚。楚威王兴兵而伐之，大败越，杀王无彊，尽取故吴地至浙江，北破齐于徐州。而越以此散，诸族子争立，或为王，或为君，滨于江南海上，服朝于楚。"[③]《史记集解》徐广曰楚灭越之时为"周显王之四十六年"。[④] 按《史记·六国年表》，周显王四十六年（前323），恰是楚怀王六年，其时舟节研究者指定的泸江所在刚刚被楚国攻占，楚国是否实际控制了该地区，并立即在那里设置通商口岸，即所谓"庚爰陵"，尚有待深考。又《资治通鉴》记

① 谭其骧：《鄂君启节铭文释地》，《长水集》（下），人民出版社，1987，第199页。

② 谭其骧：《再论鄂君启节地理答黄盛璋同志》，《长水集》（下），人民出版社，1987，第220页。

③ 司马迁：《史记》，中华书局，1959，第1751页。

④ 司马迁：《史记》，中华书局，1959，第1751页。

楚威王杀越王无彊在周显王三十五年（前 334）[①]，其纪年为楚威王六年，早于楚怀王制舟节时十一年，似乎有在泸江即今芜湖一带设置通商口岸的条件。但这个时间当是“杀王无彊”的时间，而不是楚最终灭越的时间。这里且先不计较《史记集解》说与《资治通鉴》说孰是孰非，即便以《资治通鉴》纪年为准，从楚威王六年到楚怀王六年这十一年间，其地政局尚未稳定，或仍属越国自治。《绎史》引《越绝书》称，“越王夫镡以上至无余久远，世不可纪也。夫镡子允常，允常子句践，大霸称王，徙琅琊都也。句践子与夷时霸，与夷子子翁时霸，子翁子不扬时霸，不扬子无疆时霸，伐楚。威王灭无疆。无疆子之侯窃自立为君长。之侯子尊时君长。尊子亲失众，楚伐之，走南山。亲以上至句践凡八君，都琅琊，二百二十四岁。无疆以上霸，称王。之侯以下微弱，称君长”[②]。这是说，楚威王杀越王无疆后，越又传三世。在此三世间，越虽臣服于楚，但仍怀“卧薪尝胆”之异志，所以楚人不得不再次举兵征伐。而这次征伐，按时间推算当在楚怀王之时。《越绝书》的记载还可以证明，《越王勾践世家》所记，并非仅限于“杀王无彊”一年之事，而是概括了从“杀王无彊”直至越最终被灭的全过程，这个过程当持续了较长一段时间。因此，《史记集解》徐广说楚灭越在周显王四十六年，绝非无稽之谈甚或误记，当是楚人最终灭亡越国的时间。《汉书·地理志》曰：“粤（越）既并吴，后六世为楚所灭。”[③] 也证实了这一点。既然如此，那么说楚怀王六年灭越后立即在那里设置了通商口岸或商检关卡，并派遣商船到那个刚刚平定的地方进行贸易，就非常让人生疑了。

据现代古城址考古，今安徽芜湖市东 21 千米处芜湖县黄池乡（旧属宣城）有楚王城遗址，当地俗称土王城或土皇城。20 世纪 80 年代以来，有关部门曾对遗址进行多次调查，对从城址南垣采集的绳纹板瓦等遗物进行分析得出，这座古城应建于战国晚期至西汉早期。[④] 这便印证了楚怀王时代楚国方占有芜湖一带的史实。

此外，舟节研究者认定的泸江通商口岸或商检关卡“爰陵”是古之宛陵，今之宣城，并不像舟节所记的其他通商口岸或商检关卡那样均在其水道附近，而在今水阳江（古称清水）边，距青弋江还有一定的距离，距小淮

---

① 司马光编著《资治通鉴》，胡三省音注，中华书局，1956，第 65 页。

② 马骕：《绎史》，王利器整理，中华书局，2002，第 2996 页。

③ 班固：《汉书》，中华书局，1962，第 1668 页。

④ 曲英杰：《长江古城址》，湖北教育出版社，2004，第 319~320 页。

水就更远了。这里有个问题需要说明，光绪《宣城县志》卷四《山川》载："城西六十里曰清弋江，源出石埭，泾、太及宣之西南诸水皆入焉。"原注："宣城旧治于此。"又卷三十七《古迹》载："宣城旧城，在城西青弋江。"这很容易让人误会"爰陵"在青弋江边，然而，事实并非如此。该志《古迹》又载："汉宛陵故城，即今县治，汉初置丹阳郡治，晋改为宣城郡治。"[①] 据此分析，其地改称宣城后治所始在汉爰陵故地，即今宣城城区，其后一度迁至青弋江边，后又迁回爰陵，所以该志称"宣城旧城"。由此可知，今之宣城市所在地才是古爰陵。既然爰陵距青弋江有六十里的距离，那么泸江为青弋江或小淮水之论，就难以自圆其说了。

以舟节与车节所通关卡均设在楚国实际控制且相对安全的范围内这一事实来看，考证舟节泸江的地望还当立足于楚国既定的实际控制区。因此谭其骧最初关于舟节泸江的释说还是有可以借鉴之处的。他说"有见于《山海经·海内东经》、《汉书·地理志》庐江郡下、《水经·庐江水篇》的庐江"，"是在长江南岸，而铭文中的'泸江'，却显然应在北岸。那么这条'泸江'究应何所指？我以为指的是汉代庐江郡得名所自的那条庐江"，"应在长江北岸今枞阳县附近"。[②] 笔者同意舟节泸江在长江北岸，是汉代庐江郡得名所自的那条庐江，但对他推测的庐江"即今安徽庐江、桐城、枞阳三县境内的白兔河"，则存怀疑。舟节泸江可资参照的地名有松阳、爰陵，谭说松阳"当即今安徽枞阳县"[③]，正确，可从，此地是鄂君商船沿长江行进的必经之地，经过此地方可进入泸江。谭氏据此推测舟节泸江即是在枞阳入江的白兔河，思路是对的，但白兔河古既无庐江之名，也无与庐江有通假关系的名称，指认白兔河为庐江，仅仅是因为其河流经汉庐江郡旧治舒城县故城，这便犯了他据古卢戎国指认今潼水为《招魂》庐江相同的错误，未免有主观臆测、举证不足之嫌。谭氏以通假的方法指认《名胜志》引《水经注》提及的今桐城东六十里的团亭为舟节中鄂君商船沿泸江抵达的"爰陵"，也显得牵强，并无佐证的支持。因而对于舟节泸江，还需按照谭氏的庐江在江北的思路继续考索。

其实，在长江枞阳段以北有今之杭埠河，古之龙舒水，值得注意。光绪

① 李应泰等修纂光绪《宣城县志》卷四，《中国地方志集成·安徽府县志辑》（第45册），江苏古籍出版社，1998。

② 谭其骧：《鄂君启节铭文释地》，《长水集》（下），人民出版社，1987，第199~200页。

③ 谭其骧：《鄂君启节铭文释地》，《长水集》（下），人民出版社，1987，第199页。

《续修庐州府志》卷七《山川下》载："龙舒水，《左传》杜预注曰，庐江西有龙舒，即此水也（《舆地纪胜》）。按龙舒河淤塞已久，后徙县治南，距城七里，今所谓前河是也。"又引《采访记》说："前河，发源枯井源，东流至多智山，三入河南合平田水、屏风山水，又东过晓天镇北折，至大河口合阳山寨水东北流，至巴洋河合西山毛坦厂、毛竹园水东流，过梅山麓合南山庐镇关乌沙水，北至龙河口过九井，至小河口合南山汤池水东经七门山，至新河口由周瑜城南过七里河，至白毛荡合东西二丼孔家河水东流，至三河合后河水由庐江界之迎水庵入巢湖。河自源迄三河，行舒城者二百余里。此邑之经流所谓前河也。""此据现在河道言之，古河道则前河自七门山北折东流，至县城南溪入巢湖。今所谓县河是也。久已淤废，惟巨涨乃通。"又于"南溪"条说明："南溪，在南门外，发源孤井（即上文枯井源）去县百五十里，东南流经七门堰归巢湖。龙舒水在城南三里，即南溪也（《名胜志》）。"[①] 以此知，古龙舒水虽曾改道，但流向没有太大的变化，当指前河中下游一带，即舒城治所附近至入巢湖河口一段。笔者说龙舒水值得注意，主要有以下几点原因。①此水古称龙舒水，"龙舒"二字急言之，即将"龙"古来纽与"舒"古书纽鱼韵平声相拼，正是古来纽鱼韵平声的"庐"字。此水似可称"庐水"。②龙舒水流域在春秋群舒境内，又邻近汉庐江国（郡）之治所所在地，而群舒之地即为《汉书·地理志》"庐江郡"下汉应劭所注的"故庐子国"。[②] 清人多认为应注将地处宜城、襄阳间的卢戎国误置于此，故考辨庐江时置其说于不顾。按学理，应劭当有所据，只不过其据亡佚，后人无从考索而已，因而应注不可轻疑。此可为龙舒水似曾称"庐水"之佐证。③古龙舒水近处有团箕城。光绪《续修舒城县志·古迹》载："团箕城，《隆庆志》县西十里。"并作按语说："按诸书所载古城十余所，大半湮没，今可考者亚夫、周瑜、霍湖三城而外有韩塘城、花园城、余家城、石家城，皆距县治西北十余里，土垣周遭，中平旷，有井泉，下多瓦砾，其为戍守之地，抑即古舒故城，皆未可决。"此团箕城若简称为"团城"，即可与舟节"爰陵"通假。此说若可成立，亦可作为指认舟节泸江之证。④舒城县境内亦有称"三天子都"之山。光绪《续修舒城县志》

① 黄云等修纂光绪《续修庐州府志》卷七，《中国地方志集成·安徽府县志辑》（第3册），江苏古籍出版社，1998。

② 班固：《汉书》，中华书局，1962，第1569页。

载："洪涛山，县东南六十里，硖石关东，跨舒、桐、庐三县界。亦名三天子都。(原注：一曰金字寨，俗呼天子寨。) 山势极峻，曹操曾屯此。(《康熙府志》《庐江县志》)"[①] 此山发源之水，经界牌山后称新店河，为龙舒水支流中最大者。其山名是因《山海经》所记庐江发源而附会，还是本有其名，不敢妄断，即便是附会，也至少说明古代早已有人认定龙舒水为庐江。⑤龙舒水上游支流有源出庐镇关者，此庐镇关当为应劭所谓庐子国之名的孑遗。⑥经龙舒水入巢湖，船只可由巢湖东界经濡须水（又名运漕河，今名裕溪河）入长江。也就是说，鄂君商船过松阳后沿江而下至濡须口西转驶过濡须水可横穿巢湖入龙舒水。龙舒水虽然不直接入长江，但也符合舟节记水的体例，如舟节所记经由长江进入湘、澬、资、沅、澧、油诸水，都要穿过今称洞庭湖的战国时之大泽，但均省而不记。因而符合舟节"逾滩，庚彭徲，庚松阳，内泸江……"（见附图）的记述。⑦舟节最后抵达的地方是郢，车节最后抵达的地方也是郢，不过舟节以所"庚"之地交代了去郢的通关路线，而车节没有以所"庚"之地交代去郢的路线，"庚居鄛（居巢）"后，便直接交代千里以外的终点"郢（楚都纪郢）"。这是因为车节与舟节本是一体的通关节符，通关所经可以按需使用，有"接力"的关系，如车节起始"自鄂往，庚阳丘"，即是"取道水路中的西北路至今南阳盆地，然后舍舟乘车，取道'夏路'，东抵阳丘"[②]，走了相当长的一段水路。以此推知，车节终点"庚居鄛，庚郢"，其间也当走相当长的一段水路，而这条水路非紧邻"居鄛"的庐江莫属，即由庐江入长江，然后溯江经"松阳""彭徲"而抵达郢。如果将由"居鄛"至"郢"的通关路线理解为原路返回，再由"阳丘"经水路去"郢"，那么未免重复通关关卡，既失去了节符标示商路所经关卡的意义，也不符合舟节和车节只标示去路关卡而隐含回路关卡的体例；如果指认江南青弋江等为庐江，那么车节去郢的通关路线"庚居鄛"后，就留下了一大段难以合乎商运通关规制的空白。⑧从舟节和车节的通关所经看，可以说基本上覆盖了当时楚国实际控制的东、南、西、北各个地区。车节所经连接的是舟船难通的楚西北部与东部之水上商路，西北物产可经车路运至东部（居鄛），再经庐江等东部水路运抵

---

① 彭鸿年等修纂光绪《续修舒城县志》，《中国地方志集成·安徽府县志辑》（第22册），江苏古籍出版社，1998。

② 谭其骧：《鄂君启节铭文释地》，《长水集》（下），人民出版社，1987，第203~204页。

郢；东部物产亦可经车路运至阳丘，再经汉江等运抵郢。可见，舟节和车节所通商路的设计是非常科学的，是按照当时商路地理的客观实际情况设定的，切不可凭主观的以文献地理简单对接的方法去解读。综上所述，龙舒水当为舟节所记之泸江。将龙舒水指认为舟节泸江，要比将青弋江或小淮水指认为舟节泸江更具理据。

若以龙舒水为舟节泸江，即可以进一步印证《招魂》之庐江。2001 年我在《宋玉作〈招魂〉说新证》一文中认为，《招魂》为宋玉所作，所招为楚考烈王之生魂，招魂之地在楚国最后的都城寿郢（今安徽寿县）。[①] 2006 年又在《庐江考》一文中认为，安徽舒城龙舒水“极有可能是春秋战国时的庐江”。[②] 当时所据主要为：①符合考烈王由寿郢“南征”田猎的路线；②此地在江淮平原西部由山地向平原过渡的地带，西部为冈阜丘陵，东部即为平原湖泽，既符合“路贯庐江兮左长薄，倚沼畦瀛兮遥望博”的方向与地貌，又具有“青骊结驷兮齐千乘”的大规模田猎的条件；③有“龙舒”可急言为“庐”的推理依据；④有应劭所谓的“庐子国”，史载“群舒”和出土之录𢦏卣（10. 5419－5420）相佐证。如今又有制作时间略早于《招魂》写作的考古发现——鄂君启舟节之泸江与《招魂》庐江互证，则使我当年的立论更为坚实。今又考光绪《续修庐州府志·风土志》：“兽属：有虎，有獐，有鹿，有麂，有玉面狸，有兔，有猿，有熊，有狼，有山牛，有貛，有狐，有野豕。”想来此地在生态更为原始的战国之际，实在是再好不过的猎场了。尤其是其中的“山牛”即是《招魂》“君王亲发兮惮青兕”句中王逸注为“青兕牛”的同类动物，可以作为此地曾有兕牛活动的佐证。据考，安徽省寿县东与之同纬度的明光市出土过犀牛化石，古文献有战国时比邻寿郢的越国向魏进献“犀角”的记载。由此推论，若认定《招魂》庐江为龙舒水，还可以解释《招魂》结句“哀江南”的问题。旧以为“江南”指长江以南，因而才产生《招魂》庐江指青弋江或小淮水等诸多说法。事实上，《招魂》“江南”是指古之龙舒水即庐江以南，楚王在这里狩猎时由于“惮青兕”受惊吓而失魂落魄，才令人生“哀”，才使巫阳来“招魂”。这种解释当胜于以往的释说，不仅符合文本的语境，而且符合文本内在的逻辑。这又使我的立论信心更加坚定。故而据新证撰文，重申前论，以

① 刘刚：《宋玉作〈招魂〉说新证》，《宋玉辞赋考论》，辽海出版社，2006，第 3~13 页。

② 刘刚：《庐江考》，《宋玉辞赋考论》，辽海出版社，2006，第 268~279 页。

飨读者。

附图（鄂君启舟节摹本与释文）

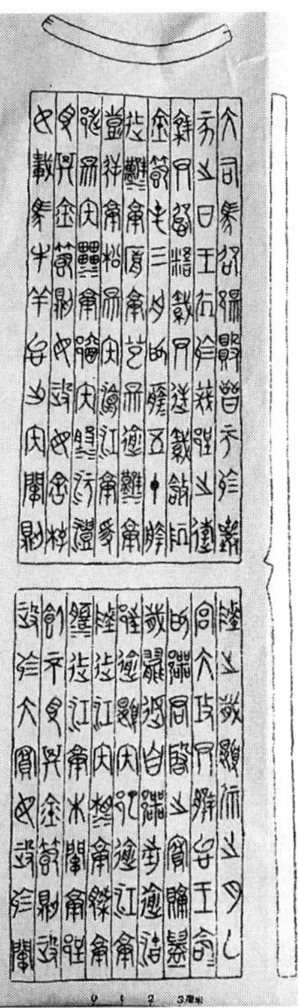

大司馬卲鄒敗晋帀于襄
亥之日，王凥于蔵郢之遊
集尹悊糌、裁尹逆、裁敂阢
金节。屯三舟为一舿，五十舿，
𨑒滩，庚厝，庚芑昜，逾滩，庚
彭徲，庚松昜，内瀆江，庚爰
鄱昜，内瀘，庚鄙，内黎、沅、澧、
旻其金节則毋政。毋舍椑
女載馬牛羊台出、内關，則

陛之歲，顕係之月，乙
宮。大攻尹脽台王命=
为鄂君启之寶賡盥
歲嬴返。自鄂生，逾沽，
郢，逾顕，内邔，逾江，庚
陵，𨑒江，内湘，庚賖，庚
澧，𨑒江，庚木關，庚郢。
飤。不旻其金节則政。
政于大寶，毋政于關。

（据于省吾释文）

“饮至祈福”：屈原《九歌·礼魂》性质新探

韩 旭 徐克谦

（淮阴工学院 人文学院，江苏 淮安 223000；
南京师范大学 文学院，江苏 南京 210094）

摘 要： 《礼魂》为《九歌》之终章，其文简约易懂。但自其行世以来，历代学者在研究《礼魂》性质的过程中提出了诸多观点迥异的说法，如“送神说”“乱辞说”等，至今仍未有定论。在分析《礼魂》文本、《诗经》诸篇内容的基础上，同时结合葛陵简、包山简的相关卜筮简文，文章认为《礼魂》篇所记乃为祭典结束时祭祀现场所举行的一种客观的礼仪形式，也即春秋战国时期为人们所熟知的“饮至礼”。春秋时饮至礼的使用范围非常广泛，在诸如军事凯旋、祭祀、田猎、出行等场合均有使用，富有浓厚的神圣主义色彩。结合《九歌》本身为祭歌的这一客观事实，以及在祭祀场合的“饮至礼”之后往往伴有求福之事，本文以“饮至祈福礼”之名代之，以别于在其他场合举行的饮至礼。

关键词： 《九歌·礼魂》 《诗经》 葛陵简 包山简

屈子《九歌》十一篇，其文婉丽凄美。从《东皇太一》到《国殇》共十篇，历代治楚辞者均认可它们为祭祀天地人鬼的舞乐之歌；而对于最后一篇《礼魂》的具体性质，自其行世以来古今学者屡有争讼。《礼魂》篇短小精悍，全文凡五句，除去“兮”字仅二十二字，其文曰：

> 成礼兮会鼓，传芭兮代舞，姱女倡兮容与。春兰兮秋菊，长无绝兮终古。

王逸在“成礼”句下注谓：

> 言祠祀九神，皆先斋戒，成其礼敬，乃传歌作乐，急疾击鼓，以称神意也。①

王逸认为《礼魂》所记是祭祀九神后主祭者传歌鼓乐之事，并无明确的受祭对象。而洪兴祖《楚辞补注》则曰：

> 礼，一作祀。魂，一作䰟。或曰：礼魂，谓以礼善终者。②

也就是说，洪氏认为《礼魂》一篇有明确的受祭对象，即祭祀“善终者”。清人王夫之《楚辞通释》则言：

> 凡前十章，皆各以其所祀之神而歌之，此章乃前十祀之所通用。而言终古无绝，则送神之曲也。旧说谓以礼善终者，非是。以礼而终者，各有子孙以承祀，别为孝享之辞，不应他姓祭非其鬼。而篇中更不言及所祭者，其为通用明矣。③

王氏认为，其一，《礼魂》为“前十祀之所通用”，即《礼魂》是前十篇所通用的“乱辞”；其二，《礼魂》为“送神之曲”。今人萧兵更是列举了前人在解读《礼魂》过程中提出的“娱神说”“享祀先贤说”“常祀人鬼说”“祭祀巫神说”等十种不同的观点。④ 篇幅所限，兹不具论。

---

① 洪兴祖：《楚辞补注》，白化文等点校，中华书局，1983，第 84 页。

② 洪兴祖：《楚辞补注》，白化文等点校，中华书局，1983，第 84 页。

③ 王夫之：《楚辞通释》，上海人民出版社，1975，第 45 页。

④ 萧兵：《楚辞新探》，天津古籍出版社，1988，第 473~478 页。

虽然目前大多数治骚者赞同《礼魂》为“送神之曲”之说，但诸家均未找到明确的文献支持，亦未能脱离前人观念的窠臼，因此即使当世屡有学者论之，但终未展露《礼魂》性质之要旨。笔者在研读《礼魂》文本的基础上，从《诗经》祭祀诗入手，并结合出土简帛与传世文献，探究并定位《礼魂》的具体性质。我们认为，《礼魂》其实为先秦祭典尾声时特有的一种乐歌形式，即“饮至祈福礼”。《左传·桓公二年》云：

> 凡公行，告于宗庙；反行，饮至、舍爵、策勋焉，礼也。

杨伯峻注：

> 祭告后，合群臣饮酒，谓之饮至。[①]

《左传·隐公五年》云：

> 三年而治兵，入而振旅。归而饮至，以数军实。昭文章，明贵贱，辨等列，顺少长，习威仪也。

杨氏注：

> 还时之告，于从者有所慰劳，谓之饮至。[②]

同样，2009年公布的清华简中有：

> 武王八年，征伐耆，大戡之。还，乃饮至于文太室。[③]

著名的西周小盂鼎铭文中也有：

---

① 杨伯峻编著《春秋左传注》，中华书局，1981，第91页。
② 杨伯峻编著《春秋左传注》，中华书局，1981，第42~43页。
③ 李学勤主编《清华大学藏战国竹简》（壹），中西书局，2010，第107页。

秋七月丙申，振旅，恺以入于晋，献俘授馘，饮至大赏。

李学勤即释此“饮至”为军队凯旋后“饮酒为乐”的庆功之礼。[①]

以上所记，均为春秋时出现于不同场合的饮至礼。对于此种礼仪，学者谭戒甫、马智全等人已有相关论述[②]；但此种礼仪已不见于传世礼书之中，因此后世学者多不能识，未能将其与解读《礼魂》相联系。在结合《礼魂》的祭祀功用及文本特征的基础上，同时为了区别于其他非祭祀场合举行的饮至礼，笔者暂且将这种祭祀之后的“饮至礼”命名为“饮至祈福礼”。试略论如次。

一 《礼魂》“饮至祈福礼”与《诗经》“饮至祈福礼”之比较

（一）《礼魂》之“饮至祈福礼”的概念辨析

《礼魂》篇前三句为“成礼兮会鼓，传芭兮代舞，姱女倡兮容与”，描绘的是前十祀完成之后人们集体鼓乐的欢快场景。首句的“成礼”可释为“礼成”，如包山 215 号简文有：“太、后土、司命、司骨、大水、二天子、夕山既皆成。”[③] 此“既成”，即可理解为《礼魂》之“成礼”。“传芭兮代舞”句下，王逸《章句》谓：“代，更也。言祠祀作乐，而歌巫持芭而舞，讫以复传与他人更用之。”下文又有“姱女倡兮容与”，王氏注曰：“姱，好貌。谓使童稚好女先倡而舞，则进退容与而有节度也。”结合此三句可看出在祭典结束后，人们集体鼓乐、举芭而蹈、载歌载舞的景象，这是饮至礼的首要表征。

最后两句为“春兰兮秋菊，长无绝兮终古”，传达的是主祭者的美好期许。这也是先秦时的祭典中最为常见的一种祈愿词（详后）。

《礼魂》并未见有关“送神”“送尸”的记叙，因此该篇与汉代《郊祀歌》的最后一章送神之曲《赤蛟》并不能简单类比。《赤蛟》中有明确的

① 参见李学勤《小盂鼎与西周制度》，《历史研究》1987 年第 5 期。

② 参见谭戒甫《西周〈曓鼎铭〉研究》，《考古》1963 年第 12 期；马智全《饮至礼辑考》，《简牍学研究》（第五辑），甘肃人民出版社，2014。

③ 湖北省荆沙铁路考古队编《包山楚简》，文物出版社，1991，第 34 页。本文所引包山简文均出自此书，为便于识读，竹简文字已隶定为通行字体，不再一一标注。

“礼乐成，灵将归”[①] 的叙述，所以认定《赤蛟》为“送神之曲”是可行的。但是若《礼魂》的性质确实也为“送神之曲”，那么“送神”作为该篇所要表达的主旨，文本中就必然要出现与“送神”有关的描述。而实际上，作为这场祭典的记述者而写出《礼魂》的屈子，却通篇不言与“送神”有关的事宜，而只记叙歌舞狂欢之事。因此将《礼魂》解读为“送神之曲”，其实并无根据，只是想当然尔。

想要研究《礼魂》的性质，应该首先抛开依据后代常识想当然的错误观念。《九歌》是目前为止中国最古老且最完整的传世祭歌，这是“源”；后世以汉代《郊祀歌》为代表的祭歌只是对古老《九歌》的发展与丰富，这是“流”。源流倒置，以今律古，不确之论往往由此产生。

从文本内容看，《礼魂》前三句叙述的是祭典结束之后，人们载歌载舞欢庆的场景；而春兰秋菊，无绝终古，传达的是主祭者的虔诚期许。“传芭兮代舞”之“芭”，王逸注为“巫所持香草名也”，是一种降神之物，由是可知，祭礼结束后所上演的舞蹈狂欢仪式，有可能伴随着一定程度的乐神娱人的降神之事。再结合前句之“会鼓”与后句之“姱女倡兮”，亦可知主祭者极力营造隆重而盛大的气氛，颇有歌舞升平、酒肉狂欢之态。在这种“乐神娱人”的祭祀表征之下，主祭者不仅要对参与祭祀的“从者”（包括俗人与神尸）“有所慰劳”，而且要关切自身福祉，这也正是先民们“功利化祭祀”思想的体现。

根据学者研究，上古祭祀常常演奏亵慢之至的“康乐”之曲，并跳极度纵情的“万舞”，且舞乐过程往往伴随着“男女欢媾”的通淫之俗。[②] 结合《礼魂》所描绘的载歌载舞的狂欢情景以及联系先秦祭歌“乐神娱人”的特征，此说确实具有其合理性。在祭祀场合中举行的饮至礼，当然并非出于无目的消遣，其中所含有的功利追求显而易见，因此该篇最后两句径言：“春兰兮秋菊，长无绝兮终古。”一言以蔽之，《礼魂》全篇所要表达的其实应是这样的场景：在祭祀尾声时，在人神共庆的狂欢状态下（即“饮至礼”），主祭者极尽谄媚之能事地祈神赐福（即最终的祈福之事，为便于行文，以下均称为“祈福礼”）。两者在祭典结束时往往有机结合在一起，因此可总括称为“饮至祈福礼”。

---

① 班固：《汉书》，中华书局，1962，第1069页。

② 参见龚维英《巫楚文化双璧——康乐和万舞》，《民族论坛》1986年第4期；萧兵《万舞的民俗研究——兼释〈诗经〉〈楚辞〉有关疑义》，《辽宁师院学报》（哲学社会科学版）1979年第5期；张元勋《九歌十辨》，中华书局，2006，第48~61、227~237页。

（二）从《诗经》诸篇看先秦“饮至祈福礼”的基本内容

从先秦传世典籍中，我们可找寻到与饮至祈福礼有关的诸多线索。除《九歌》之外，早于《楚辞》三百年的传世经典《诗经》所收录的部分诗歌中也有关于“饮至祈福礼”的记录。如《诗经·小雅·楚茨》：

> 济济跄跄，絜尔牛羊，以往烝尝。或剥或亨，或肆或将。祝祭于祊，祀事孔明。先祖是皇，神保是飨。“孝孙有庆，报以介福，万寿无疆！”①

上述引文完整地记述了先秦时祭祀的主要流程。从“济济跄跄”到“或肆或将”为此次祭祀的准备环节。朱子曰：“济济跄跄，言有容也。”此节描绘的是人们祭祀前屠牛宰羊的忙碌景象。“祝祭于祊，祀事孔明”为此次祭祀的开始环节。朱子曰：“孔，甚也。明，犹备也，著也。”本节即言祭祀举行的场所与祭祀规模的完备隆重。“先祖是皇，神保是飨”为此次祭祀完成后主祭者对先祖的虔敬与对神尸满足状态的描写。从“孝孙有庆”到“万寿无疆”为祭典结束时主祭者求神降福的祈愿词。综上，此次祭祀的流程可简化为：准备→举行→乐神（饮至）→祈福。

下文云：

> 我孔熯矣，式礼莫愆。工祝致告：“徂赉孝孙。苾芬孝祀，神嗜饮食，卜尔百福。如几如式，既齐既稷，既匡既敕。永锡尔极，时万时亿。”

“我孔熯矣，式礼莫愆”句与上引“祝祭于祊，祀事孔明”句相同，不赘。从“工祝致告”至“时万时亿”，记述的是主祭者对神尸饱足状态与祭礼效果的肯定，同时由此句中的“卜尔百福”以及最后一句“永锡尔极，时万时亿”可知，主祭者对神尸饱足状态的认同，是为了祈求“百福”；赞美祭礼的完备，是为了得到“时万时亿”的福祉。两个看似不同的流程其实是有机地联系在一起的，而整个过程即为“饮至礼”加“祈福礼”，也即《赤

① 朱熹集传《诗经》，上海古籍出版社，2013，第292页。本文所引之《诗经》均出自此书，不再一一标注。

蛟》中的“灵既享，锡吉祥”之意。

该诗的最后两章为：

> 礼仪既备，钟鼓既戒。孝孙徂位，工祝致告：“神具醉止。”皇尸载起，鼓钟送尸，神保聿归。诸宰君妇，废彻不迟。诸父兄弟，备言燕私。
>
> 乐具入奏，以绥后禄。尔殽既将，莫怨具庆。既醉既饱，小大稽首。“神嗜饮食，使君寿考。孔惠孔时，维其尽之。子子孙孙，勿替引之。”

从“礼仪既备”到“神保聿归”，记述的是祭礼完成时的“送尸”之事；从“诸宰君妇，废彻不迟”至下一节“既醉既饱，小大稽首”，为祭礼之后的人们欢庆集聚的场景。总之，“小大稽首”之前所记述的均为客观实在的“饮至礼”过程。从“神嗜饮食”到最后，所传达的是主祭者祈望子孙万代永续，并且求得“寿考”的美好心愿，也即“祈福礼”。

《大雅·既醉》篇云：

> 既醉以酒，既饱以德。君子万年，介尔景福。

引文前两句所描绘的是祭礼尾声时神尸酒足饭饱的满足状态，“既醉”“既饱”犹《礼魂》之首句“成礼”，“酒”“德”均为娱神之物（朱子：“德，恩惠也。”“德”与前句之“酒”互文，在此可引申为“恩惠之物”），犹如《礼魂》之“鼓”“舞”“姱女”之属。引文后两句犹如《礼魂》之“长无绝兮终古”，为祈福祷辞。《既醉》全文未见有关“送尸”之语，而却有与《礼魂》相似的“饮至礼”加“祈福礼”结构。该诗还云：

> 既醉以酒，尔殽既将。君子万年，介尔昭明。

《既醉》全篇凡八章，每章均不厌其烦地重复祭典尾声时的“既成”“祈福”之事，足见祭典临终之时“饮至祈福礼”的精彩程度，因此作诗者便不吝笔墨多加描绘。与正式却略显乏味的祭祀仪式相比，仪式最后欢快而美好的“饮至祈福礼”往往更能引起先世文人的创作兴趣。

《周颂·执竞》篇云：

钟鼓喤喤，磬管将将，降福穰穰。降福简简，威仪反反。既醉既饱，福禄来反。

此篇行文亦与《礼魂》篇相类，表现的均是祭典行将结束时钟鼓齐作的热闹景象。“钟鼓喤喤，磬管将将”即为“饮至礼”，“降福穰穰。降福简简，威仪反反”即为“祈福礼”；“既醉既饱”也为“饮至礼”，而“福禄来反”则为“祈福礼”。从此几句可知，此诗以复沓的形式表现出了“饮至祈福礼”的具体形式。

与《既醉》篇相类，《周颂·载芟》亦云：

有飶其香，邦家之光；有椒其馨，胡考之宁。匪且有且，匪今斯今，振古如兹。

朱子：“飶，芬香也，未详何物。”本字从“食”，可推知其应为供奉神明之美食。椒，为古时祭祀常用的降神之物，如《离骚》有“巫咸将夕降兮，怀椒糈而要之”，其中的“椒”与“糈”，亦均为降神之物。《载芟》篇中在祭祀的最后一个环节出现的“飶”与“椒”，也可与《礼魂》中的降神之物“芭”甚至“姱女”（按：绝色美女，可供娱神）作比，此四句描绘的是祭典结束时的降神之事；神尸降临之后，主祭者自然要备好美酒佳馔以供其享用，因此降神仪式也可归于“饮至礼”范畴；下文的“匪且有且，匪今斯今，振古如兹”句，与“春兰兮秋菊，长无绝兮终古”句亦相当，即“祈福礼”。

除《楚茨》《既醉》《执竞》《载芟》等篇之外，《诗经》中还有不少篇目记录了这种“饮至祈福礼”。如：

是烝是享，苾苾芬芬，祀事孔明。先祖是皇，报以介福，万寿无疆！（《小雅·信南山》）

曾孙来止，以其妇子，馌彼南亩，田畯至喜。来方禋祀，以其骍黑，与其黍稷。以享以祀，以介景福。（《小雅·大田》）

清酒既载，骍牡既备。以享以祀，以介景福。……岂弟君子，神所劳矣。……岂弟君子，求福不回。(《大雅·旱麓》)

曾孙维主，酒醴维醹；酌以大斗，以祈黄耇。黄耇台背，以引以翼。“寿考维祺，以介景福。”(《大雅·行苇》)

尔酒既清，尔殽既馨。公尸燕饮，福禄来成。……既燕于宗，福禄攸降。公尸燕饮，福禄来崇。……旨酒欣欣，燔炙芬芬。公尸燕饮，无有后艰。(《大雅·凫鹥》)

伊嘏文王，既右飨之。我其夙夜，畏天之威，于时保之。(《周颂·我将》)

为酒为醴，烝畀祖妣，以洽百礼，降福孔皆。(《周颂·丰年》)

以假以享，我受命溥将。自天降康，丰年穰穰。来假来飨，降福无疆。顾予烝尝，汤孙之将。(《商颂·烈祖》)

上述材料中有大量关于祭礼临终时“饮至祈福礼”的言行记录，可见“饮至”与“祈福”是上古祭礼的必要环节。从《诗经》的宗庙之歌中可看出，饮至礼总体上包含了神尸燕饮、钟鼓舞乐、降神娱人等欢庆之事，其后的祈福礼则多为平铺直叙的祈愿之词（如“以介景福” “万寿无疆”等)。两者相辅相成，紧密地结合在一起。

二　出土楚简中的“饮至祈福礼”管窥：从新蔡葛陵简与包山简的角度

《诗经》和《九歌》作为传世的文学作品，均经过了文人的艺术加工，因此其文本内容与祭典实况或多或少存在一定的出入；而出土竹简所反映的卜筮祭祷内容，则更加忠实于祷祝流程之原貌。因此从出土文献的角度探究先秦祭礼显得尤为必要。1994 年出土的新蔡葛陵楚简中含有大量的卜筮祭祷信息，其为我们了解“饮至祈福礼”提供了更为直接的途径。

如：

既皆告，且祷也。(甲三：138)[①]

陈伟认为，“告”即竹简中的“册告”“策告”，“常用在祈求神灵的场合……是将对神灵的祝辞写在简策上宣读”。[②] 宋华强亦认同此观点。[③] 如葛陵简有：

……册告自文王以就圣桓王，各束锦加璧。(甲三：137)

佚占之曰：吉。册告自文王以就圣桓［王］(甲三：267)

其他传世文献中也有：

周公已令史策告太王、王季、文王，欲代武王发，于是乃即三王而卜。[④]

……夏后卜杀之与去之与止之，莫吉。卜请其漦而藏之，吉。乃布币焉而策告之……[⑤]

笔者认为，把“既皆告”之“告”字解为“册告”或“策告”，过于牵强附会。原因有如下三点。

首先，根据文献可知，“册告”或“策告”后一般有表示人名的实义词，而“既皆告”之“告”后则无。其次，《诗经·大雅·既醉》：“公尸嘉告。其告维何？笾豆静嘉。”笾和豆为两种不同的古代食器，竹制为笾，木制为豆，因其用在祭祀场合，所以在此处可并称代指佳肴美食。“告”后

① 河南省文物考古研究所编著《新蔡葛陵楚墓》，大象出版社，2003，第192页。新蔡葛陵楚墓简文均出自此书，为便于识读，竹简文字已隶定为通行字体，不再一一标注。按，无法辨认的字用□标示，根据上下文补出的字加［ ］。

② 陈伟：《新蔡楚简零释》，饶宗颐主编《华学》(第6辑)，紫禁城出版社，2003，第96页。

③ 宋华强：《新蔡葛陵楚简初探》，武汉大学出版社，2010，第269页。

④ 司马迁：《史记》，上海古籍出版社，2015，第122页。

⑤ 《国语》，上海古籍出版社，2012，第241页。

所接的是食物之属，即整句应理解为“公尸用美食佳肴来告”，那么此处之“告”明显不是“册告”或“策告”，而应释为“犒”，即“犒劳”之意。最后，在音韵方面，“告”字属告母奥部（拟音 kuːgs），“犒”字属高母萧部（拟音 $\mathrm{k^{h}}$aːws），音可互转。同时，《诗经·小雅·楚茨》中亦有“工祝致告：‘徂赉孝孙。苾芬孝祀，神嗜饮食……’”“工祝致告：‘神具醉止。’皇尸载起”。由此可见，“致告”之后均与美酒佳馔之属相联系，此亦为“告”可释为“犒”的明证。

由上，甲三 138 号简文的“既皆告”中的“告”，所代指的应是以犒劳神尸、乐神娱人为主旨的燕饮活动，可归类为饮至礼范畴；饮至礼“既成”之后的“且祷也”则为祈福之事。与之类似的有：

壁，以一祷大牢馈，栈钟乐之，百之，赣。盬塝占之曰：吉。既告，且［祷］（甲三：136）

择日于八月延祭景平王，以逾至文君。占之：吉。既叙之。（甲三：201）

后一简之“既叙”即“既除”，所述当为除灾祛病之事。此简后部残缺，由甲三 136 号简文可推知，简文后部亦应为类似“且［祷］”的求福之事。

另外还有一部分竹简把“既告”“既叙”之语径称为“既成”，如：

□之说。占之：吉。既成（甲三：45）
既成，且［祷］（甲一：17）

上述两简均有对“饮至礼”的描述，但只有后一简明确记有“且［祷］”，可知此简所记即为“饮至祈福礼”。但第一简只有“既成”之事，根据以上葛陵诸简的行文规律，笔者认为原简缺失部分很有可能亦与祈福之事有关，因此此简所记也应为“饮至祈福礼”。

除上述诸简外，还有另一批竹简同样值得关注：

乐之，百之，赣之，祝唬。（甲三：298、295）
［乐］之，百之，赣，以祈［福］（零：287）

据宋华强考证，"乐之""百之""赣之"为祭典结束时一种独特的仪式。

> 从出现位置来看，此三者无一例外都处在一条包含祭祷内容的简文最后，即总是先说祭祷方式、祭祷对象及祭祷物品，最后才是"乐之"、"百之"、"赣（之）"。……其间从不夹杂确定是祭祷行为的词语。……联系古人的祭祷习俗，我们认为这种记录方式并不是偶然形成的，而是当时祭祷活动中实际内容和程序的反映。一个完整的祭祷活动常常包含两部分内容：既有正式的祭祷仪式，包括陈祭品，荐馨香，致诚敬，表祈愿，等等；还会有娱神降神的活动，包括以音乐歌舞娱神，同时表演受祭的神灵降临人间来享受祭祷。……这种娱神降神活动大概是在正式的祭祷仪式结束以后举行的。[①]

联系《礼魂》之"会鼓"、"传芭兮代舞"（按：芭为巫所用降神之物）、"姱女倡"句可知，宋华强此说当属正解。目前学界对"百之"的"百"字并无统一见解，范常喜疑此字应当为"柏"字，即祭祀过程中的"燃柏以祭"。[②] 范氏把"柏之"释为"燃柏以祭"可能并不确切，先秦虽有燎祭之事，却未有燃柏之说。但结合《礼魂》"传芭兮代舞"句、望山117号简文"王之北子，各豢豕，酒食，蒿之"[③]、包山243号简文"举祷东陵连嚣豢豕、酒食，蒿之"等可知，把"百之"释为"柏之"，应是有一定依据的。无论是竹简中的"百之""蒿之"还是《礼魂》中的"传芭兮代舞"，都很有可能与香草降神有关；依此推断，"赣之"则应与美女歌舞娱神之事有关（即"姱女倡兮容与"）。宋华强亦认为"赣之"一词"大概就是表示为神灵跳舞或歌舞的意思"。[④] 总之，"乐之""百之""赣之"应为祭典结束时的降神娱人、歌舞作乐之事，此即"饮至礼"的典型形式；而位于其后的"祝嘑""祈福"，记述的正是"祈福礼"无疑，恰可以与《礼魂》篇末的祈愿词相对应。

1987年出土的包山楚墓中亦有大量保存得非常完整的卜筮祭祷简，其中有一些关于"饮至祈福礼"的记叙，如：

---

① 宋华强：《新蔡葛陵楚简初探》，武汉大学出版社，2010，第252~253页。

② 范常喜：《战国楚祭祷简"蒿之"、"百之"补议》，《中国历史文物》2006年第5期。

③ 湖北省文物考古研究所、北京大学中文系编《望山楚简》，中华书局，1995，第78页。本文所引望山简文均出自此书，为便于识读，竹简文字已隶定为通行字体，不再一一标注。

④ 宋华强：《新蔡葛陵楚简初探》，武汉大学出版社，2010，第254页。

……一祷于卲王特、大牂，馈之。卲吉为祱，既祷至福。(包山：205)

……一祷于文坪夜君、郚公子春、司马子音、蔡公子家各戠豢，馈之。卲吉为祱，既祷至福。(包山：206)

“既祷至福”之“至福”，即“致福”，此处可理解为祭典结束时的一种求福仪式。如《周礼·春官宗伯·家宗人》：

家宗人掌家祭祀之礼。凡祭祀，致福。①

其中之“致福”，孙诒让释为“侯国家祭祀致福于君之事”，也即祭祀求福之事。葛陵简中也有相似的用法：

齐客陈异至（致）福于王之岁，献［马之月］(零：165、19)

汉代《安世房中歌》有歌词云：“蛮夷竭欢，象来致福。”其下李奇注曰：

象，译也。蛮夷遣（择）〔译〕致福贡也。②

以上两处的“致福”均可理解为我们常说的“祝福”。且根据特定场合、特定事件的需要，有时这种“祈福”之礼也可换作“求寿”之礼，即包山简文出现的“致命”祷辞，如：

……攻尹之功执事人暊举、卫妆为子左尹陀举祷于新王父司马子音戠牛，馈之。臧敢为位，既祷至命。(包山：224)

……攻尹之功执事人暊举、卫妆为子左尹陀举祷于殇东陵连嚣子发肥冢，蒿祭之。臧敢为位，既祷至命。(包山：225)

“既祷至福”与“既祷至命”无一例外都位于简文的最后，两者紧密相连。结合上述葛陵简内容，“既祷”应即饮至礼的概括之词，这便与其后的“至

① 孙诒让：《周礼正义》，中华书局，1987，第2227页。

② 班固：《汉书》，中华书局，1962，第1050页。

福”“至命”构成了完整的“饮至祈福礼”；且“至福”“至命”与葛陵简中的“祈福”“祝唬”之词亦有共通之处。

包山简中也有简文直接用“既成”来表示祭典结束时的饮至求福之礼，如：

> 太、后土、司命、司骨、大水、二天子、夕山既皆成。（包山：215）

从“太”至“夕山”全为受祭神名，而后的“既成”应也是祭典结束时的一种必要礼仪，同时期的望山简中也有相似的写法。如望山 129 号简文曰“公主既成”。结合包山简文中的“既祷至福”“既祷至命”等内容论之，此处之“既成”应当为“既祷至福”或“既祷至命”的简写形式，这与葛陵简中把“既皆告，且祷也。（甲三：138）”“既告，且［祷］（甲三：136）”省写成“既成，且［祷］（甲一：17）”甚至直接写成“既成（甲三：45）”有相似的作用。且由葛陵简中的“既告，且祷”“既成，且祷”以及包山简中的“既祷至福”“既祷至命”等语可知，无论是“既告”“既祷”还是简写的“既成”，均表示祭典结束时的饮至祈福仪式。这些出土简文皆可印证，先秦祭礼结束时普遍存在“饮至祈福”这一礼仪环节。

结 论

综上可知，“饮至祈福礼”是先秦祭祀中在祭典行将结束时所举行的一种较为常见且相对固定的仪式。在举行过程中，其按举行的先后顺序可分为“饮至礼”和“祈福礼”两个环节。“饮至礼”一般表现祭典结束时的实际情景，如歌舞狂欢的降神场景、祭祀品物的完备或者神尸饱足的兴奋状态等。在此环节中，受祭神尸与主祭者之间可呈现出一种更为紧密的交流状态，比如他们可以共同参与到鼓乐燕饮中来，因此这个环节实际上也更类似于犒劳神尸的仪式，同时犒劳所有参与祭祀活动的人，即《诗经》中的“备言燕私”之事。祭典结束后，主祭者当然应当答谢所有参与祭祀的宾客亲友，以尽地主之谊，即杨伯峻所说的“于从者有所慰劳”之意。这是出于人情方面的考虑。

“饮至礼”的产生同样有其现实原因。在正式祭祀过程中，主祭者必然要准备好大量的佳肴美酒、通灵礼器等，以向神灵展示虔敬，但是在实际的祭祀过程中神灵却不会真正降临，所以在祭祀结束时，佳肴美酒之属往往由神尸享用，同时，神尸的饱足代表了神灵的饱足。在那个生产力极其低下的时代，各种祭祀品物的匮乏与珍贵程度是可以想象的，即使贵为侯王，也难以提供完备的祭品。因此，若有大型的祭祀之事，主人的宾客、亲友往往会以助祭者的身份为祭典提供包括食品、礼器等在内的诸类通灵品物，极力强化祭典的隆重程度。比如，《左传・僖公四年》载，齐桓公纠集各路诸侯南下伐楚，在列举楚国罪状时，就有一条是“尔贡包茅不入，王祭不共，无以缩酒”，这件事不仅能反证出助祭者提供的物品在祭典中的重要性，同时也能说明助祭之事是有一定强制性的。对于那些在祭祀过程中未使用完的供品，主人也往往会重新分发给助祭者，这样不仅可以避免过度浪费，同时也可以表现“尊宾客、亲骨肉”的友好亲密。《诗经・小雅・楚茨》中的“诸宰君妇，废彻不迟。诸父兄弟，备言燕私”句，记录的也正是祭祀完成后主人向助祭者分发祭品之事。

而“祈福礼”一般表现主祭者在“饮至礼”完备之后的虔敬祈愿，是表达主祭者最终祭祀心愿的环节，主祭者的心愿多为祈福、求寿或是除灾。“祈福礼”伴随“饮至礼”而来，是饮至礼的延伸。饮至礼与祈福礼有机整合，其中不再夹杂其他祷祝活动，这种特定的仪式是祭祀结束时约定俗成的环节，也是正式祭祀流程结束时看似不起眼却又不可或缺的一种集体活动，因为只有在“饮至祈福礼”完成后，祭祀才算真正圆满结束。

《九歌》十一篇所记为一整套祭祀诸神的礼仪，因此《礼魂》篇所记也是这套祭祀仪式的有机组成部分。仅从文本内容来看，《礼魂》篇所记当为祭典结束时的群体狂欢之事，不见《九歌》前十祀中受祭神灵的踪迹，取而代之的是“成礼”之后的歌舞纵情的恣肆洒脱（即“饮至礼”）和福寿万年的虔敬祈愿（即“祈福礼”）。而再以《诗经》部分篇目以及葛陵、包山卜筮简文论之，可知此种“饮至祈福礼”确实是祭典结束时的一种必要的礼仪形式。屈子用寥寥二十二字为我们呈现出的，正是这套祭祀仪式的最后一个环节。故《礼魂》篇的性质，可确定为“饮至祈福礼”。

（附记：本文初稿完成时，分别受到南京师范大学王锷教授、王永吉副教授，南通大学楚辞研究中心陈亮副教授，杭州师范大学张树国教授的指导，在此一并致谢。）

利用楚简校读《左传》（一则）

——兼及“宋闵公之死”的文献学考察*

何家兴

（安徽师范大学　文学院，安徽　芜湖　241002）

摘　要： 新出简帛文献对校读古籍和古史研究都具有十分重要的意义。结合上博简《容成氏》中的“尃（博）亦（弈）以为槿（嬉）”通假用例，《左传·庄公十一年》中“宋公靳之”的“靳”字，应读为“嬉”，是“嬉戏、戏弄”的意思；而相关文献对“宋闵公之死”一事的不同记载体现了经书文本形成的复杂性。

关键词： 《左传》　靳（嬉）　宋闵公之死

近年来，新出简帛文献不断涌现，极大地推动了相关学科的深入发展。新出简帛文献具有十分重要的价值，裘锡圭多次强调其对古书校勘和训释的重要意义。在利用新出文献校勘、解读古书方面，还有大量的工作要做。本文结合上博简《容成氏》中的通假用例，释读《左传》中的一例语词，并梳理有关文献探讨“宋闵公之死”的相关问题。恳请方家批评指正。

* 本文为国家社科基金一般项目“清华简用字整理与研究”（项目编号：18BYY143）的阶段性成果。

一 “宋公靳之”试解

《左传·庄公十一年》记述了南宫长万在乘丘之役中被鲁国活捉，之后，被宋人请求释放回国。回到宋国，宋闵公却“靳”南宫长万，并说了一番奚落的话。这件事为“十二年秋，宋万弑闵公于蒙泽”（《左传·庄公十二年》）埋下了伏笔。原文如下：

> 乘丘之役，公以金仆姑射南宫长万，公右歂孙生搏之。宋人请之，宋公靳之，曰：“始吾敬子；今子，鲁囚也，吾弗敬子矣。”病之。

该段话语意比较明确，但“宋公靳之”的“靳”字，存在不同的训释。《说文解字·革部》：“靳，当膺也。从革，斤声。”[①] 本指套在辕马胸部的皮革。段玉裁《说文解字注》曰：“靳者，骖马止而不过之处。故引伸之义为靳固。《左传》‘宋公靳之’，吝其宠也。”[②] 段玉裁认为“宋公靳之”的“靳”字，表示“靳固”，有“吝惜”之义。从上下文语境来看，段氏的说法值得商榷。历代学者多认为，此处的“靳”字表示“嘲弄、戏弄”之义。例如：

（1）服虔：“耻而恶之曰靳。”

（2）杜预：“戏而相愧曰靳。”[③]

（3）洪亮吉：“服虔云：‘耻而恶之曰靳。’（本《疏》。）《玉篇》：‘戏而相愧曰靳。’（杜同此。）”[④]

（4）杨伯峻：“‘靳音近，戏而相愧也。汉人犹有此语，见《礼记·儒行篇》郑《注》。宋魏了翁《读书杂录》引《寇莱公言行录》有‘有一青帏二十余年，或以公孙弘事靳之’，即用此义。”[⑤]

（5）胡安顺：“靳：嘲弄。”[⑥]

根据语境，笔者认为“靳”确实表示“戏弄、嘲弄”之义，“靳”应

---

① 许慎：《说文解字》，中华书局，1963，第 61 页。

② 许慎撰，段玉裁注《说文解字注》，上海古籍出版社，1988，第 109 页。

③ 杜预集解《春秋经传集解》，上海古籍出版社，1988，第 156 页。

④ 洪亮吉撰《春秋左传诂》，李解民点校，中华书局，1987，第 243 页。

⑤ 杨伯峻撰《春秋左传注》，中华书局，2009，第 189 页。

⑥ 胡安顺：《春秋左传集解释要》，陕西人民出版社，2004，第 71 页。

读为“嬉”，并非词义的引申，而是通假的关系。

新出上博简《容成氏》45 号简有一段描写商纣王沉迷酒乐之事，引起了学者们的注意，也启发了笔者对“靳”字的训释。郭永秉在《上博简〈容成氏〉所记桀纣故事考释两篇》中做了很好的探讨。此简叙述了纣王沉迷酒乐和博弈两件恶事。古人常将“博弈”“博”与“饮酒玩乐”相提并论，因此郭永秉认为“尃亦以为槿”应读为“博弈以为欣”。[①] 郭永秉的文字释读和史料分析都是非常可信的。其中，关于“槿”字的释读，在文章“补记”部分，郭永秉提及陈剑的意见。陈剑认为“槿”应读为“熙/嬉”，简文“博弈以为熙/嬉”更加文从字顺，进一步指出：

> 上已说欣喜之“欣/䜣”与“喜”当为同源词，而嬉娱、嬉戏之“熙/嬉”当然跟喜乐之“喜”也有很近的同源关系，所以读“槿”为“欣”与我所说读为“熙/嬉”可以说也并非截然对立。但其词既已分化，用各有当，恐还是读为“熙/嬉”更符合古人的语言习惯。[②]

郭永秉读“槿”为“欣”，表示“嬉戏”。陈剑认为“槿”直接读为“熙/嬉”。

结合古书和古文字通假用例，文部和之部关系密切。[③] 尤其值得注意的是，“斤”声字与“喜”声字之间有通假和异文用例。例如：《左传·成公十三年》中的人名曹公子“欣时”，《公羊传·成公十六年》作“喜时”；《礼记·乐记》“天地䜣合”，郑玄注：“䜣，读为熹。”《说文·言部》：“䜣，喜也。”笔者认为，“靳”与“欣”都从斤声，因此，“靳”字也可读为“熙/嬉”，表示“嬉戏、戏弄”之意。在古书中，“熙/嬉”与“戏”用例和词义相近，例如《战国策·齐策一》“靖郭君将城薛”章有“鄙臣不敢以死为戏”，《新序·杂事》作“臣不敢以死戏”，《淮南子·人间训》作“臣不敢以死为熙”。高诱注：“熙，戏也。”

---

① 郭永秉：《上博简〈容成氏〉所记桀纣故事考释两篇》，《简帛》（第五辑），上海古籍出版社，2010；又载《古文字与古文献论集》，上海古籍出版社，2011。

② 郭永秉：《上博简〈容成氏〉所记桀纣故事考释两篇》，《古文字与古文献论集》，上海古籍出版社，2011，第 172~173 页。

③ 陈剑：《甲骨金文旧释“尤”之字及相关诸字新释》，《甲骨金文考释论集》，线装书局，2007，第 59~80 页。

在诸家训释中，杜预的说法“戏而相愧曰靳”最为合理。只不过，“宋公靳之”应读为“宋公嬉之”，意思是“宋公戏弄他”。

马王堆汉墓帛书《春秋事语》中的《长万章》中也有类似的记载：

> 今罪而弗诛，耻而近之，是绝亓（其）几而臽（陷）之恶①【75】□□□

郭永秉认为：“帛书的‘近’就应当读为当‘戏而相愧’讲的‘靳’。‘近’、‘靳’二字皆从‘斤’得声，‘近’是群母文部字，‘靳’是见母文部字，古音非常接近，可以相通。‘耻’是羞辱，‘靳’是嘲弄、戏弄，意义相关而侧重不同，‘耻而靳之’主要应是针对闵公在长万回国后对其所讲的话而言的。”② 帛书《春秋事语》与《左传》的记述具有一致性，笔者认为《春秋事语》中的“耻而近之”，也应读为“耻而嬉之”。

二 “宋闵公之死”的文献学考察

先秦古书对于同一事件的记载，时有差异且详略不同。前人已注意到这种古书通例。明代学者郎瑛《七修类稿》卷二十三“秦汉书多同”条举出了很多古书内容复出的例子。③ 近年来，在简帛古书的启示下，有很多学者关注这类现象。④ 梳理古书中同一事件的不同版本，有助于厘清古书的史料来源，进而有利于古籍的校读和史实的复原。

关于“宋闵公之死”的内容，见于不同文献，略作梳理如下。

> （1）《左传·庄公十二年》：十二年秋，宋万弑闵公于蒙泽。
>
> （2）《公羊传》：万尝与庄公战，获乎庄公。庄公归，散舍诸宫中。

---

① “恶”字考释，见郭永秉《马王堆汉墓帛书〈春秋事语〉补释三则》，《古文字与古文献论集》，上海古籍出版社，2011，第257~262页。

② 郭永秉：《马王堆汉墓帛书〈春秋事语〉补释三则》，《古文字与古文献论集》，上海古籍出版社，2011，第259~260页。

③ 郎瑛：《七修类稿》，上海书店出版社，2009，第247~248页。

④ 参见刘娇《言公与剿说——从出土简帛古籍看西汉以前古籍中相同或类似内容重复出现现象》，线装书局，2012；单育辰《楚地战国简帛与传世文献对读之研究》，中华书局，2014；邬可晶《〈孔子家语〉成书考》，中西书局，2015。

数月，然后归之。归反为大夫于宋。与闵公博，妇人皆在侧。万曰："甚矣，鲁侯之淑，鲁侯之美也！天下诸侯宜为君者，唯鲁侯尔！"闵公矜此妇人，妒其言，顾曰："此虏也！尔虏焉故，鲁侯之美恶乎至？"万怒，搏闵公，绝其脰。

(3)《韩诗外传》卷八：宋万与庄公战，获乎庄公。庄公散舍诸宫中，数月，然后归之，反为大夫于宋。宋万与闵公博，妇人皆在侧。万曰："甚矣！鲁侯之淑，鲁侯之美也！天下诸侯宜为君者，惟鲁侯耳！"闵公矜此妇人，妒其言，顾曰："尔虏，焉知鲁侯之美恶乎？"宋万怒，搏闵公绝脰。

(4)《史记·宋世家》：十一年秋，湣公与南宫万猎，因博争行，湣公怒，辱之，曰："始吾敬若；今若，鲁虏也。"万有力，病此言，遂以局杀湣公于蒙泽。

此事还见于《新序》《春秋繁露》等古书，内容与《公羊传》大体相同。相比《公羊传》，《左传》对此事的记述稍显简略。春秋史事辗转流传过程中，伴有亡佚、变异、增饰等多种可能，因此，产生了叙述角度、情节详略、史事评价、字词文句等方面的差异。《春秋》三传各有特点和侧重，有些史实可以相互补充。

通过以上的梳理，笔者有以下两点认识。

一是《左传》记载可能有割裂错置。

关于"宋闵公之死"，《左传》记述简略；《公羊传》《韩诗外传》《新序》《春秋繁露》的记载较为详细，具有明显的一致性。杨伯峻认为："此与下年《传》'十二年秋，宋万弑闵公于蒙泽'本为一传，后人误析，割裂在此。征之《史记·宋世家》尤可证。"[①] 杨伯峻的"割裂"之说非常合理。笔者认为，根据相关文献，"宋人请之"与"宋公靳之"之间，应该有割裂错置，否则显得非常突兀。这种情况已有学者讨论，例如《左传》襄公二十五年传后、二十六年经前有一段独立的传，曰："会于夷仪之岁，齐人城郏。其五月，秦、晋为成。晋韩起如秦莅盟，秦伯车如晋莅盟，成而不结。"杜注曰："《传》为后年修成起本，当继前年之末，而特跳此者，传写失之。"《经典释文》云："此《传》本为后年修成，当续前卷二十五年之

① 杨伯峻编著《春秋左传注》，中华书局，2009，第189页。

《传》，后简编烂脱，后人传写，因以在此耳。"[①] 李零从出土语类文献角度考察《左传》的成书过程，认为《左传》的作者利用了大量的事语类古书，按照《春秋》剪裁，插进其年月顺序之中。这种整理留下了加工的痕迹，有些记载被割裂，"比如《左传》桓公元年讲宋华父督在路上遇见孔父嘉（孔子的祖先）的妻子，'目逆而送之，曰"美而艳"'，和次年华父督攻孔氏，'杀孔父而取其妻'本来是同一故事，只因见色在前，杀人在后，两者不在同一年，所以被割裂成两段"[②]。

二是史实记述的源与流。

杨伯峻推测："《史记》言因博争行，盖参用《公羊传》。魏徐干《中论·法象篇》'宋敏碎首于棋局'，亦用《公羊》。"[③] 近年来，学者们多结合出土简帛探讨古书的史料来源。李零认为上博楚简中与《春秋事语》《战国纵横家书》类似的古书，约有二十种，"它说明，春秋战国时期，语类或事语类的古书非常流行，数量也很大。同一人物，同一事件，故事的版本有好多种。这是当时作史的基本素材。……《左传》也是这样，它肯定是利用事语类的古书，即与今《国语》类似的材料而编成"[④]。古书相同或类似内容的比较，可以帮助我们分析彼此的源流关系。但是，在很多情况下，我们不可简单地判定为因袭关系，这些相同或类似内容有时可能是同出一源的关系而非简单的因袭。古书的形成是一个复杂的过程。李学勤认为清华简《金縢》和今本《金縢》"应分属于不同的传流系统"。[⑤] 从宋闵公被弑的地点来看，《左传》和《史记》明确提到了"蒙泽"，具有明显的一致性；从被弑的情节来看，《史记》与其他诸书都提到了"博"或"局"，弑是在博弈过程中发生的。古书中常"博弈"和"田猎"连言，例如《淮南子·泰族训》："以弋猎博弈之日诵《诗》读《书》，闻识必博矣。"《公羊传》《韩诗外传》《新序》《春秋繁露》都谈到了"博弈"，情节比较一致，具有明

---

① 杨伯峻编著《春秋左传注》，中华书局，2009，第 1109 页。关于《春秋》经传的错简问题，前人已有论述，参见徐建委《〈春秋〉"阍弑吴子余祭"条释证——续论〈左传〉的古本与今本》，《北京师范大学学报》（社会科学版）2015 年第 5 期。

② 李零：《简帛古书与学术源流》，生活·读书·新知三联书店，2008，第 298 页。

③ 杨伯峻编著《春秋左传注》，中华书局，2009，第 189~190 页。

④ 李零：《简帛古书与学术源流》，生活·读书·新知三联书店，2008，第 297~298 页。

⑤ 李学勤：《清华简九篇综述》，《文物》2010 年第 5 期。谢维扬也提出了"古书成书过程中文本形成的多元性质"，参见《古书成书的复杂情况与传说时期史料的品质》，《出土文献与古书成书问题研究——"古史史料学研究的新视野研讨会"论文集》，中西书局，2015，第 122 页。

显的同源关系，无法断定所谓的“源”和“流”。《左传》或应属于另一流传系统。

因此，笔者推测宋万在蒙泽田猎时与闵公博弈的过程中弑杀了闵公。闵公被弑的原因，《公羊传》类古书认为是宋万赞美鲁庄公导致闵公侮辱戏弄他，宋万被激怒而弑君；《史记》则认为是“因博争行”。目前的材料不足以还原事实细节，期待新出简帛为我们提供更多的新史料。

三 余论

在《春秋》经传的成书过程中，文本形成具有多元性的特点。李守奎利用清华简复原“鸡父之战”时谈道：“伍之鸡又称伍鸡、鸡父，是伍员之弟，据《系年》与《越公其事》所载，确有其人，史书失传。……可以看到，战国时期对鸡父之战有不同角度的记载，流传着不同的故事，后代学者进行不同的整合。”① 新出简帛古书不断地证实这种现象。正如《北京大学藏西汉竹书》（贰）整理者韩巍所说：“汉简本也让我们进一步认识到古书文本传承与演变的复杂性。汉简本中的很多实例，有力地证明古书文本的演变不是一条简单的直线，而是多条线索相互交错的复杂‘网络’。……古书文本的演变既有同一版本系统的传承、延续，也有不同系统之间的交互影响。古书传抄过程中的不断加以校订、改动，文本与解读方式相随而变，实际上相当于一种‘再创造’。”② 通过梳理“宋闵公之死”的相关文献，我们看到了经书文本形成的复杂性。新出简帛有助于厘清传世古书的史料来源，有助于史实的复原。简帛古书的通假用例对古籍的校读具有很大的启发意义。

（本文后发表于《中国典籍与文化》2018 年第 3 期）

---

① 李守奎：《清华简中的伍之鸡与历史上的鸡父之战》，《中国高校社会科学》2017 年第 2 期。

② 韩巍：《西汉竹书〈老子〉的文本特征和学术价值》，北京大学出土文献研究所编《北京大学藏西汉竹书》（贰），上海古籍出版社，2012，第 224~225 页。

清华简《赤鹄》与《庄子·至乐》篇的“陵”“屯”义辨

——简帛文献与传世文献对读个案献疑

贾学鸿

（扬州大学　文学院，江苏　扬州　225002）

摘　要： 清华简《赤鹄》中的“陵屯”不是双音节名词，而是两个单音节词。“陵”，指土丘；“屯”是动词，指的是草木萌生。土地神在夏后床下设置土丘，并令草木在土丘萌生成长，故使夏后患病。《庄子·至乐》篇的“陵”和“屯”，分属上下两句的结尾和开头，分别为名词和动词。这个段落的传统句读有误，应予调整。《庄子·至乐》篇的“陵舄”，指生命力顽强的植物，这从“舄”的原始本义以及它指称双层底的鞋、柱下础石的意义指向可以得到证明。土丘所生植物生命力顽强，它在夏后床下滋生成长，故使夏后芒刺在背，如被毒虫螫咬。

关键词： 《赤鹄》　《庄子》　“陵”　“屯”　单音节词

2008 年入藏清华大学的一批战国竹简（以下简称“清华简”）具有重要的文献学价值，已经引起学术界的高度关注，并且陆续出现一批研究成果。对于这批竹简，李学勤所作的认证如下：

> 清华简的文字属于战国时期的“古文”，富有楚文字的特征，与郭店简等相类，因而其年代可推断为战国中晚期之际，即公元前300年上下。[①]

这是从文字学角度对清华简所作的鉴定，具有权威性，其说可从。在这批清华简中，有一篇是《赤鹄之集汤之屋》（以下简称《赤鹄》），李学勤称简文讲述的是“在楚地流传的伊尹传说”[②]。清华简出自楚文化系统，其写定的时段为战国中晚期，与庄子及其学派活动的历史时期大体一致。《赤鹄》是楚地流播的伊尹传说，而《庄子》又是楚文化的经典之作，二者具有可比性。

笔者曾从事《庄子》名物的考证，后又转入《庄子》语素构象的探索。下面对清华简《赤鹄》和《庄子·至乐》篇出现的“陵屯”加以辨析，作为简帛文献与传世文献互证的尝试。

一　清华简《赤鹄》中的“陵屯”

《赤鹄》中有夏后患病亦即夏桀被病魔缠身的情节。对于他的病因，这个故事的主角巫乌作了如下叙述：

> 帝命二黄蛇与二白兔居后之寝室之栋，其下舍后疾，是使后疾疾而不知人。帝命后土为二陵屯，共居后之床下，其上刺后之体。是使后之身疴蠚，不可及于席。[③]

夏后的疾病是天帝指派黄蛇、白兔、后土作祟所致，是巫术所起的作用。其中的帝，指天帝；后土，指土地神。“帝命后土为二陵屯，共居后之床下”，对于其中的“陵屯”，一般都释为土丘、土山，“二陵屯”，就是两座土丘。有学者把“陵屯”作为双音节词加以处理，视作名词。也有的把“陵屯”释为土丘聚集，“二陵屯”就是两座土丘聚集。以上两种解释似乎顺理成

① 李学勤：《论清华简〈保训〉的几个问题》，《文物》2009年第6期。
② 李学勤：《新整理清华简六种概述》，《文物》2012年第8期。
③ 李学勤主编《清华大学藏战国竹简》（叁），中西书局，2012，第167页。

章、文从字顺，可是，联系故事的下文进行考察，就会发现其中的扞格之处。后土在夏后床下设置“陵屯”，导致夏后躺在床上身体被刺，使他患病，如同被毒蛇咬。蠚，指毒虫刺螫。如果把“陵屯”释为土丘，或是两座土丘聚集，那么，夏后在床上就寝，就等于躺在土丘上。而在现实生活中，躺在土丘上，不会产生身体被刺螫的痛感。如果按照通常所作的解释，就必须通过推理和联想，增加文字之外的一些内容，才有可能对夏后被刺、被螫的痛感来源作出合理的解释。然而，这种做法属于添字足义，是注释训诂的禁忌。如此一来，就需要对“陵屯”的含义重新加以考察，力求得出能与下文贯通的合理解释。

“陵”，指土丘，这在《赤鹄》中毫无疑问。后土是先民想象中的土地神，主管土地，当然能够按照天帝的旨意在夏后床下设置土丘。问题的关键在于“屯”字，它在简文中的含义究竟是什么？这要从它的构形上寻找答案。《说文解字·屮部》：“屯，难也。屯，象草木之初生，屯然而难。从屮贯一，屈曲之也。一，地也。”段玉裁注：

> 《说文》多说一为地，或说为天，象形也。屮贯一者，木克土也。屈曲之者，未能申也。《乙部》曰：“春草木冤曲而出，阴气尚强，其出乙乙。”屯字从屮而象其形也。①

屯，字形从屮、从一。屮，指草木初生。一，指地。屯，表示植物刚露出地面。因其发芽出土要克服障碍，引申为艰难之义。

按照许慎和段玉裁的解释，“屯”字的本义是草木发芽出土，也就是“草木之初生”。王筠称：“《集韵》引无‘木之’二字。”②《集韵》所引《说文》，把屯字释为“草”初生，这是《说文》的又一版本。

对于“屯”字的含义，尹黎云所作解释如下：

> 甲骨文作𠂢，这也是生的变体，改叶状为子芽状，象子芽破土而出之形。③

---

① 许慎撰，段玉裁注《说文解字注》，浙江古籍出版社，1998，第21页。

② 王筠：《说文解字句读》，中华书局，1988，第18页。

③ 尹黎云：《汉字字源系统研究》，中国人民大学出版社，1998，第315页。

从甲骨文到隶书，“屯”字的构形都是植物发芽破土而出之象，这是它的本义。那么，它的这种本义在先秦文献中是否有具体运用的例证呢？这个问题可以得到肯定的回答。

《周易》有《屯》卦，《彖》对于卦名所作的解释如下：

> 《屯》，刚柔始交而难生，动乎险中，大亨贞。雷雨之动满形，天造草昧，宜建侯而不宁。[①]

这里把《屯》的含义释为“刚柔始交”“天造草昧”。所谓的“刚柔始交”，指一年之中阳气与阴气开始交合，这就是《礼记·月令》所记载的孟春之月：“天气下降，地气上腾，天地和同，草木萌动。”[②] 所谓的“刚柔始交”导致草木萌动，即草木萌动源于刚柔始交。

《彖》又把《屯》释为“天造草昧”，当代学者称：“此句紧承前句之意，又举‘天造草昧’的情形，进一步譬喻初生之物将萌状态。”[③] 所作的解释是正确的。《彖》运用比喻和联想解释《屯》作为卦名的含义，指的均是草木萌生，前后一以贯之。《序卦》也称：“《屯》者，万物之始生也。”也是把《屯》释为物之始生，其中包括草木萌生。

《屯》卦的《彖》及《序卦》都用草木萌生解释《屯》的卦义，合乎“屯”字的本义。《易传》写定于战国时期，与清华简《赤鹄》的写作时段大体一致。《易传》释“屯”为草木萌生，《赤鹄》中的“屯”字，应该也取这种含义，如此处理简文才有可能上下义脉贯通，而不至于出现语义系统的断裂。“帝命后土为二陵屯，共居后之床下，其上刺后之体。”意谓天帝令土地神设置两个土丘生出草木，同时置于夏后的床下，它的上部直刺夏后的身体。正因如此，夏后如同被毒虫刺螫，身体不敢贴近床上的席子。把“屯”字释为草木初生，简文前后义脉畅通，不会出现理解上的障碍。

“屯”字的本义是草木萌生，是动词。萌生的草木还要继续生长，提升自身的高度，这就必然与夏后之床相接触。土丘上的草木是土地神设置的，具有异乎寻常的穿透力，因此使夏后染病并且痛苦不堪。这个故事在想象世

---

① 李道平：《周易集解纂疏》，中华书局，1994，第 96~97 页。
② 朱彬：《礼记训纂》，中华书局，1996，第 223 页。
③ 黄寿祺、张善文：《周易译注》（修订本），上海古籍出版社，2001，第 40 页。

界中遵循着因果律，其中“屯”字的动词属性是表现这种因果律的关键。

“屯”字的本义指草木初生，清华简《赤鹄》用的是它的本义。所谓“陵屯”，指土丘上草木萌生，“陵”是名词，“屯”是动词。《赤鹄》的结尾如下：

> 夏后乃从小臣之言，撤屋，杀二黄蛇与一白兔；乃发地，有二陵[illegible]，乃斩之。其一白兔不得，是始为陴丁诸屋，以御白兔。①

这里所说的“有二陵[illegible]，乃斩之”中所用的“斩”字，固然可解释为“断绝、清除”，但是，这个词主要的指称对象，并非两座土丘，而是土丘上萌生的草木。当然，在斩断萌生的草木的同时，也把土丘清除掉，亦可以讲通。总之，把“屯”字解释为萌生的草木，夏后芒刺在背的巫蛊之疾方能得到合理的解释，结尾所用的“斩”字的所指对象会更加显豁。

二　《庄子·至乐》篇的“陵屯”

《庄子·至乐》篇有一段论述物物相生的文字，现按传世本通行句读将段落前半部分抄录如下：

> 种有几？得水则为㡭。得水土之际，则为蛙蠙之衣。生于陵屯则为陵舄，陵舄得郁栖则为乌足，乌足之根为蛴螬，其叶为胡蝶。

这里也出现了“陵屯”二字，《经典释文》引用司马彪注，称屯为“阜也”②，这是现今所能见到的对“陵屯”中的“屯”所作的最早的注释。成玄英继承司马彪的说法，并且稍作发挥：“屯，阜也。陵舄，车前草也。既生于陵阜高陆，即变为车前也。”③ 成玄英以“阜”释“屯”，把“陵屯”说成陵阜高陆，即土丘高处。后代注家基本沿袭上述说法，把“陵屯”视为双音节词，用作名词。林希逸称：“陵屯即田野中高处也。”④ 近代以来注

---

① 李学勤主编《清代大学藏战国竹简》（叁），中西书局，2012，第167页。

② 郭庆藩：《庄子集释》，中华书局，2004，第626页。

③ 郭庆藩：《庄子集释》，中华书局，2004，第626页。

④ 林希逸著，周启成校注《庄子鬳斋口义校注》，中华书局，1997，第282页。

家沿用上述解释。陈鼓应把“生于陵屯则为陵舄”译为“生在高地上就变为车前草”。[①] 如此看来，把“陵屯”作为双音节词处理，表示山丘或高地，似乎已成定论，几乎无人提出异议。另外《列子·天瑞》也有“生于陵屯”之语，张湛注：“陵屯，高洁处也。”杨伯峻引《经典释文》：“屯，音豚，阜也。”[②] 对于“陵屯”所作的解释，与古今注家解《庄子·至乐》的思路基本一致。

如前所述，清华简《赤鹄》中的“陵屯”，不能作为双音节词处理，而要进行拆解分释，“陵”指土丘，“屯”指草木萌生。那么《庄子·至乐》及《列子·天瑞》中的“生于陵屯”之语，是否也可以照此处理，进行拆解分释呢？

释“陵屯”为阜，实际上是只对“陵”加以解释，“屯”字没有着落。成玄英把“屯”释为阜，这种用法在先秦文献中找不到例句。从《至乐》篇这个段落的语义系统考察，“陵屯”应该拆解分释，“陵”指土丘，“屯”指草木萌生，所作断句应为：“生于陵，屯则为陵舄。”意谓物的种子有精微者，生于丘陵高地，发芽则为陵舄。将生于陵的植物称为陵舄，顺理成章，合乎中国古代的命名方式。“屯”，在这个句子中作动词，指植物发芽，用的是它的本义。

按照“陵屯”分释的句读，“生于陵，屯则为陵舄”这个句子本身是通顺的，没有语病。可是，这样一来又与下面一句通行的断句方式无法协调一致。“陵舄得郁栖则为乌足”，这是通行的断法，将“陵舄”“郁栖”都作为双音节名词看待。《经典释文》引司马彪注：“郁栖，虫名。”引李颐注：“郁栖，粪壤也。”[③] 对于“郁栖”，《庄子》早期注家或释为虫名，或释为粪壤。从《至乐》篇所述物物相生链条推测，这个句子所处的位置尚处于植物相生环节，没有过渡到虫类，司马彪注是错误的。李颐释“郁栖”为粪壤，后代注家多取其说。成玄英疏：“郁栖，粪壤也。”[④] 与李颐的解释完全相同。林云铭称：“郁栖，粪壤也。”[⑤] 亦承袭李颐注。钟泰称：“郁栖，李颐云‘粪壤’是也。”[⑥] 如此看来，释“郁栖”为“粪壤”，几乎是众口一词，毋庸置疑。《列子·天瑞》中的“郁栖”，杨伯峻注也是援引《经典

---

① 陈鼓应：《庄子今注今译》，中华书局，1983，第463页。

② 杨伯峻：《列子集释》，中华书局，1979，第13页。

③ 郭庆藩：《庄子集释》，中华书局，2004，第626页。

④ 郭庆藩：《庄子集释》，中华书局，2004，第626页。

⑤ 林云铭：《庄子因》（卷四），光绪庚辰（1880）白云精舍重刊本。

⑥ 钟泰：《庄子发微》，上海古籍出版社，2002，第406页。

释文》，释为“粪壤”。[①]

释“郁栖”为“粪壤”，除了《庄子·至乐》和《列子·天瑞》的注解之外，在先秦其他文献中未找到证据，因此，需要对这两个字分别加以辨析。

“郁”，有时指腐臭。《荀子·正名》：“香、臭、芬、郁、腥、臊、洒、酸、奇臭以鼻异。”杨倞注：“郁，腐臭也。”[②] 腐臭，指物体腐烂之后散发的难闻的气味。《礼记·内则》：“鸟皫色而沙鸣，郁。”郑玄注：“皫色，毛变色也。沙，犹嘶也。郁，腐臭也。”[③] 古人认为如果鸟类羽毛改变颜色、鸣叫声沙哑，那么，它的肉必然腐臭而不可食。郁指腐臭，而粪壤就属于腐臭之物，有难闻的气味，却是良好的肥料，可为植物生长提供营养。由此看来，李颐将“郁栖”与“粪壤”相联系有一定道理，不过释“郁”为“粪壤”是恰切的，而“栖”字不必连带其中。这两句话正确的句读应当如下：

生于陵，屯则为陵舄。陵舄得郁，栖则为乌足。

这段文字也可以维持原来的通行断句，但必须把“陵”“屯”拆解分释。为避免思维惯性带来的误读，故作以上调整。这里的“郁”和“栖”，分别处于上下两句的尾和首，在意义表达方面前后相承，意谓陵舄得到粪壤，栖息在那里就变成乌足。郁，名词，指粪壤。栖，动词，指栖息，停留。这两句的结构，与前边的“生于陵，屯则为陵舄”是一致的，前句末尾分别是名词“陵”和“郁”，后句开头分别是动词“屯”和“栖”。屯，表示发芽；栖，表示栖息。在以上这个段落中，叙述物物相生的链条，特别重视动词的运用，尤其是从开头到“栖则为乌足”这几句，动词运用得非常频繁。“得水则为㡭”中的“㡭”，是继的初文，指延续。屯，指植物发芽。栖，指栖息。这段话用动态的方式展示物物相生的链条，故所用动词颇多。把“陵”与“屯”、“郁”与“栖”拆解分释，是对文本形态的还原，可以纠正以往注释的偏差。订正后的句读文从字顺，从中可以感觉到由诸多动词运用所灌注的生命的气息，以及句子的灵动和参差错落之美。

---

① 杨伯峻：《列子集释》，中华书局，1979，第 13 页。

② 王先谦：《荀子集解》，中华书局，1988，第 416~417 页。

③ 朱彬：《礼记训纂》，中华书局，1996，第 429 页。

三 《庄子·至乐》篇的“陵舄”

《庄子·至乐》篇陈述物物相生链条，其中提到陵舄：“种有几？得水则为㡭。得水土之际，则为蛙蠙之衣。生于陵，屯则为陵舄。”陵舄在土丘萌生，故其名称冠以“陵”字。何谓陵舄？《经典释文》引司马彪注：“言物因水成而陆产，生于陵屯，化作车前，改名陵舄也。一名泽舄，随燥湿变也。”① 司马彪认为陵舄指的是车前草，如果这种植物生长在湿地，就是泽舄。司马彪把陵舄释为车前草，后代注家基本沿袭这种说法。成玄英称：“陵舄，车前草也。”钟泰亦称：“旧注云‘车前’；当是也。”② 由此看来，陵舄指的是车前草，几乎已成定论。

车前草又名芣苢，《诗经·国风·周南》就有《芣苢》一诗。《尔雅·释草》：“芣苢，马舄。马舄，车前。”郭璞注：“今车前大叶，长穗，好生道边，江东呼为虾蟆衣。”③ 芣苢，俗名车前草，又名马舄。动植物名称冠以“马”字，往往取其硕大之义。车前草大叶，故又称为马舄。《尔雅》是中国古代最早的字书，具有很强的权威性。上引条目明确标示车前草称为芣苢、马舄，而不是称为陵舄。司马彪把陵舄释为车前草，缺乏必要的根据。司马彪又认为车前草生于湿地称为泽舄，对此，郝懿行称：“然泽泻是蕍舄，非马舄。”④ 由郝氏的辨析可知，陵舄与泽舄不是同一种。尽管如此，既然两个名称都缀以“舄”字，说明二者还是有相似之处，只不过一者生于土丘，一者生于湿地。

《尔雅·释草》有“蕍蕮”条目，郭璞注“今泽蕮”，郝懿行所作辨析如下：

> 《本草》云：“一名水泻，一名及泻，一名芒芋，一名鹄泻。”陶注：“叶狭而长，丛生浅水中。”苏颂《图经》：“叶似牛舌草，独茎而长。秋开白华，作丛似谷精草。”按：此即今河芋头也，华叶悉如《图

---

① 郭庆藩：《庄子集释》，中华书局，2004，第626页。

② 钟泰：《庄子发微》，上海古籍出版社，2002，第406页。

③ 郝懿行：《尔雅义疏》，上海古籍出版社，1983，第1045页。

④ 郝懿行：《尔雅义疏》，上海古籍出版社，1983，第1045页。

经》所说。根似芋子，故《本草》有芒芋之名。[①]

泻，繁体作瀉，字形从舄。泽泻生于浅水中，不会是植株高大的植物。这种草木又称芒芋，芒，指芒刺。这种草叶片狭窄，独茎，与车前草的大叶形有异。刘向《九叹·怨思》曾经提到这种草："筐泽泻以豹鞹兮，破荆和以继筑。"王逸注："筐，满也。泽泻，恶草也。"洪兴祖补注："《本草》：泽泻叶狭长，丛生浅水中，多食病人眼。"[②] 泽泻被称为恶草，对人有害，可能是因为它生有芒刺。

《庄子·至乐》所说的陵舄，与称为马舄的车前草，以及生于浅水中的泽泻，属于一个大的类别。要考察舄类植物的特征，还须从舄字的含义切入。

《说文解字·鸟部》："舄，鹊也。"段玉裁注："此云'舄，鹊也'，言其字，舄本鹊字。自经典借为履，舄字而本义废矣。"[③] 舄，本指鹊，是鸟的名称，这个字的篆文还保留鸟形。后来，舄被借用指代鞋，因此，它的本义不再沿用。鹊，为什么用舄作为名称？这需要追寻先民对鹊鸟特征的理解。

《诗经·鄘风·鹑之奔奔》有如下两句："鹑之奔奔，鹊之强强。"毛传："鹑则奔奔，鹊则强强然。"王先谦引郝懿行语："鹑窜伏草间，无有常居而有常匹，两雄相值则斗而不释。"[④] 这是分别用"奔奔""强强"对鹑和鹊加以形容，毛传认为此乃这两种飞禽的特征。王先谦所引郝懿行之语，出自他对《尔雅·释鸟》所作的义疏，他称鹑的特点是窜伏草间，无有常居。鹑的这种特点，《庄子·天地》篇也曾经提及："夫圣人，鹑居而鷇食，鸟行而无彰。"成玄英疏："鹑，鹌鹑也，野居而无常处。"[⑤] 这还是着眼于鹑的居无定所、经常迁徙。《尸子》称："宫中三市，而尧鹑居。"朱海雷注："三市，指三个市镇那么大。鹑居，指居无定所，如鹑鸟一般。"[⑥] 这些记载表明，鹑鸟居无定所的天性，在先秦时期已经被人

① 郝懿行：《尔雅义疏》，上海古籍出版社，1983，第 985 页。
② 洪兴祖：《楚辞补注》，白化文等点校，中华书局，1983，第 291 页。
③ 许慎撰，段玉裁注《说文解字注》，浙江古籍出版社，1998，第 157 页。
④ 王先谦：《诗三家义集疏》，中华书局，1987，第 234 页。
⑤ 郭庆藩：《庄子集释》，中华书局，2004，第 421 页。
⑥ 朱海雷：《尸子译注》，上海古籍出版社，2006，第 58 页。

们普遍认知。

《鹑之奔奔》形容鹊为“强强”，王先谦写道：“《说文》：‘强，弓有力也。’引申为凡有力之称。”[①] 强，指强健有力。强强，犹强而又强，非常强健。古代先民认为鹊是强健之鸟，最初称为舄，由此推断，舄指的是强健。

鹊是后起的名称，它的文字构形从昔、从鸟。《说文解字·日部》：“昔，干肉也。从残肉，日以晞之。”[②] 昔字的本义是干肉，也就是腊肉，后来它的本义废止，而用于表示时间。腊肉腌制之后又经过风干，变得很硬。鹊，字形从昔，有坚硬之义，与舄作为鹊的初名所表示的强健之义是一致的。或称舄，或称鹊，作为鸟名都是取其强健之义。

舄，在古代指的是鞋，这是它不再表示鸟名之后所获得的稳定意义。然而，它所指的不是普通、常见的鞋，而是一种特制的鞋。《周礼·天官》：“屦人掌王及后之服屦，为赤舄、黑舄……”郑玄注：“复下曰舄。”贾公彦疏：“下，谓底。复，重底。重底者名曰舄。”[③] 舄，指加木底的鞋，即双层底的鞋。《晏子春秋·外篇第七》：“大带重半钧，舄履倍重，不欲轻也。”卢守助注释如下：

> 钧：古代重量单位名，三十斤为一钧。此处“钧”似当作“斤”。舄，古代一种复底鞋。[④]

晏子上述话语强调有的服装要有一定的重量，不能过轻。束衣的大带半斤重，而双底鞋则有一斤重。战国时期的一斤，相当于 250 克，即现在的半斤。一只鞋半斤重，还是很有分量的。将这种双层底的鞋称为舄，是取其沉重之义。

刘熙《释名·释衣服》写道：“舄，腊也，行礼久立，地或泥湿，故复其下，使干腊也。”毕沅疏证：

---

① 王先谦：《诗三家义集疏》，中华书局，1987，第 235 页。

② 许慎撰，段玉裁注《说文解字注》，浙江古籍出版社，1998，第 307 页。

③ 阮元校刻《十三经注疏·周礼注疏》，中华书局，2009，第 1493~1494 页。

④ 卢守助：《晏子春秋译注》，上海古籍出版社，2006，第 246 页。

> 《古今注》云："舄以木置履下，干腊不畏泥湿也。"说与此同。①

《古今注》是晋代崔豹所作。《释名》以腊释舄，腊，指干肉，这里取其风干、干燥之义，是从舄的防潮功能方面立论。有趣的是，这与鹊作为鸟名而构形从昔殊途同归，只是《释名》所取的意义限于风干，而没有直接涉及硬度。但是，干与湿，也存在硬度上的差异，干者硬而湿者软。

舄，有时还指柱下石。《墨子·备穴》："二尺一柱，柱下傅舄。"孙诒让所作辨析如下：

> 《一切经音义》引许重叔云："楚人谓柱碣曰础。"毕云："张衡《西京赋》云'雕楹玉碣'，李善注云：'《广雅》云：碣，碩也。碣古字作舄。②

舄，指柱下础石，俗称柱脚石。石质坚硬，础石的功能是承载巨大的重量。柱下础石而称为舄，取其坚硬、强固之义。

综上所述，"舄"字用作名词，或指鹊，或指鞋，或指柱下础石，所表示的是强健有力、重量大、坚硬、承载力强等方面的意义，均属于阳刚系列的意义指向。

回到《庄子·至乐》篇，生于丘陵的植物称为陵舄，前面冠以"陵"字，表示所生地理环境、地貌特征。而所谓的舄，则是指舄类植物。根据舄字的上述含义推断，舄类植物应是质地紧密、坚韧强劲之属，而不是松软柔脆之类。舄类植物应该有顽强的生命力，能适应恶劣的环境。如俗名车前草的植物马舄，它往往生在道路旁边，虽然不时遭受人畜践踏，却依然保持生命活力。车前草叶片较大，抽穗的茎秆极其坚韧，籽粒密实，确实能体现出"舄"字的意义。舄类植物具有顽强的生命力，有的物种还具有伤害性。如前边提到的泽泻，丛生独茎，一名芒芋。芒，指芒刺，针状物，人如果与之接触有可能被刺伤。总之，《庄子·至乐》篇提到的陵舄，虽然无法确认具体是什么植物，但是，根据这类植物的基本属性，大体可知其属于坚韧顽强

---

① 刘熙撰，毕沅疏证，王先谦补《释名疏证补》，中华书局，2008，第177页。

② 孙诒让：《墨子间诂》，中华书局，2001，第558页。

之类。很有可能《至乐》篇的表述是故意闪烁其词，只是出示一个大的种类，而不落实到具体植物。

下面再回到清华简《赤鹄》的叙事上，后土是土地神，他在夏后床下设置两个土丘，并使土丘上草木萌生成长。如前所述，丘陵所生植物往往有顽强的生命力，坚韧强劲，因此有的植物称为陵舄。《赤鹄》所讲述的故事，是后土用巫术令土丘上的植物萌生成长，而这种地形所生的植物坚韧强劲，这就必然会刺破夏后寝卧的床席，使他芒刺在背，如毒虫螫咬。

《赤鹄》所讲述的故事出自虚构和想象，但是，其中有关陵屯的叙事具有现实依据。《周礼·大司徒》列举五种地形及相对应的动植物和人体形态，其中写道：“三曰丘陵，其动物宜羽物，其植物宜核物。”郑玄注：“核物，李梅之属。”贾公彦疏：

> 郑以丘陵阪险，宜枣、杏及李、梅等，目验可知，故云李、梅之属，中有枣、杏也。[①]

郑玄、贾公彦提到的丘陵地带果树，均属于生命力顽强者。依此类推，其他植物也应多数如此。《管子·地员》篇由低到高依次列举十二种植物，夏纬英把这十二种植物分别与各自所处地势相对应，并指出这些植物“生地逐次干旱”[②]，丘陵属于半干旱地带，它所生的植物虽然不如沙漠红柳、仙人掌那样顽强，但在硬度和韧性方面也颇为可观。先秦时期的人们对此已有明确的认识，《赤鹄》中有关陵屯的叙事并非完全虚构。

结　语

由对清华简《赤鹄》解读所遇到的障碍，引发对“陵屯”之称的考辨，因而涉及《庄子·至乐》。又由对《庄子·至乐》中“陵舄”含义的追索反观清华简《赤鹄》中与“陵屯”相关的情节，为释读清华简提供证据。简帛文献与传世文献的对读互证，的确是一条切实可行的学术理路。通过处理这个具体案例，笔者生发一系列思索。

---

① 阮元校刻《十三经注疏·周礼注疏》，中华书局，2009，第 1513~1514 页。

② 黎翔凤：《管子校注》，中华书局，2004，第 1099 页。

近些年来，简帛文献陆续面世，有力地推动了学术研究向纵深发展。中国拥有一批高水平的古文字学家，他们对简帛文献所作的整理认定具有权威性，可以作为深入研究的可靠依据。在感谢这些古文字学家的同时，明显感到学界对简帛文献及相关的传世文献的研究缺乏应有的力度和深度。如何提升这方面的研究水平，成为这个领域的当务之急。而研究的瓶颈，主要在词语的训诂考释方面。

一是对词语的原始本义缺乏应有的追本溯源，而习惯采用词语的常见意义进行解读。即以“屯”字为例，它的本义是草木萌生，指植物的幼芽破土而出。可是，随着时间的推移，它的本义逐渐湮没在历史烟尘中，很少有人予以关注。这个字的多种引申义，反倒成为人们习惯的用法。正因如此，清华简《赤鹄》和《庄子·至乐》篇的“屯”字均被误读、误解，人们把它处理为名词，忽略了它本义的动词属性。

二是对先秦词汇的构成特点缺少准确的把握。先秦是中国古代词汇的生成期，以单音节词为主。据周荐所作的统计，向熹的《诗经词典》中的单音节词有 2826 个，双音节词有 1000 个，单音节词占词汇总量的近 74%，而双音节词只占 1/4 略多。[①] 另据伍宗文对《论语》《孟子》《吕氏春秋》所作的统计，其中的单音节词分别占 87%、85%、78%，均在 3/4 以上。[②]《战国策》虽然在西汉末年由刘向辑录成书，但它保存的是先秦文献。据当代学人统计，其中的单音节词占 79.4%[③]，仍然占 3/4 以上。以上统计的文献涉及经、史、子三个系列，均反映出先秦词汇以单音节词为主。进入汉代之后双音节词所占比例逐渐提升，并在后来超过单音节词。了解到这种情况，就应该关注先秦文献单音节词的运用，而不能按照以双音节词为主的思维模式进行解读。对简帛和传世先秦文献的误读、误解，往往是由于把两个并列的单音节词作为双音节词处理，《赤鹄》和《庄子·至乐》中前后相连的“陵”和“屯”，遭遇的就是这种情况。

三是全面把握所辨析对象的词源、词族。对于单个词语的考察，不能局限于这个词语本身，而是要追本溯源，并且关注与它属于同族的词语。即以文中考辨的“舄”字为例，它的本义是鹊，而“鹊”这个字的构型，包含

---

① 周荐：《从词长看词典语汇单位的确定》，《辞书研究》1999 年第 2 期。

② 伍宗文：《一部独具特色的专书词典——评〈吕氏春秋词典〉》，《辞书研究》1998 年第 2 期。

③ 施建平：《论汉语词汇音节的最优现象》，《阅江学刊》2015 年第 5 期。

强劲有力之义。到了后来，尽管“舄”字指称的对象有所扩大，或指双层底的鞋，或指柱下础石，但是，它的基本含义没有发生根本改变，“舄”字最初指鹊，属于象形，而当它指称双层底的鞋和柱下础石时，便不再是象形文字，它所表达的强劲、坚硬等含义，是通过音符而彼此相通的。如果进一步扩展，“舄”有时还指盐碱地，它的土壤板结，较之正常土壤硬度要高。

总之，这只是一个具体案例，未必具有普遍性。但是，如果不对“舄”字作为名词时的所指对象进行辨析，那么《庄子·至乐》篇提到的“陵舄”的基本属性就难以呈现出来。

《神乌赋》与《聊斋志异·竹青》

——《聊斋志异·竹青》本事补

颜建真

（济南大学文学院　出土文献与文学研究中心，
山东　济南　250022）

摘　要： 从故事情节、形象体系以及思想内容三个方面对《神乌赋》与《聊斋志异·竹青》的关系进行分析，由此可以确认前者为后者的本事。

关键词： 《神乌赋》　《聊斋志异·竹青》　本事

对于《聊斋志异·竹青》本事的研究，朱一玄编的《〈聊斋志异〉资料汇编》可谓集大成者，该书指出有三种与《竹青》相关的文献：刘牧《建安记》之《乌君山》、清代宋荦《筠廊偶笔》、清代许缵曾《滇行纪程》之《甘兴霸庙》。近期笔者看到1993年出土于江苏省连云港市尹湾村汉墓的俗赋《神乌赋》，认为此与《竹青》的前半部分有一定的相似之处，可确认为《竹青》的本事。

《神乌赋》自面世以来，虽然字句释读中存在诸多问题，但故事的大体情节是清楚的。其情节如下：“雌雄二乌衔材筑巢，雌乌发现建材被盗取，于是追呼盗鸟，自述求材之艰辛，劝导盗鸟迷途知返；盗鸟不服，反诬雌乌不仁，雌乌不忍，与之展开搏斗。结果雌乌遭受重伤，被贼曹捕取，幸而脱身，却又被绳索缠住，无法解开。雄乌见状，痛不欲生，愿与雌乌同死，雌乌向雄乌讲了不能同死的道理，授命托孤后投地身亡。雄乌大哀，但终因无处伸冤，只得‘弃其故处，高翔而去’。整篇赋充溢着浓郁的悲剧气氛。”①

下面从故事情节、形象体系以及思想内容三个方面对《神乌赋》与《聊斋志异·竹青》的前半部分的关系进行分析。

一是故事情节方面。《神乌赋》与《竹青》前半部分大体都是这样的模式：相爱—遇险—分离。《神乌赋》中的雌乌，因盗鸟盗取其建材而与之据理力争直至大打出手，最终为盗鸟所伤，为贼人所缚，虽幸而脱身，却摆脱不了绳索的束缚，最终与雄乌诀别后投地而死。《竹青》的开头，鱼客因为落第饿昏于吴王庙中，魂灵化为异类——乌鸦，因“吴王怜其无偶”，配以雌乌“竹青”，“雅相爱乐”。然而幸福的日子并不长久，因为“鱼每取食，辄驯无机。竹青恒劝谏之，卒不能听”。最终有一天悲剧发生了，“有满兵过，弹之中胸”②，虽为竹青衔去，加以照料，但最终还是因为伤势过重不幸身亡，于是还魂再变为人。

二是形象体系方面。《神乌赋》的艺术形象体系有雌乌、雄乌、盗鸟、贼人。《神乌赋》中的二乌可谓伉俪情深：雌乌为保护其巢穴受伤，不能脱险，雄乌先是“惕而惊，扶翼申（伸）颈，比〈卬＝仰〉天而鸣：‘仓（苍）天仓（苍）天！视颇（彼）不仁。方生产之时，何与其汩?’”既震惊又非常痛苦，后又要与雌乌生死与共：“命也夫！吉凶浮泭（桴），愿与女（汝）俱。”相形之下，雌乌则比较明智，让雄乌赶紧脱离险境，重新寻找伴侣，并照顾好二者的孩子：“死生有期，各不同时。今虽随我，将何益哉？见危授命，妾志所持。以死伤生，圣人禁之。疾行去矣，更索贤妇。毋听后母，愁苦孤子。”③ 雌乌“是一位勤劳持家、心地善良、勇敢刚毅、胸怀博大的贤妻良母”。④ 雌乌死后，雄乌表现得悲痛欲绝：“其𪀦（雄）大哀，𠐺（?）蹢非回（徘徊）。尚羊（徜徉）其旁，涕泣从（纵）横。长炊（叹）泰（太）息，忧悗（懑）嘑〈謼〉呼，毋所告诉。”最终“遂弃故

---

① 踪凡、郭晓明：《〈神乌赋〉研究综述》，《中国诗歌研究》（第六辑），中华书局，2010，第162~163页。

② 蒲松龄著，张友鹤辑校《聊斋志异》（会校会注会评本），上海古籍出版社，1978，第1517页。

③ 李零：《简帛古书与学术源流》，生活·读书·新知三联书店，2004，第352页。以下所引《神乌赋》原文版本同此。

④ 踪凡：《两汉故事赋探论：以〈神乌赋〉为中心》，《中国俗文化研究》（第二辑），巴蜀书社，2004，第34页。

处，高翔而去”。在《神乌赋》中，死亡的为雌乌，造成悲剧的是盗鸟、贼人，这两个行凶者都逍遥法外。《竹青》前半部分的艺术形象体系有鱼客变形的雄乌、竹青、满兵、吴王。鱼客幻形后的雄乌与竹青也是伉俪情深："雅相爱乐。鱼每取食，辄驯无机。竹青恒劝谏之，卒不能听。一日，有满兵过，弹之中胸。幸竹青衔去之，得不被擒。群乌怒，鼓翼扇波，波涌起，舟尽覆。竹青仍投饵哺鱼。鱼伤甚，终日而毙。”竹青与《神乌赋》中的雌乌一样，都是贤妻的角色：平时告诫鱼客取食时要机警，在鱼客受伤后冒险衔出鱼客，并为之喂食。《竹青》中死亡的鱼客变形为雄乌，鱼客与竹青的媒人是吴王，造成悲剧的是满兵，但不同于《神乌赋》的行凶者逍遥法外，《竹青》中的行凶者最终舟覆人亡，受到了应有的惩罚。

三是思想内容方面。关于《神乌赋》的思想内容，学术界的定论是“叙述的是一个恃强凌弱的悲剧，赞美的是夫妻生死与共的感情”[①]。在此基础上，研究者对其所反映的社会历史面貌进行了深入发掘。如扬之水指出：“《神乌赋》用幽咽愤悱的叙事体写出前汉由盛而衰之际小民的怨苦。”[②] 马青芳说：“《神乌赋》是一篇以表现社会动荡、人民生活危苦为旨的作品，它借雌雄二乌的遭遇，真实地反映了西汉末年百姓的生存状况，我们可以深层次地透视他们对生命存在的感知和把握，也可以透视他们对生命价值苦苦探索的轨迹。”[③]《竹青》的前半部分，其实也是一个悲剧故事。鱼客落第饿昏于吴王庙，竟然要化为异类乌鸦乞食于舟上客旅。后虽与雌乌竹青为偶，度过了一段幸福时光，但因为“有满兵过，弹之中胸”，最终阴阳两隔。这既是爱情悲剧，也是社会悲剧。

总之，从上述三个方面的分析来看，《神乌赋》确实为《聊斋志异·竹青》的前半部分的本事。《聊斋志异·竹青》的后半部分则是还魂复生的鱼客与成为汉江神女的竹青展开的一段人神恋的浪漫故事。悲剧成为喜剧，这已是后话了。

（本文后发表于《蒲松龄研究》2017 年第 2 期）

---

① 万光治：《尹湾汉简〈神乌赋〉研究》，《四川师范大学学报》（社会科学版）1997 年第 3 期。

② 扬之水：《〈神乌赋〉谫论》，《中国文化》（第 14 期），中国文化杂志社，1996。

③ 马青芳：《〈神乌赋〉的生命价值观及其悲剧意义》，《青海民族学院学报》1997 年第 3 期。

《淮南子·缪称》与郭店简儒家佚籍的学术关联*

杨　栋

（黑龙江大学　文学院，黑龙江　哈尔滨　150080）

摘　要： 《淮南子·缪称》保存了大量《子思子》佚文，与子思著作有密切关系，而郭店简中的儒家佚籍学界亦普遍认为是子思学派的作品。将《缪称》篇与郭店简《成之闻之》《穷达以时》《五行》《尊德义》《性自命出》等篇对读发现，它们在用词、语句乃至思想上多有相合之处，据此可以进一步确认郭店简这些篇章为子思学派的作品。同时，对读亦可以帮助我们更清楚地认识《缪称》篇的成书过程及性质。

关键词： 《淮南子·缪称》　《子思子》　子思学派　郭店简

《淮南子》各篇多直接引用和化用先秦典籍。《缪称》篇也不例外，该篇保存了大量《子思子》佚文。最早发现二者关系的是清人黄以周，他在辑录《子思子》时注意到《缪称》多取《子思子》文引申其义，并列出11条两书相合的文句。① 杨树达也说："此篇（《缪称》）多引经证义，皆儒

* 本文为国家社会科学基金一般项目"《淮南子》文本生成与战国秦汉间的学术传承研究"（项目编号：18BZW034）阶段性成果。

① 黄以周：《子思子辑解》，《黄以周全集》（第9册），上海古籍出版社，2014，第95、166~174页。

家之说也。今校知与《子思子》佚文同者凡七八节之多，疑皆采自彼也。惜《子思子》不存，不得尽校耳。”[①] 有学者进一步申论《缪称》与《子思子》之关系。如刘乐贤指出：“我们虽不能说《缪称》全部取自《子思子》，但可以肯定《缪称》保存的子思学派思想必定相当丰富。”[②] 郭沂甚至认为《缪称》除首尾两段为编者所加前言后语外，其他悉为子思《累德篇》佚文。[③]

《缪称》与《子思子》佚文相近的文句共计 12 条[④]，通过对读，基本可以明确：《缪称》在撰写时吸收了子思学派的学说，袭用了《子思子》一书的大量文句，《缪称》篇与子思学派有密切关系。对于郭店简具体哪些篇章属于《子思子》，大家还没有形成统一意见[⑤]，但郭店简儒家佚籍与子思学派有关已成为学界共识。既然《缪称》、郭店简儒家佚籍都与《子思子》有关，那不妨将《缪称》与郭店简有关篇章进行对读，看它们是否在语句、用词或思想上有相合之处，据此进一步确认郭店简哪些篇章为子思学派的作品。

一 《缪称》与《成之闻之》的关联

郭店简《成之闻之》主要阐述儒家“君子”的德行。郭沂认为该篇的作者当为子思之后学、孟子之前辈，文中屡引“君子”之语，此“君子”盖为子思。[⑥] 李学勤指出将其与《大学》《中庸》合读，不难窥见其间

① 杨树达：《淮南子证闻 盐铁论要释》，上海古籍出版社，2006，第 92 页。

② 刘乐贤：《〈性自命出〉与〈淮南子·缪称〉论“情”》，《中国哲学史》2000 年第 4 期。

③ 郭沂：《〈淮南子·缪称训〉所见子思〈累德篇〉考》，《孔子研究》2003 年第 6 期。

④ 刘乐贤：《〈性自命出〉与〈淮南子·缪称〉论“情”》，《中国哲学史》2000 年第 4 期。

⑤ 如李学勤认为《缁衣》《五行》《成之闻之》《尊德义》《性自命出》《六德》这六篇皆属《子思子》（李学勤：《荆门郭店楚简中的〈子思子〉》，《重写学术史》，河北教育出版社，2002），姜广辉把《唐虞之道》、《缁衣》、《五行》、《性自命出》、《穷达以时》、《成之闻之》（前半部）、《鲁穆公问子思》、《六德》归入《子思子》（姜广辉：《郭店楚简与〈子思子〉——兼谈郭店楚简的思想史意义》，《哲学研究》1998 年第 7 期），梁涛认为《鲁穆公问子思》《缁衣》《五行》《穷达以时》可归入《子思子》（梁涛：《郭店竹简与思孟学派》，中国人民大学出版社，2008），廖名春只把《鲁穆公问子思》《缁衣》《五行》归入《子思子》［廖名春：《荆门郭店楚简与先秦儒学》，《中国哲学》（第 20 辑），辽宁教育出版社，1999］。

⑥ 郭沂：《郭店楚简〈成之闻之〉篇疏证》，《中国哲学》（第 20 辑），辽宁教育出版社，1999，第 278~292 页。

的脉络。[①] 廖名春则认为该篇很可能出于孔门高弟县成之手。[②] 笔者认为《成之闻之》亦当是子思学派的著作，下面就对其与《缪称》的关系进行进一步阐述。

（一）反本

《成之闻之》简 10~15 主要论述“反本”，其文曰：

> 是故君子之求诸己也深。不求诸其本而攻诸其末，弗得矣。是君子之于言也，非从末流者之贵，穷源反本者之贵。苟不从其由，不反其本，未有可得也者。君上卿（享）成不唯本，工［弗显矣］。戎（农）夫务食，不强咖（耕），粮弗足矣。士成言不行，名弗得矣。是故君子之于言也，非从末流者之贵，穷源反本者之贵。苟不从其由，不反其本，虽强之弗内矣。[③]

子思非常注重“本”，虽然传世文本中未见其明确提出“反本”，但其关于“本”的论述还是很多的。《大学》中有“自天子以至于庶人，壹是皆以修身为本。其本乱而末治者否矣”“德者本也，财者末也”[④]。《中庸》中也有“中也者，天下之大本也”“唯天下至诚，为能经纶天下之大经，立天下之大本，知天地之化育”[⑤]。《孟子》中已经有关于“反本”的明确论述，如“仁者如射，射者正己而后发。发而不中，不怨胜己者，反求诸己而已矣”（《孟子·公孙丑上》），“行有不得者，皆反求诸己，其身正而天下归之”（《孟子·离娄上》），孟子在劝谏梁惠王时也两次提到“反其本”（《孟子·梁惠王上》）。由于先秦典籍大量亡佚，子思到孟子之间关于“反本”思想的发展过程在传世文献中找不到相关记载，郭店简《成之闻之》正好

---

① 李学勤：《试说郭店简〈成之闻之〉两章》，《中国古代文明研究》，华东师范大学出版社，2005，第 222 页。

② 廖名春：《郭店楚简儒家著作考》，《孔子研究》1998 年第 3 期。

③ 荆门市博物馆编《郭店楚墓竹简》，文物出版社，1998，第 167 页。释文又参考刘钊《郭店楚简校释》，福建人民出版社，2005，第 136~137 页。

④ 朱熹：《四书章句集注》，中华书局，2012，第 4、11 页。《大学》很可能也是子思所作，参见郭沂《子思书再探讨——兼论〈大学〉作于子思》，《中国哲学史》2003 年第 4 期。

⑤ 朱熹：《四书章句集注》，中华书局，2012，第 18、39 页。《史记·孔子世家》云“子思作《中庸》”。

弥补了这一缺环。

《缪称》的作者对子思学派的反本思想的继承，主要体现在《缪称》篇里如下两段文句。其一为："金锡不消释则不流刑，上忧寻不诚则不法民。忧寻不在民，则是绝民之系也。君反本而民系固也。"① 此句明确讲到了"反本"，认为君反本，"民系"才能坚固。其二为："君，根本也；臣，枝叶也。根本不美，枝叶茂者，未之闻也。"② 此句为《子思子》佚文，强调君作为根本对于臣子的重要性。《缪称》这两段文句与简文"君上卿（享）成不唯本，工［弗显矣］"含义相近，都是说明君要反本。国君治理国家、对待臣民要"反本"，具体到每个人，"反本"就是要从自身找原因，自我反省、自我修身。也就是《成之闻之》所讲的"是故君子之求诸己也深"，《缪称》也强调这一点，反复论述君子要求诸已，如"君子之道……不可求于人，斯得诸己也，释己而求诸人，去之远矣"与简文语意相近。

除《缪称》篇外，《淮南子》其他篇章也多次提到"反本"，如《齐俗》"而欲民之去末反本，是由发其原而壅其流也"，与简文"不求诸其本而攻诸其末""穷源反本"意思相近。《齐俗》"农事废，女工伤，则饥之本而寒之原也"，与简文"戎（农）夫务食，不强咖（耕），粮弗足矣"可互相发明，皆谓耕织需务本才能不受饥寒。再如，《原道》"肃然应感，殷然反本，则沦于无形矣"；《精神》"终则反本，未生之时，而与化为一体"，"衰世凑学，不知原心反本"；《齐俗》"孔子谓颜回曰：'吾服汝也忘，而汝服于我也亦忘。虽然，汝虽忘乎，吾犹有不忘者存。'孔子知其本也"。以上皆提到"反本""知本"。由此可见《淮南子》作者对"反本"思想的继承和发挥。

（二）君子道可近求而可远遣

《成之闻之》的简文顺序，学者多有争议。李学勤主张把简 31~33、37~40 共 7 支简编连为一组作为全篇的最后一章，并命名为"天常"章。③ 对于这段简文的顺序和释读，我们多从李学勤的意见。先将简文抄录于下：

---

① 张双棣：《淮南子校释》（增订本），北京大学出版社，2013，第 1105 页。

② 张双棣：《淮南子校释》（增订本），北京大学出版社，2013，第 1108 页。

③ 李学勤：《试说郭店简〈成之闻之〉两章》，《中国古代文明研究》，华东师范大学出版社，2005，第 220~222 页。

天降大常，以理人伦。制为君臣之义，著为父子之亲，分为夫妇之辨。是故小人乱天常以逆大道，君子治人伦以顺天德。《大禹》曰“余才（兹）宅天心”曷？此言也，言余之此而宅于天心也。是故唯君子道可近求而可远遣也。昔者君子有言曰“圣人天德”曷？言慎求之于己，而可以至顺天常矣。《康诰》曰“不还大暊，文王作罚，刑兹亡愳”曷？此言也，言不霡（逆）大常者，文王之刑莫厚焉。是故君子慎六位以巳天常。[①]

《淮南子·泰族》有一段话云：“制君臣之义，父子之亲，夫妇之辨，长幼之序，朋友之际。”[②] 与这段简文起首几句话相近。后面的简文主要论述“君子道可近求而可远遣”，遣，读为“措”，义为置。这句话是什么意思呢？李学勤说：“这段话上承章文前面讲的小人乱天常，君子治人伦。治人伦即正确对待君臣、父子、夫妇六位的关系，是近求诸已，而这样也就顺于天德，所以是近求而远措。”其实下文所谓“圣人天德”也是这个意思，圣人之所以有天德，是因为他们慎求之于已，从而“至顺天常”，达到所谓“远措”。简文又引《康诰》申论君子慎六位，处理好君臣、父子、夫妇的关系，才能使天常获得体现，也就是以象天常。[③]《缪称》篇有两段话论述内容、行文结构与此段文句非常相近：

义尊乎君，仁亲乎父，故君之于臣也，能死生之，不能使为苟易；父之于子也，能发起之，不能使无忧寻。故义胜君，仁胜父，则君尊而臣忠，父慈而子孝。

圣人在上，化育如神。太上曰：“我其性与！”其次曰：“微彼其如此乎！”故《诗》曰：“执辔如组。”《易》曰：“含章可贞。”动于近，成文于远。夫察所夜行，周公惭乎景，故君子慎其独也。释近斯远，塞

① 荆门市博物馆编《郭店楚墓竹简》，文物出版社，1998，第 168 页。释文又参考刘钊《郭店楚简校释》，福建人民出版社，2005，第 137～138 页。

② 张双棣：《淮南子校释》（增订本），北京大学出版社，2013，第 2098 页。马宗霍云，《孟子·滕文公上》“契为司徒，教以人伦，父子有亲，君臣有义，夫妇有别，长幼有序，朋友有信”，《淮南子》此文可与相参（《淮南子校释》第 2100 页）。但仔细对读文本，《淮南子》将《孟子》中的“有”改为“之”，似参考了《成之闻之》。

③ 李学勤读“巳”为“似”。似，《说文》：“象也。”

矣。闻善易，以正身难。夫子见禾之三变也，滔滔然曰："狐乡丘而死，我其首禾乎!"故君子见善则痛其身焉。身苟正，怀远易矣。故《诗》曰："弗躬弗亲，庶民弗信。"①

第一段文字论君臣之义和父子之亲。作者强调"义尊乎君，仁亲乎父"，但要达到"义胜君，仁胜父"，其前提必须是臣不能为苟易，子不能无忧寻，而这恰恰是臣和子"近求诸己"的表现。唯有如此，方能"君尊而臣忠，父慈而子孝"，从而人伦得到治理，顺应天常。此即简文所讲的"道可近求而可远遣"。第二段文字首言"圣人在上，化育如神"，与简文"圣人天德"有异曲同工之妙，并归结于"动于近，成文于远"，此又与简文"道可近求而可远遣"相合。《缪称》接下来言"君子慎其独"，本于子思慎独思想已不必言。"释近斯远，塞矣。闻善易，以正身难"即简文"慎求之于己"。引孔子事，并云"身苟正，怀远易矣"，意即"君子慎六位以巳天常"。

所以，《缪称》这两段文字从思想内容到行文安排都和《成之闻之》"天常"章非常相近，都先言君臣父子，接着讲到圣人。简文两引《书》，而《缪称》两引《诗》一引《易》，皆与子思书善"引经证义"的特点相合。

二 《穷达以时》"世""时""遇"与《缪称》

郭店简《穷达以时》篇的内容与《韩诗外传》卷七、《说苑·杂言》所记孔子厄于陈蔡时和子路的问答相近，已被大家注意到。②《淮南子·缪称》中也有与之相近的内容。郭沂《子思书再探讨——兼论〈大学〉作于子思》一文就已经注意到《缪称》与《穷达以时》的关系。③《穷达以时》的中心思想是士之穷或达取决于时遇，还涉及儒家的天道观，以及反己修身等思想内容。

过去学者多认为儒家只关心政治、伦理等问题，对于"天道"与"性

① 张双棣：《淮南子校释》（增订本），北京大学出版社，2013，第1074、1080页。

② 如廖名春认为郭店简《穷达以时》应当是《荀子·宥坐》和《韩诗外传》卷七记载的源头；它在思想上一是强调"时"，一是强调"反己"。参见廖名春《郭店楚简儒家著作考》，《孔子研究》1998年第3期。

③ 郭沂：《子思书再探讨——兼论〈大学〉作于子思》，《中国哲学史》2003年第4期。

命”是很少讨论的。《穷达以时》打破了学界的传统观念，简文开篇即云：

> 有天有人，天人有分。詧（察）天人之分，而知所行矣。有其人，亡其世，虽贤弗行矣。茍有其世，何难之有哉？[①]

庞朴指出：“这里所谓的天，不是神格的，也不是道德的，而是命运的；其具体面目，便是文章接着所谈的‘世’‘时’‘遇’。”“这些论说中所谓的‘世’，有如《庄子》所说的‘人间世’，或人世、世间之‘世’；其所谓的‘时’，等于《孟子》所说的‘彼一时此一时’，或时势、时运之‘时’。至于‘遇’，指的则是机遇……所有这些被称为‘天’的现象，说穿了，其实就是人所生存的社会环境。”[②]《缪称》篇中亦讲到了“天”“人”“世”，如“功名遂成，天也；循理受顺，人也”句，也可以说是对《穷达以时》“有天有人，天人有分”的一种通俗易懂的表达。下文并举太公望、周公旦、崇侯、恶来加以证明，其云：“太公望、周公旦，天非为武王造之也；崇侯、恶来，天非为纣生之也；有其世，有其人也。”[③] 此与简文“有其人，亡其世，虽贤弗行矣。苟有其世，何难之有哉？”阐释的都是一个道理，即“世”对人的重要性，人只有生逢其世，才能有所行。太公望、周公旦生逢其世，所以能助武王成就功业，崇侯、恶来生在纣王之世，虽有忠心和勇力也只能随纣王一起覆灭。《缪称》篇还有一段文字讲得更直白：“命者，所遭于时也。有其材不遇其世，天也。太公何力，比干何罪，循性而行指，或害或利。”[④] 这里不仅说到有其才而不遇其世，而且还将其归于“天”和“命”，是人无法改变的。

《穷达以时》还论述了“时”“遇”思想，并举了大量的例子，如：舜耕于历山，后立为天子，是因为遇到了尧；皋繇（当为傅说）释版筑而佐天子，是因为遇到了武丁；吕望七十屠牛于朝歌，后举为天子师，是因为遇到了周文王；还有管仲遇齐桓公、百里奚遇秦穆公等事例。这些人

---

① 荆门市博物馆编《郭店楚墓竹简》，文物出版社，1998，第 145 页。释文又参考刘钊《郭店楚简校释》，福建人民出版社，2005，第168 页。

② 庞朴：《天人三式——郭店楚简所见天人关系试说》，武汉大学中国文化研究院编《郭店楚简国际学术研讨会论文集》，湖北人民出版社，2000，第 31~32 页。

③ 张双棣：《淮南子校释》（增订本），北京大学出版社，2013，第 1090 页。

④ 张双棣：《淮南子校释》（增订本），北京大学出版社，2013，第 1105 页。

都是“初沉郁，后名扬”，究其原因，却并非德行有所提高，而是因为遇到了明主。《缪称》篇对“时”“遇”也多有论及，如“故圣人之举事也，进退不失时，若夏就絺绤，上车授绥之谓也”；再如“君子时则进，得之以义，何幸之有；不时则退，让之以义，何不幸之有！故伯夷饿死首山之下，犹不自悔，弃其所贱，得其所贵也”①，也是讲时遇问题，而且教导人们逢时要“得之以义”，不逢时也要“让之以义”，与简文“穷达以时，德行一也”意思相合，不管是否因时遇而穷困或通达，德行都要始终如一。由此可见，《缪称》所言“时”“遇”与《穷达以时》可谓一脉相承。

简文还讲到反己修身。简 14：“善伓（倍）己也。”“伓”，刘钊认为即“倍”之初文。《说文》：“倍，反也。”“善倍己”即“善于反诸己”之意。② 简 15：“故君子惇于反己。”也是强调君子要求诸自身。《缪称》也多次提到“求诸己”，如“故舜不降席而王天下者，求诸己也”，“无诸己，求诸人，古今未之闻也”，“故怨人不如自怨，求诸人不如求诸己得也”，“故圣人反己而弗由也”，等等。前面提到的《成之闻之》也主张“求诸己”。由此可见，子思学派非常注重反己修身，《缪称》篇很好地继承了这一思想。

另外，简 10~11“骥馰张山騹空于卲坖，非亡体壮也。穷四海，至千里，遇告（造）故也”③ 与《缪称》“戎翟之马，皆可以驰驱，或近或远，唯造父能尽其力”所论内容基本相同，都是讲马遇造父。《穷达以时》简 7“百里迌（转）逭（鬻）五羊”④ 与《淮南子·修务》“百里奚转鬻”讲的都是百里奚的事。《穷达以时》简 12~13“芑（茝）[兰生于深林]，[不以无人] 嗅而不芳”与《淮南子·说山》“兰生幽谷，不为莫服而不芳”所论内容相近。⑤

三 《缪称》与郭店简《五行》《尊德义》

郭店简《五行》与《缪称》亦有关联，《五行》成书不会晚于《孟

---

① 张双棣：《淮南子校释》（增订本），北京大学出版社，2013，第 1108 页。
② 刘钊：《郭店楚简校释》，福建人民出版社，2005，第 175 页。
③ 荆门市博物馆编《郭店楚墓竹简》，文物出版社，1998，第 145 页。
④ 荆门市博物馆编《郭店楚墓竹简》，文物出版社，1998，第 145 页。
⑤ 颜世铉：《郭店楚简散论（二）》，《江汉考古》2000 年第 1 期。

子》，学界多认为它是子思的作品。[①] “慎独”是子思思想的一个重要概念。传世文献《大学》《中庸》对其皆有论述[②]，郭店简《五行》简 16~18 亦有相关内容：

> 淑人君子，其仪一也。能为一，然后能为君子，慎其独也。
>
> “［瞻望弗及，］泣涕如雨。”能遲池其羽，然后能至哀。君子慎其［独也］。[③]

《缪称》中也有两段文字讲到了慎独。其一：“故世治则以义卫身，世乱则以身卫义。死之日，行之终也，故君子慎一用之。”[④] “君子慎一”与《五行》“能为一”都是讲君子慎独，而且《缪称》此段文字中前两句亦为《子思子》佚文，足见其对子思学派思想的继承。其二：“故《诗》曰：‘执辔如组。’《易》曰：‘含章可贞。’动于近，成文于远。夫察所夜行，周公惭乎景，故君子慎其独也。”[⑤] 这段文字论“慎独”的行文格式与郭店简《五行》论慎独的行文格式非常相似，都是在引《诗》后，言“君子慎其独也”。不过，《缪称》除了引《诗》外，还引了《易》，并举周公事。

郭店简《五行》开篇还述说了仁、义、礼、智、圣五种德行，并认为这“五行”只有“形于内”才可以称为“德之行”，“不形于内”只可以叫作“行”，强调“形于内”与“不形于内”的差别。所谓“形于内”，即发自内心，出于真情。接下来又说“君子亡中心之忧则亡中心之智，亡中心之智则亡中心［之悦］，亡中心［之悦则不］安，不安则不乐，不乐则亡德”[⑥]，

---

① 如廖名春《郭店楚简儒家著作考》，《孔子研究》1998 年第 3 期；李学勤《先秦儒家著作的重大发现》，《中国哲学》（第 20 辑），辽宁教育出版社，1999，第 13~17 页；庞朴《竹帛〈五行〉篇比较》，《中国哲学》（第 20 辑），辽宁教育出版社，1999，第 221~227 页。

② 《中庸》：“是故君子戒慎乎其所不睹，恐惧乎其所不闻。莫见乎隐，莫显乎微，故君子慎其独也。”（朱熹：《四书章句集注》，中华书局，2012，第 17 页）《大学》：“故君子必慎其独也！小人闲居为不善，无所不至，见君子而后厌然，掩其不善，而著其善。人之视己，如见其肺肝然，则何益矣。此谓诚于中，形于外，故君子必慎其独也。”（朱熹：《四书章句集注》，中华书局，2012，第 7 页）

③ 荆门市博物馆编《郭店楚墓竹简》，文物出版社，1998，第 149~150 页。释文又参考刘钊《郭店楚简校释》，福建人民出版社，2005，第 70 页。

④ 张双棣：《淮南子校释》（增订本），北京大学出版社，2013，第 1089 页。

⑤ 张双棣：《淮南子校释》（增订本），北京大学出版社，2013，第 1080 页。

⑥ 荆门市博物馆编《郭店楚墓竹简》，文物出版社，1998，第 149 页。释文又参考刘钊《郭店楚简校释》，福建人民出版社，2005，第 69 页。

从反面进一步论证出于“中心”（内心）的作用。《缪称》篇发挥了《五行》这种形于内、发于中的思想。其中“情系于中而欲发外者也”“忠信形于内”“恩心之藏于中”“君子之惨怛……非从外入，自中出者也”等皆是此类言说，并进一步铺陈叙事，引申其义：

> 君子见过忘罚，故能谏；见贤忘贱，故能让；见不足忘贫，故能施。情系于中，行形于外。凡行戴情，虽过无怨；不戴其情，虽忠来恶。后稷广利天下，犹不自矜。禹无废功，无蔽财，自视犹觖如也。
>
> 宁戚击牛角而歌，桓公举以大政；雍门子以哭见孟尝君涕流沾缨。歌哭，众人之所能为也，一发声，入人耳，感人心，精之至者也。
>
> 忠信形于内，感动应于外，故禹执干戚舞于两阶之间，而三苗服。……子之死父也，臣之死君也，世有行之者矣，非出死以要名也，恩心之藏于中而不能违其难也。[①]

这几段文字，一方面论说“发于内”对于自身的意义，“情系于中”可以让自己真情投入从而作出“能谏”“能让”“能施”的事功，可以和后稷、大禹一样成就伟业却不自矜、不自满，同时还指出，只要倾情付出，即使有过失也不会招来怨恨；另一方面陈述“发于内”可以以情感人，触动对方，从而收到意外之效：宁戚和雍门子精诚所至才能入人耳、感人心，禹执干戚服三苗，亦是如此。所以，《缪称》又言“诚出于己，则所动者远矣”。

郭店简《尊德义》有一段谈论“人道”的文字，简文云：

> 禹以人道治其民，桀以人道乱其民。桀不易禹民而后乱之，汤不易桀民而后治之。圣人之治民，民之道也。禹之行水，水之道也。造父之御马，马之道也。后稷之艺地，地之道也。莫不有道焉，人道为近。是以君子人道之取先。[②]

---

① 张双棣：《淮南子校释》（增订本），北京大学出版社，2013，第1062、1116、1074页。

② 荆门市博物馆编《郭店楚墓竹简》，文物出版社，1998，第173页。释文又参考刘钊《郭店楚简校释》，福建人民出版社，2005，第122页。

作者为了论说主题，举禹、造父、后稷各以水道、马道、地道治水、御马和艺地的例子，说明万物莫不有道，而以“人道为近”，同时以禹、汤治民行人道为例进行阐释。《性自命出》亦有类似说法：“所为道者四，唯人道为可道也。”“凡道，心术为主。道四术，唯人道为可道也。其三术者，道之而已。”[①] 王博指出：“这似乎是说，道有四种（不知道是否就是指前面提到的水之道、马之道、地之道和民之道），只有人道才是正道，其余的三种，不过是说说而已。”[②]

《缪称》也提到了“天道”“地道”“人道”，其云：“欲知天道，察其数；欲知地道，物其树；欲知人道，从其欲。”与《尊德义》一样，《主术》也提出要重视自然之道：“禹决江疏河，以为天下兴利，而不能使水西流。稷辟土垦草，以为百姓力农，然不能使禾冬生。……夫载重而马羸，虽造父不能以致远……是故圣人举事也，岂能拂道理之数，诡自然之性，以曲为直，以屈为伸哉？”[③] 而且所举的例子同样是禹、稷、造父。同时，《主术》篇还强调了人道的重要性：“遍知万物而不知人道，不可谓智。”

四 《性自命出》与《缪称》论“情”

关于郭店简《性自命出》篇的学派性质，一部分学者认为与子思有关，也有学者提出不同意见，陈鼓应认为“与庄子学派‘任性命之情’相通”[④]，廖名春认为“简文当属子游之作”[⑤]，陈来倾向于公孙尼子[⑥]。刘乐贤指出：“《性自命出》下篇的论‘情’诸简，应和《缪称》一样，很可能与《子思子》一书有密切关系。”[⑦] 下面我们即在刘乐贤文章的基础上进一步申述《性自命出》与《淮南子·缪称》的关系。

将《性自命出》篇中论“情”的话与《缪称》比较，二者在语词、文

① 荆门市博物馆编《郭店楚墓竹简》，文物出版社，1998，第180、179页。

② 王博：《郭店竹简所见儒道关系》，《简帛思想与文献论集》，台湾古籍出版有限公司，2001，第204页。

③ 张双棣：《淮南子校释》（增订本），北京大学出版社，2013，第951页。

④ 陈鼓应：《〈太一生水〉与〈性自命出〉发微》，《道家文化研究》（第17辑），生活·读书·新知三联书店，1999，第393~411页。

⑤ 廖名春：《郭店楚简儒家著作考》，《孔子研究》1998年第3期。

⑥ 陈来：《郭店楚简之〈性自命出〉篇初探》，《孔子研究》1998年第3期。

⑦ 刘乐贤：《〈性自命出〉与〈淮南子·缪称〉论“情”》，《中国哲学史》2000年第4期。

句和思想上都有相合之处。举例如下。

1.《性自命出》简51："未言而信，有美情者也。"①

简文是说君子不说话就能赢得信任，是因为内心有真情。《缪称》篇有三段话可以和此句相比照。其一："同言而民信，信在言前也。同令而民化，诚在令外也。圣人在上，民迁而化，情以先之也。"② 此段文字是《子思子》佚文，与简文一样，也是强调"情"与"诚"是取得信任的基础。《缪称》接下来的一段文字"动于上不应于下者，情与令殊也。故《易》曰'亢龙有悔'"③，也是论情，并引用《易》，符合子思书善引六经的特点，可能也源自《子思子》。其二："三月婴儿，未知利害也，而慈母之爱谕焉者，情也。故言之用者，昭昭乎小哉！不言之用者，旷旷乎大哉！"④ 婴儿不能言，也听不懂语言，慈母用爱使之领悟（谕）利害，这是母子之情的沟通。此亦是申论"未言而信，有美情者也"，"不言之用者，旷旷乎大哉"更是对真情的赞美。其三："上意而民载，诚中者也。未言而信，弗召而至，或先之也。"许注云："上有意而未言，则民皆载而行之。志诚发之于中也。"⑤ 从许慎的注释中可以看出，这句话也是讲内心之诚。另外，"诚中者也"与《大学》"诚于中，形于外"相类，而《大学》很可能就是子思的作品。

2.《性自命出》简34～35："喜斯慆（蹈），慆（蹈）斯奋，奋斯咏，咏斯猷（摇），猷（摇）斯迮（舞）。迮（舞），喜之终也。愠斯忧，忧斯戚（戚），戚（戚）斯戁（叹），戁（叹）斯寀（辟），寀（辟）斯通（踊）。通（踊），愠之终也。"⑥

学者多指出此段简文与《礼记·檀弓下》"人喜则斯陶，陶斯咏，咏斯犹，犹斯舞，舞斯愠，愠斯戚，戚斯叹，叹斯辟，辟斯踊矣"⑦ 文句相似。实际上，它更接近于《淮南子·本经》中的一段话：

---

① 荆门市博物馆编《郭店楚墓竹简》，文物出版社，1998，第181页。

② 张双棣：《淮南子校释》（增订本），北京大学出版社，2013，第1073页。

③ 张双棣：《淮南子校释》（增订本），北京大学出版社，2013，第1073页。

④ 张双棣：《淮南子校释》（增订本），北京大学出版社，2013，第1074页。

⑤ 张双棣：《淮南子校释》（增订本），北京大学出版社，2013，第1096页。

⑥ 荆门市博物馆编《郭店楚墓竹简》，文物出版社，1998，第180页。释文又参考刘钊《郭店楚简校释》，福建人民出版社，2005，第90页。

⑦ 阮元校刻《十三经注疏·礼记正义》，中华书局，2009，第2824页。

> 凡人之性，心和欲得则乐，乐斯动，动斯蹈，蹈斯荡，荡斯歌，歌斯舞，歌舞节则禽兽跳矣。人之性，心有忧丧则悲，悲则哀，哀斯愤，愤斯怒，怒斯动，动则手足不静矣。[①]

比较两段文字，《性自命出》论“喜”和“愠”，《本经》论“乐”与“悲”，皆是情之两极，最后又都归结到“舞”（跳）。无论是在结构上，还是在用词上，二者几如出一辙。《本经》这段话很可能本自《性自命出》。

3.《性自命出》简 3~4：“道始于情，情生于性。始者近情，终者近义。知［情者能］出之，知义者能内（入）之。”[②]

王博指出这段话的内容主要是讲：“‘道’有两端，始端是‘情’，终端是‘义’，‘道’则是出情入义。”[③]《缪称》对此多有发挥，如“圣人在上，民迁而化，情以先之也”正是简文“道始于情”之义，“圣人之养民，非求用也，性不能已”正与简文“情生于性”相对应，“君子非仁义无以生，失仁义则失其所以生”则与简文“终者近义”相呼应。所不同者，《缪称》只不过将“道”由抽象变为具体，专言圣人治民而已。

4.《性自命出》简 50：“苟以其情，虽过不恶，不以其情，虽难不贵。”[④]

《缪称》“凡行戴情，虽过无怨；不戴其情，虽忠来恶”“苟乡善，虽过无怨；苟不乡善，虽忠来患”两句不仅在句式上和《性自命出》相似，在内容上也相通。

5.《性自命出》简 29：“凡至乐必悲，哭亦悲，皆至其情也。”[⑤]

刘钊云：“凡是乐极必生悲，哭泣也是悲，两者都是情感发挥到极至。”[⑥]《缪称》“故哀、乐之袭人情也深矣”，袭人情深，即至其情，与简文意相近。

《缪称》中还有不少论情的句子。如“勇士一呼，三军皆辟，其出之也

---

① 张双棣：《淮南子校释》（增订本），北京大学出版社，2013，第 893 页。

② 荆门市博物馆编《郭店楚墓竹简》，文物出版社，1998，第 179 页。释文又参考刘钊《郭店楚简校释》，福建人民出版社，2005，第 88 页。

③ 王博：《郭店竹简所见儒道关系》，《简帛思想文献论集》，台湾古籍出版有限公司，2001，第204 页。

④ 荆门市博物馆编《郭店楚墓竹简》，文物出版社，1998，第 181 页。

⑤ 荆门市博物馆编《郭店楚墓竹简》，文物出版社，1998，第 180 页。

⑥ 刘钊：《郭店楚简校释》，福建人民出版社，2005，第 175 页。

诚。故倡而不和，意而不戴，中心必有不合者也”，诚，即真情。所倡之事只有与心中真情相合，别人才能响应。再如“男子树兰，美而不芳，继子得食，肥而不泽，情不相与往来也”，男子与花草没有感情，花草就没有芳香；继子和后母没有真感情，即便吃得再胖，脸上也没有光泽。此句上文有大段《子思子》佚文。故从“怀情抱质”句到“情不相与往来也”句的一大段文字有可能都是化自《子思子》。又如“情先动，动无不得；无不得则无莙，发莙而后快。故唐虞之举错也，非以偕情也，快己而天下治”“文者，所以接物也，情系于中而欲发外者也。以文灭情则失情，以情灭文则失文。文情理通，则凤麟极矣”①。这些论情的文句，有些可能是《子思子》佚文，有些也可能是《缪称》作者在《性自命出》基础上的引申或发挥。

值得注意的是，《淮南子》中的《原道》《诠言》篇也有与《性自命出》简相关的内容。

《性自命出》简 4：“好恶，性也。所好所恶，物也。”②《礼记 · 乐记》“人生而静，天之性也；感于物而动，性之欲也；物至知知，然后好恶形焉。好恶无节于内，知诱于外，不能反躬，天理灭矣”③ 与之相近。而从文本生成的角度看，《淮南子 · 原道》中“人生而静，天之性也；感而后动，性之害也；物至而神应，知之动也；知与物接，而好憎生焉。好憎成形，而知诱于外，不能反己，而天理灭矣”④ 这段话，又本于《乐记》。《淮南子 · 原道》“好憎成形”之“形”当为“性”。“好憎生焉”正对应《乐记》“好恶形焉”，“好憎成形，而知诱于外”对应《乐记》“好恶无节于内，知诱于外”句。“无节于内”意即“成性”，而非“成形”。郭店简《性自命出》简 4“好恶，性也”可作为例证。高注云“形，见也”，看来高诱所见本“性”已讹为“形”。《乐记》一般认为是公孙尼子所撰，而李学勤认为公孙尼子“学说倾向于子思”，“郭店简儒书多与子思关联，有这样的乐论是自然的”⑤。《淮南子》则很好地承继了子思学派的乐论思想。

《性自命出》简 5~6：“金石之有声［也，弗扣不鸣］。虽有性，心弗取

---

① 张双棣：《淮南子校释》（增订本），北京大学出版社，2013，第 1089、1090 页。

② 荆门市博物馆编《郭店楚墓竹简》，文物出版社，1998，第 179 页。

③ 阮元校刻《十三经注疏 · 礼记正义》，中华书局，2009，第 3314 页。

④ 张双棣：《淮南子校释》（增订本），北京大学出版社，2013，第 38 页。

⑤ 李学勤：《重写学术史》，河北教育出版社，2002，第 264 页。

不出。”[①]《淮南子·诠言》作：“金石有声，弗叩弗鸣；管箫有音，弗吹无声。”[②] 上博简《性情论》与《庄子·天地》也有相近的句子。上博简《性情论》简3作：“金石之有声也，弗扣不鸣。”[③]《庄子·天地》作：“故金石有声，不考不鸣。”郭店简《性自命出》的补缀，上博简《性情论》的释读，皆得益于《淮南子》。

《淮南子》其他篇章亦有与《性自命出》相关的内容，足见子思学派对《淮南子》的影响，亦可以说明《缪称》的作者（作为子思学派的传承者）也参与了《淮南子》其他篇章的撰写。

五 余论

《汉书·艺文志》著录“《子思》二十三篇”，《隋书·经籍志》称“《子思子》七卷”，后皆亡佚。今天我们所能见到的子思著作，传世文献主要有《中庸》《表记》《坊记》《缁衣》，其他典籍中亦有一些佚文。出土文献中，一为马王堆汉墓帛书《五行》，一为郭店简中的儒家著作。对于郭店简中哪些篇目属于子思的著作，学者有不同的看法。前文已言《淮南子·缪称》成书时不仅采录《子思子》文句，还多有发挥，这些文句的采录与申发与子思著作密切相关。通过对读《淮南子·缪称》与郭店简《成之闻之》《穷达以时》《五行》《尊德义》《性自命出》诸篇，可以确定二者在语句和思想上多有相合之处。所以，郭店简这五篇可以进一步确认为子思学派的作品。

通过对读亦可以看出，《缪称》虽然保存了《子思子》的不少佚文，但《缪称》的作者并不是简单地对子思的著作进行抄袭和杂录，而是有所发挥和引申，仅从这一点来看，《缪称》即不大可能是《子思子》之《累德篇》。《淮南子》成书于汉武帝初年，在武帝之前战国子学并没有走向衰亡。傅斯年就曾指出：“周汉诸子是一气，不能以秦为断，是一件再明显没有的事实。……盖诸子学风之转移在汉武帝时，武帝前虽汉家天下已七八十年，

---

① 荆门市博物馆编《郭店楚墓竹简》，文物出版社，1998，第179页。释文又参考刘钊《郭店楚简校释》，福建人民出版社，2005，第88页。

② 张双棣：《淮南子校释》（增订本），北京大学出版社，2013，第1531页。

③ 马承源主编《上海博物馆藏战国楚竹书》（一），上海古籍出版社，2001，第224页。

仍是由战国风流而渐变。”[①] 汉初诸侯王多收养门客，这些门客有一部分便是战国子学的传承者，他们或有师承，或有家学，如余嘉锡所言：“周秦西汉之人，学问既由专门传受，故其生平各有主张，其发于言而见于文者，皆其道术之所寄。”[②] 当淮南王刘安编纂《淮南鸿烈》时，这些作为战国子学传承者的门客正好有了用武之地，遂将自己生平所学发明在这部著作里。因此，《缪称》篇的作者很可能就是子思学派的传人，他在不违背淮南王编纂意图的同时，不仅引用《子思子》文本，进行适当改写，为自己的论说服务，而且能够继承子思的思想，将反本、求诸己、时遇观、形于内、论情等内容融会到《缪称》中，并假象取耦、以相譬喻而引申发挥。

（本文后刊于《孔子研究》2020 年第 1 期）

---

① 傅斯年：《战国子家叙论》，《史料论略及其他》，辽宁教育出版社，1997，第 142 页。

② 余嘉锡：《目录学发微（含〈古书通例〉）》，中国人民大学出版社，2004，第 216 页。

北魏“一千人为孝文帝造九级一堰碑”释文校理

魏 平

（闽南师范大学 文学院，福建 漳州 363000）

摘 要： 北魏“一千人为孝文帝造九级一堰碑”对于研究北魏时期佛教的兴毁、孝文帝迁都、造像建筑、书法及造像文学等方面，都具有较高的文史艺术价值，但目前所出释文或乖剌不合，或缺漏连篇，显然不利于文献的科学使用。有鉴于此，今主要依据京都大学人文科学研究所藏历代碑刻文字拓本对释文作进一步校理，订讹补缺，并分析造成误释的几个原因。

关键词： 北魏 “一千人为孝文帝造九级一堰碑” 释文校理

北魏“一千人为孝文帝造九级一堰碑”（以下简称“九级碑”）是在河南省汲县发现的一方重要的九级浮屠碑，碑文记载了北魏时期杨姓宗族聚一千人之财力为北魏孝文帝建造九级佛塔的盛事，为豫北地方史、北魏佛教传播、孝文帝迁都、造像建筑、浮屠碑建造、书法及造像文学等方面提供了研究依据，具有珍贵的文献价值。该碑于 1918 年在周家湾田间被顾燮光偶然找到，并著录在他的《河朔访古新录》一书中。九级碑在浮屠碑建造史上有重要地位，叶昌炽认为它是中国最早的浮屠碑，他在《语石》中说道：“若在六朝初年，浮图即塔，其后始别建碑，仍题为浮图铭。浮图多为九级，正始元年正月，比丘法雅与宗维那一千人造九级浮图碑，出河南汲县北二十里周家湾，顾鼎梅访得之，今移县图书馆。浮图碑早于此碑者，尚未之见。其制尤为宏伟，文中兼造象之词，以塔应有象也。”①

碑于1921年后移入汲县图书馆，1963年被列入河南省第一批文物保护单位名单，后于“文革”期间被毁，现仅存拓片。碑刻拓片由河南省新乡市博物馆收藏，拓片通高198厘米，宽89厘米。碑阳上下分两段铭文，上段为北魏碑文，正书28行，满行34字，有界格；下段为“隋代移碑记”，29行，满行9字，其落款“大隋开皇五年四月十九日”几字，书于上段最左侧。拓片的上半部难辨，下半部较清晰。碑阴题名32行，行字数不等，均正书，有纵横界格。碑额阴文篆书，题“上为孝文皇帝造九级一堰”；额阴漫漶，不见图文。现收录碑文拓片的主要有《北京图书馆藏中国历代石刻拓本汇编》（以下简称《北图拓本》）②、《日本京都大学藏中国历代碑刻文字拓本》（以下简称《京都碑刻》）③、《翰墨石影》④ 等。

目前针对该碑的研究论文尚不多，多以题跋形式简要介绍其收藏情况和书法特点。徐玉立《北魏〈一千人为孝文帝造九级一躯〉碑及相关的几个问题》（以下简称《九级碑问题》）对碑文作了较详细的文史考证和书法研究⑤，且刊录全文，是研究该碑较好的考释材料，但他的释文也有很多缺漏和讹误。《翰墨石影》公布拓片并录文，录文同样存在许多误读。现有杜莹《〈汉魏六朝碑刻校注〉未收北魏碑刻整理与研究》（以下称“杜文”）校对36条。⑥《全北魏东魏西魏文补遗》（以下简称《补遗》）依《北图拓本》录文并标点，题名为《法雅宗那邑一千人等造塔记》⑦，可惜未对已有科研成果善加利用，全篇缺文、误释、标点误施情况较严重。以上各版本释文或乖剌不合、存在诸多误读，或缺漏连篇，或标点不清，这些问题显然不

① 叶昌炽撰，柯昌泗评《语石 语石异同评》，陈公柔、张明善点校，中华书局，1994，第266页。

② 北京图书馆金石组编《北京图书馆藏中国历代石刻拓本汇编（三国两晋南北朝 二）》（第三册），中州古籍出版社，1989，第73页。

③ 日本京都大学藏中国历代碑刻文字拓本编委会编《日本京都大学藏中国历代碑刻文字拓本 南北朝碑刻》，新疆美术摄影出版社、新疆电子音像出版社，2016。

④ 李源河主编《翰墨石影》，广陵书社，2003，文第1页，图第19页。

⑤ 徐玉立：《北魏〈一千人为孝文帝造九级一躯〉碑及相关的几个问题》，《文博》1993年第3期。“堰”，通“区”“躯”。

⑥ 杜莹：《〈汉魏六朝碑刻校注〉未收北魏碑刻整理与研究》，硕士学位论文，西南大学，2014，第24~26页。

⑦ 韩理洲等辑校编年《全北魏东魏西魏文补遗》，三秦出版社，2010，第451~452页。

利于文献的阅读和科学研究。有鉴于此，今依据《京都碑刻》对释文作进一步校理，订讹补缺，以求教于方家。本文除行文需要外，释文径改为简体通行字，特予说明。

一 九级碑移录

九级碑碑阳上下分两段刻铭文，上段28行，满行34字；下段为“隋代移碑记”，29行，满行9字。经校释，将《九级碑》重录如下：

夫大圣巍嶷于静土，非妙致无以契其初；真容澄邃于大千，非纯感无以穷其会。故能柄/龙光以曜玄指，洒巨泥以赈兆冥。变地狱为香迹之境，回三八之途，为天堂之墀。摧众恼/之烦，犹粟冰之径洰镬。故比丘法雅，信心于道场，体契诚之精致。与宗那邑一千人，悼促/盛于阎浮，犹触石之暂□。慨佳业之无因，寄微尘于来世。或舍五美之嘉馔，或释纤彩之/奥徽。而建灵庙，营之以九级。九级之功，由盛德而显济。

且夫玄池之流，必归于洰海；细目/之要，必总于大纲。□体之祁上，臣子之献诚，道也。故发愿于孝文。孝文皇帝，大魏之中/兴，旷代之睿主。比德则羲农齐轨，匹治则伊妫同范。以先皇所都，壤偏于曜和，不洽于土/中。乃兆畿域于嵩湹，准影同于颍堮。于其时也，始营基止。至后帝正始之元，径载有七，岁/次于大梁，望舒会于析木，建功乃就。且因地之形胜，有先哲之旧墉。目曰杨城矣。带黄河，/背流清，左长淇，右太行。域康叔之旧封，条伯禹之所营。则其余原隰之沃，岂可具焉。

九级/者，法九天之虚静，则才华于体洽。功准于殊奇，匠极于奥妙，色迈于五丽。其中诸珍璎珞，/奇像玄模。侨松踟蹰于坐幄，飞仙游戏于太虚。龙腾虎跃之类，岂可悉记矣。观者未宣，而/影映或累。旬而忘疲，或□或□。遐路驱驰，况其迩矣。或感之而捐六欲，或乐之而取饥脔。/萼冠之英，舍贵而投法；望贵之俊，捐俗而仰诚。织竭累细之实，农尽秋收之盈。斯容观之/□矣。故建石碑一枚，显其功之大矣。又议尽于下情，庸辨于体实，懿矣。杨宗得其宜，与应/俊而不谬，犹绍沮涞矣。元其先缵神武而怀感，惟冰巷而不夷。诞生文武，奄有下土。

暨至/叔虞别封于唐，兰根挺于□底，修标届于天崖，芳哉易畅，初馥于晋。诗之蕃衍，岂非寔欤！/逮于秦汉魏晋，弈世公卿，参思九五。至晋武帝分河内为汲郡，显之于汲土，表之以望冠。/俊乂相寻，迄至于兹。且后生之徒，世著善□。闻恶如勤农之抽秽，进善若声体之向影。其/敦仁尚义，崇行苇之风；宽容和缓，缵思远之俗。皆当时之菀特，故记有之。无美而称焉，是/诬；有而不传，忘也。又曰：苟有美焉，必勒之于钟鼎，以照其令德。况斯之所为也，大所缵之/也。长敢不刊石著勋，而记其庸焉。其辞曰：/

恤矣靖级，陵霄届□。下资□摸，上达无莫。良匠运奇，般垂与作。内朗玄晖，圣容时托。灵隐/冲思，飞仙虚谑。彩绣华莹，若隧若洛。卓矣容观，旷代希度。其一於穆孝文，洪猷戢熙。道/夙惠发，郁彼百围。恩感滞域，遐哉奔飞。诒厥逊谋，永有依归。魂兮登暇，升彼紫微。其二/俊矣杨宗，玄纮茂撒。唐表别圃，晋眪异基。弈世公弼，庶绩允厘。内崇道穆，雅亮于时。俊乂/相寻，迄至于兹。其三猗与碑矣，殖彼宝形。体禀和质，良匠妙营。内含碧曜，外挺乾清。下履/□固，顶□四灵。唯刊像仙，眪赞俊名。岂伊虚韵，永彰勋诚。

大魏正始元年正月七日。/

隋朝移碑记：

盖三才创剖，禀元气以/像之机；四生异类，托果/著刑名之号。俱凭五阴/六尘，出入危城。轮回若/可，帝王奉郊祀之尊。□/六藉之训然，要求于□/门，罔能克于真实者也。/善誓法王，慈悲旷远。□/树贝叶，通传汲引，□□/彼岸。故聚沙为塔，□□/之因。半偈之言，当以□/果。然有皇宗杨法□□/乃考，并悟苦空。当□□/营胜福，临清水之涯，□/之汭。黄金质地建□□。/以周武临朝，纲维□□。/随机三宝，陵替堂□。□/园宫宅，尽生禾黍。□□/碑一堰，完全靡损。□/随驭化，泽被远荒。□□/罔不重译。乃使严□□/明正法。隐如弥显，□□/追祖祢之功，又照□□/之福。乃袭于前还□□，/移旧碑置在水北。□□/右带商郊，及此□□□/地。仰愿国祚无□□□/亿□衔恩。有□□□□/□□通妙□□□□□□。/

大隋开皇五年四月十九日。/

二 《补遗》缺文调查

由于碑的上半部分长时间暴露于外，文字漫漶不清，给释读带来了极大困难。比较各家释文，以“杜文”最精，而《补遗》缺文、误释最多。《补遗》释文标明“阙”的共计 58 处，以“□”处理的共计 85 字。其中，连缺 5 字及以上共计 29 次，按碑行胪列如下。

行 1：“真容”上缺“夫大圣巍嶷于静土非妙致无以契其初”16 字。

行 2：行首开始，缺“龙光以曜玄指洒巨泥以赈兆冥变”14 字。

行 3：“烦”下缺“犹粟冰之径洰镬故”8 字。

行 4：“阎浮”下缺“犹触石之暂□慨佳业之无因”12 字。

行 5：“德而显济”上缺“以九级九级之功由盛”9 字。

行 6：“之要”下缺“必总于大纲□体”7 字。

行 7：“之”下缺“睿主比德则羲农齐轨匹治”11 字。

行 8：“也”上缺“中乃兆畿域于嵩湹准影同于颖堣于其时”17 字。

行 9：“且”上缺“次于大梁望舒会于析木建功乃就”14 字。

行 10：“左”下缺“长淇右太行域康叔之旧封条伯禹”14 字。

行 11：“法”下缺“九天之虚静则才华于体洽功准于殊奇匠”17 字。

行 12：“虎跃”上缺“奇像玄模侨松踟蹰于坐幄飞仙游戏于太虚龙腾”20 字。

行 13：“感之”上缺“影昳或累旬而忘疲或□或□遐路驱驰况其迩矣或”21 字。

行 14：“英”下缺“舍贵而投法望贵之俊捐俗而仰诚织竭累细之实农尽秋收”24 字。

行 15：“故”下缺“建石碑一枚显其功之大矣又议尽于下情庸辨于”20 字。

行 16：“诞生”上缺“俊而不谬犹绍沮溗矣元其先缵神武而怀感惟冰巷而不夷”24 字。

行 17：“天崖”上缺“叔虞别封于唐兰根挺于□底修标届于”16 字。

行 18：行首开始，缺“逮于秦汉魏晋弈世公卿参思九五至晋武帝分河”20 字。

行 19：“俊乂”下缺“相寻迄至于兹且后生之徒世著善□闻”16 字。

行20：行首开始，缺“敦仁尚义崇行苐之风宽容和缓缵思远之俗皆当时”21字。

行21：《补遗》有两处长缺文，行首开始，缺“诬有而不传忘也”7字；“苟有”下缺“美焉必勒之于钟鼎以照”10字。

行22：全行缺“也长敢不刊石著勋而记其庸焉其辞曰”16字。

行23：“矣”下缺“靖级陵霄届□下资□摸上达无莫良匠运”17字。

行24：“虚”下缺“谑彩绣华莹若隧若洛卓”10字。

行25：“郁”下缺“彼百围恩感滞域遐哉奔飞诒厥逊谋”15字。

行26：“玄”下缺“纮茂撱唐表别圃晋晒”9字。

行27：“其三”下缺“猗与碑矣殖”5字。

行28：全行正文缺“□固顶□四灵唯刊像仙晒赞俊名岂伊虚韵永彰勋诚”22字。

《补遗》所录释文，每行都有长段缺文，连续5字及以上的，列表统计如表1所示。

表1 《补遗》录文行缺字情况

单位：个，%

碑行	碑行字数	连续缺字数	行缺字比例
1	34	16	47
2	34	14	41
3	34	8	24
4	34	12	35
5	34	9	26
6	33	7	21
7	34	11	32
8	34	17	50
9	34	14	41
10	34	14	41
11	34	17	50
12	34	20	59
13	34	21	62
14	34	24	71
15	34	20	59
16	34	24	71
17	34	16	47

续表

碑行		碑行字数	连续缺字数	行缺字比例
18		34	20	59
19		34	16	47
20		34	21	62
21		34	17(7;10)	50
22		16	16	100
23		34	17	50
24		31	10	32
25		31	15	48
26		34	9	26
27		32	5	16
28		32	22	69
合计	28	923	432	47

通过表1可知，《补遗》释文连续缺5字及以上的共432字，达总字数的47%，行连续缺文50%及以上的共有13行。这种长缺文，不仅造成碑文阅读的滞碍难通，也给碑文的进一步研究利用带来了显而易见的不利影响。如碑文行5缺“以九级九级之功由盛”9字，则无以证碑额之“造九级一堰”；行9缺“次于大梁望舒会于析木建功乃就”14字，则难知落成时间；行10缺“长淇右太行域康叔之旧封条伯禹”14字，则难明建塔之地；行12缺“奇像玄模侨松踟蹰于坐幄飞仙游戏于太虚龙腾”20字，则让人不知塔的建筑风格。《补遗·前言》认为：“本书所收的大量碑志石刻为研究这一时期历史文化提供了许多重要的原始文献，补充了史书的内容。”《补遗》收录之功不可否认，但遗憾的是，《补遗》中还有相当部分碑志石刻的释读不够准确，缺文严重，给碑刻文献的使用研究造成了重重障碍。

三 文字误释分析

（一）因碑文漫漶、文字异体或所据拓片不清而误

顾燮光《河朔访古新录》记载了石碑的发现和状况：“（汲）县东北二

十四里周湾田间，有魏正始元年正月比丘法雅与宗那邑一千人造九级浮屠碑，下方刻隋开皇五年四月杨法□移碑记。文书书体为北朝石刻上乘。以碑文考之，是地必为魏时古刹，规模伟大可知。今则荒烟蔓草，无复遗迹可寻，即碑亦偃霾土中，仅露其半，苟非搜访天壤间，安知有此石哉?”① 九级碑碑文上半部磨泐较严重，加之文字异体，给文字识别带来很大困难，是造成误释的最重要原因。1918 年此碑被发现时，损毁情况已经很严重。在《九级碑问题》中，徐玉立说：“因为该碑被发现时，它的下半部久埋地下，所以碑的上半部分多损泐，下半部分较清晰。”碑在“文革”时被毁，现在只能看到拓本了。所据拓本优劣，也关系到释读的好坏。兹举一例，略更表明。如从碑文第一句来看，各家都存在误读的情况：

> 夫大圣巍嶷于静土，非妙致无以契其初；真容澄邃于大千，非纯感无以穷其会。

“初”，《九级碑问题》作“穆”，误。“真”，《九级碑问题》作“其”，误。“夫大圣巍嶷于静土，非妙致无以契其初”一段，《补遗》释文全缺。“于大千”的“于”，《补遗》作“光”，误。第二个“非”字，《九级碑问题》作“比”，误。“非纯感无以穷其会”与上文“非妙致无以契其初”相谐。“纯”，《补遗》所据拓片不清，缺。《京都碑刻》清晰，拓片作。“穷”，《补遗》作“窍”，《翰墨石影》作“最”，均误。杜文校作“穷”，是。该字右上角微蚀，但整体还算清晰，拓片作，是“穷”的异体字。穷，穷尽，引申指“彻底推求，深入钻研”。如北魏孝昌二年《韦彧墓志》：“言穷五籍，文综百氏。经眸无再，一贯高赏。”建义元年《元邵墓志》：“临风释卷，步月弦琴，目矖五行，指穷三调。”北齐颜之推《颜氏家训·书证》：“大抵服其为书，隐括有条例，剖析穷根源。”

（二）因不明佛教词语而误

九级碑碑文记载北魏时期杨姓宗族聚一千人之财力为孝文帝建造九级佛塔的盛事，因此其中涉及佛事的用词很多，如果不识这些特殊词语，仅凭字形轮廓猜测，就可能读错。

---

① 顾燮光：《河朔访古新录》卷一，上海天华印务馆，1930，第 6 页。

1. 变地狱为香迹之境，回三八之途，为天堂之墀

“迹”字清楚，拓片作▇，《九级碑问题》释文缺，《补遗》作“延”，《翰墨石影》作“迩”，均误。“香迹之境”是佛教语，指佛地，与下文“天堂”相对应。相传释迦牟尼将入寂灭之时在石上留下足迹，后因以指称与佛教有关的词。北魏郦道元《水经注·河水一》：“此塔前有佛迹，起精舍，北户向塔。”南朝齐张融《门论》：“汝可专遵于佛迹，而无侮于道本。”佛家常贯以“香”字称谓其所，如香土、香刹、香门、香城、香界、香室、香国、香殿等。“香迹”在其他造像记中也有用例，如北齐天统元年《柴季兰等四十余人造像记》：“思违浊如履云梯，弃漏土如游香迹。”毛远明注：“与世俗社会相对应的上界佛地。”①

2. 故比丘法雅，信心于道场，体契诚之精致

“场”，拓片作▇，甚清晰，《补遗》作“扬”，且标点属下句，误。道场是释道二教诵经、礼拜的场所，这里指佛教寺院。宋赵彦卫《云麓漫钞》卷六：“汉明帝梦金人，而摩腾、竺法始以白马陁经入中国，明帝处之鸿胪寺。后造白马寺居之，取鸿胪寺之义。隋曰道场，唐曰寺，本朝则大曰寺，次曰院。”这段碑文告诉我们，把寺庙叫作“道场”的时间还可上推。

3. 与宗那邑一千人，悼促盛于阎浮，犹触石之暂□

“盛”“阎”二字，《九级碑问题》均缺。“浮”，《九级碑问题》作“兮”，误。“盛于”，《补遗》缺。“阎浮”，梵语的音译，本为大树名。碑文是“阎浮提”的省称。《长阿含经》：“阎浮提，有大树王，名曰阎浮，围七由旬，高百由旬。”南赡部洲阎浮树最多，因称阎浮提，其地不信教，故后以阎浮提代指俗世。南朝梁沈约《内典序》：“圣迹彪炳，日焕于阎浮；神光陆离，星繁于净刹。”晋法显《佛国记》：“吾却后七日，当下阎浮提。”

4. 慨佳业之无因，寄微尘于来世

“微”，《翰墨石影》作“徽”，误。“微尘”是佛教词语。色体极小者称为“极尘”，七倍极尘谓之“微尘”，常用以指极细小的物质。《大毗婆沙论》卷一百三十六：“应知极微是细色。不可断截破坏贯穿，不可取舍乘履抟掣，非长非短，非方非圆，非正不正，非高非下，无有细分，不可分析，不可睹见，不可听闻，不可齅尝，不可摩触。故说极微是最细色。此七极微，成一微尘。是眼识所取色中最微细者。”颜之推《颜氏家训·归心》：

---

① 毛远明编注《汉魏六朝碑刻校注》（第九册），线装书局，2008，第207、210页。

“何故信凡人之臆说，迷大圣之妙旨，而欲必无恒沙世界，微尘数劫也。”

5. 而建灵庙，营之以九级

“建”字虽有点损坏，但轮廓清楚，《九级碑问题》《补遗》作“达”，均误。“庙”，原拓作“廧”，即“庿”的俗字，通作“庙”。《九级碑问题》作“庹”，《补遗》作“音”，均误。灵庙，此指佛塔。庙，唐玄应《一切经音义》卷六注：“宝塔。”“而建灵庙，营之以九级”，即营建九层佛塔。“营”，《翰墨石影》作“管”，误。上句曰“建”，下句曰“营”，文意相谐。

6. 俱凭五阴六尘，出入危城

“尘”，《京都碑刻》“尘”字上半部轮廓可辨，拓片作。《翰墨石影》作“鹿”，《九级碑问题》作“恶”，均误。佛教称色、声、香、味、触、法为“六尘”。《圆觉经》卷上：“妄认四大为自身相，六尘缘影为自身相。”

（三）因未审人物、典故而误

1. 比德则羲农齐轨，匹治则伊妫同范

“农”，《翰墨石影》作“晨”，形近而误。羲农，指伏羲、神农，二人都是传说中的上古圣王。该处上下两句骈偶，羲农与伊妫（指尧舜）对举。

2. 域康叔之旧封，条伯禹之所营

“叔”，《翰墨石影》作“对”，误。《史记·卫康叔世家》：“卫康叔名封，周武王同母少弟也。”司马贞索隐：“康，畿内国名。宋忠曰：‘康叔从康徙封卫，卫即殷墟定昌之地，畿内之康，不知所在。’”康叔、伯禹，都是历史人物。

3. 侨松踟蹰于坐幄，飞仙游戏于太虚

“侨”，《翰墨石影》《九级碑问题》作“桥”，均误。“侨松”，指王子侨（又称王侨）和赤松子，二人都是古代传说中的仙人。汉严忌《哀时命》：“与赤松而结友兮，比王侨而为耦。”碑文中“侨松”与“飞仙”对举，文意和谐，而《九级碑问题》却标点为“桥松踟蹰于坐幄飞仙，游戏于太虚”，将“飞仙”归属上句，破坏了对称的结构。

4. 其敦仁尚义，崇行苇之风；宽容和缓，缵思远之俗

“苇”，《翰墨石影》作“笔”，误。“行苇之风”，指仁慈之风。语出《诗经·大雅·行苇》：“敦彼行苇，牛羊勿践履。”《毛诗序》：“行苇，忠厚也。周家忠厚，仁及草木，故能内睦九族，外尊事黄耇，养老乞言，以成其福禄焉。”后遂用为表示仁慈的典实，多用于称颂朝廷。如东晋葛洪《抱朴子》：“垂恻隐于昆虫，虽见犯而不校，睹觳觫而改牲，避行苇而不蹈者，仁之事也。”晋慧远《答何镇南难袒服论》：“上极行苇之仁，内匹释迦之慈。”

5. 皆当时之菀特，故记有之

“特”，《补遗》作“持”，误。《九级碑问题》标点将“特”属下句，词语被点破。“菀特”，本义指禾苗茂盛特出，后用来比喻不得时的贤才，语出《诗经·小雅·正月》：“瞻彼阪田，有菀其特。”毛传：“言朝廷曾无桀臣。”郑笺：“阪田崎岖垅埆之处，而有菀然茂特之苗。喻贤者在间辟隐居之时。”孔颖达正义曰：“王政所以为民疾苦，由不能用贤。视彼阪田垅埆之地，有菀然其茂特之苗。以兴视彼空谷仄陋之处，有杰然其秀异之贤。”

6. 良匠运奇，般垂与作

“垂”，《翰墨石影》作“尽”，误。“垂”专字作“倕”。“般垂”指公输般（又作公输盘）和工倕，二人都是古代著名的能工巧匠。《墨子》：“公输盘为楚造云梯之械，成，将以攻宋。”《庄子·胠箧》：“毁绝钩绳而弃规矩，攦工倕之指，而天下始人有其巧矣。”《庄子·达生》：“工倕旋而盖规矩，指与物化而不以心稽。”陆德明《经典释文》注：“工倕，尧工，巧人也。”

7. 弈世公弼，庶绩允厘

“允”，《九级碑问题》《翰墨石影》释文均作“元”，误。“允厘”谓治理得当。语出《尚书·尧典》：“允厘百工，庶绩咸熙。”孔传：“允，信；厘，治。”“允厘”一词碑刻文献常用，如《元乂墓志》：“三事俞住，百揆允厘。鼎实斯属，盐梅在兹。”《穆子岩墓志》：“积庆允厘，励德在兹；耽耽大夏，绣拱云楣。”

唐代张文俱墓志文字校补

吴文文

（闽南师范大学　文学院，福建　漳州　363000）

摘　要： 本文对《唐代张文俱墓发掘报告》一文所公布的墓志在文字隶定方面存在的部分问题进行了校正，以利于学界进一步研究。

关键词： 张文俱墓志　释文校正　墓志拓本

《中原文物》2013 年第 5 期刊出了洛阳市文物考古研究院《唐代张文俱墓发掘报告》一文，张文俱墓志为历史、语言文字、书法等领域的研究提供了新的第一手宝贵材料，但其中的释文有一些讹误，影响到文献文本的准确利用，现结合墓志拓本，依其原文顺序条校如下，祈请方家批评指正。

1. 出将入相之功，事絢灼于麐图

原图版中应隶定为“麐”，《玉篇·鹿部》“麟”字条：“麟，仁兽也……麒麟也。麐，同上。”《说文解字·鹿部》：“麐，牝麒也，从鹿吝声。”可知“麐”与“麟”字是异体字关系，两者声旁不同。“麐”之声旁“吝”因形近而被误释为“各”。“麐图”即“麟图”，因汉宣帝时曾在麒麟阁内绘功臣图像，以表其功。墓志所指的是墓主张文俱的祖先张衡。

2. 露冤

原图版为，此字形上部为“日”，中间一横稍细，显然非“冖”形；下部为“免”，非“兔”字，应隶定为“冕”，因形近被误释为“冤”。唐

代褚遂良《孟法师碑》中“冕”字形作，与此字形相近。“露冕”在唐代其他墓志中也偶见，如《唐魏王武承嗣墓志》有“唯闻露冕”。① “露冕”原指隐者所戴的一种便帽。《晋书·温峤郗鉴列传·论》：“露冕为饰，援高人以同志，抑惟大隐者欤!”后来成为官员治政有方、皇帝恩宠有加的典故。晋陈寿《益都耆旧传》：“郭贺拜荆州刺史。明帝（汉明帝）巡狩到南阳，特见，嗟叹，赐以三公之服，黼黻旒冕，敕去幨露冕，使百姓见此衣服，以彰其德。”

3. 孝滕宫之故事

原图版作，上部残泐，但下部构件清晰可辨。汉碑中灵台碑有“考”字作孝，龙门石窟《安定王元燮为亡祖等造像题记》作。唐《桂州刺史孙成墓志》作考，皆可与张文俱墓志中此字互证。“孝”字与“考”字虽然字形相近，但参校各字书及碑刻、墓志，其下部构件皆从“子”，多一横是“孝”字最明显的区别特征。从文义上分析，“考滕宫之故事，酌汲圹之遗文”，“考”和“酌”相对。

4. 楚瑶齐珍

原图版为，应释为“宝”。《金石文字辨异·皓韵》“宝”字条下引唐《迁先茔记》：“天珤改元。按，珤，古宝字。”

5. 三箧同遗

按：《龙门二十品·魏灵藏薛法绍造像题记》“凡及众形，罔不备列”中“罔”字作，查张文俱墓志原图版作，与《魏灵藏薛法绍造像题记》上述字形相同，也当释为“罔”，借用为“无”。“三箧罔（无）遗”的典故出自《汉书·张安世传》：“上行幸河东，尝亡书三箧，诏问莫能知，唯安世识之，具作其事。后购求得书，以相校无所遗失。”

6. 利用弃时

原图版作，当隶定为“乘”。《俗书刊误》有“乘”字异体作乗，《集韵》有“乘”字异体作椉，均与该字形相近。唐代《贞惠公主墓志》有“若乃乘时御辨”之句。

7. 青松茂兮荫白揪

《偏类碑别字·木部·楸字》引《隋燕王府录事段夫人墓志》中字形揪为例。木部字因形近讹变为扌部字的现象在文献中多见，此类变化可视

① 曹建强：《唐魏王武承嗣墓志考略》，《中国国家博物馆馆刊》2012年第6期。

为异体演变之常例。查验图版为揪，其部首虽为“扌”，但据文义，应释为“楸”。《说文解字》：“楸，梓木也。”古时棺椁多以梓木为材料，“白楸”指代坟茔。汉碑中《张詹碑阴》：“白楸之棺，易朽之裳；铜铁不入，丹器不藏。嗟尔后人，幸勿我伤。”《水经·湍水注》云：“（冠军县东有）魏征南军司张詹墓，墓有碑……虚设白楸之言，空负黄金之实。”

下编：出土文献与文学暨文化研究

上古金文谱牒及其叙事艺术

俞林波

（济南大学　出土文献与文学研究中心，山东　济南　250022）

摘　要： 上古金文谱牒是铸刻于青铜器之上的记载宗族发展的史书，其产生与中国古人追求个人与家族不朽的心理意识和维护家族生存、利益的现实需要紧密关联。在表现形式上，上古金文谱牒用一种隐形结构将世系谱暗含于对一代代祖先丰功伟绩的歌颂记叙之中。运用醒目的人物叙事和隐晦的时间叙事相结合的叙事手法将一家之辉煌世系表现出来，是上古金文谱牒叙事艺术的主要特征。

关键词： 上古金文谱牒　墙盘　逨盘

什么是谱牒？刘贯文《谱牒学研究的任务》一文指出："谱牒是以特殊形式记载的宗族发展的史书，从史料的角度看，它带有基础的性质，其数量之大，内容之丰富并不亚于正史和方志。"[①] 据此言之，金文谱牒就是以青铜器为载体、以金文为表现形式的谱牒，记载的是宗族发展史。研究谱牒者多，研究金文谱牒者少，本人不揣浅陋，试对上古金文谱牒及其叙事艺术做一挖掘，请教于专家学者。

---

① 刘贯文：《谱牒学研究的任务》，《谱牒学研究》（第一辑），书目文献出版社，1989，第2页。

一 金文谱牒的产生原因

中国古代重视宗族，宗族与谱牒有重要关系。班固《白虎通》曰：“宗者，何谓也？宗者，尊也。为先祖主者，宗人之所尊也。《礼》曰：‘宗人将有事，族人皆侍。’古者所以必有宗，何也？所以长和睦也。大宗能率小宗，小宗能率群弟，通其有无，所以纪理族人者也。”① 又曰：“族者，何也？族者，凑也，聚也。谓恩爱相流凑也。上凑高祖，下至玄孙，一家有吉，百家聚之，合而为亲，生相亲爱，死相哀痛，有会聚之道，故谓之族。”② 宗族是以具有血缘关系的男性为主体构成的社会群体，有经济力量，有组织机构，有处理内部关系的伦理和准则。中国古代的政治制度是以血缘关系为重要依据的，所以，宗族制度与谱牒学有重要关系。冯尔康《宗族制度对中国历史的影响——兼论宗族制与谱牒学之关系》一文指出：“政治制度和宗族制度决定谱牒的兴修、内容及形式。古代政治制度和宗族制度结合物的等级制、分封制、选举制、门第婚姻的实现，需要宗族史的资料，作为国家推行这些制度的依据，官修谱牒就是适应这种要求而产生的。”③

乌纳穆诺在《生命的悲剧意识》中说：“从历史起源上看，所有的宗教都是起源于对死者的崇拜，也就是说，起源于对于不朽的崇拜。”④ 傅道彬说：“当然永恒的含义并不是指时间意义的无限长度，因为人类毕竟无法超越这种物理、形躯的限制，因而人类不得不将永恒的愿望寄托于历史，通过生殖的繁衍、历史的流传，延伸个体受限制的生命。青铜时代制造的那些象征国家尊严个人权威的钟鼎器皿，是人类追求永恒的物化形式。而刻在青铜上的铭文历史，也反映着人类通过青铜文字的不朽以求个体生命不朽的普遍心理。”⑤ 谱牒记录宗族发展之历史，含有代代相传、薪火不断的不朽意识。青铜器皿具有独特尊贵的政治性质，青铜铭文又具有难以磨灭的刻写属性，这样，将自家宗族的历史刻写于青铜器之上，就非常有

---

① 陈立：《白虎通疏证》，吴则虞点校，中华书局，1994，第393~394页。

② 陈立：《白虎通疏证》，吴则虞点校，中华书局，1994，第397~398页。

③ 冯尔康：《宗族制度对中国历史的影响——兼论宗族制与谱牒学之关系》，《谱牒学研究》（第一辑），书目文献出版社，1989，第35页。

④ 〔西〕乌纳穆诺：《生命的悲剧意识》，北方文艺出版社，1987，第42页。

⑤ 傅道彬：《〈诗〉外诗论笺——上古诗学的历史批评与阐释》，黑龙江教育出版社，1993，第96页。

利于实现不朽的愿望和达到个人以及宗族永恒的目的。这种追求不朽的精神需要促进了金文谱牒的产生。

金文谱牒是中国谱牒的一种独特形式。传世古籍就有关于金文谱牒的记载。记载周代礼俗制度的《礼记·祭统》曰：

> 夫鼎有铭，铭者，自名也，自名以称扬其先祖之美，而明著之后世者也。为先祖者，莫不有美焉，莫不有恶焉。铭之义，称美而不称恶，此孝子孝孙之心也，唯贤者能之。铭者，论撰其先祖之有德善、功烈、勋劳、庆赏、声名，列于天下，而酌之祭器，自成其名焉，以祀其先祖者也。显扬先祖，所以崇孝也。身比焉，顺也。明示后世，教也。夫铭者，壹称而上下皆得焉耳矣。是故君子之观于铭也，既美其所称，又美其所为。为之者，明足以见之，仁足以与之，知足以利之，可谓贤矣。贤而勿伐，可谓恭矣。故卫孔悝之鼎铭曰："六月丁亥，公假于大庙。公曰：'叔舅！乃祖庄叔，左右成公，成公乃命庄叔随难于汉阳，即宫于宗周，奔走无射。启右献公，献公乃命成叔纂乃祖服。乃考文叔，兴旧嗜欲，作率庆士，躬恤卫国。其勤公家，夙夜不解，民咸曰休哉！'公曰：'叔舅！予女铭，若纂乃考服！'悝拜稽首，曰：'对扬以辟之，勤大命，施于烝彝鼎。'"此卫孔悝之鼎铭也。古之君子，论撰其先祖之美，而明著之后世者也，以比其身，以重其国家如此。①

《礼记·祭统》记载周代人铸鼎并铸刻铭文来颂扬自己的祖先。铭文只颂扬祖先的美德而不记录祖先的恶事，这样祖先的名字排列下来再加上铸器人的名字就形成一个世系，"孔悝之鼎铭"就是一例。《荀子·礼论》曰："故丧礼者，无它焉，明死生之义，送以哀敬而终周藏也。故葬埋，敬藏其形也；祭祀，敬事其神也；其铭、诔、系世，敬传其名也。"杨倞注曰："铭，谓书其功于器物，若孔悝之鼎铭者；诔，谓诔其行状以为谥也；系世，谓书其传袭，若今之谱牒也。"②

赞颂自家的列祖列宗，将家族辉煌的历史铸刻于青铜器之上，还具有十

① 郑玄注，孔颖达正义《礼记正义》，吕友仁整理，上海古籍出版社，2008，第1891~1893页。

② 王先谦：《荀子集解》，沈啸寰、王星贤点校，中华书局，1988，第371页。

分现实的功利目的。其功利目的有二："一是用以形成奴隶主贵族的权威。西周早期的贵族，都是灭商以前的宗族子弟或者小贵族，辅助文、武，伐商灭纣时有功于王室，随着武王的军事胜利，被分封受爵，成为大的权贵。他们把自己的功劳或父辈对王室的贡献，以及周王的锡命铭铸在青铜礼器上，就等于获得了地位和职务的证件，具有护身符的作用，以便造成他们的权威。二是加强宗法制度。宗法制度是周礼的重要组成部分，是周人维护其内部、巩固和加强统治的一种手段。其核心就是严格的宗子法承袭关系。西周时代，王臣都是世官，靠祖先的荫庇获得地位和特权。他们在青铜器铭文和祭祀活动中，追述祖先的功烈，告祭自己的荣誉，都是为了加强自己在其宗族体系中的地位。"①

中国古代从启开始实行世袭制，帝王、诸侯、卿士的政治地位和经济地位都是从祖上继承下来的，所以，中国古代普遍崇敬自己的祖先。上古时期，帝王、诸侯、卿士对祖先的尊崇和孝敬往往通过在鼎彝等礼器上铸造铭文的方式来表达。在鼎彝礼器上铸上祖先的名字，叙述祖先的美德、功勋和庆赏，并记录铸器人的名字，这样既表达了对祖先的尊崇，又借显耀祖先的地位以自炫。子子孙孙都这样为其先人铸造铭器，将其祖先的名字、世次、事迹都记录下来，这些排列起来就形成一个家族的家谱，大到帝王诸侯世系谱，小到卿士的自家宗谱。

二 上古金文谱牒的现实存在

商朝前期青铜器有铭文者甚少，有铭文者，也多以几字为限，商朝末年的铭文最长者不超过五十字。因此，要探讨金文谱牒，商朝金文可资利用者较少。周朝青铜器大量出现字数较多的铭文，其中有不少篇章涉及对某家历代祖先生平事迹的记录，这为我们探讨上古金文谱牒提供了较为丰富的材料。

上古金文谱牒有的记录的世次少，有的记录的世次多。原因之一是，家族初期的器铭，因为承袭代数少，所以记录的世系人名少；家族后期的器铭，随着承袭代数的增加，其所记录的世系人名也必然增加。有的铭文仅仅记录祖先的世次和名字，有的则详细记录祖先的光辉事迹。这可能与不同家

① 郑春兴主编《中国青铜器宝典》，内蒙古人民出版社，2005，第 142 页。

族的等级地位有关，社会地位低、等级低的家族，其祖先本来就没有值得称道的功勋庆赏，故不得不简略记录；社会地位高、等级高的家族，其祖先值得称道的功勋庆赏非常多，故其记录详而又详、多而又多。

世次少的：

祖丁父癸彝铭文曰“祖丁父癸”，表明了丁和癸的父子世次关系。

祖丁父己壶铭文曰“祖丁父己”，表明了丁和己的父子世次关系。

世次多的：

秦公钟铭文曰：“秦公曰：我先祖受天命，赏宅受国，烈烈昭文公、静公、宪公，不坠于上，卲答皇天，以虩事蛮方。公及王姬曰：余小子，余夙夕虔敬朕祀，以受多福，克明厥心，盭和胤士，咸畜左右，蔼蔼允义，翼受明德，以康奠协朕国，盗百蛮，俱即其服。作厥和钟，灵音锗锗雍雍，以宴皇公，以受大福，纯鲁多厘，大寿万年。秦公其畯令在位，膺受大命，眉寿无疆，抚有四方，其康宝。”[①] 秦公钟铭文所列世次为先祖（秦襄公）、文公、静公、宪公、秦公（秦武公），包括五代世系。

师丞钟铭文曰：“师丞肇作朕烈祖虢季、宄公、幽叔，朕皇考德叔，大林钟，用喜侃前文人，用祈纯鲁永命，用丐眉寿无疆。师丞其万年永宝用享。”[②] 师丞钟铭文列举了烈祖虢季、宄公、幽叔、德叔、师丞五代世系。

1976年陕西扶风庄白村出土的微氏家族的墙盘，刻有铭文282字，记载了周文王至共王的世次和微氏家族的世次。今据徐中舒《西周墙盘铭文笺释》[③]，将墙盘铭文宽读如下。

曰，古文王初，盭和于政，上帝降懿德大甹。匍有上下，迨受万邦。索圉武王，遹征四方，达殷畯民，永不巩狄虘，长伐夷童。宪圣成王，左右绶[illegible]刚鲧，用肇彻周邦。肃哲康王，兮尹亿疆。弦鲁昭王，广能楚荆，惟患南行。祇耿穆王，井帅宇诲，董宁天子。天子撰缵文武长剌，天子眉［寿］无匄。搴祁上下，亟熙桓慕，昊照亡斁。上帝司亹，尢保受天子绾命，厚福丰年，方蛮亡不献见。青幽高祖，甲微需处。雩武王既戈殷，微使烈祖乃来见武王，武王则命周公舍宇于周，俾处甬。

① 《殷周金文集成》（修订增补本），中华书局，2007，第307~308页。

② 《陕西金文集成》（第一卷），三秦出版社，2016，第61~62页。

③ 徐中舒：《西周墙盘铭文笺释》，《考古学报》1978年第2期。

惠乙祖逑匹厥辟，远猷腹心。子㲄。粦明亚祖辛，甄毓子孙。繁祓多禧，栗角𤔲光，仪其禋祀。甫犀文考，乙公勮臧。贲屯无谪，农穑岁啬。惟辟孝友，使墙夙夜不坠，其日蔑历。墙弗敢沮，对扬天子丕显休命，用作宝尊彝。剌祖文考，代庥授墙：尔处福裹，福禄、黄耇、弥生，戡事厥辟，其万年永宝用！

2003 年 1 月 19 日，陕西省宝鸡市眉县马家镇杨家村出土了西周窖藏青铜器 27 件，其中最有价值的是逑盘，刻有铭文 373 字，记载了周文王至宣王的世次和单逑家族的世次。今将逑盘铭文宽读如下。①

逑曰：丕显朕皇高祖单公，桓桓克明哲厥德，夹召文王武王挞殷，膺受天鲁命，匍有四方，并宅厥勤疆土，用配上帝。越朕皇高祖公叔，克佐匹成王，成受大命，方逖不享，用奠四国万邦。越朕皇高祖新室仲，克幽明厥心，柔远能迩，会召康王，方怀不廷。越朕皇高祖惠仲盠父，盭和于政，有成于猷，用会昭王穆王盗征四方，扑伐楚荆。越朕皇高祖零伯，粦明厥心，不坠［于］服，用辟共王懿王。越朕皇亚祖懿仲敱，谏谏克匍保厥辟孝王夷王，有成于周邦。越朕皇考龚叔穆穆趩趩，和訇于政，明齐于德，用辟厉王。逑肇肖朕皇祖考服，虔夙夕敬朕死事。肆天子多赐逑休，天子其万年无疆，耆黄耇，保奠周邦，谏乂四方。王若曰：逑，丕显文武膺受大命，匍有四方。则旧唯乃先圣祖考夹召先王，劳勤大命。今余唯经乃先圣祖考，申就乃命，命汝疋荣兑摄司四方虞林，用宫御。赐汝赤韨、幽黄、攸勒。逑敢对天子丕显鲁休扬，用作朕皇祖考宝尊盘，用追享孝于前文人，前文人严在上，翼在下，蓬蓬勃勃，降逑多福、眉寿、绰绾，授余康睿、纯佑、通禄、永命、令终，逑骏臣天子，子子孙孙永宝用享。

笔者根据墙盘和逑盘铭文各自绘制了周王世系表及其家族世系表，如表 1、表 2 所示。

① 释文参照刘源《逑盘铭文考释》，《中国史研究》2003 年第 4 期。

表 1 周王与微氏家族世次对应情况

周王世系	微氏家族世系
文王	高祖
武王	烈祖
成王、康王	乙祖
昭王	亚祖辛
穆王	文考乙公
共王	墙

表 2 周王与单逨家族世次对应情况

周王世系	单逨家族世系
文王、武王	单公
成王	公叔
康王	新室仲
昭王、穆王	惠仲盠父
共王、懿王	零伯
孝王、夷王	懿仲敹
厉王	龏叔
宣王	逨

墙盘铭文记录了周朝世系和微氏家族的世系。其一，准确列举了西周文王、武王、成王、康王、昭王、穆王、共王七代帝王世系谱；其二，依次列举了与西周七王同时代的微氏家族的宗谱，包括高祖、烈祖、乙祖、亚祖辛、文考乙公、墙六代世系。

逨盘铭文记录了周朝世系和单逨家族的世系：周文王、武王、成王、康王、昭王、穆王、共王、懿王、孝王、夷王、厉王、宣王十二代帝王世系谱；单逨家族的宗谱，包括单公、公叔、新室仲、惠仲盠父、零伯、懿仲敹、龏叔、逨八代世系。

三 上古金文谱牒的叙事艺术特点

何为“叙事”？有学者指出：“叙事的冲动就是寻找失去的时间的冲动，

叙事的本质是对神秘的、易逝的时间的凝固与保存。”[①] 此说很有道理。时间终将逝去，历史不可重复，如果没有叙事文本的记载，我们何以得知中华五千年文明史？是叙事凝固、保存了时间，也凝固、保存了历史。历史向来以客观著称，然而又做不到完全客观。历史隐含了叙事者的主观情感和意识形态，如克罗齐所说“一切历史都是当代史”，一切历史都是当代人的重新建构。叙事者重构历史的过程，则如钱锺书所言：“史家追叙真人实事，每须遥体人情，悬想事势，设身局中，潜心腔内，忖之度之，以揣以摩，庶几入情合理。盖与小说、院本之臆造人物、虚构境地，不尽同而可相通……作史者据往迹、按陈编而补阙申隐。”[②] 故历史就是包含着叙事者主观情感和意识形态的客观叙事。

金文谱牒记载的是宗族发展的历史，是历史的重要组成部分。既然如此，那么金文谱牒也是包含叙事者主观情感和意识形态的客观叙事，是经过叙事者话语建构的宗族发展史。由于金文谱牒叙事文本与宗族史、文学、意识形态具有密切关系，金文谱牒叙事文本的阐释必然是集主观、客观于一体的话语实践，既是对宗族发展历史的真实记录，也是对宗族发展史上历史事件的主观筛选和对意识形态的有意呈现。

上古金文谱牒因其时间的久远和独特的青铜器载体，与后世谱牒有所不同。上古金文谱牒都是用叙述性的语言记录和勾勒的世系谱，而不是后世那种运用图形、表格直观表现的世系谱。普通谱牒记录的是一个家族的发展历史，而上古金文谱牒则有同时记录两个宗谱的情况，例如墙盘铭文便是首先叙述周朝的世系，然后再叙述微氏家族的世系。接下来，我们分析一下上古金文谱牒的叙事艺术特点。

（一）人物传记占据主体地位

谱牒记载宗族的发展，而宗族由具有血缘关系的人承前启后地排列组合而成，所以，在谱牒中，人物始终是处于中心位置的被描述对象。来新夏在《清人年谱的初步研究（代序）》中指出：“年谱是史籍中的一种人物传记，但它和一般传记有所不同。它是以谱主为中心，以年月为经纬，比较全面细

---

① 龙迪勇：《寻找失去的时间——试论叙事的本质》，《江西社会科学》2009 年第 9 期。

② 钱锺书：《管锥编》（第一册），中华书局，1979，第 166 页。

致地胪述谱主一生事迹的一种传记体裁。"[①]"以谱主为中心"道出了人物在谱牒叙事中的中心地位。这一点从传世谱牒《世本》和《史记·周本纪》中可见一斑。张澍稡集补注本《世本》记录周代帝王世系曰："后稷生不窋为昭，不窋生鞠陶为穆。鞠陶生公刘为昭，公刘生庆节为穆。庆节生皇仆为昭，皇仆生差弗为穆。差弗生毁揄为昭，毁揄生公非为穆。公非生高圉为昭，高圉生亚圉为穆。亚圉生祖绀为昭，祖绀生太王亶父为穆。亶父生季历为昭，季历生文王为穆。"[②]《世本》谱系的叙事有两个特点，一是以"生"来连接两个帝王，"生"字前之帝王是父，"生"字后之帝王是子；二是用"昭""穆"来体现帝王辈分大小、长幼次序、血缘远近和用祭规格。《世本》运用"某生某"和排定"昭""穆"的叙事方法构建了周代帝王世系谱。《史记·周本纪》记录周代帝王世系曰："庆节卒，子皇仆立。皇仆卒，子差弗立。差弗卒，子毁隃立。毁隃卒，子公非立。公非卒，子高圉立。高圉卒，子亚圉立。亚圉卒，子公叔祖类立。公叔祖类卒，子古公亶父立。"[③]与《世本》不同，《史记·周本纪》运用"某卒，子某立"的叙事方法构建了周代帝王世系谱。二者相比，《世本》排定昭穆，明确地体现了血缘远近和用祭规格，《史记·周本纪》则没有。二者虽有区别，但有一个共同之处，就是将人物置于中心地位，父与子的名字始终处于十分醒目的位置。

虽然都是突出人物的中心地位，但是上古金文谱牒与后世谱牒又有所不同。后世谱牒各个组成部分按照重要程度来排列，顺序大致是世系、谱序、谱图、人物传记等。然而，上古金文谱牒则是人物传记占据主体地位，世系往往不醒目，甚至出现断层，而谱序、谱图则尚未见到。

上古金文谱牒就是人物传记组织排列起来的叙事文本。墙盘铭文通过人物传记勾勒出周朝帝王的世系和微氏家族的世系。一是周代帝王传记。文王统治，政治和谐，文王得到臣民的拥戴，万邦朝贺。武王征伐四方，打击殷商部族，奠定了周朝辽阔的疆域。成王聪明睿智，宪令清明，大臣耿直，周邦大治。康王明智恭敬，制定田赋制度，天下安宁。昭王于壮盛之年广施仁德于荆楚。穆王虚心接受教诲，董正错误，提拔大臣，臣下忠于职守，蛮族无不献宝朝贺。共王小心谨慎地维持文王、武王的功业，勤勉政事，敬事神

① 来新夏：《近三百年人物年谱知见录》（增订本），中华书局，2010，第891页。

② 《世本》（《丛书集成初编》本），宋衷注，张澍稡集补注，商务印书馆，1937，第91页。

③ 司马迁：《史记》，中华书局，1959，第113页。

明，心胸豁达，四方来朝。二是微氏家族先祖传记。高祖微子启在武王灭商之后投降周朝，微子启使其子（烈祖）来拜见武王。烈祖在周，成为人质。乙祖初仕于周，成为周朝股肱大臣。亚祖贤明，教育子孙，家门鼎盛，子孙多成贤才，多福多荫。乙公平易近人，多做善事，庄稼丰收，俸禄丰厚。墙本人忠于周王，勤勤恳恳，将祖先的荣耀发扬光大。逨盘铭文也通过人物传记勾勒出周朝帝王的世系和单逨一族的世系。与墙盘铭文先颂王业、后述家世的叙述顺序不同，逨盘铭文采取了将家族世系祖考功德与帝王世系业绩对应叙述的方法，这样家族世系紧扣帝王世系，准确分明，条理清晰。单逨家族第一代皇高祖单公，谨小慎微，修养道德，辅佐文王、武王，受到上天的嘉命，帮助周王建立了疆域辽阔的西周王朝；第二代皇高祖公叔，辅佐成王，驱除不服的方国，高效地治理国家，使天下安定团结；第三代皇高祖新室仲，辅佐康王，洁身自爱，用仁德安抚远近之人，使四夷方国前来称臣；第四代皇高祖惠仲盠父，先后辅佐昭王、穆王，协调政事，足智多谋，广施仁德，讨伐荆楚；第五代皇高祖零伯，先后辅佐共王、懿王，心地光明，谨守其职；第六代皇亚祖懿仲敳，辅佐孝王、夷王，全心全意，尽职尽责，扶持周王功业有成；第七代皇考龚叔，辅佐厉王，严肃谨慎，使政事和谐，明成其德；第八代逨，辅佐宣王，恭敬谨慎，勤勉尽责，多次受到奖励。

人物传记是上古金文谱牒叙事的主体内容，一个个人物好比谱牒上的一颗颗星星，闪闪发光。每一个帝王都引领着一个或多个人物的故事，每一个人物都是帝王故事的参与者，同时也是其自身传记的主角，同一个家族的各个主角按照一定的顺序排列起来就构成了家族世系。

（二）叙事时间隐晦

文学诞生之初，时间意识就相伴出现了。如《诗经·豳风·七月》："七月流火，九月授衣。"叙事的本质是对神秘的、易逝的时间的凝固与保存，时间在叙事中凝固，历史在叙事中保存。我们需要借助司马迁的《史记》这样的叙事文本来梳理和勾勒古老的先秦历史。

历史和时间在叙事文本中得以保存和凝固，时间往往又作为叙事文学的一种重要叙事方式出现。例如在编年体史书的叙事之中，时间被置于十分醒目的位置，《春秋》开其先河，《左传》紧随《春秋》之后，《资治通鉴》则将编年体推向新的高峰。时间叙事，眉目清晰，次序分明。早在西周时期，叙事者就已经努力地寻找恰当的记时方式。赵光贤《西周诸王年代考》

一文指出："周人记时使用月相，周初人或用或不用，名称亦不一律。金文比较统一，即初吉、既生霸、既望、既死霸。王国维本之创立月相四分说，此说一出，赞成者有之，反对者更多。议论纷纷，甚至斥为毫无根据，今此表所举约五十器，其年、月、月相、干支与历表核对，若合符节，绝非偶然，足以证明王国维之四分兼定点说确不可易，凡纯用定点说者皆无法说明金文之月相。"① 相对来说，金文的记时形式比较统一，运用初吉、既生霸、既望、既死霸四个名称来标示月相的生、长、消、失，从而将一月之中的时间进行分段。

按时间顺序完整排列家族世系是谱牒最为重要的任务。要达到这一目的，叙事者需要凸显时间的醒目位置自不待言。年谱在这一点上表现得尤为突出，它将时间置于叙事的中心位置，力求记录谱主生平事迹的具体年月日，有些甚至精确至时分秒。

上古金文谱牒是一种特殊的金文，作为谱牒的早期形态，其叙事是以人物为中心的，在记录祖先光辉事迹的过程中，时间的标示往往并不明显，即其叙事时间是隐晦的。这一点我们从秦公钟、师丞钟、墙盘、逨盘铭文所记世系谱中可以看出来。单个器物铭文记录的世系谱如此，多个器物铭文排列起来形成的世系谱亦然。虽然多个器物铭文排列起来所形成的世系谱大多时间相对明确，但是每个器物铭文的叙事时间又是独立存在的，并不是作为一个完整世系谱的叙事时间存在的。

上古金文谱牒的一种重要叙事方法是顺叙，即按照祖先世次的时间先后记录祖先的名字、事迹。上古金文谱牒对顺叙的运用不是通过明确的时间来标示，而是通过一种隐晦的方式来标示，即通过"称谓"来标示。高祖、曾祖、祖父标示了辈分的高低，同时也标示了时间的先后，辈分越高的祖先在时间上距离叙事者越远，辈分越低的祖先在时间上距离叙事者越近。从这个意义上说，金文谱牒所标示的高祖、曾祖、祖父就是一种隐晦的叙事时间。墙盘铭文记录微氏家族的世系谱曰："青幽高祖，甲微霝处。雩武王既𢦏殷，微使烈祖乃来见武王，武王则命周公舍宇于周，俾处甬。惠乙祖逨匹厥辟，远猷腹心。子𠬝。粦明亚祖辛，甄毓子孙。繁祓多禧，栗角[illegible]光，仪其禋祀。甫犀文考，乙公勴臧。贲屯无谪，农禀岁啬。惟辟孝友，使墙夙夜

① 赵光贤：《西周诸王年代考》，唐嘉弘主编《先秦史论集——徐中舒教授九十诞辰纪念论文集》，中州古籍出版社，1989，第 60 页。

不坠，其日蔑历。墙弗敢沮，对扬天子丕显休命，用作宝尊彝。”从高祖、烈祖、乙祖、亚祖、乙公到墙本人的生平记录就是一个按照时间先后从远到近、从古到今的叙事过程。逨盘铭文对单公、公叔、新室仲、惠仲盠父、零伯、懿仲敚、龚叔、逨的生平记录也同样是一个按照时间先后从远到近、从古到今的叙事过程。

上古金文谱牒还按照帝王的先后顺序来叙事，这也是顺叙，这样的方式对叙事时间的运用也很隐晦。例如，墙盘铭文记录的西周文王、武王、成王、康王、昭王、穆王、共王七代帝王世系谱，逨盘铭文所记录的文王、武王、成王、康王、昭王、穆王、共王、懿王、孝王、夷王、厉王、宣王十二代帝王世系谱，都是按照时间先后即遵从历史的实际发展顺序来叙事的。这里存在叙事时间观念，然而对时间的记录并不精确，没有标注年月日。

上古金文谱牒也用倒叙手法。从某种意义上说，一切历史叙事都是倒叙，因为历史事件已经发生，成为过去，记录者必须以某种叙事方式倒回到过去，如海登·怀特所说：“不论历史事件还可能是别的什么，它们都是实际上发生过的事件，或者被认为实际上已经发生的事件，但都不再是可以直接观察到的事件。作为这样的事件，为了构成反映的客体，它们必须被描述出来，并且以某种自然或专门的语言描述出来。后来对这些事件提供的分析或解释，不论是自然逻辑推理的还是叙事主义的，永远都是对先前描述出来的事件的分析或解释。描述是语言的凝聚、置换、象征和对这些作两度修改并宣告文本产生的一些过程的产物。”① 例如，墙盘铭文开篇曰“古文王初”，一个“初”字，便将时间带回到了西周初年文王统治的时代。

谱牒是记载宗族发展的史书，其叙事时间是真实的历史时间，有别于具有虚构性质的故事时间。上古金文谱牒的叙事时间与社会历史、祖先事迹结合，往往以一种隐晦的状态存在，叙事时间本身并没有得到直接书写，它总是隐含于情节、事件之中。这给人一种朦胧感，只感觉在上古金文谱牒叙事之中有一条大致的、相对的时间线贯穿其中，然而却说不出诸位先祖活动的具体时间。

[本文后发表于《中南民族大学学报》(人文社会科学版) 2016 年第 6 期]

---

① 〔美〕海登·怀特：《新历史主义：一则评论》，王逢振、盛宁、李自修编《最新西方文论选》，漓江出版社，1991，第 499 页。

试论楚系金文的文体类型

谭　梅

（湖南工商大学　文学院，湖南　长沙　410205）

摘　要： 楚系青铜器出土数量十分可观，这些青铜器大多铸有铭文且内容丰富多样，充分体现了楚国的历史文化发展水平。楚系金文异彩纷呈的内容使其文体类型也呈现出多样化样貌。楚系金文的文体大约可分为纪事、祭祀、赞颂、宴飨等几种类型，不同的文体类型具有不同文体特征，且其内容结构都随时代推移逐步产生变化。

关键词： 楚系　金文　文体类型

吴承学在《中国古代文体学研究》中写道："文体学是中国古代文学批评中最早成熟的理论，是古代文学批评的基础，有极重的理论分量……古代文体分类学与文体类型学研究也是文体学史研究的重点。文体分类集中反映出人们对于文体特征与本质的认识水平。"① 诚如吴承学所言，文体类型学研究是文体学史研究的重点之一，楚系金文文体类型丰富多样，研究楚系金文文体类型不仅有助于我们了解其文体特征及发展状况，更有助于我们了解此时代人们的文体观念。

楚系金文文体类型的区分主要还是取决于铭文的具体内容，马承源在

① 吴承学：《中国古代文体学研究》，人民出版社，2011，第 23 页。

《中国青铜器》中写道：

> 在大量的青铜铭文中，记载着王室的政治谋划、历代君王事迹、祭典训诰、宴飨、田猎、征伐方国……以及家史、婚媾等等……青铜铭文从商代早期产生，经过晚商的简铭期，西周的长铭期，到战国晚期衰落，大约经过了千余年的发展变化。……归纳起来，商周青铜器铭文的格式约有十二种，现分别叙述于下：1. 徽记……2. 祭辞……3. 册命……4. 训诰……5. 记事……①

由于时代原因，商周青铜器铭文的文体状态发展得可能不尽完善，故马氏称其为格式分类而非文体分类。陈彦辉在《商周青铜铭文文体论》一文中也说："内容丰富、形式多样的商周铭文蕴含着多种文体的雏形……商周时期这些处于萌芽时期的文体还不规范，以后世的文体标准衡量，显得有些粗糙，但却为后世众多文体提供了启示。"② 然而上文马氏在归纳格式类别时，实已充满浓厚的文体意识。就楚系金文具体内容看，马氏的分类方法也可在楚系金文中使用，笔者因此将其文体类型分为如下几种。

一 纪事体

楚系金文中纪事体所占比例较大，具体视之又可以分为两种类型。

1. 一般生活纪事

举例如下。

楚公冢钟铭文：

> 楚公冢自作宝大林和钟，孙子其永宝。③

楚公逆钟铭文：

---

① 马承源主编《中国青铜器》，上海古籍出版社，2003，第350~355页。

② 陈彦辉：《商周青铜铭文文体论》，《文学评论》2009年第4期。

③ 刘彬徽、刘长武：《楚系金文汇编》，湖北教育出版社，2009，第42页。

唯八月甲申，楚公逆自作大雷钟，厥名曰：和林钟。楚公逆其万年寿，〔用〕保厥邦，孙子其永宝。[①]

楚嬴盘铭文：

唯王正月初吉庚午，楚嬴铸其宝盘，其万年子子孙孙永用享。[②]

申公彭宇簠铭文：

唯正十又一月辛子，申公彭宇自作[illegible]簠，宇其眉寿万年无疆，子子孙孙永宝用之。[③]

考叔脂父簠铭文：

唯正月初吉丁亥，考叔脂父自作尊簠，其眉寿万年无疆，子子孙孙永宝用之。[④]

以邓匜铭文：

唯正月初吉丁亥，楚叔之孙以邓择其吉金，铸其沬匜，子子孙孙永宝用之。[⑤]

王子昃鼎铭文：

唯正月初吉丁亥，王子昃择其吉金自作饲鼾，其眉寿无期，子子孙孙永宝用之。[⑥]

---

① 刘彬徽、刘长武：《楚系金文汇编》，湖北教育出版社，2009，第 44 页。
② 刘彬徽、刘长武：《楚系金文汇编》，湖北教育出版社，2009，第 49 页。
③ 刘彬徽、刘长武：《楚系金文汇编》，湖北教育出版社，2009，第 53 页。
④ 刘彬徽、刘长武：《楚系金文汇编》，湖北教育出版社，2009，第 54 页。
⑤ 刘彬徽、刘长武：《楚系金文汇编》，湖北教育出版社，2009，第 69 页。
⑥ 刘彬徽、刘长武：《楚系金文汇编》，湖北教育出版社，2009，第 73 页。

以上所述楚系金文，内容多与相应青铜器的铸造情况相关，一般包含铸器人、器物名、作器时间等基本要素。据引文，此类铭文叙事手法简略，语词直白明了，行文结构已初具模式，且这一雏形随时代推移逐步发展、扩充、变化。刘彬徽在《楚系青铜器研究》中统计了关于楚公冢钟和楚公逆钟时代归属的一些看法。

> 朱德熙、裘锡圭和李家浩认为，冢字“当分析为‘爪’……熊挚当周厉王时，与楚公冢钟形制及字体所反映的时代正合”。张亚初认为：“楚公冢（家）就是文献上的楚公熊渠……熊渠在位相当于周夷王到厉王时期。”①

虽然各家对楚公冢钟的器主问题莫衷一是，但其所属时段约在夷、厉之间是各学者相对一致的看法。而在楚公逆钟断代问题上，各家基本持相同意见：“楚公逆即楚国国君熊鄂，在位之世为公元前799—前791年，此钟之铸作当在这一时间范围内。”②

可见，楚公冢钟时代早于楚公逆钟。因此，前者铭文只有15字，楚公逆钟铭文则已达35字。楚公冢钟铭文行文结构为：作器者—作某器—嘏辞（孙子其永宝）。楚公逆钟铭文行文结构则为：作器时间—作器者—作某器—嘏辞（万年寿，〔用〕保厥邦，孙子其永宝）。不论是铭文字数还是行文结构，楚公冢钟铭文都简约至极，可谓楚系金文中纪事体的初始状态。而楚公逆钟较前者晚出，随时代推移其铭文文辞及行文结构已渐生变化。“万年寿，〔用〕保厥邦”和“孙子其永宝”都属“祝嘏”之辞，是青铜铭文中常见结尾用语，多用来表达作器者美好的祈求和愿望。然对比而言，楚公逆钟铭文的嘏辞较楚公冢钟铭文有显著增加。更值得注意的是，楚公逆钟铭文出现了对时间的记录，这是楚公冢钟铭文所无的，“唯八月甲申”此般时间用语的出现使楚公逆钟纪事体铭文之结构更显丰富完善。

又如，楚嬴盘、申公彭宇簠、考叔指父簠、以邓匜及王子昃鼎都为东周铜器，在这些铜器铭文中，文辞内容和行文结构较上述西周两器铭文又有进

---

① 刘彬徽：《楚系青铜器研究》，湖北教育出版社，1995，第286~287页。

② 刘彬徽：《楚系青铜器研究》，湖北教育出版社，1995，第290页。

一步发展。首先，文辞方面，楚嬴盘等铜器铭文已不像西周两器铭文那样简省，嘏辞在东周铜器铭文中存在明显的结构扩充，“孙子其永宝”“万年寿”至此已变为“子子孙孙永用享”“子子孙孙永宝用之”“其眉寿万年无疆”。其次，行文结构方面，由起初“作器时间—作器者—作某器—嘏辞”变为“作器时间—作器者—择吉金—作某器—嘏辞”的形式。如以邓匜铭文之“楚叔之孙以邓择其吉金，铸其沬匜”以及王子戾鼎铭文之“王子戾择其吉金自作饲鼾”，“择吉金”对作器者铸造铜器之事进行了细节补充，使这段纪事的表述倍加生动。最后，上述东周铜器的撰铭文者已有意识地运用修辞，“择吉金”可直译为“选择美好的原料”，其中的“吉”为“美好”之义，明显是一个形容词，被用来修饰铸器原料，这是典型的修辞运用。其实，上述铭文中常出现的嘏辞也运用了一定的修辞手法，如“万年寿”“其眉寿万年无疆”这样的句子，“万年”是对寿命长度的夸张修饰，这一夸张手法生动再现了作器者对长寿不衰的渴望与祈求，让铭文的表现力更加鲜活。行文结构及内容不断调整变化，以及一些简单修辞手法已经在铭文中有所运用，此类现象可以表明，这一时期铭文的文学性或已开始萌芽。

2. 特殊纪事

楚系金文中的特殊纪事主要是指对婚嫁等特殊事件的记录。媵器作为送嫁礼器，在出土彝器中较常见，媵辞也是楚系金文中较具特色的组成部分。举例如下。

楚季苟盘铭文：

> 楚季苟作芈尊媵沬盘，其子子孙孙永宝用享。[①]

刘彬徽《楚系青铜器研究》解释说：“铭文表明，这是楚季苟为楚女芈尊所作媵器即陪嫁之器，此女或为季苟之女，也可能为其亲属中之某女作器。沬盘即洗脸用的承水器。”[②] 刘氏所言甚是，像这样的媵器铭文还有不少。举例如下。

樊君鬲铭文：

---

① 刘彬徽、刘长武：《楚系金文汇编》，湖北教育出版社，2009，第48页。

② 刘彬徽：《楚系青铜器研究》，湖北教育出版社，1995，第291页。

樊君作叔嬴、芈媵器宝鬶。[①]

邛仲芈南钟铭文：

唯正月初吉丁亥，楚王媵邛仲芈南和钟，其眉寿无疆，子孙永保用之。[②]

上鄀公簠铭文：

唯正月初吉丁亥，上鄀公择其吉金铸叔芈番妃媵簠，其眉寿万年无期，子子孙孙永宝用之。[③]

鄬伯受簠铭文：

鄬伯受用其吉金作其元妹叔嬴为心媵𩛥簠，子子孙孙其永用之。[④]

楚屈子赤目簠铭文：

唯正月初吉丁亥，楚屈子赤目媵仲芈璜饲簠，其眉寿无疆，子孙永保用之。[⑤]

鄦仲姬丹匜铭文：

唯王正月初吉丁亥，蔡侯作媵鄦仲姬丹沫匜，用祈眉寿，万年无疆，子子孙孙永保用之。[⑥]

---

① 刘彬徽、刘长武：《楚系金文汇编》，湖北教育出版社，2009，第 51 页。
② 刘彬徽、刘长武：《楚系金文汇编》，湖北教育出版社，2009，第 57 页。
③ 刘彬徽、刘长武：《楚系金文汇编》，湖北教育出版社，2009，第 64 页。
④ 刘彬徽、刘长武：《楚系金文汇编》，湖北教育出版社，2009，第 65 页。
⑤ 刘彬徽、刘长武：《楚系金文汇编》，湖北教育出版社，2009，第 78 页。
⑥ 刘彬徽、刘长武：《楚系金文汇编》，湖北教育出版社，2009，第 110 页。

蔡侯申盘铭文：

> 元年正月初吉辛亥，蔡侯申虔共大命，上下陟祏，𢼸敬不惕肇佐天子，用作大孟姬媵彝盘，禋享是以，祇盟尝禘，祐受毋已。斋（齐）诐整諽（肃），𥳑文王母。穆穆亹亹，悤害䜣蒻。威仪游游，霝颂托商。康谐穆好，敬配吴王。不讳考寿，子孙蕃昌。永保用之，千岁无疆。[①]

据引文看，媵器铭文与一般生活记事铭文变化进程保持一致。从楚季苟盘铭文与樊君鬲铭文十数字发展到蔡侯申盘铭文 95 字，铭文内容扩充迅速。至于其行文结构，则由最初简略的“某作某媵器—嘏辞”形态发展为“作器时间—某作某媵器—嘏辞”的基本形态。

需注意的是最后列出的蔡侯申盘铭文，《殷周金文集成释文》中说蔡侯申盘 1955 年出土于安徽寿县，并将此盘所属年代划定在春秋晚期，因而蔡侯申盘铭文不论结构还是内容方面都呈现出比较成熟的状态。

首先，从铭文时间用语看，刘正《金文学术史》认为：“完整的时间用语基本上由‘唯王某年+某月+月相+日干’四者组成。四者缺一就不是完整的时间用语。”[②] 前述各铭文中时间用语的基本模式约为“唯某月日+月相+日干”，甚至楚季苟盘、樊君鬲等铜器铭文干脆略去了时间用语，比较而言，蔡侯申盘铭文时间用语的记录最为完整。

其次，从内容上看，蔡侯申盘铭文较上文所列其他媵器铭文更加丰富。上述其他媵器铭文一般只记录作器日期、作器者等基本要素，而蔡侯申盘铭文出现了对媵器女主人品性及形象的描写，即“斋（齐）诐整諽（肃），𥳑文王母。穆穆亹亹，悤害䜣蒻。威仪游游，霝颂托商”等句。《商周青铜器铭文选》解释“斋（齐）诐整諽（肃），𥳑文王母。穆穆亹亹”为：“庄敬嘉善，端正严肃，遵循文王之母大任，举止尊严而又和善可亲。”[③] 解释“悤害䜣蒻。威仪游游，霝颂托商”为：“聪明善良，欢欣舒畅。……尊贵的仪表非常之惬意，美好的容貌秀丽而明朗。”[④] 这些生动的描写塑造了一

---

① 中国社会科学院考古研究所编《殷周金文集成释文》（第六卷），香港中文大学出版社，2001，第 128 页。

② 刘正：《金文学术史》，上海书店出版社，2014，第 97 页。

③ 马承源主编《商周青铜器铭文选》，文物出版社，1990，第 395 页。

④ 马承源主编《商周青铜器铭文选》，文物出版社，1990，第 395 页。

个淑慧贤良、端庄秀美的女性形象。此外，蔡侯申盘铭文还提到了这位女子的婚配对象“康谐穆好，敬配吴王”，这也是之前的铭文中所未见的。

最后，对蔡侯申盘铭文进行分析，还可以发现其文辞是押韵的，且文辞句式结构与《诗经》十分类似。我们可以尝试把蔡侯申盘铭文分为两段：从“元年正月初吉辛亥”至“祐受毋巳”为第一段，从“斉（齐）诐整譃（肃）”至“千岁无疆”为第二段。第一段大体说明蔡侯申为大孟姬作媵器，并用之祭天，望能得其庇佑，类似文章序言；第二段主要介绍女子的品性并祝福其婚姻，如同文章正文。

据文本看，第二段文辞基本完全运用四言句式，与《诗经》句式结构极类似，且文字表述也有《诗经》的影子，如铭文中的“斉（齐）诐整譃（肃），範文王母”与《诗经·大雅·思齐》中“思齐大任，文王之母”①一句非常相似，“威仪游游”一句与《诗经·邶风·柏舟》之“威仪棣棣”②、《诗经·小雅·宾之初筵》之“威仪反反……威仪幡幡……威仪抑抑……威仪怭怭”③等句子也极其类似，就连第一段的“虔共大命”也与《诗经·大雅·韩奕》中“虔共尔位”一句语有重叠。

再来看铭文的用韵，王国维《两周金石文韵读》说：“余更搜周世韵语见于金石文字者，得数十篇，中有杞、鄫、许、邾、徐、楚诸国之文，出商、鲁二《颂》与十五《国风》之外，其时亦上起宗周，下讫战国，亘五六百年，然其用韵与《三百篇》无乎不合。”④关于金文用韵，王国维在其《两周金石文韵读》中给出了许多例证（见图1）。

可以发现，这些铜器铭文多在句尾押韵，蔡侯申盘铭文的第二段也是如此。“穆穆亹亹，悤害訢炀。威仪游游，霝颂托商。康谐穆好，敬配吴王。不讳考寿，子孙蕃昌。永保用之，千岁无疆。”位于句尾的“炀”“商”“王”“昌”“疆”等5字押韵。同样，《诗经》中也可以找到这样的押韵方式：《周南·关雎》之“关关雎鸠，在河之洲。窈窕淑女，君子好逑”⑤，句尾的“鸠”“洲”“逑”押韵；《周南·桃夭》之“桃之夭夭，灼灼其华。之子于归，宜其室家。桃之夭夭，有蕡其实。之子于归，宜其家室。桃之夭

① 程俊英、蒋见元：《诗经注析》，中华书局，1991，第773页。
② 程俊英、蒋见元：《诗经注析》，中华书局，1991，第63页。
③ 程俊英、蒋见元：《诗经注析》，中华书局，1991，第699页。
④ 刘庆柱、段志洪、冯时主编《金文文献集成》（第三十六册），线装书局，2005，第1页。
⑤ 程俊英、蒋见元：《诗经注析》，中华书局，1991，第3页。

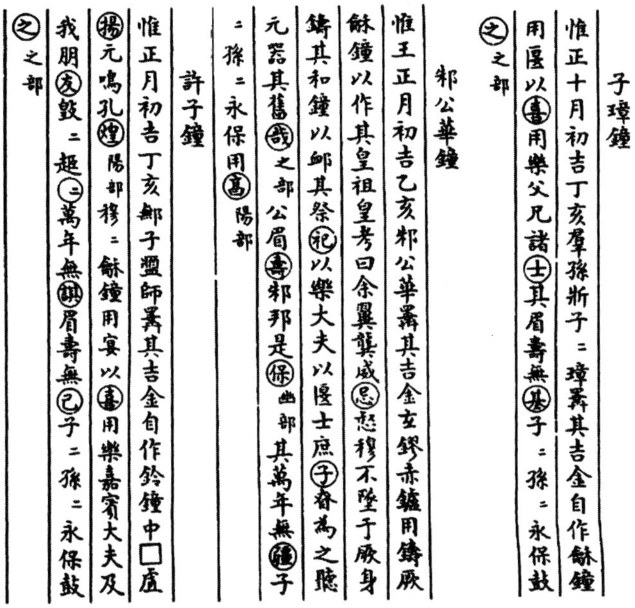

子璋鐘

惟正十月初吉丁亥羣孫斨子=璋=羼其吉金自作飤鐘

用匽以喜用樂父兄諸士其眉壽無碁子=孫=永保鼓

之之部

邾公華鐘

惟王正月初吉乙亥邾公華羼其吉金玄鏐赤鏞用鑄厥

飤鐘以作其皇祖皇考曰余翼龔威忌惄穆不墜于厥身

鑄其和鐘以卹其祭祀以樂大夫以匽士庶子眘為之聽

元器其舊哉之部　公眉壽邾邦是保幽部　其萬年無疆子

=孫=永保用享陽部

許子鐘

惟正月初吉丁亥鄦子盟師羼其吉金自作鈴鐘中□虘

揚元鳴孔皇陽部　穆=飤鐘用宴以喜用樂嘉賓大夫及

我朋友斁=趣以萬年無諆眉壽無己子=孫=永保鼓

之之部

图 1 《两周金石文韵读》铭文用韵例证

资料来源：刘庆柱、段志洪、冯时主编《金文文献集成》（第三十六册），线装书局，2005，第 3~4 页。

夭，其叶蓁蓁。之子于归，宜其家人”[①]，也是句尾押韵；《邶风·柏舟》之“泛彼柏舟，亦泛其流。耿耿不寐，如有隐忧。微我无酒，以敖以游”[②]，同样如此。

铜器铭文与《诗经》在句式、文辞、音韵等方面存在相似性，这一现象十分耐人寻味。从文化历史角度看，这可能是楚人受中原主流文化影响而表现出的一种文化认同倾向。汤漳平《从两周金文看楚文学之渊源》一文就持这样的观点：“楚人具有十分深厚的中原文化底蕴。……从出土金文中我们已经感受到这种气氛了。……王子午父子写的是四言诗……直到战国末期楚幽王的铜器铭文也是四言，这显然是楚王族、贵族之间通用的诗体。……也道出楚人的文化倾向，它不是与华夏离心，而是有强烈的向心

---

① 程俊英、蒋见元：《诗经注析》，中华书局，1991，第 16~17 页。

② 程俊英、蒋见元：《诗经注析》，中华书局，1991，第 62 页。

力。”[①] 从文体角度看，铜器铭文与《诗经》在句式、文辞、音韵等方面存在相似性，很有可能是由于此时期诗文是合一的，正因为诗文之间没有明确的文体界限，才会出现铜器铭文的句式甚至语词都与《诗经》极其相似的现象。

二 祭祀体

《礼记·祭统》云：“铭者，论撰其先祖之有德善，功烈、勋劳、庆赏、声名，列于天下，而酌之祭器，自成其名焉，以祀其先祖者也。显扬先祖，所以崇孝也。身比焉，顺也；明示后世，教也。”[②] 这段话很好地点明了祭祀体铭文的特点。楚系金文中祭祀体铭文数量繁多，也极具特色，一些铭文在记录祭祀的同时还包含赞颂的内容，出现赞颂体与祭祀体杂糅的情况，下面先就祭祀体进行论述。

楚系金文中祭祀体铭文可以根据祭祀对象的不同分为两种类型。

1. 以先祖为祭祀对象

举例如下。

楚公逆钟铭文：

> 唯八月甲午，楚公逆祀厥先高祖考，夫工四方首。楚公逆出，求厥用祀四方首。休，多擒。鍞龤入絵赤金九万钧。楚公逆用自作和燮锡钟百肆。楚公逆其万年寿，用保厥大邦，永宝。[③]

楚公逆钟铭文是一篇典型的祭祀体铭文，“楚公逆祀厥先高祖考”一句言明了此铜器铭文的文体归属。像这样的祭祀体铭文还有很多，又如王子午鼎铭文：

> 唯正月初吉丁亥，王子午择其吉金，自作䵼彝遹鼎，用享以孝，于

① 汤漳平：《从两周金文看楚文学之渊源》，姚小鸥主编《出土文献与中国文学研究》，北京广播学院出版社，2000，第159~160页。

② 《十三经注疏》整理委员会整理《十三经注疏·礼记正义》，北京大学出版社，1999，第1362页。

③ 刘彬徽、刘长武：《楚系金文汇编》，湖北教育出版社，2009，第47页。

我皇祖文考，用祈眉寿，愠恭舒迟，畏忌翼翼，敬厥盟祀，永受其福。余不畏不差，惠于政德，淑于威仪，简简肃肃，令尹子庚，繄民之所极，万年无期，子孙是制。①

再如王孙遗者钟铭文：

唯正月初吉丁亥，王孙遗者择其吉金，自作和钟。中翰且扬，元鸣孔諻。用享以孝，于我皇祖文考，用祈眉寿。余愠恭舒迟，畏忌翼翼，肃哲圣武，惠于政德，淑于威仪，谋猷丕饬。简简和钟，用宴以喜，用乐嘉宾父兄及我朋友。余恁䚄心，延永余德，和溺民人。余敷旬于国。諻諻熙熙，万年无期。世万孙子，永保鼓之。②

王子午鼎铭文与王孙遗者钟铭文也是典型的祭祀体铭文，相比楚公逆钟铭文，这两件铜器上的铭文篇幅有所增加，不仅如此，两铜器铭文在祭祀文辞中还杂糅着赞颂体，关于两铜器铭文中赞颂体文体特点将在下文作出论述。以先祖为祭祀对象的还有郑臧公之孙鼎铭文：

唯正六月隹己，余郑臧公之孙余剌之疫子虞，作铸𩰫彝，以为父母。其徙于下都曰："乌呼，哀哉！剌叔剌夫人万世用之。"③

书也尊缶铭文：

正月季春元日己丑，余畜孙书也择其吉金以作铸缶，以祭我皇祖，吾以祈眉寿。栾书之子孙，万世是宝。④

据引文看，这些祭祀铭文"作器时间—作器者—作某器—以祭（用享）皇祖文考—嘏辞"的写作模式较为固定，其关键在于点明祭祀的对象，这在铭文中不可或缺，凡祭祀体铭文大都如此。此外，祭祀体铭文中也有抒情

① 刘彬徽、刘长武：《楚系金文汇编》，湖北教育出版社，2009，第 87 页。
② 刘彬徽、刘长武：《楚系金文汇编》，湖北教育出版社，2009，第 93~94 页。
③ 刘彬徽、刘长武：《楚系金文汇编》，湖北教育出版社，2009，第 153 页。
④ 刘彬徽、刘长武：《楚系金文汇编》，湖北教育出版社，2009，第 390 页。

性表达，如上文提到的郑臧公之孙鼎铭文之“乌呼，哀哉”，具有极强的抒情性，再现了作器者的哀伤情绪，这也从侧面说明撰铭者对文辞表达有较强的掌控力，且具备一定的文学意识。

2. 以时节为祭祀对象

例如与兵壶铭文：

> 唯正五月初吉壬申，余郑太子之孙与兵，择余吉金，自作宗彝，其用享用孝于我皇祖文考，丕陈春秋岁尝。余严敬兹禋盟，穆穆熙熙，至于子子孙孙。参拜稽首于皇考烈祖，俾万世无期，极于后民，永宝教之。①

因与兵壶与前文青铜器时代相近，铭文行文结构也与之类似。但与兵壶铭文的祭祀对象较为多元化，不仅有先祖、父母，还有时节，“丕陈春秋岁尝”即是时节祭祀。《礼记·祭统》云：“凡祭有四时，春祭曰礿，夏祭曰禘，秋祭曰尝，冬祭曰烝。”② 然而与兵壶铭文中的“岁尝”并不是《礼记·祭统》中记载的这种称作“尝”的祭祀，《礼记·祭统》中春秋两季祭祀的名称是不同的，而与兵壶铭文却统称为“春秋岁尝”。刘正《金文学术史》说：“其中出现‘岁祭’一词的，又多为楚王酓之物……‘岁尝’是一种在楚国所特有的祭祀活动。它和‘尝’不是同一种祭祀。”③ 的确如此，署名楚王酓的青铜器铭文确实出现了这种现象，如楚王酓前鐈鼎铭文：

> 楚王酓前作铸鐈鼎，以供岁尝。④

楚王酓前匜鼎铭文：

---

① 刘彬徽、刘长武：《楚系金文汇编》，湖北教育出版社，2009，第637~638页。

② 《十三经注疏》整理委员会整理《十三经注疏·礼记正义》，北京大学出版社，1999，第1360页。

③ 刘正：《金文学术史》，上海书店出版社，2014，第304页。

④ 刘彬徽、刘长武：《楚系金文汇编》，湖北教育出版社，2009，第425页。

楚王酓前作铸匜鼎，以供岁尝。[①]

楚王酓前簠铭文：

楚王酓前作铸金簠，以供岁尝。[②]

楚王酓忎鼎铭文：

楚王酓忎战获兵铜，正月吉日，煎铸鐈鼎，以供岁尝。冶师盘野、佐秦忎为之。[③]

对比来看，时节祭祀铭文较先祖祭祀铭文在内容上有所缩减，特别是楚王酓铜器铭文，大部分只列出了作器者、作某器和作器目的三个基本要素，文中缺乏嘏辞和对作器时间的记录，铭文的行文也相对简洁。总体来说，时节祭祀铭文体现了楚系金文中的祭祀体铭文由繁到简的变化过程。

三　赞颂体

赞颂体铭文的主要内容是作器者对自己品行功德的赞颂，《礼记·祭统》云："夫鼎有铭，铭者自名也，自名以称扬其先祖之美，而明著之后世者也。"[④] 孔疏曰："'铭者自名也'者，言为先祖之铭者，自著己之功名于下。"[⑤] 楚系金文中的赞颂体即是如此，如前述王子午鼎铭文，自"唯正月初吉丁亥"至"永受其福"，主要是言明作器之目的，而从"余不畏不差"起，基本就是对令尹子庚生平功德的赞颂，可以说是名副其实的赞颂体。这样的赞颂体铭文还有很多，如王孙诰钟铭文：

① 刘彬徽、刘长武：《楚系金文汇编》，湖北教育出版社，2009，第 427 页。

② 刘彬徽、刘长武：《楚系金文汇编》，湖北教育出版社，2009，第 428 页。

③ 刘彬徽、刘长武：《楚系金文汇编》，湖北教育出版社，2009，第 433 页。

④ 《十三经注疏》整理委员会整理《十三经注疏·礼记正义》，北京大学出版社，1999，第 1362 页。

⑤ 《十三经注疏》整理委员会整理《十三经注疏·礼记正义》，北京大学出版社，1999，第 1364 页。

> 唯正月初吉丁亥，王孙诰择其吉金自作和钟。中翰且扬，元鸣孔諻。有严穆穆，敬事楚王。余不畏不差，惠于政德，淑于威仪，愠恭舒迟，畏忌翼翼，肃哲臧武，闻于四国。恭厥盟祀，永受其福，武于戎功，谋猷丕饬。……①

又如王孙遗者钟铭文：

> 唯正月初吉丁亥，王孙遗者择其吉金，自作和钟。……余愠恭舒迟，畏忌翼翼，肃哲圣武，惠于政德，淑于威仪，谋猷丕饬。……②

再如蔡侯申编钟铭文：

> 唯正五月初吉孟庚，蔡侯［申］曰：余虽末小子，余非敢宁忘，有虔不忒，佐佑楚王，隺隺豫政，天命是迋，定均庶邦，休有成庆，既聪于心，诞中厥德……豫令祗祗，不愆不忒，自作歌钟，元鸣无期，子孙鼓之。③

对作器者品行、政务处理的赞美以及嘏辞是赞颂体铭文的基本构成要素。除蔡侯申编钟铭文外，王子午鼎铭文、王孙诰钟铭文及王孙遗者钟铭文在赞颂器主功德上所运用的语词，除排列顺序略有出入外，基本保持一致。原因何在？

其一，王子午鼎与王孙诰钟本就同出于淅川下寺楚墓，而王孙遗者钟据传出于湖北宜都，但就其铭文内容与行文结构来看，年代应与下寺楚墓两铜器接近。刘彬徽《楚系青铜器研究》也说："此钟（指王孙遗者钟）在《大系》一书中定为徐器。1978 年在淅川下寺楚墓出土了楚王孙诰钟，两相对比，铭文辞句、格式、书体与王孙诰钟基本相同。……说明不应为徐器，应为楚器，年代也与王孙诰钟接近。"④ 其二，从王子午鼎等器的作器者称谓及铭文文辞判断，这些彝器的所有者王子午等，极可能是楚贵族。《左

① 刘彬徽、刘长武：《楚系金文汇编》，湖北教育出版社，2009，第 90~91 页。

② 刘彬徽、刘长武：《楚系金文汇编》，湖北教育出版社，2009，第 93~94 页。

③ 刘彬徽、刘长武：《楚系金文汇编》，湖北教育出版社，2009，第 172~173 页。

④ 刘彬徽：《楚系青铜器研究》，湖北教育出版社，1995，第 314 页。

传·襄公十二年》载："楚司马子庚聘于秦，为夫人宁，礼也。"杜注曰："子庚，庄王子午也。"[①] 若几件铜器年代相近又同为楚贵族所有，那么在赞颂贵族成员时所用的基本一致的语词应是一种套词，且此赞颂套词应是只为楚贵族阶级所享，并统一使用在青铜器上的。

这或许是蔡侯申编钟铭文赞颂模式不同于上述铜器的原因。蔡为楚所灭，是楚之附庸，因而蔡侯申编钟铭文开篇即言："余虽末小子，余非敢宁忘，有虔不忒，佐佑楚王。"以谦恭的态度对楚王室表忠心。之后才对自己的功德进行赞颂："隺隺豫政，天命是遥，定均庶邦，休有成庆，既聪于心，诞中厥德……豫令祇祇，不愆不忒。"《商周青铜器铭文选》解释这段话道："为政不怠，尊奉天命，安定调均地相处，称美得到的盛福。……明察于心，和顺为德。……敬慎地施行政令，没有过失也没有差错。"[②] 这虽然也是对作器者政务及品行的赞美，但语词与前三者却没有丝毫重叠。同样是位于楚国势力范围，蔡侯申编钟铭文赞颂模式不同于其他楚器铭文的情况更加说明上述赞颂文辞可能是只为楚贵族阶级所享之套词。

四　宴飨体

宴飨体也是楚系金文的文体类型之一。楚系金文中出现的宴飨体铭文数量颇为可观，具体例证如下。

王子婴次钟铭文：

> 八月初吉日，日唯辰，王子婴次自作□钟，永用宴喜。[③]

王孙诰钟铭文：

> ……简简和钟，用宴以喜，以乐楚王、诸侯、嘉宾，及我父兄、诸士。諻諻熙熙，万年无期，永保鼓之。[④]

---

① 《十三经注疏》整理委员会整理《十三经注疏·礼记正义》，北京大学出版社，1999，第906页。

② 马承源主编《商周青铜器铭文选》，文物出版社，1990，第397页。

③ 刘彬徽、刘长武：《楚系金文汇编》，湖北教育出版社，2009，第75页。

④ 刘彬徽、刘长武：《楚系金文汇编》，湖北教育出版社，2009，第91页。

王孙遗者钟铭文：

……简简和钟，用宴以喜，用乐嘉宾父兄及我朋友……①

敬事天王编钟铭文：

唯王正月初吉庚申，□□自作咏铃。其眉寿无疆。敬事天王，至于父兄，以乐君子。……②

𪒠镈钟铭文：

𪒠择吉金，铸其反钟。……歌乐以喜，泛及君子父兄，永保鼓之，眉寿无疆。……③

𪒠钮钟铭文：

𪒠择吉金，铸其反钟。……歌乐自喜，泛及君子父兄。千岁鼓之，眉寿无疆。……④

子璋钟铭文：

唯正十月初吉丁亥，群孙斨子璋择其吉金自作和钟，用宴以喜，用乐父兄诸士，其眉寿无期，子子孙孙永保鼓之。⑤

总体来说，楚系金文中宴飨体铭文的结构、文辞都比较稳定，变化不大。宴飨体铭文最鲜明的标志即“用宴以喜”“歌乐以喜”之类语句的出现，主要传达出“和乐”的审美取向，此类铭文中“用宴以喜”的范围十

① 刘彬徽、刘长武：《楚系金文汇编》，湖北教育出版社，2009，第94页。
② 刘彬徽、刘长武：《楚系金文汇编》，湖北教育出版社，2009，第111页。
③ 刘彬徽、刘长武：《楚系金文汇编》，湖北教育出版社，2009，第112页。
④ 刘彬徽、刘长武：《楚系金文汇编》，湖北教育出版社，2009，第118页。
⑤ 刘彬徽、刘长武：《楚系金文汇编》，湖北教育出版社，2009，第133页。

分广泛，上至楚王，下至臣子、父兄都可以参与娱乐。此外，铭文结尾大都出现“永保鼓之”之类的表述，说明作器者对这种和谐状态表示认同，还希望其子孙后代延续这样的状态，可以说“和乐”是铭文创作时代一种普遍的审美取向。而这种“和乐”取向并不独见于楚系金文，《诗经》中许多诗篇都表现出了与上述铭文共同的审美取向，如《小雅·鹿鸣》曰：“呦呦鹿鸣，食野之芩。我有嘉宾，鼓瑟鼓琴。鼓瑟鼓琴，和乐且湛。我有旨酒，以燕乐嘉宾之心。”[①]《小雅·彤弓》曰：“我有嘉宾，中心喜之。钟鼓既设，一朝右之。”[②]《小雅·南有嘉鱼》曰：“南有嘉鱼，烝然罩罩。君子有酒，嘉宾式燕以乐。”[③] 楚系金文中宴飨体铭文与《诗经》中诸多诗篇表现出了对“和乐”的共同追求，这表明楚系金文中的和乐思想和审美取向与周代主流文化具有一致性，应是受其影响而致。

综上所述，楚系金文文体类型丰富多样，各类文体都有其独特的行文结构与基本组成要素，且随时间推移逐步产生变化。不仅如此，楚系金文各文体都包含丰富的时代历史文化信息，研究楚系金文的文体类型不但有助于我们了解文体变化发展的过程及方向，更有助于我们加深对此时代的历史文化的认知。

---

① 程俊英、蒋见元：《诗经注析》，中华书局，1991，第 440 页。
② 程俊英、蒋见元：《诗经注析》，中华书局，1991，第 494 页。
③ 程俊英、蒋见元：《诗经注析》，中华书局，1991，第 481 页。

出土文献冲击原有先秦散文史框架

陈桐生

（广东外语外贸大学　中文学院，广东　广州　510420）

摘　要： 郭店简和上博简中有一批儒家竹书，它们应该是孔门七十子后学作品。这些出土竹书在形式上与大、小戴《礼记》文章相近，这说明大、小戴《礼记》中绝大多数文章应该作于春秋战国之交和战国前期，它们是孔门七十子后学的作品，我们可以将出土儒家竹书和传世儒家礼学散文统称为“七十子后学散文”。出土儒家竹书的面世，不仅为孔门七十子后学夺回了一大批作品的著作权，更重要的是，它促使我们以全新的学术目光来审视先秦散文发展史。七十子后学散文上承商周史官记言散文，下启战国诸子散文，通过七十子后学散文枢纽，不仅可以打通先秦历史散文与先秦诸子散文的传承发展脉络，而且可以突破先秦诸子散文发展“三段论”。

关键词： 出土文献　七十子后学　先秦散文史

20 世纪末 21 世纪初，《郭店楚墓竹简》、《上海博物馆藏战国楚竹书》和《清华大学藏战国竹简》相继面世，一大批不为人知的先秦散文重见天日。在中国历史上，每一次新的文献学术资料面世，都会带来一场文化学术思想的深刻变革。世纪之交的出土文献所属时代都集中在先秦，而且以散文文献为主，这使先秦散文史研究获得了重大学术机遇。

此前文学史家讲先秦散文发展史，大都把先秦散文分为“先秦历史散文”和“先秦诸子散文”两大部分，认为这两个部分各有各的发展线索，彼此互不相干。讲“先秦历史散文”，论者是从甲骨文、金文、《尚书》、《春秋》讲到《左传》《国语》《战国策》；而对“先秦诸子散文”，则将其划分为三个发展阶段:《论语》《老子》《墨子》为第一阶段，《孟子》《庄子》为第二阶段，《荀子》《韩非子》为第三阶段。这个知识框架被写在大学教科书里，传授给一届又一届学生。如今，出土竹书对这个先秦散文史理论框架形成了有力的冲击。

郭店简和上博简中有一批儒家文献，如郭店简中的《缁衣》《五行》《鲁穆公问子思》《穷达以时》《唐虞之道》《忠信之道》《性自命出》《成之闻之》《六德》《尊德义》《语丛一》《语丛二》《语丛三》，上博简中的《孔子诗论》、《性情论》、《民之父母》、《子羔》、《鲁邦大旱》、《从政》甲乙篇、《昔者君老》、《容成氏》、《中弓》、《内礼》、《相邦之道》、《季庚子问于孔子》、《君子为礼》、《弟子问》、《三德》、《孔子见季桓子》、《武王践阼》、《颜渊问于孔子》、《史蕾问于夫子》等。其中《缁衣》《民之父母》《武王践阼》内容见于大、小戴《礼记》，其他儒家文献都是首次面世。据考古专家研究，郭店简和上博简的入墓年代大约在战国中期偏晚，出土儒家竹书应该是在此之前的孔门七十子后学作品，上博简儒家竹书可能多出于孔门七十子之手，郭店简儒家竹书要稍晚一些，应该是七十子后学之作，有人说它们是子思学派的作品。

将出土竹书与传世文献进行比较是一件很有意义的事情，它可以促使我们重新审视某些传世文献的作者和写作年代。传世文献中有一批记载孔子应对弟子时人的作品，与《子羔》《中弓》《孔子见季桓子》《季庚子问于孔子》等竹书在内容和形式上相近，如《礼记》中的《檀弓》上下篇、《哀公问》、《曾子问》、《礼运》、《仲尼燕居》、《孔子闲居》、《儒行》，《大戴礼记》中的《主言》《五帝德》《子张问入官》《卫将军文子》《哀公问五义》《曾子立事》《曾子本孝》《曾子立孝》《曾子大孝》《曾子事父母》《曾子制言上》《曾子制言中》《曾子制言下》《曾子疾病》《曾子天圆》等，若准出土竹书之例，大、小戴《礼记》中的这些文章应该作于春秋战国之交孔门七十子后学之手。同样，大、小戴《礼记》中还有一批与上博简《内礼》相似的记载礼仪的作品，如《礼记》中的《曲礼》上下篇、《文王世子》、《礼器》、《郊特牲》、《内则》、《玉藻》、《明堂位》、《丧服小记》、

《大传》、《少仪》、《杂记》上下篇、《丧大记》、《祭法》、《奔丧》、《问丧》、《服问》、《间传》、《三年问》、《深衣》、《投壶》，以及《大戴礼记》中的《武王践阼》《盛德》《明堂》《诸侯迁庙》等，这些礼学文献应该是孔子所述七十子后学所记。此前不少学者把大、小戴《礼记》看作秦汉文章，出土竹书表明，这种看法是不准确的。大、小戴《礼记》中确有秦汉文章，如《月令》《礼察》《保傅》等，但只有极少数，这两部文集中绝大多数文章应该作于春秋战国之交和战国前期，它们是孔门七十子后学的作品。结合出土竹书与传世文献来看，七十子后学是中国文学史上第一个说理散文流派，这个流派包括七十子和他们的弟子后学，可以将他们合称为七十子后学，他们的人数多达数百，作品远不止一部《论语》，大、小戴《礼记》中绝大多数文章，《孝经》、《仪礼》、郭店简以及上博简中的儒家文献，都是他们的散文作品。《汉书·艺文志》著录的七十子后学散文有二百多篇，今天所能见到的有一百多篇。我们可以将这些散文统称为“七十子后学散文”。在七十子后学散文中，目前只有《论语》被写进中国文学史，这对七十子后学是不公平的，其实只要我们不带偏见，就应该承认，除那些记载礼仪的作品外，“七十子后学散文”大都具有文学价值。

出土竹书的面世，不仅为孔门七十子后学夺回了一大批作品的著作权，更重要的是，它促使我们以全新的学术目光来审视先秦散文发展史。出土竹书中有一批记载孔子应对弟子时人的对话体散文，如《民之父母》《子羔》《鲁邦大旱》《中弓》《孔子见季桓子》《颜渊问于孔子》《史蒥问于夫子》《鲁穆公问子思》等，它们与《论语》、《孝经》以及大、小戴《礼记》等记载孔子言论的传世文献一样，都是当年孔门七十子后学记下的。这种对话体散文形式不是凭空产生的，而是在孔子师徒之前就早已存在，它发轫于《尚书》，成熟于《国语》。《尚书》中的《西伯戡黎》《微子》《洪范》《洛诰》《顾命》等，都是商周时期的对话体散文。《国语》继《尚书》之后发展了对话体，形成了主客问答的形式格局，问句提出问题，而答语是文章的主要部分。这些商周对话体散文都有一个叙事框架，不少人误以为它们是叙事散文，从而将它们归于“先秦历史散文”，而把它们与“先秦诸子散文”割裂开来。其实，商周对话体散文兼有叙事、说理的因素，而其主体是记载人物言论，这些言论有论点，有论据，应该视为说理散文。七十子后学的对话体散文与《尚书》《国语》对话体散文不是偶然的形式相似，而是七十子后学对前人的刻意传承，他们效法商周史官，采用商周记言散文形式，执笔记载孔子言行。七十子后学在继承前人的同时又有所创新，即去掉此前史官记言散文的叙事框架，使之成为纯粹的说理散文。像《大戴礼记》收录的曾参名下十一篇文章，就是比较成熟的专题论文，可以说，中国纯粹的说理散文成形于七十子后学之手。从七十子后学散文往下看，战国诸子散文堪称百花齐放，在散文篇幅、风格、技巧、手法、逻辑结构等方面较七十子后学散文有很大发展，但从文体上看，要之不出对话体、语录体、专题论文几大文体，而这几大文体在七十子后学散文中均已基本成熟。完全可以说，战国诸子散文是沿着七十子后学的路子走下来的。将商周对话体散文、七十子后学散文与战国诸子散文联系起来，就可以看到其中的传承与发展脉络。以前由于七十子后学散文这个中枢环节被遮蔽，人们看不清先秦散文发展演变的真实脉络，所幸的是郭店简、上博简等竹书相继出土，我们才能拨开重重迷雾，还原先秦散文发展的真实历史面目。

在先秦散文发展史中，先秦历史散文与先秦诸子散文并不是互不相干，它们的内脉其实是相通的。只是从先秦历史散文到先秦诸子散文的发展过程中有一个枢纽，这个枢纽就是七十子后学散文。七十子后学散文是先秦散文发展史上的一个重要环节，它处于上承商周史官历史记言散文、下启战国诸子百家说理散文的中枢地位。这是出土竹书给我们带来的启示，出土文献呼唤新的先秦散文史。

出土文献与秦文学研究综述*

杨艳君

（闽南师范大学　文学院，福建　漳州　363000）

摘　要： 因文献的缺乏，秦文学（前770～前207）的研究一直十分薄弱。20世纪以来，随着考古新发现及相关研究的进展，大量与秦文学有关的出土文献接连面世，引起了学界的极大关注。不少学者抓住这一时代契机，将这些出土文献与秦文学的研究结合起来，在诗歌、神话、散文等方面的研究中取得了具有突破性的成果，推动了秦文学研究的新进展，且对未来秦文学的研究具有重要启示意义。这也使学界对由来已久的“秦世不文”一说进行反思。

关键词： 出土文献　秦文学　诗歌　神话　散文

20世纪60年代以前，有关秦的出土文献非常有限，仅为一些青铜文字、陶泥文字、玺印文字。① 直到1975年底湖北云梦睡虎地秦简的发现，才有了第一批秦系出土简牍。此后，在四川、甘肃、湖北、湖南等地陆续发现了几批秦简，如青川郝家坪秦简（1980）、天水放马滩秦简（1986）、江陵岳山秦简（1986）、江陵王家台秦简（1993）、沙市周家台秦简（1993）、

---

* 本文为国家社科基金西部项目“百年来出土文献与中国文学史研究史论”（项目编号：14XZW019）阶段性成果。

① 王辉：《秦出土文献编年》，（台北）新文丰出版公司，2000。

龙山里耶秦简（2002）等。[①] 这些出土文献的整理与编定出版，引起了考古学、历史学、语言学、文字学等领域学者们的高度关注，同时也有不少学者注重利用出土文献进行秦文学的研究，取得了不少突破性成果，极大地促进了秦文学研究的发展。

就目前来看，学界尚未出现以阐述“出土文献与秦文学”为核心的专著，对该问题的探讨以硕博士学位论文、会议论文、期刊论文及著作中有关该问题的单篇文章为主。此外，这些研究成果多集中在世纪之交的20年里。这与学界注重学术总结与评论和以百年来观学术升降的惯例不无关系。为了进一步推动秦文学的研究、促进学术史的发展，有必要对百年来出土文献与秦文学研究情况作相应论析，以说明现阶段研究的重点、难点及趋势，为以后该方向的研究提供参考。现以文体为依据，将相关研究成果分为诗歌、神话、散文三大类分别论述。[②]

一　出土文献与秦文学之诗歌研究

（一）出土文献与《秦简·成相篇》研究

秦文学的诗歌当以《诗经·秦风》为代表，这是不言而喻的。但近几十年出土的秦简也为我们了解秦地诗歌提供了新的材料和视角。1975年湖北云梦睡虎地出土的《秦简·成相篇》（又称《为吏之道》）堪称其中的代表，它通篇押韵且情感强烈，与诗体十分相近。该篇一经公布立即引起了学界的热议，文学研究者们也积极加入讨论当中，收到了良好的效果。

姚小鸥《〈睡虎地秦简成相篇〉研究》一文将《秦简·成相篇》与《荀子·成相》两相对照，结合对“成相”这一特殊唱诵文体历史渊源的探讨，揭示了《秦简·成相篇》在内容、句式及用韵上的特点，指出了它与《诗经》的一致性和文化史意义。[③] 陈良武《出土文献与〈荀子·成相篇〉》一文则把《秦简·成相篇》与《荀子·成相》的语言形式、内容主旨进行了对比，并在此基础上探讨了“成相辞”的起源问题，指出“成相

---

① 骈宇骞、段书安编著《二十世纪出土简帛综述》，文物出版社，2006，第13~16页。

② 按照当今的文体划分为诗歌、神话、散文以便于对秦出土文献进行分类梳理与探讨，但这些出土文献与当今所说的文体并非直接对等关系，而是相对应的关系。

③ 姚小鸥：《〈睡虎地秦简成相篇〉研究》，《文学前沿》2000年第1期。

辞”的起源不能简单归于“民间歌谣”或“庙堂歌辞”，它应是在民间歌谣与瞽史说唱的相互作用与融合中逐渐定型的。[①] 廖群《先秦两汉文学考古研究》一书在第四章的“秦简《为吏之道》与《成相篇》文体探源”一节中认为，秦简《为吏之道》与荀子《成相》的句式、韵脚、节奏十分相似，二者出现的时间应相距不远，且最初产生于秦地的可能性更大，而训诫歌诀或为二者的文体之源。[②] 杨琳的硕士学位论文《简帛文献的俗文学研究》的第三章第二节“睡虎地《成相辞》”在前人研究基础之上，将《秦简·成相篇》与《荀子·成相》进行对比研究，指出其具有朗朗上口、易诵易记、词义鄙俗、源自民间亦能服务于宫廷的特点。[③] 倪晋波的博士学位论文《秦国文学研究》分十章对秦国（前770~前221）文学的传世文献和出土文献进行了全面的论述，在第一章“秦国出土文献年代的综合考察”中对许多存在争议的出土文献的年代进行了考证与分析整理，提出了自己的见解。论文中“秦简牍文学发微”一章的第二节对《秦简·成相篇》进行了探讨，认为该篇各章的内容既各有重点又相互联系，有整体的形式美，并认为它虽与《荀子·成相》在内容、形式上有很大相似性，但就整体的文学成就而言，仍存在差距。[④] 沈海波指出了睡虎地秦简的《为吏之道》与《荀子·成相》在句式上的相似性，并认为这说明了秦人的官吏文书在一定程度上也讲究形式和韵脚，也注重吸收其他容易让人接受的文学体裁特色，使原本枯燥乏味的政府公文内容显得较为通俗和活泼。[⑤] 刘跃进基于《为吏之道》和《荀子·成相》的相似性及王应麟对《汉书·艺文志》的考证，提出了《为吏之道》应当属于杂赋创作的论断。[⑥]

由以上学者的研究可知，《秦简·成相篇》的发现不仅对“成相辞”的研究具有突破性意义，在辞赋、歌诀文学史方面也有重要价值。研究者们普遍注意到了《秦简·成相篇》与《荀子·成相》的密切联系，采用对比研究的方法对“成相辞”的特点、来源、应用功能、文学价值等进行探讨，拓宽并深化了该方向的研究。但我们也应看到，关于“成相辞”来源及成

① 陈良武：《出土文献与〈荀子·成相篇〉》，《长安大学学报》（社会科学版）2008年第3期。

② 廖群：《先秦两汉文学考古研究》，学习出版社，2007，第359~362页。

③ 杨琳：《简帛文献的俗文学研究》，硕士学位论文，济南大学，2011，第27~32页。

④ 倪晋波：《秦国文学研究》，博士学位论文，复旦大学，2007，第175~180页。

⑤ 沈海波：《略论秦代文学发展的进程与特点》，《河南社会科学》2010年第3期。

⑥ 刘跃进：《“秦世不文”的历史背景及秦代文学的发展》，《文学与文化》2010年第2期。

因的研究情况依然不十分明朗，这有待于学者们的继续探讨和更多相关出土文献的发掘。

（二）出土文献与秦乐府研究

自1974年秦始皇陵兵马俑陶文公布以来，已有不少秦陶文、玺印、封泥相继面世，如冷贤二印、临潼秦印、相家巷封泥等。它们的出现与公布为学者们研究秦乐府提供了许多可贵的线索，也对我们了解乐府发展史起了很大的助益作用。

许继起在其博士学位论文《秦汉乐府制度研究》的第一章“秦乐府考论”中结合出土材料介绍了秦先公“制礼作乐”的历史背景及秦代太乐、乐府的情况，将秦代乐府音乐大致分为郊祀乐、宗庙乐、房中乐、倡乐、宴飨乐等类别，并利用出土的秦封泥探讨了秦代乐府职官及乐律问题。[①] 这为了解有秦以来秦地的礼乐文化及乐府文学的发展提供了线索和参考。陈瑞泉《秦“乐府”小考》则援引寇效信《秦汉乐府考略——由秦始皇陵出土的秦乐府编钟谈起》及袁仲一《秦代金文陶文杂考三则》中有关出土的“乐府钟”的研究成果，在前人研究的基础上，将出土文物与文献考证相结合，以实物证据和充分的论证说明了乐府机构的创设在秦王朝而非汉武帝时，并认为秦乐府的设立促进了俗乐的发展，为汉唐乐府的高度发展提供了可能。[②] 这一论断矫正并深化了学界对乐府的认识，是乐府史研究的突破性成果。

此外，值得注意的是，游国恩等主编的《中国文学史》在第二编第四章的“关于乐府”这一小节中以夹注的形式，引用出土文献材料对乐府始设于汉初的说法进行了修正与补充说明。[③] 由此可见，将出土文献与秦文学研究相结合不仅丰富了秦文学研究内容，在矫正、更新我们对乐府文学史的认识上也有非同寻常的作用。

（三）出土文献与秦祝祷辞研究

祝祷辞，又称祝辞（祝词），是古代祭祀时用来祷告和祝愿的话。祝祷

---

① 许继起：《秦汉乐府制度研究》，博士学位论文，扬州大学，2002，第5~39页。

② 陈瑞泉：《秦“乐府”小考》，《天津音乐学院学报》2005年第4期。

③ 游国恩等主编《中国文学史》（一）（修订本），人民文学出版社，2002，第181页。

辞大都通篇押韵、句式整齐、情感强烈，有鲜明的文学特征。近年来陆续出土的秦玉牍铭文和青铜礼器铭文中也有不少祝祷辞。它们吸引了文学研究者的关注，催生了一些新的成果。

李学勤《秦玉牍索隐》一文以20世纪末出土于陕西华山地区的秦玉牍铭文为研究对象，指明了它的用韵情况，认为该玉牍是秦惠文王在其末年因久病不愈而希望借祭华山以使病体痊愈的祝祷辞，并推断该篇作于秦惠文王末年。[①] 延娟芹在《论秦国的两篇祝祷辞》中认为，出土的《诅楚文》与《秦曾孙骃告华大山明神文》是战国时期秦国两篇祝祷辞，前者祷战而后者祷病，并分析了它们的文学特征，指出二者对前代祝祷辞有一定继承，且有了较大发展。[②] 刘原《秦青铜礼器铭文文学意义考论》一文从出土的秦青铜礼器铭文对"三不朽思想"的继承、诗化的特征及叙事手法这三个方面进行论述，认为它承袭了西周青铜礼器铭文的叙事手法和用韵方式来记秦事，具有独特的史学、文学价值。[③] 倪晋波认为《马禖篇》是一篇祭祀马神祈求马匹繁衍昌盛的祝辞，并分析了该篇的用韵、遣词造句及修辞手法，认为其具有很高的文学水准和明显的创作意识，是秦简中不可多得的佳作。[④]

秦出土文献中的祝祷辞及其研究，为我们了解秦文学提供了更为丰富的历史线索和文本材料，同时也开辟了研究其文学特征的道路。这些祝祷辞是秦地先民（尤其是统治者）在丰富多样的祭祀活动中，采用韵文的形式表达内心愿望的真实写照，饱含真挚的情感，具有很高的文学价值。对其加以重视与研究，有助于扭转祝祷辞常被文学研究者忽略的现状。

综上所述，学者们多能利用出土文献对秦诗歌进行历史的、综合性的研究，着重探讨其文学特征和文学意义，并注重从文学史角度对其加以考察与定位，对出土文献的利用有效地推动了秦诗歌文学研究在深度和广度上的发展。

二 出土文献与秦文学之神话研究

神话，是先民对其所接触的自然、社会现象进行认识和表达愿望的一种浪漫化创作，它具有幻想性、故事性、原始性等特征和奇异色彩。神话的产

① 李学勤：《秦玉牍索隐》，《故宫博物院院刊》2000年第2期。

② 延娟芹：《论秦国的两篇祝祷辞》，《宝鸡文理学院学报》（社会科学版）2011年第3期。

③ 刘原：《秦青铜礼器铭文文学意义考论》，《古籍整理研究学刊》2012年第4期。

④ 倪晋波：《秦国文学研究》，博士学位论文，复旦大学，2007，第185~186页。

生与先民在神秘莫测的自然环境中进行日常劳动时的情绪体验密切相关。照此推理，长期处于西北一隅的秦地先民在自然环境恶劣与土地贫瘠的双重威胁之下，势必也产生了一些神话。但因传世文献的匮乏，秦神话极少被提及。而甘肃放马滩秦简里的《墓主记》（又称《志怪故事》）、近年来出土的多批秦简《日书》及湖北王家台秦简《归藏》（又称《易占》）中所记载的大量诡异故事和神话传说，不仅印证了秦神话的存在，还客观反映了秦神话的创作水平。

（一）秦简《墓主记》研究

放马滩秦简《墓主记》记载了一个名叫丹的人死而复活并向别人讲述自己死后经历的诡异故事。该简一经发现立即引发了学界的热切关注。李学勤《放马滩简中的志怪故事》一文率先对其进行了文学上的探讨。李学勤将秦简《墓主记》与《搜神记》相比较，指出二者在故事情节上存在极度相似性，认为简文所述丹死而复活的故事具有鲜明的志怪的性质，反映了佛教轮回思想及秦地先民关于死后情形的宗教信仰。其情节虽不如《搜神记》曲折，但仍可视为同类故事的滥觞，值得研究者注意。而该故事里丹讲了一些祭祀时应注意的事项，或为这则故事被收入简中的缘由。[①] 李学勤该文具有开拓性，引发了后来学者们的广泛关注。倪晋波指出《墓主记》的故事性质、内容情节与后世志怪小说存在密切联系，认为其是以官方文书的形式出现的，为考察志怪小说的发展提供了线索。[②] 杨琳指出秦简《墓主记》是志怪小说之始祖，反映了先民的死生观念，并认为《墓主记》的出土印证了志怪小说是上承史传文学下系古代小说的过渡文体。[③] 孙占宇《放马滩秦简乙 360—366 号“墓主记”说商榷》一文指出应依据全篇主旨、表现手法及简册形制对这些秦简的内容进行命名，认为这些秦简所记是乙种《日书》的一部分，其篇题可按内容拟为“丹”或“祠鬼”。[④] 可以说，《墓主记》的发现对丰富秦文学的内容具有重大意义，对我国古代神话小说尤其是志怪小说的发展有开创之功，对后世产生了重要影响。

---

① 李学勤：《放马滩简中的志怪故事》，《文物》1990 年第 4 期。

② 倪晋波：《秦国文学研究》，博士学位论文，复旦大学，2007，第 172~175 页。

③ 杨琳：《简帛文献的俗文学研究》，硕士学位论文，济南大学，2011，第 23~25 页。

④ 孙占宇：《放马滩秦简乙 360—366 号“墓主记”说商榷》，《西北师大学报》（社会科学版）2010 年第 5 期。

（二）秦简《日书》及《归藏》研究

《日书》是古人从事婚嫁、生子、丧葬、农作、出行等各项活动时选择时日、判断吉凶宜忌的参考之书，它反映了古代天文历法与先民思想观念、现实生活的相互影响。而秦简《日书》中也记载了不少神话、历史传说。刘乐贤《睡虎地秦简日书研究》一书列举了近几十年考古发掘的八批《日书》材料，介绍了《日书》的内容、性质，指出《日书》中有不少神话传说资料。该书第四章"《日书》与古代神话传说研究"一节，以牛女神话、钟馗传说、与禹有关的神话为例，论证了《日书》在古代神话传说研究中的重要价值。① 赵逵夫则根据秦简《日书》中所记述的有关"牛郎织女"神话传说的基本情节论析了该传说在先秦时代的面貌，并认为这些早期资料足以推翻新编《辞源》中有关"织女"条的说法，从而更新学界对该传说的认识。② 倪晋波认为《日书·诘篇》成功塑造了许多具有世俗情怀的鬼神形象，在遣词用语上充分体现了民间趣味，同时显露出一种生动活泼的文风特色。③ 他还指出，秦简《日书》在某些著名的神话传说如牛郎织女、大禹娶涂山氏之女等的流变过程中扮演了重要角色。④ 可见，秦简《日书》是我国古代神话传说的重要源头之一，对其所记载的神话、历史传说进行考察，有助于发现这些传说的流变过程，而其中的"牛郎织女"神话传说极有可能更新学界关于该传说的主流说法，刷新人们的认识。

廖群《先秦两汉文学考古研究》一书在"秦简《归藏》的发现与《归藏》为殷商筮书论"一节中指出江陵王家台秦墓出土的"易占"类简文就是古籍中多次提到的《归藏》，这些秦简保存了上古神话原貌，对研究上古神话具有重要参考价值。但秦简《归藏》是战国人及秦人所用筮书，几经传抄增饰，或已非殷商筮书原本。⑤ 延娟芹论述了秦简《归藏》的特点与成书时间，并认为秦简《归藏》涉及嫦娥、后羿及夏启登天等许多神话、历史故事，为订正其他传世典籍中的讹误、梳理某些故事的发

---

① 刘乐贤：《睡虎地秦简日书研究》，（台北）文津出版社，1994，第451~467页。

② 赵逵夫：《由秦简〈日书〉看牛女传说在先秦时代的面貌》，《清华大学学报》（哲学社会科学版）2012年第4期。

③ 倪晋波：《秦国文学研究》，博士学位论文，复旦大学，2007，第181~184页。

④ 倪晋波：《秦国文学研究》，博士学位论文，复旦大学，2007，第186~191页。

⑤ 廖群：《先秦两汉文学考古研究》，学习出版社，2007，第64~67页。

展脉络提供了重要资料。[①] 此外，还有不少学者分别论述了秦简《归藏》与汲冢书[②]、《穆天子传》[③] 的关系，对其成书过程及渊源进行了探讨，也有助于厘清早期神话传说的流变过程。

大体看来，这些研究成果大都从出土文献的内容出发，探讨其文学特征，并将它们置于神话、小说的发展史中来探讨。同时，这些成果进一步扩展了秦文学的研究广度，丰富了秦文学的组成元素，并力图揭示这些出土文献在神话及小说发展史上的文学史意义，使学界对秦文学有了新的认识。这些出土文献的存在充分表明，秦地先民同样拥有丰富、浪漫的想象力，秦文学也散发着奇异的色彩。

三　出土文献与秦文学之散文研究

早在南北朝时期，刘勰《文心雕龙·总术》中就明确提出了“文笔之分”的论题，所谓“无韵者笔也，有韵者文也”[④]，是否讲究韵律音节成为区分二者的主要依据。如今的散文，正是由无韵之“笔”逐渐演化而来的。散文是与韵文、骈文相对，不追求押韵和句式工整的文体。从广义上讲，散文包括除诗歌、小说、戏剧、影视文学之外的一切叙事性、议论性、抒情性文体。那么，出土秦简中的书信和律法、公文便可视为当时的“散文”。

（一）秦出土文献与书信的文学研究

古时的许多书信虽在一定格式之下进行创作，但多运用文学表达手法，私人信件中常加入强烈的个人感情色彩，这与当今所讲的应用文类的书信有较大的差异。湖北云梦睡虎地秦简里的《黑夫尺牍》和《惊尺牍》（又统称《黑夫惊书》）便是两封极富文学特色的家信。

张鹏立硕士学位论文《秦汉书信研究》立足于传世文献和出土文献材料，对秦汉两朝的书信从主题内容和性质类型两方面做了探析，指出云梦睡虎地出土的《黑夫尺牍》和《惊尺牍》是已发现的最早的两封私人书信。

---

① 延娟芹：《王家台秦简〈归藏〉的特点及其价值》，《宝鸡文理学院学报》（社会科学版）2014 年第 5 期。

② 梁韦弦：《秦简〈归藏〉与汲冢书》，《齐鲁学刊》2003 年第 6 期。

③ 朱渊清：《王家台〈归藏〉与〈穆天子传〉》，《周易研究》2002 年第 6 期。

④ 刘勰著，范文澜注《文心雕龙注》，人民文学出版社，1958，第 655 页。

文章在探讨简帛书信的书写惯例的基础上，进一步指出了秦汉简帛书信在文史上的价值。[①] 杨琳在介绍这两封信件具体内容的基础上，指出这两封家书语言朴实、情感真挚，类似于抒情小品文，是至今能见到的最早的家信。[②] 付兴慧认为，《黑夫尺牍》和《惊尺牍》虽然文字平淡质朴，却在朴素之中贯穿着一种发自内心的真情，具有令人动容的力量。该文还以这两封家信为典型，指出它们作为秦时书信在写作体例和格式上的特色。[③] 倪晋波指出，这两封家信文字平淡质朴却具有令人动容的力量的原因在于"真情"及其蕴含的"悲情"，从情感表现的广度及深度上来说，这两封家信不仅在秦国文学发展史上具有特别的意义，在整个中国古代文学史上也应有一席之地。[④]

由上可知，学者们多从书信的内容、语言特色及情感表达方面进行分析，尤其肯定了秦简《墨夫惊书》在个人情感表达上所具有的朴实、真挚的感人力量。而从书信文学的发展史来看，睡虎地秦简《黑夫惊书》在我国简帛书信史上具有开创意义，对后世具有深远影响，有继续深入研究的价值，这一点是毫无疑问的。

（二）秦出土文献与律法、公文的文学研究

由于秦长期以来施行"奖励军功""奖励耕织""以法为教""以吏为师"等一系列发展军事和农业、严格控制文化思想的统治政策，有秦以来的秦文学十分萧条。但正因如此，秦的律法、公文则相对"发达"许多。这一点在近几十年所发掘的秦出土文献中得到了充分验证。事实上，已发现的秦出土文献中绝大部分就是这些律法、公文。但这些律法、公文中也含有不容抹杀的文学因素，其中的某些篇目更是极具文学意味，与秦文学存在直接关联。

付兴慧认为，出土秦简中的地方公文在一定程度上丰富了秦文学，而出土秦简中的法律文书，由于尚处于初创期，有相当一部分是通过叙述具体的案例来结构律文的，为文学性的发生提供了土壤。云梦睡虎地秦简中的《封诊式》行文相对生动活泼，用语天然质朴，加入了一些文学色彩，具有

---

① 张鹏立：《秦汉书信研究》，硕士学位论文，郑州大学，2009，第 30~37 页。

② 杨琳：《简帛文献的俗文学研究》，硕士学位论文，济南大学，2011，第 36~42 页。

③ 付兴慧：《秦文学研究——从秦王嬴政元年（前 246 年）至秦二世三年（前 207 年）》，硕士学位论文，山东大学，2008，第 36~38 页。

④ 倪晋波：《秦国文学研究》，复旦大学，博士学位论文，2007，第 180~181 页。

一定的可读性，是体现秦简法律文书文学性的典型。文章还指出，法律文书中叙事性文学因素的存在，能提供新的、更丰富的材料以助于了解那个时代叙事文学的发展；而法律文书中所表现出来的语言特点和思维模式，则有助于了解那个时代的文学和文化。[①] 廖群在《先秦两汉文学考古研究》一书中的“战国秦简与《豳风・七月》‘九月授衣’解”一小节中利用云梦睡虎地秦简中的《秦律十八种・金布律》中有关“受（授）衣”的条文，揭示了早周豳地古民与领主的隶属关系，认为战国之秦尚有此制或为其军队管制的一种表现。[②] 此外，该书的“秦汉简与庄子身世中的‘漆园吏’问题”一小节以云梦秦简《秦律杂抄》《效律》为例证，说明“漆园”非邑里之名，而是从事制漆业的生产单位，庄子曾做的“漆园吏”是官方重要生产部门的负责人。[③] 这一观点对我们深入了解庄子的思想是极有帮助的。

胡适在《中国哲学史大纲・导言》里将哲学史的史料分为“原料”和“副料”，并重点论述了“副料”在史料钩沉、考见散佚学说、梳理学派系统等方面的重要作用。[④] 治先秦文学史也应关注文学的“原料”和“副料”，而这些出土的律法、公文并非毫无文学价值，它们正可作为文学研究的“副料”。只要我们重视并加以利用，就能发现这些文学“副料”中所蕴藏的文学因素，或解决相关的文学史问题。基于出土文献的秦文学研究，仍然存在许多值得探讨的方面。

四　小结与展望

总体看来，近几十年围绕出土文献与秦文学所展开的研究有了很大的进展，取得了许多富有创见、具有突破性的成果。在研究内容上，这些成果可大致归纳为诗歌、神话、散文三大方面，主要通过探讨出土文献的内容性质和形式特点来分析其文学特征、文学史意义，几乎涉及了出土文献中的各类文字材料。在研究方法上，大多采用出土文献与秦文学相结合、出土文献与传世文献相对比、将出土文献置于相应文体的发展史中进行探讨等方法。另

① 付兴慧：《秦文学研究——从秦王嬴政元年（前246年）至秦二世三年（前207年）》，硕士学位论文，山东大学，2008，第32~35页。

② 廖群：《先秦两汉文学考古研究》，学习出版社，2007，第172~174页。

③ 廖群：《先秦两汉文学考古研究》，学习出版社，2007，第347~350页。

④ 胡适：《中国哲学史大纲・导言》，上海古籍出版社，1997，第8~11页。

外，有一些学者还注意到了秦出土文献在解决文学史问题上的证据作用，并对这些出土文献加以运用，取得了很好的效果；也有一些学者重视秦出土文献中有关律法、公文的材料，挖掘出了其中的文学因素，进一步扩大了研究视域。

利用出土文献在秦文学研究方面所取得的突破性成果，有效印证了出土文献在古代文学研究尤其是资料相对缺乏的先秦文学研究中的突出作用，同时也引起了重新检讨“秦世不文”之论的呼声，受到学界热议。随着有关文博和出版单位对出土文献的整理、出版，学界将获得更多的相关资料，会有更多的文学研究者参与到出土文献与秦文学研究行列中来。在更为深入细致的考订的前提下，扩大研究视域，改进研究方法，进行深入、细致的分析，定能在现有成果的基础上取得进一步的成就和突破，而秦文学也定能在文学史中找到属于自己的位置。

从汉代“传书”看正史向历史演义的演化*

赵　辉

（中南民族大学　文学院，湖北　武汉　430074）

摘　要： 汉代“传书”，是在以历史史料对经典进行解释的基础上形成的主要辑录、转述历史著述的一种文体。它融合了小说、传说虚构的文体元素，具有较强的娱乐目的和功能。它以正史记载的史料为主要内容，却不是历史著述，而和历史演义一样，只是转述历史著述，而且较多地采用民间传说，不仅具有一定的虚构性，而且较历史著述更具故事性，已经基本具备历史演义的要素，是正史向历史演义演化过程中重要的一环。

关键词： 正史　汉代“传书”　历史演义

历史散文发展到汉代，分化为两种体式：一是由史家按照正史这一途径继续发展，产生了《史记》《汉书》《前汉纪》等传统的历史著述；二是产生了众多转述与传播历史著述的“传书”。这些“传书”融合了历史著述、小说和传说的元素，演化为具有较强的娱乐性和较多虚构内容的历史演义性质的著述，在正史向历史演义演化的过程中具有非常重要的意义。

* 本文为教育部重大攻关课题“中国文学谱系研究”（项目编号：11JZD034）阶段性成果。

一 何谓“传书”

“传书”这一概念，最早见于《庄子·天道》：“意之所随者，不可以言传也，而世因贵言传书。”到了汉代，这一概念开始广泛使用。《淮南子·修务训》称“盖闻传书曰”。[①]《史记·滑稽列传》载东方朔“好古传书，爱经术，多所博观外家之语”。扬雄《法言·君子》曰：“或曰：‘甚矣！传书之不果也。’”[②]《汉书·五行志》曰：“又传书曰……”王充的《论衡》有时使用“传语”这一概念，但称引“传书”的次数更多。其中的《书虚篇》20多次提到“传书”，《感虚篇》提到“传书”也将近20次。可知，“传书”是汉代学界普遍使用的一个概念，具有文类的性质。

“传书”在汉代是一外延非常宽泛的概念。后来的目录学基本不使用这一概念，而是将其分入了“小说”、史部中的“杂史”“杂传”、经部和子部之中。如《隋书·经籍志》将《吴越春秋》《越绝书》纳入“杂史”，将《列女传》纳入“杂传”，将《说苑》记载于子部，将《韩诗外传》著录于经部，将《燕丹子》著录于小说类。因此，汉代的“传书”虽包括“杂史”“杂传”但又不限于《隋书·经籍志》所谓的“杂史”“杂传”。

“传书”这一概念的产生当与先秦以后对经典的传注密切相关。传，最早的含义当如“流传”之“传”，为辗转相授之意。如《尔雅·释言》：“驲、遽，传也。”郭璞注：“皆传车驿马之名。”后来人们亦将这种驿传的文书称为“传”，如《韩非子·外储说右上》载有“周公旦从鲁闻之，发急传而问之”之语。故段玉裁《说文解字注》谓：“文书亦谓之传。”并引《司关》注云：“传，如今移过所文书是也。引伸传遽之义，则凡展转引伸之称皆曰传，而传注、流传皆是也。”[③]

所以，先秦以来，凡解释历史典籍的文字都称为“传”，如《左传》《穀梁传》《公羊传》《毛诗传》等。汉代的“传书”也指那些解释经典的文字，如载于《汉书·艺文志》的《韩诗外传》《韩诗内传》《公羊外传》，《汉书·律历志下》所载《春秋外传》，《后汉书》卷三十下所载《易内传》

---

① 高诱注《淮南子》，《诸子集成》（第七册），中华书局，1954，第333页。
② 扬雄：《扬子法言》，《诸子集成》（第七册），中华书局，1954，第128页。
③ 许慎撰，段玉裁注《说文解字注》，上海古籍出版社，1981，第377页。

等。《论衡·别通篇》曰：“夫一经之说，犹日明也；助以传书，犹窗牖也。”[①] 这里的“一经”，显然是指五经中的一经，而非专指《尚书》《春秋》这些历史散文。从王充的话可知，汉代将这类经典的传注之作明确称为“传书”。

应该充分予以注意的是，这一类的解释性“传书”，很少进行文字训诂，而是专门辑录历史典籍中的一些故事，去帮助人们理解某些文字的意义。如《韩诗外传》卷一“传曰：夫《行露》之人许嫁矣……”后，以“孔子南游适楚，至于阿谷之隧，有处子佩瑱而浣者”的传说去解释“传曰”。卷七：“传曰：‘伯奇孝而弃于亲，隐公慈而杀于弟，叔武贤而杀于兄，比干忠而诛于君。’诗曰：‘予慎无辜。’”作者为阐释这段文字，转述了“纣杀比干”“宋玉因其友见楚襄王”“宋燕相齐见逐”等历史传说。[②] 所以《文心雕龙·史传》曰：“传者，转也。转受经旨，以授于后。”

但是，汉代的“传书”也包括转述历史著述的文字作品。受司马迁以“列传”记载人物事迹的影响，汉代依正史所载人物，辑之传说而记人物事迹的述作时有出现。《史记》卷一百二十六载东方朔“好古传书”，《索隐》曰：“东方朔亦多博观外家之语，则外家非正经，即史传杂说之书也。”[③] 可知，司马迁也以那些传解正史和正史之外记载人物或事件的著述为“传书”。《论衡·超奇篇》曰：“采掇传书以上书奏记者为文人。”“诸子之传书，素相之事也。观《春秋》以见王意，读诸子以睹相指。”所谓“素相”，是相对于以孔子为“素王”而言。结合后文“观《春秋》以见王意”来看，这段话中的“诸子之传书”当指解释孔子《春秋》的著述。而从《书虚篇》《感虚篇》提到的“传书”所载看，也主要指那些引述、转述历史著述的文字。如《恢国篇》谓：“传书或称武王伐纣……”《书虚篇》载：“传书言：延陵季子出游……”“传书或言：颜渊与孔子俱上鲁太山……”“传书言：舜葬于苍梧……”“传书言：吴王夫差杀伍子胥……”“传书称：魏公子之德，仁惠下士，兼及鸟兽。……”“传书言：齐桓公负妇人而朝诸侯……”基本都是指那些引述、转述历史著述的文字。

汉代的“传书”有“内传”“外传”之分。“内传”对应解释某一经

---

① 王充：《论衡》，《诸子集成》（第七册），中华书局，1954，第132页。

② 韩婴：《韩诗外传》，文渊阁《四库全书》第89册，上海古籍出版社，1987，第3、833页。

③ 司马迁：《史记》，中华书局，1959，第3203页。

典，指首次解释经典的解释性作品。“外传”相对于“内传”而言，指那些解释同一经典，不同于“内传”的解释性文字。如韦昭《国语注·自序》谓《左传》为解释《春秋》的“内传”，因“其明识高远，雅思未尽，故复采录前世穆王以来，下迄鲁悼、知伯之诛，邦国成败，嘉言善语，阴阳律吕，天时人事，逆顺之数，以为《国语》。其文不主于经，故号曰‘外传’”。[①] 韩婴曾作《韩诗内传》，因意未尽，又作《韩诗外传》。对于史传来说，“内传”相对于正史的“本传”而言，记录“本传”没有记载的人物行事；“外传”又相对于“内传”而言，记录“本传”“内传”没有记载的人物行事。如《汉武帝内传》《赵飞燕外传》。明胡应麟《少室山房笔丛》卷十三谓，“内传”“外传”就像子书之内篇、外篇，文集之内集、外集，“内外传或矛盾焉，两存之以备考也。或致疑焉，非也”。

可见，汉代所谓的“传书”，主要指为解释经典或为进谏、教化引述和讲述历史时转述历史著述以及补充正史人物本传的文字。

二 汉代“传书”与正史的差异

汉代将“传书”和正史加以区分，以“传书”来称述为解释经典或为进谏、教化引述和讲述历史时转述历史著述以及补充正史人物本传的文字，是因为汉代“传书”与正史创作的行为性质、功能目的、主体身份等方面都存在很大差异。

中国历史著述的主要功能是为政治乃至于个体提供成败的经验教训。故先秦的政治言说都少不了对历史著述的引述，众多的诸子散文也有不少是以历史史料为论据说明所要阐述的问题的。如《吕氏春秋》《虞氏春秋》等都是围绕某一主题来转述历史的专门性著述。

从历史中去寻找政治借鉴，以历史记述去阐释某些问题，也是汉代的一种风尚。所以，汉代不仅有《史记》《汉书》之类的正史写作，而且在解释经典、进行政治讽谏、处理日常政治事务、进行政治教化和说理等各种性质的行为中，都喜爱引述、辑录历史史料去说明问题。辑录、引述历史史料解释经典如《韩诗外传》。进行政治讽谏如刘向“睹俗弥奢淫，而赵、卫之属起微贱，逾礼制。向以为王教由内及外，自近者始。故采取《诗》《书》所

① 韦昭注《国语》，文渊阁《四库全书》第406册，上海古籍出版社，1987，第4页。

载贤妃贞妇，兴国显家可法则，及孽嬖乱亡者，序次为《列女传》，凡八篇，以戒天子。及采传记行事，著《新序》、《说苑》凡五十篇奏之。数上疏言得失，陈法戒。书数十上，以助观览，补遗阙”[①]。处理日常政治事务如《东观汉记》卷十五载，张纯“在朝廷累世，明习故事。建武初定，旧典多缺，每有疑义，辄以访问，以断是非，一日或数四引见”；同书卷十九载蒋叠“久在台阁，文雅通达，明故事，在九卿位”。[②]《八家后汉书辑注·谢承后汉书》卷六称，杨乔“自在台阁，闲练汉家故事，前后上表，陈国政便宜”；同书卷八载，龚遂“深识典故，每入奏事，朝廷所问，应对甚捷。桓帝嘉其才，台阁有疑事，百僚议不决，遂常拟古典，引故事，处当平决”。[③]

这种浓厚的以史为鉴的意识，不仅使汉代文人产生了学习历史的兴趣，也形成了文人讲述历史的浓厚风气。有些时候，讲述历史已经具有“说”历史故事的意味。如《后汉纪·光武皇帝纪》载：

> 上（光武帝）常听朝至于日昃，讲经至于夜分。或与群臣论政事，或说古今言行，乡党旧故，及忠臣孝子义夫节妇，侍对之臣，莫不凄怆激扬，欣然自得。虽非大政，进止之宜，必遣问焉，所以劝群能也。[④]

光武帝与群臣说古今人物，固然不免存有道德教化的目的，但人们的行为显然已不是为解决现实政治问题而引经据典，言说目的已有了指向历史故事自身的倾向。从“莫不凄怆激扬，欣然自得”的效果看，也当不是简单地对历史人物进行道德评价，而是对感人行为事迹的讲说，带有历史故事讲说的味道。

汉代在这种强烈的历史意识影响之下，产生了相当数量的“传书”。但因本文主要目的在于论述“传书”对于正史的演化，没有必要对汉代的“传书”一一考证，故只考证其中主要的几部，以便说明“传书”与正史的差异。

1. 《列女传》《说苑》

《论衡·感虚篇》载：“传书言：‘杞梁氏之妻向城而哭，城为之崩。’”

---

① 班固：《汉书》，中华书局，1962，第1957~1958页。

② 刘珍等撰，吴树平校注《东观汉记校注》，中华书局，2008，第618、873页。

③ 周天游辑注《八家后汉书辑注》，上海古籍出版社，1986，第194、262页。

④ 袁宏：《后汉纪·光武皇帝纪》，文渊阁《四库全书》第303册，上海古籍出版社，1987，第582页。

《左传·襄公二十三年》载："齐侯袭莒。""齐侯归，遇杞梁之妻于郊。"刘向《列女传》卷四载："齐杞梁殖之妻也。庄公袭莒，殖战而死。庄公归，遇其妻，使使者吊之于路。杞梁妻曰：'今殖有罪，君何辱命焉。若令殖免于罪，则贱妾有先人之弊庐在下，妾不得与郊吊。'于是庄公乃还车诣其室，成礼然后去。杞梁之妻无子，内外皆无五属之亲。既无所归，乃枕其夫之尸于城下而哭，内诚动人，道路过者莫不为之挥涕，十日，而城为之崩。"[①] 又《说苑·善说》："华舟、杞梁战而死，其妻悲之，向城而哭，隅为之崩，城为之阤。"《说苑·立节篇》也有大致相同的记述。知《列女传》《说苑》在汉代被视为"传书"。

2. 《韩诗外传》

《论衡·书虚篇》载："传书言：延陵季子出游……"此一事不见于正史，而只见于《韩诗外传》《吴越春秋》。又"传书或言：颜渊与孔子俱上鲁太山"，此一事亦见于《韩诗外传》与《左传·昭公十八年》传疏。可以确定《韩诗外传》是"传书"。

3. 《燕丹子》

《燕丹子》有人说作于秦汉间，也有人认为是东汉时的作品。王充《论衡·感虚篇》曾说："传书言：'燕太子丹朝于秦，不得去，从秦王求归。秦王执留之，与之誓曰：'使日再中，天雨粟，令乌白头，马生角，厨门木象生肉足，乃得归。'"与现存《燕丹子》文字基本相同。可以看出，《燕丹子》至少在东汉时已经流传。《燕丹子》所载，也见于《战国策·燕策三》和《史记·刺客列传》，虽然事件及其过程大致相同，但文字却有很大的不同。《战国策·燕策三》与《史记·刺客列传》不仅文字比较平实，也没有《燕丹子》那些虚幻的记述和这一段话。所以，王充所谓记载燕丹子请荆轲刺杀秦王故事的"传书"，不应该是指《史记》和《战国策》，而是指《燕丹子》。《燕丹子》为"传书"当无疑。

4. 《吴越春秋》《越绝书》

《论衡·书虚篇》说："传书言：舜葬于苍梧，象为之耕；禹葬会稽，鸟为之田。"其事只见于《吴越春秋·越王无余外传》和《越绝书》。《吴越春秋》载："禹崩之后，众瑞并去。天美禹德而劳其功，使百鸟还为民田，大小有差，进退有行。"《书虚篇》又载"传书言……子胥恚恨，驱水为涛"，事唯

---

① 刘向：《古列女传》卷四，中华书局，1985，第105页。

见《吴越春秋·夫差内传》。而且《吴越春秋》《越绝书》或以“内传”或以“外传”名篇，如《吴越春秋》有《阖闾内传》《夫差内传》《越王无余外传》《勾践入臣外传》《勾践归国外传》等，《越绝书》于《本事》之外有《荆平王内传》《吴内传》《外传记范伯》等。可见，在汉代，不仅他人视《吴越春秋》和《越绝书》之类为“传书”，作者也自视其作为“传书”。

5.《淮南子》

《论衡·感虚篇》载：“儒者传书言：‘尧之时，十日并出，万物燋枯。尧上射十日，九日去，一日常出。’”此文出自《淮南子·本经训》。同篇又曰：“传书言：‘武王伐纣，渡孟津，阳侯之波，逆流而击，疾风晦冥，人马不见。……”此文据《淮南子·览冥训》。又：“传书言：‘师旷奏《白雪》之曲，而神物下降，风雨暴至，平公因之癃病，晋国赤地。’”此文亦出自《淮南子·览冥训》。可见，《淮南子》亦属“传书”。

正史，是国家史官的历史著述，著史行为的目的更多指向现实政治，即为政治提供历史的经验教训。更为重要的是，史官著正史这一行为更多的是具有原创性的历史著述行为。但“传书”创作的行为性质和史家著述历史却有很大的差异性。

从作者的行为性质和目的来说，“传书”和史家的历史著述一样，主要是为政治服务，诸如用于总结历史的经验教训，进行政治讽喻。如《论衡·超奇篇》称，“采掇传书以上书奏记者为文人”，“观读传书之文，治道政务”。同书《须颂篇》亦谓：“鸿笔之人，国之云雨也。载国德于传书之上，宣昭名于万世之后。”“传书”创作的行为性质可以总归于政治行为。但若将其细分，可以看出上述这几部“传书”与史官的历史著述不同，再细加分析，还可以发现，同为“传书”，其性质甚至文体并不一样。上述“传书”的性质可分为以下几类。一是典籍的注释行为，如《韩诗外传》。二是辑录历史进行政治讽谏的行为，如《列女传》《说苑》。三是学术论文写作行为，如《淮南子》。四是历史转述行为，如《燕丹子》《吴越春秋》《越绝书》。历史转述确实也是在书写历史，但性质与正史的历史著述有一定差异。

我们还可以看到，不管是《燕丹子》还是《吴越春秋》《越绝书》，虽然都添加了一些不见于现存文献的历史史料和传说材料，但它们所载之事，绝大多数见于春秋战国时期不同的典籍。如《吴越春秋》与《越绝书》所载之事，见于《左传》、《国语》中的《吴语》与《越语》，以及《史记》

中根据《吴语》与《越语》写成的《越王句践世家》《吴太伯世家》《伍子胥列传》等。应该说“传书”写作基本是一种转述以宣传原有历史著述的行为，只是原有历史之“述”之用，而非正史之“作”。

此外，“传书”作者的身份也与正史作者的身份不同。在中国古代，确实也有个人著述历史的情况存在。如《后汉书》卷四十上《班彪列传》载，“司马迁著《史记》，自太初以后，阙而不录，后好事者颇或缀集时事”，班彪继采前史遗事，作《后传》数十篇。但正史的著述是国家行为，所以，当有人告发班固私作前汉之史时，班固被捕下狱。在汉明帝看了他的书稿，迁其为兰台令史后，他才得以完成《汉书》的写作。可知汉代正史一般是由朝廷任命的史官而作，私人是不容许写作正史的。

但上述“传书”的作者，没有一个人是朝廷任命的史官。《韩诗外传》的作者为韩婴。《汉书·儒林传》载，他为孝文时博士，为《诗经》学者而非史家。他作《韩诗外传》，是以经籍注释者的身份创作的。《淮南子》为淮南王刘安及其门客集体编写。刘安为诸侯王，同时也是极有学问和文学才华的赋家，《汉书·艺文志》载其有赋82篇。《淮南子》的写作，刘安当在各方面起主导作用，但刘安也从不曾为史官。他作《淮南子》的身份是思想家。刘向虽然曾奉命领校秘书，整理过众多的典籍，却不曾任职史官。他编《说苑》《列女传》是以进谏大臣的身份进行的。《燕丹子》的作者不可考。《越绝书》的作者据说是袁康，生平亦不可考。而赵晔作《吴越春秋》的身份也非史官。《后汉书·儒林列传》载，赵晔“少尝为县吏，奉檄迎督邮，晔耻于厮役，遂弃车马去。到犍为资中，诣杜抚受《韩诗》，究竟其术。积二十年，绝问不还，家为发丧制服。晔卒业乃归。州召补从事，不就。举有道。卒于家”①。可见，这些“传书”的写作主体，无一具有史官的身份。他们虽然也对历史有一定的了解，有些甚至具有丰富的历史知识，但他们都没有国家史官的身份。

“传书”写作的行为性质及主体身份与正史的不同，规定着“传书”写作的目的与正史不同。“传书”虽然都有对历史著述的引述和转述，但典籍注释的目的指向方便读者对典籍的阅读和理解；政治讽谏的目的在于改善政治生态，使政治进入“传书”写作主体认为的正确轨道；学术论文的写作则在于说明某些问题，宣扬某些思想。如《吴越春秋》的历史转述行为确

① 范晔：《后汉书》，中华书局，1965，第2575页。

实也是在书写历史，也不能排除作者有与正史作者一样的总结历史经验教训以为政治提供借鉴的意图，但因其为“述”，为史之“用”，作者更多的不过是将见于不同典籍的记载和传说进行收集，综合于一书，使读者更方便了解吴越之事以达到宣传吴越之事的目的，更多属于历史著述的传播行为。

因此，“传书”写作只是一种对原有历史著述进行引述、辑录和转述的传播行为，虽然其中也有历史的书写，但却非史家正史的著述。

三 汉代“传书”融合正史、小说、传说的体性

任何文字言说的体性，都是由行为性质、目的、主体身份和言说对象身份决定的。这就是“在什么场合说什么话”，“是什么身份说什么话”，“是什么对象说什么话”。[①] 汉代“传书”写作的行为性质、目的和主体身份与正史存在极大的差异，因而“传书”在体性上也与正史有很大的不同。

《隋书·经籍志》论“杂史”“杂传”云：“而体制不经。又有委巷之说，迂怪妄诞，真虚莫测。”“推其本源，盖亦史官之末事也。”“其属辞比事，皆不与《春秋》、《史记》、《汉书》相似，盖率尔而作，非史策之正也。”[②] 既说明了“杂史”“杂传”与正史的联系，也说明了“杂史”“杂传”与正史的差异。“传书”包含后来的杂史、杂传、注释、论说、小说等。《隋书·经籍志》所言“杂史”“杂传”虽不包含“传书”的全部，但因其集中表现出“传书”对众多正史史料的引述、辑录和转述的共同特征，故集中地体现了汉代“传书”的体性特征。

（一）以正史内容为主干

毫无疑问，汉代“传书”所言虽然有些不见于正史，但大多是依史而作，以正史的记载为依据。一般来说，“传书”所记，绝大多数人物和事件及其发展主要过程都见于历史记述。

在那些解释经典的“传书”之中，不说《左传》等所载绝大多数以历史为依据，可基本视为历史著述，就是《韩诗外传》记述的众多事件，也

① 此问题参见赵辉《中国文学发生发展的内在机制研究》，《文学评论》2013年第6期。

② 魏徵等：《隋书》，中华书局，1973，第962、982页。

可在《左传》《国语》等历史典籍中找到历史的记述。如《韩诗外传》卷八“齐崔杼弑庄公”所记荆蒯之死，见于《左传·襄公二十五年》，只不过人名为申蒯。卷十所载重耳出亡之事，于《左传》《国语》中都有记述。《说苑》和《列女传》也一样，虽然有些记述的人物言语、具体的事件不见于历史记述，但更多的却是既有其人，也有其事。如《列女传》卷一“鲁季敬姜”所载敬姜教育文伯之事中孔子对敬姜的赞美，见于《国语·鲁语下》，其文基本上是依《国语·鲁语下》而成。卷七“卫宣公姜”所载宣姜与公子朔陷害公子伋之事，本于《左传·桓公十六年》。故可以说，汉代“传书”所载，基本上本于历史典籍。有些不见于现存历史典籍，可能是因为其所本的历史典籍在汉代以后散佚了。

《吴越春秋》《越绝书》虽在后来被视为“杂史”，但“杂史”如《隋书·经籍志》所说，为“博达之士，愍其废绝，各记闻见，以备遗亡”，带有自作的性质。而被《隋书·经籍志》著录为“小说”的《燕丹子》虽然也采入了传说，但《燕丹子》所记荆轲为燕太子丹刺杀秦王之事及其主要过程，都见于《战国策》和《史记》。可知，作为“传书”的《燕丹子》，只不过在历史的记述中添加了一些传说成分。作为“杂史”的《吴越春秋》的传说成分远较《燕丹子》多，但这种传说也是在《左传》《国语》《史记》所记历史基础上的延伸。不仅它所记载的人物绝大多数见于历史记载，而且其所载太伯的世系及季历让国于太伯而三让不受之事，吴楚、吴越之间发生的主要事件及其过程，伍奢因无忌之谗而受楚王迫害之事，伍子胥逃往吴国并帮助吴国攻打楚国及受太宰嚭谗言而被吴王所杀之事，子贡南游吴越之事，季札、公子光、阖闾、夫差、句践、范蠡的种种事迹，都见于《左传》《国语》《史记》等，采用的传说不过是全书中的一小部分。可以说，《燕丹子》和《吴越春秋》的内容，百分之七八十有历史记述的依据。如《隋书·经籍志》所言，它们多是学者“钞撮旧史，自为一书”而成。

所以说，“传书”不仅因历史著述而产生，而且其传说的成分也是在历史记述的基础上的生发，所记的真实性虽然不能和正史并论，但大多具有一定的历史真实性。

（二）“传书”对小说、传说的融合

结合《隋书·经籍志》将汉代的一些“传书”归于小说来看，汉代

“传书”不同于正史，主要是因为它在历史史料的基础上加入了小说和传说的成分。

先秦时，中国便有“小说”一词。但先秦的“小说”并非就文体而言。《庄子·外物》说：“饰小说以干县令，其于大达亦远矣。”此时“小说”主要指不入流的言论。到东汉，“小说”开始转向讲述某些历史和现实中的人物及某些事件。《汉书·艺文志》曰：

小说家者流，盖出于稗官。街谈巷语，道听涂说者之所造也。

班固指出，小说的创作主体不是史家，而是“稗官”。“稗官”，颜师古解释为小官。所谓“街谈巷语，道听涂说”，应该是有庄子所谓“小说”意义的文字，如其所载《宋子》十八篇，自注谓：“孙卿道宋子，其言黄老意。”但也有关于历史及现实中人物或事件的言说作品。如其所载《青史子》五十七篇，自注谓：“古史官记事也。”而《臣寿周纪》七篇，也当具有野史的性质。从“街谈巷语，道听涂说”一语看，应该少有理论方面的“道理”文字，而更多的是街巷人们见到或听到的带有传说性质的事件。

我们注意到，《汉书·艺文志》中的小说，不少作品以“说”名篇，如《伊尹说》《鬻子说》《虞初周说》《黄帝说》等。刘向的《说苑》亦以“说”为名。考《说苑》，其中所记虽有不少见于正史，但也有许多不见于历史记载，带有传说的色彩。如卷四“楚有士申鸣者”“左儒友于杜伯”、卷十“鲁有恭士”、卷十七“西闾过东渡河中流而溺”、卷十八“齐桓公北征孤竹”“楚昭王渡江”等。这些记述，有些可能有真实的人物原型，如齐桓公、楚昭王，但其事甚至所记人物，有些则可能原本只是传说。如卷四记“齐庄公且伐莒”，其所记之事见于《左传·襄公二十三年》。但《左传》所记，仅有齐人伐莒之事及地点、主要人物与《说苑》所记相同，而既无《说苑》齐庄公“为五乘之宾，而杞梁、华舟独不与焉”的描述和母亲告诫他的记载；也无下列行事的描写，“杞梁、华舟下斗，获甲首三百”，“进斗，坏军陷阵，三军弗敢当。至莒城下。莒人以炭置地，二人立有间，不能入”，“隰侯重仗楯伏炭，二子乘而入，顾而哭之，华舟后息”；更无“其妻闻之而哭，城为之阤，而隅为之崩”的记述。可以肯定，《说苑》所记具有更多的传说成分。刘向将这些作品结集而名为“说苑”，正体现出刘向《说苑》引入“街谈巷语，道听涂说”，有将《说苑》视为“小说”之意。

汉代其他的“传书”中这种小说、传说的成分更浓。王充的《论衡》中列举的众多“传书”所载可充分说明这一点。如《书虚篇》载：“传书言：吴王夫差杀伍子胥，煮之于镬，乃以鸱夷橐投之于江。子胥恚恨，驱水为涛，以溺杀人。今时会稽丹徒大江、钱唐浙江，皆立子胥之庙。盖欲慰其恨心，止其猛涛也。”《后汉书·张禹传》载：“（张禹）拜杨州刺史。当过江行部，中土人皆以江有子胥之神，难于济涉。”① 又谢承《后汉书》载：“吴郡王闳渡钱塘江，遭风，船欲覆，闳拔剑斫水，骂伍子胥，风息得济。”可知，在汉代民间，有伍子胥死后化为水神，愤恨而溺害行人的传说。“传书”所载，引入了这一民间传说。

《吴越春秋》和《越绝书》所记，加入民间传说的地方亦不在少数。如《书虚篇》所载伍子胥之神驱江水为涛的故事，见于《吴越春秋·越王夫差内传》：“子胥因随流扬波，依潮来往，荡激崩岸。”《论衡·书虚篇》言：“传书言：舜葬于苍梧，象为之耕；禹葬会稽，鸟为之田。”这一段文字见于《吴越春秋·越王无余外传》。其文云：“禹崩之后，众瑞并去。天美禹德而劳其功，使百鸟还为民田，大小有差，进退有行，一盛一衰，往来有常。”其他如同传所载禹娶涂山氏之女：“禹三十未娶，行到涂山，恐时之暮，失其度制，乃辞云：‘吾娶也，必有应矣。’乃有白狐九尾造于禹。禹曰：‘白者吾之服也，其九尾者，王之证也。涂山之歌曰：绥绥白狐，九尾痝痝。……’禹因娶涂山，谓之女娇。”② 自然也不过是传说的记述。其载伍子胥过昭关而渔父为其沉船自杀、乞食溧阳遇捣绵之女，干将铸干将莫耶之剑等，也应该来自民间传说。

可见，汉代的“传书”主要内容来源于正史，又融合了小说、传说等文体元素，既有正史传记、小说、传说的某些特征，却又非正史传记，也不是完全的小说和传说，具有独特的体性。正史虽然也不排除小说和传说的成分，但比“传书”少得多。

四　汉代“传书”由正史向历史演义的演化

说汉代“传书”开始由正史向历史演义演化，是因为它在很大程度上

① 范晔：《后汉书》，中华书局，1965，第1497页。

② 赵晔：《吴越春秋》，文渊阁《四库全书》第463册，上海古籍出版社，1987，第40页。

偏离了正史的价值取向，具有浓厚的历史演义娱乐言说对象的意图。汉代“传书”具有的这一意图，使汉代“传书”在言说的内容和方式上都较正史有了较大的转变，不仅具有更多虚构性，也更注重故事性和戏剧性，具有向历史演义演化的意义。

（一）汉代“传书”的娱乐性

汉代文人不仅有以诗赋博取文名的意识，也有以历史著述博取文名的意识。自司马迁以《史记》显名后，好事者如扬雄、刘歆、阳城衡、褚少孙、史孝山之徒也缀集时事，傍贯异闻，进行史传写作。《汉书》之后，又有荀悦的《前汉纪》。其他如蔡邕等，也有借史传以获得帝王青睐的意愿。《后汉书》卷六十下《蔡邕列传》谓，蔡邕在东观，“与卢植、韩说等撰补《后汉记》，会遭事流离，不及得成，因上书自陈，奏其所著十意”。[①]

所以，“传书”之作，虽不如正史那样能够让作者获得巨大的声誉，但如王充所言，“读诗讽术，虽千篇以上”，也不过是“鹦鹉能言之类”，而“衍传书之意，出膏腴之辞”，则“非俶傥之才，不能任也”，故“采掇传书以上书奏记者”（《论衡·超奇篇》），亦足以区别于一般的士大夫，显名于世。所以，王充认为，“世间传书诸子之语”，大多不过是为着“著殊异之名”（《论衡·书虚篇》）。

在汉代，诗歌、赋等已经具有较强的娱乐性质。“传书”不是诗赋，但因创作主体的时代身份相同，故文坛的这一时代风尚也对“传书”的作者产生了深刻的影响，使作者在很大程度上有了对言说对象兴趣和接受心理的关注，而世人都有对奇闻异说的爱好。如王充《论衡·奇怪篇》在谈到时人的接受心理时说：“世好奇怪，古今同情，不见奇怪，谓德不异。”其《书虚篇》特别谈到了“传书”写作者的这种心理：

> 夫世间传书诸子之语，多欲立奇造异，作惊目之论，以骇世俗之人；为谲诡之书，以著殊异之名。

“多欲立奇造异，作惊目之论”，既是作者的创作心态，也是言说对象的接受心态。而言说对象追求奇闻惊目，正说明了他们的接受目的已经具有较强

① 范晔：《后汉书》，中华书局，1965，第2003页。

的娱乐倾向，主要目的已经不再是吸收政治与人生的经验教训。从所谓“以骇世俗之人”也可见，其言说对象虽然还是读书之人，但不仅仅是朝廷官员，而是较正史的阅读者更具有普遍性。而作者要以“传书”达到“著殊异之名”的目的，则必须满足言说对象追求奇闻惊目的接受心理，使作品带有一定的娱乐性质。

应该说，“传书”对小说、传说的融合，也赋予了“传书”娱乐的内在属性。“说”作为一种文体，在先秦基本上指游说之辞。根据《庄子》所谓“饰小说以干县令”，知小说原本包含论说之辞。刘勰《文心雕龙·论说》曰：“说之善者，伊尹以论味隆殷；太公以辨钓兴周；及烛武行而纾郑，端木出而存鲁，亦其美也。暨战国争雄，辨士云踊；从横参谋，长短角势；转丸骋其巧辞，飞钳伏其精术。”① 由于说辞必生动有趣，方可打动言说对象，说辞必动听。清凌曙《群书答问》卷上谓：“问：‘《吕氏春秋·劝学》篇凡说者，兑之也，非说之也，何谓也？’曰：‘《易序卦》：巽者，入也；入而后说之，故受之以兑。’《释名》：‘兑，物得备足，皆喜悦也。’”② 可见，先秦的“说”虽在文体上属于论说类，但“说”这一文体有内在的要求，即“动听”，能使人愉悦。故刘勰认为，“说者，悦也；兑为口舌，故言咨悦怿”。而当“传书”对小说进行融合时，小说动听有趣这一属性也融入了“传书”。

我们可以从汉代的“传书”中看到一定的娱乐价值取向。如《韩诗外传》、刘向的《说苑》《列女传》都存在志奇的倾向。它们所选择的故事，虽然多来自历史著述，却不像正史那样特别注重事件的因果关系，而是注重记述人物和事件与现实生活存在很大差异的一面。如《韩诗外传》卷七所载“楚庄王赐其群臣酒”，说楚庄王宴请群臣，殿上烛灭，有臣子牵王后衣，王后扯断这一大臣的冠缨，并将这一情况告诉庄王。庄王下令：“与寡人饮，不绝缨者，不为乐也。”于是臣下冠缨无完者。《说苑》卷五载“齐桓公北伐山戎氏”，借道燕国，燕君出境迎接，桓公认为是自己借道才使燕君失礼，于是“割燕君所至之地以与燕君”。《列女传》卷五所载秋胡之妻，嫁秋胡五天而秋胡外出做官。秋胡五年后回家，不识采桑之妻，以重金诱采桑之妻。其妻严词拒绝，回家后发现路上诱惑自己的是丈夫，深感耻辱，投

---

① 范文澜注《文心雕龙注》，人民文学出版社，1958，第328~329页。

② 詹锳：《文心雕龙义证》（中），《詹锳全集》卷二，河北教育出版社，2016，第111页。

河而死。按一般的现实生活逻辑，帝王知道大臣对王后欲行不轨，必然大怒，而庄王的行事却大不同。春秋时期，列国无不想掠夺他国的土地，绝不会像齐桓公那样因燕君出境迎接他便将燕君所至之地划给燕国。秋胡之妻也不至于因丈夫不认识她而加以调戏就投河自杀。可知这些故事都超出一般的现实生活逻辑，足以满足言说对象以奇闻娱乐自己的心理，具有较强的娱乐性。

正史限于以历史来总结经验教训，其言说不可能像说辞那样能够用修辞手法来达到动听的效果。其因叙事文的性质，只能依据叙事文的特征，在如故事性、戏剧性等方面增强历史言说对接受对象的吸引力。而叙事文学的娱乐性，也主要通过故事性表现出来。

不可否认，《左传》《国语》《史记》《汉书》的一些篇章具有一定的故事性，但这样的篇章不仅不多，而且并非有意追求故事性。不然，这些正史也就不会在记载某人某事时，只记成败的关键，而不依据故事情节的发展敷衍整个故事。

西汉的“传书”如《韩诗外传》《说苑》《列女传》所载，故事性还不是很强，而到《燕丹子》和《吴越春秋》，作者对故事性有了很大的强化。如《燕丹子》取材于《战国策·燕策三》和《史记·刺客列传》，内容基本与其相同。但《燕丹子》对《战国策·燕策三》删减了“燕太子丹质于秦”至“愿太傅更虑之”的内容，而只采用了鞠武推荐田光以后的内容。于《史记·刺客列传》，去除了“荆轲者”至“太子受而舍之”的关于荆轲个性爱好的记述，省略了“秦将王翦破赵，虏赵王，尽收入其地，进兵北略地至燕南界。太子丹恐惧”和后面“于是秦王大怒”等与故事无关的大段文字，而将“太子日造门下，供太牢具，异物间进，车骑美女恣荆轲所欲，以顺适其意”一段文字加以演绎，写太子丹为荆轲驾车、与荆轲会宴、令人奉盘金于荆轲、杀所爱千里马进献马肝于荆轲、断美人之手进献荆轲等内容。这一删一演绎，使整个故事紧紧围绕燕太子丹报仇这一主题而展开，较《战国策》《史记》所记矛盾更为集中，情节也更加紧凑，故也更具故事性。

于正史而言，时间是一大要素。编年体以年为纲，记载同一年发生的多种事件；纪传体虽不以时间为纲，但也离不开对事件发生时间进行记载。正史对事件发生时间进行记载，主要目的是在总结历史经验教训时便于对历史事件进行考察。但是，仅就娱乐的需要来看，时间的记述已经变得无足轻重。所以，汉代的“传书”一般只记事件，而不关心事件发生的时间。故《韩诗外传》《说苑》《列女传》《燕丹子》《越绝书》都少有事件发生时间的记述。

《吴越春秋》虽然标明了事件发生的年份，但是，时间的观念较正史淡薄许多。作者对有些年份内发生的事没有记载，如《阖闾内传》记一、二、三、五、六、九、十年之事，而没有对四、七、八年所发生的事件的记述；《夫差内传》对十五年至十九年之事都无记述。而且，作者所记每一年份发生的事情，都围绕着吴楚、吴越及君臣、大臣与大臣之间的矛盾斗争而展开。除《吴太伯传》《越王无余外传》外，对于这些矛盾斗争之外的事，《吴越春秋》基本不予记述。如记述楚国的事，只记与伍子胥有关之事，因为伍子胥是被楚王迫害逃到吴国的楚人，在吴越的斗争及吴国的兴衰过程中起到了巨大的作用。稍涉齐国之事，是因为夫差曾北伐齐国；记述子贡，是因为子贡曾出使吴国，并东见越王，在吴国讨伐齐国方面起了很大的作用。作者之所以如此剪裁史料，也正是出于强化故事性的需要。因为这样的记述，能使事件发展的主线更为突出，既能做到使事件发展的来龙去脉清晰，而又不蔓不枝，使故事情节性更强，也更具有欣赏性和娱乐性。

（二）汉代“传书”的虚构性

说汉代的“传书”开始向历史演义演化，也因为它既有几分历史的真实，也有几分虚构。

正史要为人们提供兴衰成败的历史借鉴，必须尊重历史事实，只有这样，方能使后人从中得到正确的启示。若所记非事实，不能反映真实的历史，人们从中得到的便只能是错误的结论，其也就失去了总结历史经验教训的意义。正如北魏著名史学家高允所说：

> 夫史籍者，帝王之实录，将来之炯戒，今之所以观往，后之所以知今。是以言行举动，莫不备载。①

所以，在中国古代，史家虽然偶尔有些关于鬼神奇异之事的记述，但崇尚实

① 魏收：《魏书》，中华书局，1974，第1071页。

录却是史家的信条。司马迁《史记》真实地记录历史，不仅同时代的刘向、扬雄“皆称迁有良史之材，服其善序事理，辨而不华，质而不俚，其文直，其事核，不虚美，不隐恶，故谓之实录”①，其实录精神也受到后代史家和学者的赞美。

“传书”注重娱乐性，而奇闻异说和故事性是叙事文学用以吸引读者的两个关键方面。奇闻异说，大都出于虚构；为了保证故事情节的冲突性和曲折性，免不了对历史事实进行加工。故“传书”虽然也以历史著述为根源，却较正史有更多的虚构成分，具有历史演义的七分真实和三分虚构的特点。

对于“传书”的虚构性特点，汉代学者多有批评。扬雄《法言》谓：“或曰：‘甚矣！传书之不果也。’曰：‘不果则不果矣，又以巫鼓。’”“不果”即不真实，“巫鼓”犹妄说，都是说“传书”存在较多的虚构成分。王充《论衡》中的《书虚篇》《感虚篇》则是专门为批评“传书”虚构不实而作，多有对“传书”虚构的引述。如：“传书言：舜葬于苍梧，象为之耕；禹葬会稽，鸟为之田。”“传书言：孔子当泗水之葬，泗水为之却流。”“传书称：魏公子之德，仁惠下士，兼及鸟兽。方与客饮，有鹯击鸠，鸠走，巡于公子案下。鹯追击，杀于公子之前。公子耻之，即使人多设罗，得鹯数十枚，责让以击鸠之罪。击鸠之鹯，低头不敢仰视，公子乃杀之。”“传书言：武王伐纣，渡孟津，阳侯之波，逆流而击，疾风晦冥，人马不见。于是武王左操黄钺，右执白旄，瞋目而麾之曰：‘余在，天下谁敢害吾意者！’于是风霁波罢。”如此等等，不一而足。其他如《燕丹子》“丹仰天叹，乌即白头，马生角。秦王不得已而遣之，为机发之桥，欲陷丹。丹过之，桥为不发。夜到关，关门未开。丹为鸡鸣，众鸡皆鸣，遂得逃归”。《吴越春秋》中这类的记述更多。如《阖闾内传》载干将铸剑，三月不成，莫邪“断发剪爪，投于炉中，使童女、童男三百人，鼓橐装炭，金铁乃濡，遂以成剑”；齐王使者过淮河，遇水神害马，椒丘欣祖裼持剑入水，求神决战，连日才出水面。这些都来自虚构，在现实中不可能存在。

但汉代“传书”的虚构并不止于对这些奇闻异说的记述，更有意义的是作者依据现实生活逻辑对一些事件的过程进行合理虚构。如《吴越春秋·王僚使公子光传》记伍子胥过昭关遇渔父和捣绵女子之事，也见于《史记·伍子胥列传》，但所记只有渔父渡伍子胥过江，伍子胥解剑送渔父

① 班固：《汉书》，中华书局，1962，第2738页。

而渔父不受，以及伍子胥乞食，不足百字。《吴越春秋》却将这几句话进行演绎，写渔父以歌告诉伍子胥上船的地方，过江后馈食伍子胥以及沉船自杀。乞食溧阳时，遇捣绵女子，求得饭食。捣绵女子觉得跪送伍子胥饭食有亏礼仪，投濑水而死。渔父和捣绵女子的行为不同一般，应当也是来自虚构。

正因如此，清吴海说："遗事外传为史氏之贼，芜词荒说为文章之贼，皆足惑人。"①

结 语

所谓历史演义，就是将一些朝代的历史记载敷衍成历史故事。它与历史著述有很大的不同。历史著述创作主体大多是史家，以总结历史的经验教训为目的，追求的是真实性，而极少带有娱乐的性质。历史著述中有些篇章虽然也具有一定的故事性，也有对神话传说的采用，却是以真实性为信条的。历史演义的作者基本上不是史家，而是具有较多历史知识的文人。历史演义虽然也带有道德教化目的，但更注重娱乐性，更多的是寓教于乐。其内容虽然也大多源于历史记载，但也有一定的虚构成分。由于其目的主要在于娱乐受众，其有很强的故事性和戏剧性追求。

当然，汉代"传书"还不能算真正的历史演义，如《吴越春秋》还保留着世系之类的记述，但其和历史演义一样，只是引述、转述历史。就其行为性质、目的所带来的对娱乐性的注重、对故事性的追求和较正史更多采用想象虚构的言说方式来看，汉代"传书"已经基本具备历史演义的性质，开始由正史向历史演义转变。故可以说，汉代的"传书"是由正史向历史演义演化过程中极为重要的一环。

（本文后发表于《文学遗产》2016 年第 5 期）

① 李清馥：《闽中理学渊源考·吴闻过先生海学派》，徐公喜等点校，凤凰出版社，2011，第 529 页。

出土汉代俗赋的文学史意义*

黄金明

（闽南师范大学，福建　漳州　363000）

摘　要： 20 世纪以来出土的汉代俗赋《田章》《韩朋赋》《神乌赋》《妄稽》《反淫》等，一方面题材内容具有一定的历史文化渊源，另一方面又具有很强的世俗娱乐教化色彩，是文士传统和民间文化教化传统的统一。参照出土文物中大量的说唱俑（俳优俑、滑稽俑），结合传世文献中遍布宫廷和社会的言语娱乐活动，可以看出，俗赋是宫廷贵族文学和民间文学融合的产物。汉代文学的建构伴随着儒家经学观念的盛行，西汉末至东汉重视文学教化，文学下行。在民间与宫廷、俗与雅中，文学随之变化发展。

关键词： 汉代俗赋　《田章》　《神乌赋》　《妄稽》　《反淫》

赋诵在先秦时已兴起，功能因不同场合而异，既有美颂以通达经国之大体，也有娱神娱人以满足宫廷文化生活的需要。即便是以讽谏见长的汉代大赋，如司马相如《子虚赋》《上林赋》等，其表演性、游戏化特点也至为明显。清顾炎武《日知录》卷十九云："古人为赋，多假设之辞。序述往事，以为点缀，不必一一符同也。子虚、亡是公、乌有先生之文，已肇始于相如

* 本文为国家社科基金一般项目"出土文献与秦汉魏晋南北朝文学研究"（项目编号：13BZW053）阶段性成果。

矣。后之作者，实祖此意。……而《长门赋》所云陈皇后复幸者，亦本无其事，俳谐之文，不当与之庄论矣。”俳谐之趣正是诵说赋的特质，而正是这种特质使诵说赋能更普遍地流行开来。俗文化是文学发展过程中不可缺少的一部分，汉代文学正是在雅与俗、宫廷与民间的互动互构中拓展丰富起来的。

一 出土汉代俗赋的特征

出土的汉代俗赋有《田章》《韩朋赋》《神乌赋》《妄稽》《反淫》等，《田章》《韩朋赋》与历史传说有关，《神乌赋》诵说的则是禽鸟类故事，《反淫》是以魂和魄子问对的形式就人世间的感官享乐展开的戏说，而《妄稽》诵说的是妒妇的故事。这些赋题材内容有一定的历史文化渊源，同时又具有很强的世俗娱乐教化色彩，广泛流传于皇宫、贵族家庭和民间，兼具诵说性与教化性特征，是文士传统和民间文化教化传统的统一。

1. 诵说性

一是诵中有叙。从出土的俗赋中可以看出，这些赋语言通俗，讲诵色彩很强。《反淫》《田章》《韩朋赋》为主客对话体，主次分明，对话以诵为主，又有叙事语气词连接。如《反淫》：

> 魂曰：“前有昭（沼）沱（池），后有莞蒲；中有州堆，往来复路。瑦（鸿）鹄鵷雏，弋（鸢）鸡肃（鹔）相（鷞），【连】翅（翅）比翼，椄（接）遝（沓）苛（柯）间，菌鹤鵁义……于是攓芳莽……此天下至虞（娱）乐也，夫子弗欲为耶？”曰：“浸（寝）病未能。”①

以四言韵文为主，加上连接语“前有”“后有”“中有”“于是”“此天下至虞（娱）乐也，夫子弗欲为耶”，读起来顺畅、有气势。《神乌赋》《妄稽》多为四言韵文，隔句为韵，也有地方连续几句押韵，且因叙诵的需要换韵较密。语言都比较平白，常使用口语，如《神乌赋》：“咄！盗还来！”“甚哉！

---

① 北京大学出土文献研究所编《北京大学藏西汉竹书》（肆），上海古籍出版社，2015，第129页。

子之不仁!”“女(汝)不亟走,尚敢鼓口!”“今虽随我,将何益哉?”《妄稽》:“其父母爱之,众人愿以为子。”“今不蚤(早)计,后将奈何。”“必与妇生,不若蚤(早)死!”这些都很适合大众传播。

二是故事性强。《田章》虽为残简,留存文字很少,但据学者考察,田章即为《晏子春秋》所记载的战国时代人物弦章,为人正派,善于劝谏,与齐景公、晏子在王宫中有交往,其劝谏有故事性;《韩朋赋》传诵的是战国时宋国的韩朋和其妻的传奇悲剧故事;《反淫》说魄子有疾,“魂说以六事(射御之乐、游观之乐、游仙之乐、宴饮之乐、宫室之乐、垂钓之乐等),魄子皆称‘浸病未能’,但在听了第七事之后终于病愈”[①]。《妄稽》讲述的是周春和他的妻子妄稽的故事,故事发生在西汉时期。周春出身名门,品行兼优,可父母却为他娶了一个又丑又恶的妻子。周春无法接受,请求父母买妾,但是遭到妄稽的百般阻挠。他母亲终买了长得很美、称为虞士的妾。周春和虞士非常恩爱,妄稽至为妒恨,于是非常残酷地折磨虐待虞士。后来妄稽得了重病,临死时开始反省自己的妒行。《神乌赋》则叙述乌在搬迁筑巢时遭鸟盗,雌乌发现,正义劝告,但反被伤害,雄乌无力救助,悲痛告别。这些故事有情节,但情节不复杂,角色不多,同样符合诵说的特点。

三是绘饰性强。在诵说中,夸饰是增强语言趣味性的重要手段,在出土的这些俗赋中,这点也表现得很突出。如《妄稽》写虞士之美:

> 顾望闲中,适见美子。靡免(曼)白皙,长发诱绐。吸(趿)還还之,不能自止。色若春荣,身类縳素。赤唇白齿,长颈宜顾。□泽比丽,甚善行步。□□□……出辞禾(和)段(暇)。手若阴逢(蓬),足若揣(踹)卵。丰肉小骨,微细比转。兆(眺)目钩折,蚁犁映(睫)管。廉不签签,教不勉兑(兖)。言语节謙(检),辞令愉冤(婉)。好声宜笑,厌(靥)父(辅)之有巽(选)。发黑以泽,状若葥(揃)断。臂胫若蒻,觭(奇)牙白齿。教(姣)美佳好,致(至)京(谅)以子(慈)。发黑以泽,状若韱(纤)緇。问其步

① 傅刚、邵永海:《北大藏汉简〈反淫〉简说》,《文物》2011年第6期。

(齿)字，名为虞士。[①]

而写妄稽之丑：

妄稽为人，甚丑以恶。穜(肿)肵广肺，垂颡折骼(额)。臂胅(夭)八寸，指长二尺。股不盈拼(骈)，胫大五捪。䁘(蔑)殄(畛)领亦(腋)，食既相泽。勺乳绳萦，坐肆(肆)于席。尻若最笱，塼(膞)膭(膌)格格。目若别杏，逢(蓬)发颇(皤)白。年始十五，面尽黔腊。足若县(悬)橿(姜)，胫若谈(棪)株。身若胃(猬)棘，必好抱区(躯)。口臭腐鼠，必欲钳须。周春见之，曾弗宾(频)视。坐兴大(太)息，出入流涕。辩(遍)告乡党，父母兄弟："必与妇生，不若蚤(早)死。"[②]

分别将二女美丑从各个层面进行大量铺排描绘，这种夸饰排比能形成很强的语言感染力，别具谐趣。《反淫》的绘饰性也如此，如其描绘古琴音乐之美：

魂曰：龔(龙)门之桐，高百仞而无枝；心纡结而轸抱，根欋疏而分离；夏即票(飘)风雷辟(霹)磨(雳)之所缴(激)也，冬即蜚(飞)雪焦(霄)霓(霰)之所杂；朝日即离黄、盖旦鸣焉，募(暮)日即奇雌独鸟宿焉；叶菀蓫(修)，干车槁，乃使使(史)苏焯(灼)龟卜兆，矨(琴)挚齌(斋)戒，受而裁之，野茧之丝为弦，石岸之樿为麋(柱)，弧(孤)子之钩为隐，寡女珥为毂。临深溪，倍(背)槁杨，乃使钟子期操觞(畅)其旁，蜚(飞)鸟闻之，翕翱蜚(飞)阳(扬)；孟(猛)兽闻之，垂耳不行；王孙闻之，兆(遥)思心扬。此天下至忧悲也，夫子弗欲闻邪？[③]

---

① 北京大学出土文献研究所编《北京大学藏西汉竹书》(肆)，上海古籍出版社，2015，第63页。

② 北京大学出土文献研究所编《北京大学藏西汉竹书》(肆)，上海古籍出版社，2015，第60页。

③ 北京大学出土文献研究所编《北京大学藏西汉竹书》(肆)，上海古籍出版社，2015，第121页。

这种铺陈，同样能让人感觉到古琴制作材料“龙门之桐”、古琴弦、古琴声的非同一般，给人兴味。

2. 教化性

出土的俗赋具有明显的大众传播性特点。这种传播不是文本的传播，而是演艺传播，更多是口耳相传，故大量的俗赋未能以文本形式保存下来。而保存下来的类似于脚本，其中存在大量异体字、通假字。又演艺传播重现场发挥，故演唱时常因时因地有所变化，出土俗赋《反淫》与《七发》结构相似，有四分之一的文句相同，就此傅刚认为，《七发》是改写《反淫》而成的作品，故《反淫》《七发》都是枚乘所作。廖群在《先秦两汉文学考古研究》一书中曾指出：“汉代说书、讲故事应该是讲究韵律节奏的，体现在文体上，就应该是韵散结合。”而赋正是“说书的底本”。[①] 这是很可信的，至少俗赋是这样。因而《七发》《反淫》也有可能是在演艺传播中“变异”的，一篇赋诵作品在不断的诵说中发生一些变化是常有的，这或许更能解释这两篇作品为何结构、意旨一样，但作品中主客名称不一样，不少句子也完全不一样。

而出于教化的需要，诵说类作品最后往往要表明意旨。在出土的这些俗赋中，《田章》《韩朋赋》为残篇，留存文字很少，未留存教化类的文字。其他三篇结尾均传达教化之意旨。《神乌赋》最后云：

> 传曰：“众乌（鸟）丽（罹）于罗罔（网），凤皇孤而高羊（翔）。鱼鳖得于芘（笓）笱，交（蛟）龙执蛰而深臧（藏）。良马仆于衡下，勒靳（骐骥）为之余（徐）行。”乌兽且相忧，何兄（况）人乎？哀哉哀哉！穷（惸）通（痛）其 （灾）诚（成）写（泻）悬（宣），以意付（赋）之。曾子曰：“乌（鸟）之将死，其唯（鸣）哀。”此之谓也。[②]

传达“乌兽且相忧，何兄（况）人乎？”的道理。而《反淫》最后文字为：

> 魂曰：“于是处闲静之宫，冠弁以听朝，族天下博彻闲夏（雅）之

① 廖群：《先秦两汉文学考古研究》，学习出版社，2007，第466页。

② 李零：《简帛古书与学术源流》，生活·读书·新知三联书店，2004，第352~353页。

士，若张义（仪）、蘇（苏）秦，孟柯（轲）、敦（淳）于髡，阳（杨）朱、墨翟，子赣（贡）、孔穿，屈原、唐革（勒），宋玉、景瑣（差）之偷（伦），观五帝之遗道，明三王之法，借以下巧（考）诸衰世之成败，论天下之精微，理万物是非，别同异，离坚白，孔老监（览）听，弟子伦属而争。天下至神眇，夫子弗欲□耶?”曰：“愿壹闻之。”

魂曰：“不若处无为之事，行不言之教；虚静恬愉，如景（影）之效；乘其閤天之车，驼（驰）骋八徹（辙）之道，处大廓之究，以灵浮游化府，蝉说（蜕）浊薉（秽），游于至清，因……中人于滐天。”魄子乃溘然㵏（隐）机（几），衍然汗出，滦（涣）然病俞（愈）。[①]

魂劝诫魄子放弃世俗的享乐，“灵浮游化府，蝉说（蜕）浊薉（秽），游于至清”。而《妄稽》最后也告诫所有女子勿妒，即曰：

稽乃召其少母，而与言曰：“我妒也，不智（知）天命虖（乎）。祸生虖（乎）妒之，为我病也，将常难止。我妒也，疾蹭（堕）累瓦毁袭杯，解择（释）成索别瓶橘（桔），而离卑李，昼肖（宵）不瞑（眠）。我妒也，得常难止。”[②]

不难看出，这些俗赋皆寓教于乐，且根据民间大众传播特点，往往在诵说的最后直接点明意旨。

二 文学发展中雅与俗的互动互构

俗文学是宫廷贵族文学和民间文学融合交接的区域，汉代文学的建构经历了从汉初兴起于地方到汉武帝时汇聚繁荣于宫廷的过程。而随着儒家经学观念的盛行，西汉末至东汉重视文学教化，文学下行。在民间与宫廷、俗与雅中，文学随之变化发展。汉代文学发展中雅与俗的互动互构具体表现在宫廷俗赋和出土俗赋中。

---

① 北京大学出土文献研究所编《北京大学藏西汉竹书》（肆），上海古籍出版社，2015，第134~135页。

② 北京大学出土文献研究所编《北京大学藏西汉竹书》（肆），上海古籍出版社，2015，第75页。

1. 汉代宫廷俗赋

汉代宫廷中诙谐调笑类的赋诵活动盛行。据《汉书》，枚皋“不通经术，诙笑类俳倡，为赋颂，好嫚戏”，则枚皋赋中便有许多游戏赋。又东方朔为人诙谐，好调笑，“与枚皋、郭舍人俱在左右，诙啁而已”。《汉书·扬雄传》称扬雄为“滑稽之雄”，“其事浮浅，行于众庶，童儿牧竖莫不眩耀，而后世好事者因取奇言怪语附著之朔”。班固还引述刘向之语云：“少时数问长老贤人通于事及朔时者，皆曰朔口谐倡辩，不能持论，喜为庸人诵说，故令后世多传闻者。”这些记载都表明武帝时宫廷俗赋极其流行。又《汉书·王褒传》曰：“宣帝时修武帝故事，讲论六艺群书，博尽奇异之好，征能为《楚辞》九江被公，召见诵读，益召高材刘向、张子侨、华龙、柳褒等待诏金马门。神爵、五凤之间，天下殷富，数有嘉应。上颇作歌诗，欲兴协律之事。”又载：“上令（王）褒与张子侨等并待诏，数从褒等放猎，所幸宫馆，辄为歌颂，第其高下，以差赐帛。议者多以为淫靡不急，上曰：‘“不有博弈者乎，为之犹贤乎已！”辞赋大者与古诗同义，小者辩丽可喜。辟如女工有绮縠，音乐有郑卫，今世俗犹皆以此虞说耳目，辞赋比之，尚有仁义风谕，鸟兽草木多闻之观，贤于倡优博弈远矣。’”可见，昭宣时承继武帝，赋的创作仍受帝王重视，且赋的形态、功能更加多样，其中有不少具有游戏娱乐色彩的俗赋。宫廷俗赋创作风尚一直延续到东汉末期，《后汉书·杨赐传》载：“鸿都门下，招会群小，造作赋说，以虫篆小技见宠于时。”而这些“赋说”，蔡邕述为“连偶俗语，有类俳优”（《后汉书·蔡邕列传》），可见多为游戏娱乐作品。

这类赋大体有以下几种。

一是奇异事物的叙颂。枚乘《七发》云：“既登景夷之台，南望荆山，北望汝海，左江右湖，其乐无有。于是使博辩之士，原本山川，极命草木，比物属事，离辞连类。”这类赋作秦及汉初当有。《西京杂记》载梁孝王游于忘忧馆，集游士，使为赋。这些赋皆为咏物赋，有游戏娱乐色彩。虽学术界对梁孝王其事真实性存有争议，但这样的赋作至少在汉代是存在的。《汉书》载枚皋“从行至甘泉、雍、河东，东巡狩，封泰山，塞决河宣房，游观三辅离宫馆，临山泽，弋猎射驭狗马蹴鞠刻镂，上有所感，辄使赋之”。又载严助“有奇异，辄使为文，及作赋颂数十篇”。枚皋、严助所作赋，必有不少咏物赋，惜未能保存下来。又《汉书·王褒传》载：“上令褒与张子侨等并待诏，数从褒等放猎，所幸宫馆，辄为歌颂，第其高下，以差赐帛。”宣帝时宫廷仍有这类赋诵活动。《汉书·艺文志》“杂赋”类中的咏物赋有:《杂行出及颂德赋》二十四篇、《杂鼓琴剑戏赋》十三篇、《杂山陵水泡云气雨旱赋》十六篇、《杂禽兽六畜昆虫赋》十八篇、《杂器械草木赋》三十三篇。这些赋当有不少作于武帝时。

孔子说学《诗》可“多识于鸟兽草木之名”,汉宣帝说辞赋“尚有仁义风谕,鸟兽草木多闻之观”。武帝时赋,今存不到二十篇,从现存作品来看,只有孔臧《杨柳赋》《鸮赋》《蓼虫赋》及刘胜《文木赋》等咏物赋。由于是口头诵说,这类奇异事物诵说类作品大多没有流传下来。以《洞箫颂》为例,赋以枚乘《七发》中描写音乐的那一段铺陈开来,详尽地描述了制箫的原材料产地周围环境、箫的制作过程,陈述了箫的演奏效果及音乐魅力。《汉书·王褒传》载:“太子体不安,苦忽忽善忘,不乐。诏使褒等皆之太子宫虞侍太子,朝夕诵读奇文及所自造作。疾平复,乃归。太子喜褒所为《甘泉》及《洞箫颂》,令后宫贵人左右皆诵读之。”可见诵说体赋作在宣帝时宫廷中仍有流行。

二是男女情事的调笑戏说。在宫廷,政治是人们关注的中心,因而政治情感的表达抒发是文学的主流,但在人的生命世界中,毕竟有一片男女情感的天地,只是这片天地受到礼教的种种限制、约束,难以得到正常的表达,于是便成为茶余饭后人们游戏化的谈说对象,宫廷俗赋便有这方面的呈现。如司马相如的《美人赋》等。这类俗赋后来演变为文人的情趣化书写,宋王楙云:“仆观相如《美人赋》,又出于宋玉《好色赋》,自宋玉《好色赋》相如拟之为《美人赋》,蔡邕又拟之为《协和赋》,曹植为《静思赋》,陈琳为《止欲赋》,王粲为《闲邪赋》,应玚为《正情赋》,张华为《永怀赋》,江淹为《丽色赋》,沈约为《丽人赋》,转转规仿,以至于今。”(《野客丛书》卷十六)

三是调笑谐谑的谈说。在汉代宫廷还流行如王褒《僮约》[郑振铎在《中国俗文学史》中说,“汉代的俗文学在散文方面却发展得极少。……汉宣帝的时候,有以辞赋起家的王褒(字子渊)却在无意中流传下来一篇很有风趣的俗文学的作品——《僮约》。这篇东西恐怕是汉代留下的惟一的白话的游戏文章了”[①]]和《责须髯奴辞》、扬雄《逐贫赋》《酒赋》等,这些赋往往设主客方使其互相调侃逗乐。以《酒赋》为例:

---

① 郑振铎:《中国俗文学史》(插图本),上海人民出版社,2006,第76~77页。

子犹瓶矣，观瓶之居，居井之眉。处高临深，动常近危。酒醪本人不入口，臧水满怀。不得左右，牵于纆徽。一旦叀碍，为瓽所轠。身提黄泉，骨肉为泥。自用如此，不如鸱夷。鸱夷滑稽，腹如大壶。尽日盛酒，人复借酤。常为国器，托于属车。出入两宫，经营公家。繇是言之，酒何过乎?①

赋以“瓶”与“鸱夷”展开戏说，曹植评曰：“余览扬雄《酒赋》，辞甚瑰玮，颇戏而不雅。”（《酒赋序》）

2. 从出土俗赋看汉代赋雅俗的互动互构

出土俗赋具有明显的民间俗文化色彩，但这些俗赋又与雅有密切的联系。这主要表现在以下几个方面。

其一，在语言表达上，俗中有雅。其四言韵文的形式和《诗经》在汉代的影响有关。引经据典的文士风格也呈现在俗赋中，如“诗云：营营青蝇，止于干（樊）。几自（岂弟）君子，毋信儳（谗）言”出自《诗经·小雅·青蝇》，“见危授命”出自《论语·宪问》（“见利思义，见危授命”），“吾闻君子，不意不信”出自《论语·子罕》（“子绝四：毋意，毋必，毋固，毋我”）和《荀子·哀公》（“故明主任计不信怒”），“曾子曰：‘乌（鸟）之将死，其唯（鸣）哀。’此之谓也”出自《论语·泰伯》（“曾子言曰：鸟之将死，其鸣也哀；人之将死，其言也善”），“蠉蜚（飞）之类，乌最可贵”出自《淮南子·原道训》（“跂行喙息，蠉飞蠕动，待而后生”），“以死伤生，圣人禁之”出自《孝经·丧亲章》（“三日而食，教民无已死伤生，毁不灭性，此圣人之政也”）。语言不仅不鄙俗，而且融汇经典，引用了《诗经》《论语》《荀子》《孝经》《周易》《淮南子》《庄子》等，俗中透雅，雅俗结合。

而“夫（芙）容（蓉）江离，兰台（苕）熏（薰）妨（芳）”“衡（蘅）若麋（蘪）芜，芷惠（蕙）连房”“虞士枋（方）醜（耻），色若茈（紫）英”等句子中芙蓉、江离、兰苕、紫英等香草名称的铺陈，自然让我们想起屈原《离骚》的风格。

其二，在题材主旨上，也存在文人传统与民间传统的结合。《田章》《韩朋赋》是历史题材，《田章》出自《晏子春秋》。

① 张震泽校注《扬雄集校注》，上海古籍出版社，1993，第154页。

景公饮酒七日不纳弦章之言晏子谏第四

景公饮酒，七日七夜不止。弦章谏曰："君饮酒七日七夜，章愿君废酒也！不然，章赐死。"

晏子入见，公曰："章谏吾曰：'愿君之废酒也。不然，章赐死。'如是而听之，则臣为制也。不听，又爱其死。"

晏子曰："幸矣，章遇君也。令章遇桀、纣者，章死久矣。"于是公遂废酒。

晏子没左右谀弦章谏景公赐之鱼第十八

晏子没十有七年，景公饮诸大夫酒。公射，出质，堂上唱善，若出一口。公作色太息，播弓矢。弦章入，公曰："章，自晏子没后，不复闻不善之事。"弦章对曰："君好之则臣服之，君嗜之则臣食之。尺蠖食黄则黄、食苍则苍是也。"公曰："善。吾不食谄人以言也。"以鱼五十乘赐弦章。章归，鱼车塞途，抚其御之手曰："昔者晏子辞赏以正君，故过失不掩之。今诸臣谀以干利，吾若受鱼，是反晏子之义而顺谄谀之欲。"固辞鱼不受。君子曰："弦章之廉，晏子之遗行也。"①

晏子故事常为后世民间传颂，而弦章故事和晏子故事类似，虽出自宫廷，但在宫廷和民间广为传播。因《田章》出土文字甚少，很难看出其与弦章故事的关系，但从唐代《田章赋》来看，二者或有关联。而《韩鹏赋》，因韩朋其人在《韩非子·十过》《战国策·韩策一》《战国策·楚策三》《史记·田敬仲完世家》等先秦两汉时的诸子著作和史书中有记载，故多认为是从这里传承演变而来的。而据刘雯《韩朋故事的微观演变及历史学考察》的梳理，"从人物演变和历史记载来看，韩鹏故事主要人物及事件均未见于历史记载，有其人无其事，或有其事而非其人。由此可知，韩朋故事很大程度上源于虚构，与史实无太多关联。且故事创作源于民间，韩朋故事的流传在很长一段时间内体现出民间性与文人性的结合"②。从唐代韩朋故事的传播来看，刘雯一说有其道理。"有其人无其事，或有其事而非其人"是民间

---

① 张纯一：《晏子春秋校注》，梁运华点校，中华书局，2017，第7~8、298~299页。

② 刘雯：《韩朋故事的微观演变及历史学考察》，《中南民族大学学报》（人文社会科学版）2019年第1期。

文学创作中历史文化传播的特点，因其是根据历史的再度创作，和历史取材有联系，故是“民间性与文人性的结合”。

《反淫》以魄子病由魂劝说展开，内容包括听乐、逐射、校猎、饮食、宴饮、登台观景、博戏、垂钓、弋射、修道、交游、游仙、要言妙道等，和王宫贵族生活有密切联系，这与文字有部分重合的枚乘《七发》性质一致，也有一定的对贵族奢华生活劝谏的意味，是宫廷性和民间性的结合。俗文学更多的是口耳相传，《反淫》或许是枚乘《七发》的草本，但更可能是枚乘前的传诵本。

《神乌赋》《妄稽》的民间气息更浓。《神乌赋》的诵说方式不同于传世文献中《杂禽兽六畜昆虫赋》的多形容描绘，而是强化故事性、寓言性。汉代崇儒，讲忠、孝、贞，臣子尽忠，人子尽孝，女子讲贞。出土的汉简《田章》《韩朋赋》《神乌赋》《妄稽》《反淫》，其主题与之一致。《田章》《反淫》是宫廷的劝谏主题；《韩朋赋》《神乌赋》一方面揭露社会统治者及豪强的黑暗，另一方面歌颂男女爱情的坚贞；《妄稽》则和汉代极为重视的女德女训有关。以上都呈现出俗赋所受的儒家经学观念的影响。

浅谈汉画对文学创作手法的运用

刘　雯

（济南大学　出土文献与文学研究中心，山东　济南　250022）

摘　要：　汉画与文学是两种截然不同的艺术形式，但汉画在内容、创作手法、审美观念上均与文学具有相通性。汉画图像运用符号化、赋比兴、省略、夸张、变形等文学创作手法，塑造出一个个写实性与写意性并存、厚重感与线条美兼备的艺术形象。同时，汉画并不是照搬照抄这些文学创作手法，而是以写实为前提，灵活地凸显汉画特色。

关键词：　汉画　符号化　赋比兴

汉画作为书画艺术的一个分支，虽与文学使用语言、文字作为表达方式不同，但在内容、创作手法和审美观念上均与文学具有相通性，其根源在于二者具有艺术上的同源性。具体来说，汉画在构图、叙述、形象塑造等方面运用了文学创作的手法，具有文学意味。

一　符号化

汉画表现的内容以写实为主，学界一般将其分为社会生活、乐舞百戏、神仙灵瑞、历史故事等类别，用于再现当时社会思想和生活的方方面面。但是，汉画中仍有不少图像是抽象的、符号化的。例如，西王母是传说中的神祇，既是死亡之神又具有再生或长生的能力。其图像的出现便代表了祈求逝者及子孙再生或长生的愿望。即使画像中未出现西王母本人，只是出现西王母神话图像系统的某个神物，如三青鸟、白兔，其含义依然如此。

“由再现（模拟）到表现（抽象化），由写实到符号化，这正是一个由内容到形式的积淀过程，也正是美作为‘有意味的形式’的原始形成过程。”[①] 不可否认，这种符号化的前提是该画像内容所包含的全部含义已为社会先民所认可、熟知甚至运用。只有画像符号的象征意义在社会中形成稳定的共识，画像才真正具有可读性和权威性。西王母神话图像系统的符号化现象正表明，汉代以前西王母形象已在社会上广为流传。传世文献也印证了这一点。

然而，汉画的符号化不同于仰韶、马家窑等文化遗址出土图案上的绝对抽象，它不是将具有原始巫术礼仪的图腾形象简化和抽象化为纯形式的、无具体含义的几何纹样，而是建立在写实的基础上，并以写实为前提。例如，汉画中绝没有将三青鸟图案简化为带有类似鸟眼图案的螺旋形纹饰的先例[②]，而是将三足、鸟喙、鸟尾甚至取食供给西王母的细节全都刻绘清楚。汉画的这种符号化不是形象的符号化，而是思维的符号化。

二 赋比兴

赋比兴是《诗经》的三种主要表现手法，也是中国古代对诗歌表现方法的归纳。汉画用形象和线条表情达意，尽管与文学分属不同门类，但在创作思维方式方面存在某些相似之处。在某种程度上甚至可以说，汉画也可以运用赋比兴的艺术创作手法。

赋，即铺陈直叙，把思想感情和相关事物平铺直叙地表现出来。在汉画中可以解释为通过图像毫无隐晦地展现要表达的含义，即图像本身所呈现的内容就是所要表达的含义。“赋”是汉画图像最主要的表达手法，如社会生活类图像，汉画描绘了宴饮、庖厨、乐舞百戏、车马出行、集市等多个内容和场面。其含义正是展现贵族阶层的日常生活，并没有任何隐喻和暗示在其中，也没有用贵族阶层的奢侈生活讽刺朝廷等，而是持一种羡慕、渴望的态

---

① 李泽厚：《美的历程》，文物出版社，1981，第 18 页。

② 石兴邦：《有关马家窑文化的一些问题》，《考古》1962 年第 6 期。

度。这些图像中，物象就是现实生活中的物象，车马就是现实生活中的车马，并不是指仙界之物。

比，即类比，是以彼物比此物，即对于本体或情感，借一个更加生动具体、鲜明浅近并为人所熟知的事物表达出来。此物和彼物间必然有某些相同或相近之处。汉画中的“比”，可以解释为图像所展示的内容具有深刻含义，图像本身的含义与其所要表达的含义在形态上有相同或相近之处。汉画图像使用“比”来表达内涵的并不多。原因在于，与文字相比，图像的表意功能较弱。它只能细致、准确地描绘场景，而图像的具体含义则由观者自行体会和把握，观者所体悟到的含义是否深刻、与作者想要表达的意义是否一致，均不得而知。大多汉画图像的含义是由收藏者和研究者根据各类文字记载推测出来的，其正确性仍有待考察。如《射鸟》图为一棵大树下有一人弯弓射鸟。从表面看，这是一幅表现生产劳动中弋射场景的图，但有学者认为被射的鸟是为西王母取食的三青鸟，射鸟图很可能是表达“祈求长生”的内涵。再如著名的《播种》（或《灵星舞》）（见图 1），不少学者将这一集体农耕的图像释为祭祀灵星的舞蹈。那么，此二图像便是运用“比”手法，通过形态上的相似表达深层含义。

图 1 《播种》

兴，先言他物以引起所咏之辞。汉魏六朝时期学者多将它释为“有感之辞”，“文已尽而意无穷”。汉画对“兴”的运用非常隐蔽，主要体现在整体思维上存在“兴”的观念。汉画首先描绘一个普通、常见的场景，再表达对此种生活的喜爱，同时表达出渴望拥有之情。这正是墓主及子孙真正想要表达的内涵，也是先言他物以引起所要表达的情感，先言他人生活的奢华，再表达自己对奢华生活的渴望。“兴”的手法显而易见。

三 省略

汉画像砖石的面积非常有限，即便是几米高的大型砖石，分配到每一幅图像每一个物象上的面积也屈指可数。而画像砖石又需要涵括尽可能多的内容，内容丰富才能表达更多的内涵。这一矛盾迫使画像创作者在设计画面时经常采用省略手法，既能够尽可能丰富地表达内容，又不会使画面过于饱满而影响美感。省略手法在汉画中主要有三种表现形式：以部分代整体、以一代多、合多为一。

图 2 《祥瑞图》

所谓以部分代整体，就是用物象的某一部分代替整个物象。删繁就简，略去无关紧要的细节，保留该物象最主要、最具特点、最明显的标志性部分。如四川彭山出土的《祥瑞图》(见图 2)，画面中心为一莲花纹饰，外层花瓣将画面分为八部分，上下左右均对称。这八部分分别绘有蟾蜍、长尾短角兽、鸟、三足乌、神人、神兽、龙、九尾狐八种神物。对于每种神物都只刻绘它身体的一部分，多为神物的前半身。这种以部分代整体的省略手法，使八种神物同时出现在这个长、宽都仅 40 余厘米的砖面上，画面内涵丰富而又不过满。

所谓以一代多，就是用一个物象代替多个物象。画面中需要同时描绘多个相同物象，画像创作者运用省略手法用一个物象代表多个物象，颇类于京剧中“三四人代表千军万马”。这样既节省空间，又能够准确表情达意。如《胡汉战争》，画面中起伏的山峦内刻画有伸出的马头，示意丛山中埋伏着千军万马，将战争场面向深度延伸。再如《盐井》，在重峦起伏的山林中，每个山头上都绘有一个动物，有羚羊、山鸡、熊等。仅绘一个动物并不是指每个山头都有且只有一个动物，而是运用省略手法以一代多，表明山林中有多种动物。另如《泗水捞鼎》（见图 3），水面上有两条小船，船上各有两人捞鼎。此处两人即示意有众多捞鼎者。

所谓合多为一，是将多个并不同时存在的物象集中于同一石面上。这种方法使原本要用多个石面才能表达完整的内容，合并于一个石面上，最大限度地节省了砖石。合多为一有两种情况。一是同一主题的图像集中在一起，

图 3 《泗水捞鼎》

这是合多为一手法在汉画中的主要运用形式，如百戏图、弋射收获图。百戏图绝少仅刻绘一种技艺的情况，一般至少将三种技艺同时表现在画面上。如四川彭州出土的《盘鼓舞》（见图 4），虽名为盘鼓舞，但画面还展现了反弓、跳丸两种技艺。舞蹈、抚琴吹乐、顶罐、飞剑、跳瓶、滑稽戏等百戏技艺也基本上以自由组合的方式呈现在同一画面上。二是不同主题的图像集中在一个画面上。如四川彭山出土的《西王母、车骑》，全图分四格，左边两格为一组，上绘一骑吏，是车之导从，下绘一出行轺车；右边两格为一组，上图为西王母端坐于龙虎座上，下图为九尾狐、三青鸟和三名求仙药者。左右两边的内容各异，合于一石，节省空间而又不省略内容。

图 4 《盘鼓舞》

画像创作者秉持“升仙长生”的目的，对物象和图像进行设计与构思，对素材进行提炼、集中，使画面简明易懂，避免晦涩抽象。同时，使观者“看”到画面以外的情景，满足逝者愿望。

四 夸张

汉画的写实不是纯粹的写实，而是在写实的基础上大胆采用夸张手法，增强造型的艺术感染力和视觉冲击力。夸张在文学中指夸大其词，在汉画中表现为夸大其形。汉画创作运用了夸张手法已得到学界一致认同。“中外一些搞美术的专家称汉画像是‘夸张变形’的艺术。”① “汉画像砖石之所以对人有一种震撼的力量，很大程度上是得力于夸张变形。”② “汉画像极尽夸张变态之能事，并通过大胆的无拘无束的自由创造，使画像达到兼备形神，和谐完美的艺术境界。”③ 汉画的夸张手法包括整体夸张和局部夸张。

整体夸张是指以画像上各物象整体为单位，在比例上进行夸张。创作者为突出主次，将主要物象刻绘得非常大，占据画像大部分面积，同时将非主要物象缩小，而不考虑物象的远近问题。例如《天仓》，画面中部一人，形象十分高大，头戴冠，身佩剑，手捧薄箱。此人当为天仓的仓长或仓令。画面右下角是一重檐四阿式顶的仓房。两者比例失衡，天仓所占面积非常小，尚不及仓长或仓令的腿高。这种夸张手法明显是为了突出仓长或仓令的高大。再如升仙图，往往由天界和人间两部分组成。人间部分仅占整个画像的1/3，天界部分则占2/3。回旋萦绕的祥云布满空间，笼罩大地，神仙灵瑞隐藏于流动的云海之中。画面中静态的人间和动态的天界形成强烈对比，意在突出天界胜于人间的理念。画像中的主要人物均身躯高大，体态雍容，居于尊位。而侍从则身躯较小，处于从属位置。夸张手法意在突出特定环境中的典型人物或典型物象，往往会收到意想不到的艺术效果。

局部夸张是以画像上各物象的局部为单位，对某一部位做夸张处理，从而突出该部位所具有的特点。在被夸张部位的选择上，往往注重突出物象最富特征的部位或创作者想要强调的部位，这样可以在第一时间引起观者的注意，达到其艺术目的。如材官蹶张是孔武有力的象征，创作者紧扣住“武”与“力”来塑造形象。高隆而屈的臂与肘，肌肉粗壮的腿与膝，甚至连汗毛也根根粗大、清晰可见。这一形象似乎充满巨大的能量，无穷的力量正通过变形的筋骨和发达的肌肉向巨型弓弩流注。蹶张面部双目圆睁，髭须猬张，怒发冲冠，同样显示出无敌的力量。虽然看起来完全失

---

① 陈江风：《汉画像“神鬼世界”的思维形态及其艺术》，《中原文物》1991年第3期。

② 顾森、刘兴珍：《论汉画像砖与画像石的表现性》，南阳汉代画像石学术讨论会办公室编《汉代画像石研究》，文物出版社，1987，第93页。

③ 陈江风：《汉画像“神鬼世界”的思维形态及其艺术》，《中原文物》1991年第3期。

真、不成比例，但观者能从中感受到“力拔山兮气盖世”的豪迈气派。武与力交汇在一起，形象的外在表现与内在精神气质出神入化地统一在一起，形成一种撼人心魄的巨大威慑力，具有强烈的艺术感染力。再如四川成都出土的《弋射、收获》（见图5），射者的姿势也运用了夸张手法。射者跪在地上，身体趴下，与地面平行，扭身弯弓朝正上方天空射箭。整个身体极度扭曲，其姿势已完全违反人体运动力学。正是这种夸张的姿态显示出了射者的努力程度和奋不顾身的态度。若两名射者都呈规矩、标准的站立射姿，则整个画面必然显得呆板和单调。而且，身体弯曲的柔韧与箭离弦而出时的速度和力度形成反差，使画面充满灵活的线条美和富于节奏的力度美。

图5 《弋射、收获》

汉画像的夸张手法的运用，与汉画创作者的思想观念、思维形式存在某些联系。汉魏六朝时期，原始思维在人们思想中尚有一些留存，他们认为世间处处充溢着神秘力量。他们要表现这些“神秘”，就不能采取简单的写实和模仿的方法，而是要对它进行艺术加工。于是就采取了夸张的方法，使艺术形象具有一种震撼力。

当然，汉画夸张手法的运用也没有脱离写实。汉画的题材来源于社会生活，画像的造型也以现实生活中的物象为依据，具有浓郁的生活气息。夸张与写实的完美结合使汉画的内容既具有真实感，又生动展现了物象的外部特征和内在气质，具有强烈的艺术感染力。

五 变形

变形的本质是“夸张与多视点的组合”①，因此汉画创作中变形与夸张往往相伴相生。变形手法具体表现为，在保持自然物象基本规律和结构的前提下，按照自己创作的需要，有意改变客观对象的常态外貌，以创造具有表现力的艺术形象。通常选择客观对象身上最突出的特点，或是画像需要凸显的内容，对它进行加工变形。常见的做法有改变比例、四肢变换、局部增减等。这些大胆的变形，使物象在造型上不拘泥于形象的真实，凸显特点，赋予物象生命力和气势美。

改变比例是将物象的某一部分做拉长、缩短、变粗、变细等改变，使物象自身各部分的比例失衡，在这种失衡中突出物象的某种特点。拉长是把物象的各个部分同比拉长或局部拉长，甚至将其他细部全部省略，只留下线条式的形象。如表现虎的勇猛，创作者将虎的尾巴和身子拉长拉直，使之呈一条直线，表现出虎猛扑而上的力度和一跃而起的速度。缩短是把物象头部加大、身体压扁、四肢缩短，使形象矮胖敦实。同样是虎，河南新密《射虎》图像没有着力表现虎强劲有力的腰身、锋利的爪、健壮的肌肉，马粗壮有力的长腿和矫健的身躯，射手弯弓射箭的英姿，而是运用缩短手法塑造出短粗的虎、短粗的人、短肥的马，使原本英武的形象变得稚拙、可爱、可笑，具有浓郁的民间艺术风味。变粗是将物象的某一部位极度加粗。如两兽相斗图，兽身体拉长，犄角似锥，颈项加粗，高高隆起，后蹄猛向后蹬，尾巴翘起，显示出兽的凶猛有力。河南南阳出土的《象人斗牛》，牛的颈部、胸部、臀部肌肉粗壮坚实，为了突出牛的强劲有力，创作者将牛的小腿画得极细，似锥点地，其臀部比小腿粗几十倍。变细则是将物象的某一部位极度变细。乐舞百戏图中，把舞伎的腰肢刻画得细如束丝，两只长袖如丝帛般飞舞缭绕，展现了舞伎体态之柔绵，以及其高超的技艺。

四肢变换，也称异物重构，是将不同的物体分解，再选取不同物体的局部进行重构，产生新的形象。这一变形手法在神仙灵瑞类图像中使用较多。具体包括赋人以物形、赋物以人形、物物重构。所谓赋人以物形，就是将动

① 顾森、刘兴珍：《论汉画像砖与画像石的表现性》，南阳汉代画像石学术讨论会办公室编《汉代画像石研究》，文物出版社，1987，第94页。

物的身体部位添加到人身上，其本质仍然是人或仙人。如，人首蛇身的伏羲女娲、羽人等，极富奇幻色彩。所谓赋物以人形，是将人体的局部形象添加到动物身上，但不改变其动物性质。例如，背负太阳和月亮的鸟人，其形象是人首鸟身，头戴冠，有羽，腹部有一圆轮，轮中有金乌。有学者将其释为“羽人”，但它与羽人的形象相去甚远。羽人的总体形象是人，但鸟人的整体形象是鸟。《山海经·大荒东经》载：“一日方至，一日方出，皆载于乌。”① 可见其动物本质。还有蟾蜍，原本是四肢着地蹦跳爬行前进的动物，但在西王母神话图像系统中，它却手持丝巾，直立而舞。直立是人类才有的特性，这便是将人的特性赋予蟾蜍。还有物物重构，即将多种动物的局部形象组合成一个新的动物形象。例如，龙的形象由鹿角、狮头、蛇身、鱼鳞、虎掌、鹰爪等组合而成。另如玄武是龟蛇合体，翼虎是鸟与虎合体，都是多种动物的局部形象杂糅而成的。

局部增减是把一个自然物象分解成局部，再依据创作者的意图，通过增加或减少物象某一局部的数量重新组织安排形象。如将乌的足增加一只，成为三足乌；将狐狸的尾巴增加至九条，成为九尾狐。这一变形手法多用于塑造神仙灵瑞类形象。

汉画图像运用符号化、赋比兴、省略、夸张、变形等文学创作手法，塑造出一个个写实性与写意性并存、厚重感与线条美兼备的艺术形象，保存了珍贵的历史文物资料。同时，汉画图像并不是机械、生硬地运用这些文学创作手法，而是以写实为前提，扬“存形莫善于画”之长，避“宣物莫大于言”之短，灵活地凸显汉画特色。

① 袁珂校注《山海经校注》，上海古籍出版社，1980，第354页。

石窟艺术与中国文学研究

——以河南巩县*石窟寺为例

汤漳平

（闽南师范大学　文学院，福建　漳州　363000）

摘　要：　在佛教传入中国的两千年间，我国各族人民以其聪明才智，创造了举世瞩目的石窟艺术。在这些石窟艺术中，蕴藏着许许多多珍贵的文献资料，等待我们去调查，去发现。本文以河南巩县石窟寺为例，对两次调查中所见到的相关文献资料进行介绍与分析，希望研究者能投入更多的精力，对我国的石窟艺术认真进行调查研究，从而推动多学科的发展与进步。

关键词：　石窟艺术　中国文学研究　石窟寺

早就想针对“石窟艺术与中国文学研究”这个题目写点文章，却一直没有动笔，原因在于我一直未能对相关问题静心坐下来思考与作比较深入的研究。不久前看到几篇有关《西游记》中孙悟空形象之来源的文章，如凤凰网国学频道 2016 年 1 月 31 日发布的《中印神猴：孙悟空是从印度“进口”的吗?》（原载《人民日报》，作者王镛）、凤凰网国学频道 2016 年 2 月 14 日发布的《最早的已经 1400 多年 敦煌壁画中为何那么多猴子》（《北京

* 巩县即今河南省巩义市，1991 年 6 月撤县建市。文中使用“巩县”旧名系沿袭习称的“巩县石窟”而来。

晨报》记者撰文)、中新网2016年2月10日发布的记者冯志军写的《敦煌壁画现中国最早玄奘取经图 揭秘西行艰苦历程》等，触发我的初衷，因此冒昧写下自己的一点想法，期盼有更多学者共同关心这一课题。

一

读过中国文学史的人都知道，在《西游记》中孙悟空形象之来源的问题上，20世纪初就发生过争论，当时几位著名的文学大师各有不同的解读。鲁迅认为它是国产的，其原型为《水经注》中的水怪无支祁；而胡适、郑振铎认为它是“进口”的，其原型为印度佛经中的神猴哈奴曼。这一争论虽已近百年，却迄今无定论。目前大学通用的各种文学史教材，大都就事论事，把人物的形象一般性地介绍一下，讲讲性格特点、现实意义了事。这样的处理方式，我认为并不可取。

其实，随着佛教的传入，中国文化自汉代起便开始出现新变，从先秦时期以儒道为主干的传统社会思潮转变为儒、释、道三家并存互补的新局面。自然，其间有从开始时的不适应到逐渐磨合，再到互补的过程。对于中华文化来说，三教融合使其变得更加多元，更为丰富多彩。对文化新变的讨论与研究使我们增加了思辨的色彩，提高了思维的能力，也开阔了视野。那么，我们在学术研究中为何还要讳言孙悟空形象之来源与印度有关呢？当然，有一点需要注意，那就是要有能说服人的证据。最近在敦煌石窟壁画中发现的六幅《玄奘取经图》，时间跨度1400余年，图中有30余只形态各异的猴子。图中，玄奘身披袈裟，十分虔诚而恭敬；而孙悟空虽似人却猴相十足，毛发披肩，头戴金箍，手牵白马，一副满不在乎的样子，完全符合《西游记》中孙悟空的形象，其所蕴含的意义是非常丰富的。此外，福建泉州开元寺元代石刻画中的《猴王哈奴曼》浮雕等，也说明带有神话色彩的印度故事很早就已经传入中国。

我们知道，从敦煌石窟文献发现至今，已有百余年时间，在海内外学者们的共同努力下，敦煌学得以创立，并成为学术研究中的一门显学，在敦煌石窟文献的整理方面作出了很大的成绩，其中关于文学文献整理与研究的方方面面成绩斐然。如变文、诗歌、曲子词、俗赋等的研究所取得的成就尤其显著，这就不用多讲了。但我一直认为，对石窟艺术中的壁画、雕刻等所涉及的与文学相关的内容进行整理与研究，是值得进一步重视和加强的方面。

即如此次公布的在敦煌石窟壁画中发现的六幅《玄奘取经图》，居然是“首次披露”，这不能不让人有过于迟缓之感。究其原因，或与学科之间缺乏沟通、交流有关。尤其是作为古代文学研究人员，如何更主动地与考古及文物部门加强联系，取得其支持，这是很重要的一个问题。当年我在进行《楚辞·九歌》研究时就遇到这类问题。江陵天星观楚墓的发掘报告早已公开发表，但竹简的详细内容却一直没有出版。后来我就直接到江陵博物馆找到彭浩馆长，承蒙他的支持，了解了一些重要材料，才得以比较顺利地开展研究工作。

由敦煌石窟的《玄奘取经图》，我想到，我们可以对国内有石窟艺术的地方作一次比较全面的调查，尤其是那些比较重要的、具有代表性的石窟，一定能发现许多有价值的资料。下面我以自己对河南巩县石窟寺的调查为例，谈谈我发现的一些值得我们古代文学研究人员关注的问题。

二

河南巩县石窟寺论规模在我国的石窟中并不算大，然而却颇有名气。它位于黄河南岸的邙山之南、洛水北岸。邙山原为秦岭的余脉，沿黄河向东延伸，直到郑州北郊。山不高，且多为黄土岭。唯独在巩县老县城北 2.5 千米处有一座突起的石山，名为大力山。大力山脚下，有一层巨大的灰黄色的岩石层，石如刀削，形成一个个悬崖绝壁。巩县石窟寺便位于这天然石壁之上。河南巩县石窟寺之所以有名气，是因为它开凿时间早，且保存有多幅特别珍贵的北魏孝文帝及其皇后的礼佛图浮雕。洛阳龙门石窟的宾阳洞中原来也有帝后礼佛图，但新中国成立前便被奸商伙同帝国主义分子盗卖至国外，目前只存遗迹。而河南巩县石窟寺中有 18 幅帝后礼佛图，除三幅受损外，尚有 15 幅保存完整。帝后礼佛图分为皇帝礼佛图和皇后礼佛图两种。帝后礼佛图为大型浮雕，人物众多，场面巨大，构图完整，错落有致。雕刻者刀法娴熟，雕刻的形象逼真，充分显示出北魏雕刻工匠高超的艺术才能。毫无疑问，河南巩县石窟寺中的帝后礼佛图是我国石刻艺术的珍宝，它让我们直观地了解和认识了佛教传入中国五百年之后所形成的盛况。它和同一时代产生的《洛阳伽蓝记》一样，理所当然成为认识那个时代社会生活的历史教科书，也为我们认识这一时代与宗教有关的文学作品提供了活生生的实例。

但是，我对河南巩县石窟寺的主要兴趣却不在于此，而是在于一个特殊的发现，即与《西游记》中人物孙悟空和猪八戒之原型相关的发现。1981年，我在河南省社会科学院文学研究所工作，当时我们承担了撰写《河南风物志》的任务，在进行田野调查时，我们来到巩县石窟寺。那时正是“文革”结束后不久，文物管理很不严格，我们在五个洞窟中任意观看，那么宏伟的群雕，那么精彩的画面，确实令我们心醉神迷。其间让我特别惊讶的是，在一个刻着力士的雕像下方，刻有众多神魔，其中的一处，并排刻有一猴一猪，正使劲向上托举。这情景，立刻让我联想到《西游记》中的人物——孙悟空和猪八戒。可是，《西游记》是明代的神魔小说，即使往上追根溯源，也只能追溯到唐代的玄奘取经故事，而巩县石窟寺早在北魏宣武帝景明年间（500~503）就已“凿石为窟，刻佛千万像”，也就是说早于唐代的玄奘取经故事一百多年。过去所知的有印度神猴哈奴曼，却未曾听到有神猪的故事，况且它们是何时一起传入中国的？这对我来说真是一个谜，我希望能有机会解开它。

一晃二十几年过去了，2008年，第八届河洛文化研究会在巩县召开，会上安排了到巩县石窟寺进行文化考察。我非常高兴，想再认真看看这组雕塑的整体状况，多拍几张照片。然而，由于石窟正在维修，第三窟被锁了起来，还有“铁将军”把守。这样，不仅没能看成，拍照片更无从说起，未免深感失望。但有一件事却有了头绪，那就是关于神猪形象出现的问题。我查到陈寅恪的文章《〈西游记〉玄奘弟子故事之演变》①，其中有一段是涉及神猪形象的，为免去后来研究者的翻捡之劳，谨引述于下：

> 又义净译《根本说一切有部毗奈耶杂事》卷三《佛制苾刍发不应长因缘》略云：
>
> “时具寿牛卧在憍闪毗国住水林山出光王园内猪坎窟中。后于异时，其出光王于春阳月，林木皆茂，鹅雁鸳鸯舍利孔雀诸鸟，在处哀鸣，遍诸林苑。出光王命掌园人曰：汝今可于水林山处，周遍芳园，皆可修治，除众瓦砾。多安净水，置守卫人。我欲暂住园中游戏。彼人敬诺，一依王教。既修营已，还白王知。时彼王即便将诸内宫以为侍从，往诣芳园，游戏既疲，偃卧而睡。时彼内人，性爱花果，于芳园里随处追求。时牛卧苾刍须发皆长，上衣破碎，下裙垢恶，于一树下跏趺而

① 该文刊于1930年《历史语言研究所集刊》第二本第二分册。

坐。宫人遥见，各并惊惶，唱言：有鬼！有鬼！苾刍即往坎窟中，王闻声已，即便睡觉，拔剑走趁。问宫人曰：鬼在何处？答曰：走入猪坎窟中。时王闻已，行至窟所，执剑而问，汝是何物？答言：大王！我是沙门。王曰：是何沙门？答曰：释迦子。问言：汝得阿罗汉果耶？答言：不得。汝得不还，一来，预流果耶？答言不得。且置是事，汝得初定乃至四定？答并不得。王闻是已，转更瞋怒，告大臣曰：此是凡人，犯我宫女，可将大蚁填满窟中，蜇螫其身。时有旧住天神近窟边者，闻斯语已，便作是念：此善沙门来依附我，实无所犯，少欲自居，非法恶王横加伤害，今宜可作救济缘。即自身变为一大猪，从窟走出。王见猪已，告大臣曰，可将马来，并持弓箭。臣即授与，其猪遂走，急出花园，王随后逐。时彼苾刍急持衣钵，疾行而去。”

陈寅恪认为，“《西游记》猪八戒高老庄招亲故事，必非全出中国人臆撰，而印度又无猪豕招亲之故事”，因此其应是“故事文学之演变”的结果。又，陈氏此文中也考查了沙僧的出处，是见于《慈恩法师传》。陈氏所提出的看法，对我们应有启示作用。

至于猴、猪、沙僧三者在佛经中是否有交集，则愿识者有教于我。

三

石窟艺术除了有对众多形象的塑造外，其中数量可观的文字同样具有重要的文献价值，敦煌石窟中的文字自不必多说，巩县石窟寺中也发现有佛经经卷，它对于佛教经典的整理意义重大。

另外，石窟中一般都会有许多碑刻题记，据统计，巩县石窟寺中存有碑刻题记 200 余块，其中蕴含的丰富信息，对于我们的学术研究，当然也包括古代文学研究，有重要价值。关键在于要有学术敏感性。我在前面谈到 2008 年去巩县石窟寺时适逢石窟维修造成的缺憾，但另一个发现却弥补了我的遗憾，那就是一首东汉七言诗的发现。在参观完刚要出门时，我看到在五个主窟旁边居然还有一个小的土洞窟，门虚掩着，因为没有人介绍，也没有人进去看。我推开门，大吃一惊，原来这里竟然藏着宝物：就在这个毫不起眼的洞门前，保存了一首东汉时期的佚诗。因参观的时间有限，我匆匆忙忙地拍了照片，准备以后再作研究。

这些年来，虽然我一直顾不上进一步思考这个课题，但从查看的资料中得知，当地的研究者已经就此作了考证，在一定程度上搞清了其中的一些问题，并写出文章在刊物上发表，但所发表的刊物影响有限。因此，我在此作一点简单的介绍。

这首佚诗是偶然发现的，它被刻在石窟寺内西侧的一座土窑的崖壁上，该土窑位于村庄的打谷场旁边，过去长期被泥土掩埋。1972 年，村里为避风雨而在此挖洞，挖开泥土后发现了这座土窑，并在土窑的岩壁上发现了这首七言诗。经考证，其年代应在东汉的中后期。目前研究者将其称为《诗说七言汉摩崖题记》。题记为隶书，共七句，49 个字。据考释，这七句诗的文字是：

诗说七言甚无恶，多负官钱石上作。掾史高迁二千石，掾史为吏甚有德。兰台令史于常侍，明月之珠玉玑珥，子孙万代尽作吏。

据介绍，此诗出土后研究者曾向施蛰存请教，施蛰存认为，这是一位欠了官钱而被罚作石工的工人写的一篇题记，内容是歌颂一位叫于常侍的官员的功德，祝愿他子孙世代能做官。① 这篇以七言诗写成的题记，虽说文字比较一般，但对我们认识和研究七言诗的起源是很有价值的。

在佛教传入中国的 2000 年间，我国各族人民以其聪明才智，创造了举世瞩目的石窟艺术。在这些石窟艺术中，蕴藏着许许多多珍贵的文献资料，等待我们去调查，去发现。希望有更多研究者能投入更多的精力去认真进行调查研究。功夫不负有心人，相信大家一定能作出大大超越前人的成绩来，从而更好地推动多学科学术研究的发展与进步。

（本文后发表于《光明日报》2018 年 10 月 8 日，第 13 版）

① 参见马健中《巩县〈诗说七言汉摩崖题记〉考》，《中国书法》2015 年第 13 期。

河东道尚武精神的地域特征及对唐代边塞诗的影响

智宇晖

（海南热带海洋学院　人文社科学院，海南　三亚　572022）

摘　要： 从传世文献和出土文献结合考察来看，河东道是唐代尚武之风浓厚的地区之一。从时间言，此种地域风气的产生具有鲜明的历史继承性，河东道自先秦两汉时期起即延续着浓厚的尚武之风，军事地理和民族融合是其中两个主要因素。从空间言，河东道内部代北、太原、上党、河中四个文化亚区，尚武精神的特征又存在局部的差异性。从尚武之风的表现形式而言，存在士人群体的多层次性和社会风貌的多方面性。帝王、将相、士子、平民身上皆展现了此一地域风习，仕途趋向、个性气质、婚姻观念、音乐艺术诸方面皆渗透着尚武之风的影响。此种尚武精神对唐代边塞诗之繁荣产生了重大影响。

关键词： 唐代　河东道　尚武精神　边塞诗

一个时代的文学，必由众多的地域文学汇合形成，必受到不同地域文化合力的影响，唐代文学亦然。有关唐代文学与地域文化之关联的研究，时贤所论甚多，但关注河东道者较少。在唐代诸亚文化区中，河东道之自然区域、行政区域、文化区域三者一致性程度高，为其他文化区所少见①，此一

---

① 周振鹤：《序——兼议自然区、行政区与文化区相互关系研究之重要性》，张晓虹：《文化区域的分异与整合——陕西历史文化地理研究》，上海书店出版社，2004。

封闭的地理环境极易形成较为稳定持久的地域文化风貌，尚武精神即其显著文化特征之一[①]，此一文化精神对唐代文学产生了持久且显著的影响。以下就此一文化精神的地域特征和对唐代边塞诗的影响两方面展开讨论。

一 河东道尚武精神之地域特征

河东道，唐代贞观十道之一，其辖区与今山西省范围基本重合，此地域为唐代尚武之风甚为浓烈的一个地区，典型地体现了唐代北方文化区的突出特征。河东道尚武之风并非凭空出现的，而是具有深厚的历史继承性，受到自先秦开始的军事尚武风习之影响；而且在河东道内部不同亚区之间，无论是历史的继承还是当代的表现，尚武之风都存在一定程度的地区差异。尚武之风的表现也不是单一的形态，对于个人而言，有可能直接地表现为武艺之才，也有可能是崇尚军功，甚至是尚气豪侠的个性气质；从文化的载体而言，河东道婚姻观念、音乐艺术亦能充分体现出尚武精神的某一个侧面。以下分而述之。

（一）历史继承性

频繁的军事战争和游牧民族迁居是河东道尚武之风形成的两个主要历史因素。

河东道在军事地理上具有重要的战略地位。顾祖禹关于山西军事地理的一段论述极具代表性。他说：

> 山西之形势最为完固。关中而外，吾必首及夫山西。盖语其东则太行为之屏障，其西则大河为之襟带，于北则大漠、阴山为之外蔽，而勾注、雁门为之内险，于南则首阳、底柱、析城、王屋诸山滨河而错峙，又南则孟津、潼关皆吾门户也。汾、浍萦流于右，漳、沁包络于左，则原隰可以灌注，漕粟可以转输矣。且夫越临晋，溯龙门，则泾、渭之间

---

① 尚武精神遍及中华文化圈的各个地域，在唐代尤以北方文化区为鲜明，如陇右、河北、山东、关中皆然，非河东道独有。地域之间犬牙交错，地域精神常常具有相似性，因而论述之中的概念常常是相对而言的，此处讨论河东道尚武精神紧紧围绕该地域展开，抽取其独特之地域因素以及对文学有迹可循之影响展开考察，其影响只是众多地域尚武精神合力影响之一支。

可折棰而下也；出天井，下壶关，邯郸、井陉而东不可以惟吾所向乎？是故天下之形势必有取于山西也。[①]

当代军事研究者亦充分认识到山西在古代史上军事地理战略地位之重要性。他们认为，“山西的战略地位很大程度上决定于山西的地理形胜，而山西战略地位的变化又与整个中国统一与分裂史紧密联系在一起”；山西省介于“太行山与黄河中游峡谷之间，太行山的东面是华北大平原，黄河中游峡谷的西面是陕西。陕西在中国历史的早期，华北大平原在中国历史的晚期，分别具有重要的意义，是当时的政治中心所在。黄河南面的河南地区乃天下之中，四战之地。这样的地理位置，使得山西成为影响范围广大，牵一发而动全身的特殊区域”。[②] 从先秦至唐代河东道发生大规模战事异常频繁，从西周到隋前有 261 次，隋唐时期有 184 次。[③] 此地域之人民，频繁地经历战争，参与战争，生活在军事氛围浓厚的生活环境中，养成了尚武阳刚的地域性格。春秋战国之世，晋兵之勇名震诸侯。苏辙云：“战国之时，秦、晋之兵弯弓而带剑，驰骋上下，咄嗟叱咤，蜀、汉之士所不能当也。”[④] 其时产生了一批卓越的军事家，勇悍顽强之先轸、老当益壮之廉颇、威震塞外之李牧，皆一代名将。至汉代，河东北部为汉朝与匈奴征战之主战场，战事频繁，河东人尚武精神亦发挥得淋漓尽致。卫青、霍去病出身平阳（唐晋州），舅甥从军，数次率师出击匈奴，保边境数十年的平安，建不世奇勋。卫、霍麾下有许多河东籍的将领成为当时名将，其中卫青麾下为特将者十五人，河东一地占 1/3；霍去病麾下至将军者共二人，路博德、赵破奴皆河东籍，又有河东郡杨人郅都镇守边塞，被时人誉为“战克之将，国之爪牙”[⑤]。至汉末三国时代，群雄逐鹿，许多著名战将出自河东。并州以北之吕布、张辽，中部杨之徐晃，南部解州之关羽，皆为千古名将。特别是关羽，唐代以后逐渐演化为武圣，成为河东尚武精神最主要的代表。受尚武精神的影响，河东道自古军事人才特盛。据统计，唐五代前河东道著名之军事人才有 248

① 顾祖禹：《读史方舆纪要》，贺次军、施和金点校，中华书局，2005，第 1774 页。

② 胡阿祥主编《兵家必争之地——中国历史军事地理要览》，河海大学出版社，1996，第 295 页。

③ 统计历代战争数量的依据为靳生禾《山西古战场》，山西人民出版社，2001。

④ 苏辙：《蜀论》，《苏辙集》，陈宏天、高秀芳点校，中华书局，1990，第 1277 页。

⑤ 班固：《汉书》，中华书局，1962，第 3020 页。

人，且家族化为其显著特点；西汉至五代，太原祁县王氏家族有军事人才11人，太原王氏9人，汾阴薛氏11人，裴氏16人。[①] 军事人才代代相承，至唐代出现像狄仁杰、张说、裴度这样文武兼资的军事统帅。

河东道自先秦时期即是汉族与游牧民族密集杂居的区域。西周初年晋国所在的河东道南部，山地、丘陵面积较大，故南迁而来的戎狄部族多聚集于此，“晋居深山，戎狄之与邻”[②]。清人高士奇概述其民族杂居之况曰：

> 晋四面皆狄，唯姜戎役属于晋，为不侵不犯之臣。赤狄在其北，即潞氏也；陆浑在其南，秦、晋之所迁于伊川者也；鲜虞在其东，所谓中山不服者也；白狄在其西，尝与秦伐晋者也。[③]

晋国吸收戎狄之军事文化，率先改车战为步战，发展成后来的胡服骑射，建立起一支强大的军队，晋兵之强，游牧民族之风习有与焉。北朝是河东道游牧民族大量聚居的又一历史时期。此时期少数民族南下，长期逐鹿河东，匈奴、鲜卑等游牧民族将尚武骑射精神带入世居民众的性格之中，而且他们中的大部分已成为河东人居留下来，作为新的族群成为此地域的一分子。少数民族勇猛之将亦比比皆是，石勒、刘渊等军事统帅自不必言，北魏代人于栗磾，号为“黑稍将军”[④]，勇猛绝伦；北齐朔州人斛律光精于骑射，号为“落雕都督”[⑤]，为高欢大将，更以演唱《敕勒川》名曲而闻名后世。至唐代，河东道内部各地域尚武之风依然持续不衰。本土著名的军事人才，除汉族尉迟恭、薛仁贵，又有许多少数民族将领称雄一时，如太原李光颜、李光进兄弟，晚唐李克用、李存孝、李嗣源父子，皆战争中的风云人物。

（二）地区差异性

河东道在整个唐代具有重要的军事地位。北部的大同属于抵御北方游牧民族侵扰的主战场，中部之太原是北方边塞的主要军事基地，南部之河中府

---

① 参见李爱军《飞狐上党天下脊——山西历史军事文化景观及空间分布研究》，山西人民出版社，2009，第101~102页。

② 杨伯峻编著《春秋左传注》，中华书局，1981，第1371页。

③ 高士奇：《左传纪事本末》，中华书局，1979，第501页。

④ 魏收：《魏书》，中华书局，1974，第736页。

⑤ 李百药：《北齐书》，中华书局，1972，第222页。

拱卫京师，东南之上党节制山东，关隘堡垒近百处，遍布河东道南北①，折冲府数量 162 府，占全国总数的近 1/4，仅次于关内道②。唐王朝在河东道置重兵以守，其格局与河东道文化亚区的分布相近，包括以河东节度使为核心之太原、以大同节度使为主的代北、泽潞节度使统领的东南部上党、河中节度使管辖的南部四个部分。此四个地区尚武风俗近似。如代北，人性劲悍，习于戎马，“代北之人武”③；太原，“并州近狄，俗尚武艺”④；河中，“劲锐强兵，尽出于是”⑤；上党，“人多重农桑，性尤朴直，盖少轻诈。……其俗刚强，亦风气然乎”⑥。河东尚武精神在四个文化亚区之间还存在局部细微的差别。

代北之地，游牧民族聚居，其尚武精神常常表现为不受约束的彪悍杀伐之性。司马迁云此地“人民矜懻忮，好气，任侠为奸……自全晋之时固已患其僄悍”⑦。唐人韦澳《诸道山河地名要略》云：

> 自代北至云朔等州，北临绝塞之地，封略之内，杂虏所居，戎狄之心，鸟兽不若，歉馑则剽劫，丰饱则柔从，乐抱怨仇，号为仇挈。不惮攻杀，所谓衽金革死而不厌者也。纵有编户，亦染戎风，比于他邦，实为难理。⑧

唐人墓志中亦间涉及代北民风。张楚璋墓志云“（定襄）土风骁騂，井邑偏卑，人无廉义，俗尚锋镝”⑨。代北地域尚武精神主要在游牧民族身上体现。生活在代北的少数民族多以从戎骑射为职业，金戈铁马、骑射杀伐的生涯影响着整个地域的社会风习。此地域涌现出很多少数民族军事人才，如晚唐时代沙陀族首领李国昌、李克用父子代为河东北部边帅；回鹘族将军何

① 参见智宇晖《三晋文化与唐代文学》，（台北）花木兰文化出版社，2015，第 286~296 页。
② 参见张沛编著《唐折冲府汇考》，三秦出版社，2003。
③ 柳芳：《姓系论》，董诰等编《全唐文》，中华书局，1983，第 3779 页。
④ 杜佑：《通典》，王文锦等点校，中华书局，1988，第 4745 页。
⑤ 杜佑：《通典》，王文锦等点校，中华书局，1988，第 4726 页。
⑥ 魏徵等：《隋书》，中华书局，1973，第 860 页。
⑦ 司马迁：《史记》，中华书局，1959，第 3263 页。
⑧ 《诸道山河地名要略》，唐耕耦、陆弘基编《敦煌社会经济文献真迹释录》（一），书目文献出版社，1986，第 72 页。
⑨ 周绍良主编《唐代墓志汇编》，上海古籍出版社，1992，第 1352 页。

建，世代居于云朔间，祖何庆、父何怀福先后在李克用军中为小校[①]；粟特族石敬瑭，其四代祖石璟元和中为河东阴山府裨校，祖石翌为振武防御使，父石绍雍善骑射，累立战功[②]。

河东道中部太原，其尚武精神以武为主而文武兼资。汉代尚武风俗与代北近似，班固云："太原、上党又多晋公族子孙，以诈力相倾，矜夸功名，报仇过直，嫁取送死奢靡。汉兴，号为难治，常择严猛之将，或任杀伐为威。"[③] 唐初之风已有变化，"人性劲悍，习于戎马。……自前代已来，皆多文雅之士，虽俱曰边郡，然风教不为比也"[④]。中唐杜佑亦云："并州近狄，俗尚武艺，左右山河，古称重镇，寄任之者，必文武兼资焉。"[⑤] 太原从北朝开始一直是北方政治军事的一个中心，政治地位的提高带动了文化的发展，特别是北齐以太原为别都，帝王一半以上的统治时间皆驻于晋阳，文人学士一时荟萃，有力推动了此地文化之发展，游牧民族之尚武精神与汉族文化之结合，形成了太原浓厚的尚武之风。

河东道东南部上党，位于太行山脉顶部，险要绝伦，历来为军事要地。尚武精神与质朴习性的结合是此地尚武精神的特点。《全唐文》卷四百三十八《授薛元赏昭义军节度使制》云："上党古今之重地也，柬山东之襟要，控河内之封壤。"元和五年（810）李绛上言："昭义五州据山东要害，魏博、恒、幽诸镇蟠结，朝廷惟恃此以制之。邢、磁、洺入其腹内，诚国之宝地，安危所系也。"[⑥] 泽潞节度之主干泽州和潞州位于太行山盆地之中，关隘重重，险要万分，对于河北诸镇，进可攻，退可守，实为军事要冲。此地域山高地险，土地贫瘠，人民厚重尚武。《隋书·地理志》云："长平、上党，人多重农桑，性尤朴直，盖少轻诈。……人性劲悍，习于戎马。"与代北的彪悍好杀差异甚大。

河东道南部之河中，尚武精神与中部太原相近，文武兼资而以文为主。《隋书·地理志》云："河东、绛郡、文城、临汾、龙泉、西河，土地沃少堉多，是以伤于俭啬。其俗刚强，亦风气然乎？"[⑦] 地理上，河中节度之战

① 薛居正等：《旧五代史》，中华书局，1976，第1245页。
② 薛居正等：《旧五代史》，中华书局，1976，第977~978页。
③ 班固：《汉书》，中华书局，1962，第1656页。
④ 魏徵等：《隋书》，中华书局，1973，第860页。
⑤ 杜佑：《通典》，王文锦等点校，中华书局，1988，第4745页。
⑥ 司马光编著《资治通鉴》，胡三省音注，中华书局，1956，第7675页。
⑦ 魏徵等：《隋书》，中华书局，1973，第860页。

略地位异常重要，唐人沈亚之云：“蒲河中界三京，左雍三百里，且以天子在雍，故其地益雄。”① 唐人韩覃云：“夫河东（此处特指河中）者，国之股肱郡也。劲锐强兵，尽出于是。”② 此地域为尧、舜、禹曾经活动过的古文化区，也是先秦晋国之中心统治区域，文化传统至为深厚，先秦晋兵之勇悍和贵族文化统合而传承。魏晋以降，河中成为世家大族集中诞生之地，至唐代，裴、王、柳、薛诸大族依然延续前代之辉煌，诞生了薛收、裴行俭、裴度等文武兼资的代表人物。

诸文化区的风俗气性，分而言之，太原较之先秦两汉变化颇大，特点是质朴、尚武、重文；河中府则沿袭古来民风微变，特点是俭啬、刚强、文雅；上党地区是质朴和尚武；代北地区是勇侠剽悍、轻死好杀。总而言之，《通典》中总言河东道勤俭之习，必有所自，刚强尚武亦为全道所共有。河中府与太原府风气皆文武兼之，轻重略有差异，上党则厚重少文，代北文化最为薄弱，多熏染少数民族之戎风。

（三）社会群体的多层次性

个体的人是地域精神的主要体现者，河东道尚武精神渗透于上至帝王将相、下至山野平民的每一个阶层。

豪侠是尚武精神的一种表现形式，唐太宗在隋末的太原即浸染此鲜明的地域风习。贞观十五年（641），唐太宗回忆自己“少在太原，喜群聚博戏”，浪迹都市。太原是李唐王朝的发迹之地，年少的李世民“每折节下士，推财养客，群盗大侠，莫不愿效死力”③。《资治通鉴》卷一百八十三亦云唐太宗在太原时“聪明勇决，识量过人，见隋室方乱，阴有安天下之志，倾身下士，散财结客，咸得其欢心”④。《大唐创业起居注》亦云李世民于晋阳“密招豪友”，“倾财赈施，卑身下士……一技可称，一艺可取，与之抗礼，未尝云倦，故得士庶之心，无不至者”⑤。唐太宗周围的一批勇武豪侠之士，把河东道尚武精神带到了长安。此处略举随李渊、李世民起义太原的

① 沈亚之：《河中府参军厅记》，董诰等编《全唐文》，中华书局，1983，第7601页。

② 杜佑：《通典》，王文锦等点校，中华书局，1988，第4726页。

③ 刘昫等：《旧唐书》，中华书局，1975，第22页。

④ 司马光编著《资治通鉴》，胡三省音注，中华书局，1956，第5728页。

⑤ 温大雅：《大唐创业起居注》，李秀平、李锡厚点校，上海古籍出版社，1983，第4~5页。

乱世豪侠，以见一斑。柴绍，晋州临汾人，“幼趫捷有勇力，任侠闻于关中”[①]。柴绍弟柴某，善飞檐走壁之术，号为“壁龙”，致太宗忌惮，出为外官。[②] 唐宪，并州人，“不治细行，好驰猎，藏亡命，所交皆博徒轻侠。高祖领太原，颇亲遇之，参与大议”[③]。段志玄，“大业末，从父客太原，以票果，诸恶少年畏之，为秦王所识”[④]。刘弘基，“少落拓，交通轻侠，不事家产……会高祖镇太原，遂自结托，又察太宗有非常之度，尤委心焉。由是大蒙亲礼，出则连骑，入同卧起。义兵将举，弘基召募得二千人”[⑤]。唐朝建立后，开国帝王与功臣把尚武精神带入长安。

在将相阶层，河东道贡献了一批投笔从戎、文武兼资的军事人才。受尚武精神影响，三晋之士对于从事军旅职业亦持开放宽容的态度。五代时郭威云：“河东山川险固，风俗尚武，土多战马，静则勤稼穑，动则习军旅。”[⑥]唐时亦然。初唐，河东道文人即积极投笔从戎，参加李渊起义队伍，立卓越军功。如太原温大雅、温彦博、温大有兄弟三人即随李渊起兵太原，掌军国文翰，参与军谋治略。大雅父温君悠为北齐文林馆学士，其家庭为文学之家。河东道南部之薛收（其父薛道衡，其师王通）是一位文儒之士。隋末闻李渊起兵南下，薛收即避开隋朝官员之耳目，伺机参加李渊部队。其军事才能为李世民所倚重。武德四年（621），李世民围王世充于洛阳，窦建德率兵救之。建德兵众甚广，“诸将皆以为宜且退军，以观贼形势”。薛收献策，对王世充围而不战，以精锐之师迎战窦建德疲敝之军。太宗从其谋，一战而擒窦建德。初唐裴行俭，习文出身，“幼以门荫补弘文生。贞观中，举明经，拜左屯卫仓曹参军”。他以杰出的军事统帅身份留名史册，曾数次率军出边塞，屡立战功。高宗以其“文武兼资”特拜礼部尚书兼检校右卫大将军。狄仁杰，武则天朝名相，亦明经出身，曾数次出镇边塞，出击突厥，

---

① 刘昫等：《旧唐书》，中华书局，1975，第2314页。

② 张鷟《朝野佥载》云柴绍之弟：“有材力，轻趫迅捷，踊身而上，挺然若飞，十余步乃止。太宗令取赵公长孙无忌鞍鞯，仍先报无忌，令其守备。其夜，见一物如鸟飞入宅内，割双镫而去，追之不及。又遣取丹阳公主镂金函枕，飞入房内，以手撚土公主面上，举头，即以他枕易之而去。至晓乃觉。尝着吉莫靴走上砖城，直至女墙，手无攀引。又以足踏佛殿柱，至檐头，捻椽覆上。越百尺楼阁，了无障碍。太宗奇之，曰：‘此人不可处京邑。’出为外官。时人号为‘壁龙’。”（中华书局，1979，第138页）

③ 欧阳修、宋祁：《新唐书》，中华书局，1975，第3760页。

④ 欧阳修、宋祁：《新唐书》，中华书局，1975，第3762页。

⑤ 刘昫等：《旧唐书》，中华书局，1975，第2309页。

⑥ 司马光编著《资治通鉴》，胡三省音注，中华书局，1956，第9275页。

安抚河朔流民，处置得宜，政绩卓然。① 张说为一代文宗，亦数度从戎边塞。开元八年（720）任并州大都督府长史期间，临危受命，以数骑平息突厥骚动。②

中层文官中亦有文武兼资者。太原诗人王彦威，世为儒家，尤精三礼，曾撰《元和新礼》三十卷献上，"通悉典故，宿儒硕学皆让之"③。他在任宣武节度使时，以诗歌直接表达对武事的赞赏态度，诗云："天兵十万勇如貔，正是酬恩报国时。汴水波澜喧鼓角，隋堤杨柳拂旌旗。前驱红旆关西将，坐间青蛾赵国姬。寄语长安旧冠盖，粗官到底是男儿。"④ 中唐文人樊宗师之父樊泽，仕至节度使，出身为文士而有高超武艺，"每与诸将射猎，常出其右，人心服之"⑤。诗人胡证，后为武威大将军、节度使，同时是一位武术高手。《唐摭言》曾记裴度为军队力士困辱，胡证以武慑众，诸军士叩头乞命。⑥

河东道普通士人中尚武从戎之风更盛。如初唐宋令文，宋之问之父，兼诗书，有勇力。《朝野佥载》载其手毙狂牛、指书石壁、臂起堂柱种种神异之术。宋令文培养子弟文武多向发展，有三子，各得其一绝："长之问，有文誉；次之逊，善书；次之悌，有勇力。"⑦ 中唐吕恭，河中人，吕温之弟。世习经术，文学传家，而欲以武事建功立业。柳宗元《吕侍御恭墓志》云：

> （吕恭）尚气节，有勇略，不事小谨。读从横书，理《阴符》、《握机》、《孙子》之术。曰："我师尚父胄也。大父洎先人，咸统方岳。今天下将理平，蔡、兖、冀、幽洎戎犹负命。"早夜呼愤，以为宜得任爪牙，毕力通天子命，作文章咸道其志云。又曰："由吾兄而上三世，世为进士。吾之文不坠教戒，独武事未克缵厥绪。"⑧

河东道普通士人的尚武从戎之风气，可从出土墓志中得到进一步证明。

① 刘昫等：《旧唐书》，中华书局，1975，第2588、2801～2803、2887～2892页。

② 刘昫等：《旧唐书》，中华书局，1975，第3052页。

③ 刘昫等：《旧唐书》，中华书局，1975，第4155页。

④ 彭定求等编《全唐诗》，中华书局，1960，第5896页。

⑤ 刘昫等：《旧唐书》，中华书局，1975，第3506页。

⑥ 王定保撰，姜汉椿校注《唐摭言校注》，上海社会科学院出版社，2003，第58页。

⑦ 张鷟：《朝野佥载》，中华书局，1979，第139页。

⑧ 《柳宗元集》，中华书局，1979，第255页。

据张希舜主编之《隋唐五代墓志汇编·山西卷》、周绍良等主编之《唐代墓志汇编》《唐代墓志汇编续集》，以及《三晋石刻总目》和近年出土之墓志，今山西地区出土的唐代墓志有180余方，有官称的85人，其中文职14人，武职71人，武职数量为文职的5倍。反映家族中有硕学鸿儒的墓志只有5方。[①]

1. 文儒世家而后代从戎者

王义，潞州人。其“曾祖生，祖正，父叔，并昆丘孕质，丽浦凝姿，抱器含辉，毓胎光而绚彩；鸿儒硕学，播美德于一时”。王义本人“学富星坟”，“道该朱典”，却投笔从戎，“旌功武骑，早著清闲；秘术略陈，勋庸薄赏”，授云骑尉。王义之子嘉庆、嘉福亦从军，“拥旌刺举，扇黄石之玄风；杖剑横行，运孙吴之秘略”。[②] 王修福，晋州人。其父王朗从文，“明经擢第；韦贤之弃籝金，桓荣之拾地芥”。王修福则尚武，“暨乎成立之年，有敏捷之致，乃学骑射，妙绝时人。宿卫满，授庆州永业府右果毅”。后积功至定州岳岭军副使，其子景珍、景阳皆从军（《汇编》开元131，第1247页）。智玄，太谷人。“父燕，隐儒勖志，廉让兼施。”智玄“博义宽仁，二柄精修，时当用武，雄心猛烈，召募从征，克敌无遗，蒙授骑都尉”（《汇编》开元356，第1402页）。薛贞，太谷人。父为并州祭酒，薛贞从戎，因功授上护军（《续集》龙朔032，第138页）。崔穆，潞州人。父为并州司士参军，崔穆从军，“连军百万，韩信讶其才辩；帷幄运筹，子房惭其谋略”（《续集》总章001，第172页）。李仁基，潞州人。父李聆为儒生，“播甚宣尼之教，重开北海之文”，仁基从军授上骑都尉（《续集》咸亨015，第196页）。冯雅，潞州人。父祖皆为文士，冯雅从军，为八谏府校尉（《续集》景龙004，第429页）。侯感，太原人。父祖为文职，侯感“少怀余勇，克捷匈渠，仗义镐京，书勋会府，授昭武校尉”（《续集》开元007，第458页）。张山象，绛州人。其父“博寻经诰，雅有天才”，山象“起家自举，武艺超绝，越阶授皮氏府旅帅”（《续集》开元058，第494页）。宋嘉进，

---

① 按：统计结果只具有部分意义，一是有一多半的墓志出土于上党地区，上党无重文的传统；二是对硕学鸿儒的判定无绝对标准，且无法证实，陈规意义上描述才学富赡的墓志不计，只取铭文中有集中表彰儒学的几方。

② 见周绍良主编《唐代墓志汇编》，上海古籍出版社，1992，第999页（为省文，墓志名称不具列，以年号、编号、页码标注，以下简称《汇编》）；周绍良、赵超主编《唐代墓志汇编续集》，上海古籍出版社，2001（以下简称《续集》）。

潞州人。父宋秀“读书养志”，嘉进“孝友居家，文武济代。属中原叛换，为国输忠，斩将搴旗，名（声）四远，遂别敕授节度总管、宁远将军、□左武卫大将军”（《续集》贞元 028，第 752 页）。

2. 读书士人，自觉弃文从武，建立军功

张琮，潞州人。琮“麟德二年任国学生，德溢浮天，横绚藻于域内。博兼右学，抱六艺以泉飞；咸诵在怀，贯五经而盆涌。其年雄心愤发，募讨三韩，设六奇以摧峰，陈万骑而克敌。斩获俘馘，怀百胜以全归，特简殊勋，蒙授上柱国”（《续集》仪凤 004，第 231 页）。李良金，晋州人。良金“弱冠忽投笔太息，杖剑独游”，入朔方幕，“出奇破敌，戡难计功，廿年间，累有迁拜”（《汇编》大历 010，第 1766～1767 页）。董师，潞州人。“弱龄好古，壮发勤书，王粲横戈，俄从武术；班超入幕，忽预兵钤。发一矢乃驷马齐穿，控六钧则五豝同穴。制授从善府旅帅。”后龙朔中征高丽战死沙场（《续集》天授 005，第 309 页）。张嘉庆，太原人。“二柄俱妙，志怀良图；九万将摩，心思远略。遂赴河湟谒上将王思礼，擢居麾下焉。”“公尽节临戎，陷坚摧敌，三鼓气詟，七伐剿夷”，后以功授太常卿（《续集》大历 042，第 720～721 页）。苏承悦，先为河内人。弃文从武，徙居云中为将，永泰元年卒于太原，归葬云中，墓志云承悦“守忠无家，受命无敌，施七纵七擒之谋，归三载三北之地”①。

3. 军功世家

申屠行，潞州人。曾祖申屠和为雁门郡太守，“奉镇狼山，控长城之万里；宣威蚁穴，詟紫塞之千重”。申屠行因军功授骑都尉（《汇编》景龙 039，第 1108～1109 页）。陶德，潞州人。“君幼挺天灵，早承家叙，壮志雄勇，猛略虎贲，挥戈剪夷，握节辅主”，蒙授上轻车都尉（《汇编》开元 108，第 1229 页）。张石，潞州人。其父张茂宾，安史之乱中，“挺霜戈以为国，奋长策而经纶”，后为昭义节度副使。张石“知文非拯难之心，具武定祸乱之急，遂投笔从戎，挺剑沙漠，论功则最，累践荣班”（《汇编》贞元 040，第 1865 页）。云感，太原人。祖、父皆从军，云感能“世济其美，不殒其名”，“闻敌贾勇，乘危效节，殄彼狂寇，克成大勋”（《续集》开元 153，第 558～559 页）。柳行满，蒲州人。“志业匪存于笔砚，功名大寄于弧

---

① 《特进苏公墓志并序》，转引自胡学忠《大同出土的唐代苏承悦墓志考析》，《山西大同大学学报》（自然科学版）2011 年第 4 期。

矢"，任良社府统军。其子秀诚、秀立皆为军将（《续编》久视007，第380页）。刘明德，石州人。为折冲都尉。子刘朝逸为奉天定难功臣、镇军大将军（《汇编》长庆009，第2064页）。李忠，潞州人。父李丘为步兵校尉，李忠为昭武校尉（《续集》开元151，第557页）。郭师，潞州人。"世胄英雄，□性骁果，一经皓首，懒卒于文场；三军可夺，且标名以武骑。"（《续集》天宝025，第599页）王珍，太原人。曾祖、祖父、父亲皆从军，王珍"文武兼著"，其子王安国亦为陪戎校尉（《续集》大历018，第704页）。桑金，太原人。曾祖、祖皆从军，五子亦全部从军（《续集》建中003，第724~725页）。龙澄，太原人。父龙润为太原起义元从，龙澄从军西域，"固守穷城，以一当万，道殚援绝，执节而终"（《续集》龙朔003，第119页）。乌丸族丸珍，祖父丸兴，隋代任会川府鹰扬，父丸通，任唐尚德府左果毅，并以耀武戎班扬名。[①] 太原武氏家族，徙居代北，世代为将。武青，祖父武令珣为横野军使，武青则"慕班超之高志，怀白起之深谋，远辞汾川，久游边郡，叨名军旅，频立功勋"，终于大同军私第。[②] 武青之侄武言，亦为节度散将、骑都尉、试左金吾卫大将军，"妙年雄勇，志性刚强"。[③]

以上从戎尚军功的家庭之中，太原之龙润家族尤其引人注目。此一家族为焉耆胡，属于太原以经商见长的粟特部落之萨宝府。[④] 这一民族迁至并州后受地域风习影响，在唐初即参与了太原起义，其子孙并从戎边塞，可为本土文化影响外来者的有力例证。

（四）表现形式的多样性

河东道尚武精神的表现形式丰富多彩，投射于地域文化的方方面面。

从河东道地域婚姻观念中可以部分看出他们对于武事的态度。唐世重门阀，婚姻尤甚。然中唐太原人、河东节度使李光颜择婿却迥异于流俗。孙光宪《北梦琐言》卷三云：

---

① 参见1993年朔州出土丸珍墓志，载雷云贵编著《三晋石刻总目·朔州市卷》，山西古籍出版社，2006，第3页。

② 《武青墓志》，转引自马志强、李志春《大同出土唐代武氏墓志略论》，《大同职业技术学院学报》2002年第3期。

③ 《武言墓志》，转引自马志强、李志春《大同出土唐代武氏墓志略论》，《大同职业技术学院学报》2002年第3期。

④ 参见荣新江《中古中国与外来文明》（修订版），生活·读书·新知三联书店，2014，第160~170页。

> 李太师光颜，以大勋康国，品位穹崇。爱女未聘，幕僚谓其必选佳婿，因从容语次，盛誉一郑秀才词学门阀，人韵风流异常，冀太师以子妻之。他日又言之，太师谢幕僚曰："李光颜，一健儿也。遭遇多难，偶立微功，岂可妄求名族，以掇流言乎？某已选得一佳婿，诸贤未见。"乃召一客司小将，指之曰："此即某女之匹也。"超三五阶军职，厚与金帛而已。从事许当曰："李太师建定难之勋，怀弓藏之虑。武宁保境，止务图存。而欲结援名家，非其志也。与夫必娶高、国，求婚王谢，何其远哉？"①

李光颜为武将，却非纯粹武夫，宰相李程为其撰《神道碑》，云"忠孝两大，文武全才。负剑既成，耽书不倦"②，杨巨源赞他"题诗压腐儒"（《述旧纪勋寄太原李光颜侍中二首》其二）。李光颜文武兼资，其选择女婿，择小将而去秀才，在一定程度上反映了他的文武才能观念。

河东道音乐亦充分体现出尚武精神。唐自制乐有三大舞——《七德舞》《九功舞》《上元舞》，其中《七德舞》为武舞，源自河东。《新唐书》卷二十一《礼乐志十一》云："《七德舞》者，本名《秦王破阵乐》。太宗为秦王，破刘武周，军中相与作《秦王破阵乐》曲。及即位，宴会必奏之，谓侍臣曰：'虽发扬蹈厉，异乎文容，然功业由之，被于乐章，示不忘本也。'"③《旧唐书》卷二十九《音乐志二》云："《破阵乐》，太宗所造也。太宗为秦王之时，征伐四方，人间歌谣《秦王破阵乐》之曲。"④ 按，唐太宗破刘武周战场在河东道，时间在武德三年。先是武德二年，武周入侵河东连下并州、介州、晋州。同年冬，李世民率军渡河驱敌，武德三年四月，大破宋金刚于介州，刘武周奔突厥，河东平。《新唐书》谓军中作《秦王破阵乐》，《旧唐书》谓民间传唱，始作应在河东道。其乐舞风格，"百二十人披甲持戟，甲以银饰之。发扬蹈厉，声韵慷慨，享宴奏之，天子避位，坐宴者皆兴"⑤。其乐凡三变，"每变为四阵，象击刺往来，歌者和曰'秦王破阵乐'"。刚健雄浑的艺术力量颇具感染力，史载："舞初成，观者皆扼腕踊

① 孙光宪：《北梦琐言》，上海古籍出版社，1981，第12~13页。

② 董诰等编《全唐文》，中华书局，1983，第6385页。

③ 欧阳修、宋祁：《新唐书》，中华书局，1975，第467页。

④ 刘昫等：《旧唐书》，中华书局，1975，第1059页。

⑤ 刘昫等：《旧唐书》，中华书局，1975，第1060页。

跃，诸将上寿，群臣称万岁，蛮夷在庭者请相率以舞。”①《秦王破阵乐》创自河东，其影响及于后世。今流传于山西的锣鼓乐，被誉为“中华第一鼓”，其中绛州鼓乐《秦王点兵》、太原锣鼓《唐王出征》、临汾威风锣鼓《四面埋伏》相传皆源自李世民征战杀伐之事。《秦王点兵》以出征为主题，列阵点兵，步法刚劲，鼓声交错，号角长鸣，其壮阔激烈的艺术效果曾经轰动京华，震撼巴黎。② 而《秦王破阵乐》正是以鼓乐为主，《旧唐书·音乐志二》云：“自《破阵舞》以下，皆雷大鼓，杂以龟兹之乐，声震百里，动荡山谷。”③

在仕途的选择取向上，如前所述，河东士人对于投笔从戎的人生理想往往投注最高的热情，在个人的才艺方面，他们文武双修。此种精神在河东士人的性格之中留下了很深的烙印，通过文人的精神特质，对唐代文学产生了显著影响。

二　河东道尚武精神对边塞诗之影响

河东道尚武精神对唐代的边塞诗产生的影响，就一般意义而言，与其他地域无甚差别。其对边塞诗风格的深沉影响，踪迹隐约难寻，且难以与其他地域的影响因素截然分开，本文置而不论。所可论者，乃诗人创作对于边塞诗的贡献。此贡献以本土诗人为主，外来诗人为辅。

唐代河东籍诗人的性情气质饱含了尚武精神的内在因素。他们的群体性格，即以尚武精神为主导的豪健士风。

太原诗人王翰为唐代诗人中豪侠的典型。《旧唐书》本传云：“少豪荡不羁，登进士第，日以蒱酒为事。”称其“枥多名马，家有妓乐。翰发言立意，自比王侯，颐指侪类，人多嫉之”④。《新唐书》本传则云其“少豪健恃才”，后开元十五年出为汝州长史、仙州别驾，却不务政事，“日与才士豪侠饮乐游畋，伐鼓穷欢”⑤。其气质狂傲，生活中纵酒穷欢，却为两任河东籍并州长史张嘉贞、张说优容相礼，其表现出来的气质特征确实与河东道

① 欧阳修、宋祁：《新唐书》，中华书局，1975，第467~468页。

② 参见李玉明主编《山西民间艺术》，山西人民出版社，1991。

③ 刘昫等：《旧唐书》，中华书局，1975，第1060页。

④ 刘昫等：《旧唐书》，中华书局，1975，第5039页。

⑤ 欧阳修、宋祁：《新唐书》，中华书局，1975，第5759页。

尚武文化氛围相契合。

太原人王泠然，登开元五年进士第，九年任太子校书，位卑求用，向当时宰相张说上书自荐，用语大胆激烈、纵横恣肆，充分表现了王泠然狂傲不可一世的个性气质[①]，发言之大胆为唐代少见。

绛州王之涣亦豪迈不屈之士。靳能所作王之涣墓志评其性格云："气高（于）时，量过于众。"又云其"慷慨有大略，倜傥有异才。尝或歌从军，吟出塞，皎兮极关山明月之思，萧兮得易水寒风之声"。《唐才子传》说王之涣"少有侠气，所从游皆五陵少年，击剑悲歌，从禽纵酒"。[②]

蒲州之王维，其个性非飞扬跋扈之类，然其少年时亦有"百人会中身不预，五侯门前心不能"[③]的自尊与狂傲，亦有从军边塞，"尽系名王颈，归来报天子"（《从军行》）的热烈理想，羡慕"身经大小百余战"的"长安少年游侠客"（《陇头吟》）。他送从弟王蕃远游，云其"读书复骑射，带剑游淮阴。淮阴少年辈，千里远相寻"。仗剑远游是唐代诗人特有的生活方式，河东士人文武兼资的品格亦在其中。

诗人王昌龄早年居住河东[④]，其个性气质亦受到地域文化之影响。《旧唐书》本传云其"不护细行，屡见贬斥"[⑤]，是对诗人不拘小节、狂放不羁个性的消极评价，他曾自诩"儒有轻王侯，脱略当世务"（《郑县宿陶太公馆中赠冯六元二》）。

诗人张说，数度从戎边塞。开元八年任并州大都督府长史期间，只身率二十骑亲至单于部落处置边塞紧急事态，下属进谏说不宜轻动，张说回答："吾肉非黄羊，必不畏吃；血非野马，必不畏刺。士见危致命，是吾效死之秋也。"[⑥]

盛唐时蒲州诗人卢羽客《结客少年场行》亦写英雄侠少的功业理想："幽并侠少年，金络控连钱。窃符方救赵，击筑正怀燕。"诗人所欣赏、所

① 王定保撰，姜汉椿校注《唐摭言校注》，上海社会科学院出版社，2003，第121~122页。

② 辛文房：《唐才子传校笺》，中华书局，1995，第446~447页。

③ 陈铁民校注《王维集校注》，中华书局，1997。下所引王维诗均据该集，不再注明。

④ 王昌龄籍贯尚存争议。然据其为官南方后之诗中"旧居太行北，远宦沧溟东"之句，以及往来河东与长安间的诗歌创作，可以断定，其定居长安之前，早年应在河东生活。详见智宇晖《三晋文化与唐代文学》之辩证［（台北）花木兰文化出版社，2015，第339~340页］。

⑤ 刘昫等：《旧唐书》，中华书局，1975，第5050页。

⑥ 刘昫等：《旧唐书》，中华书局，1975，第3052页。

崇尚的是一种豪健勇武的精神。

河东籍诗人形成了具有地域特征的个性气质，这直接影响了他们的创作趋向。他们不约而同地将诗笔指向了边塞。

赵昌平划分盛唐诗为三期，“第一期为先天元年至开元十年前后，为准备期，第二期以开元十五年前后为中心，从十年左右至开元二十五年前后为形成期，约于开元末天宝初以李杜高岑之成名为标志至天宝末为第三期，为大盛期”[①]，对边塞诗亦应作如是观。盛唐边塞诗人，最早的王之涣、王翰、王维、王昌龄、张说、常建在开元十年前后即开始进行边塞诗的创作，王维、王昌龄的创作延续到开元中后期；高适、李颀、崔颢则从开元中期开始进行边塞诗的创作；开元末至天宝年间，李、杜、高、岑为边塞诗的主要代表人物。可以看出，开元早期边塞诗人群是以河东籍诗人为主体构成的，他们掀起了盛唐边塞诗创作的第一次高潮。

最早进行边塞诗创作的是王维，他共创作边塞诗二十余首（取较为宽泛的概念，玄想、送人入边、亲历者皆计入）。王维开元二十五年始随崔希逸入河西节度使幕府，其早年的边塞诗创作皆为玄想之作，如《从军行》《陇头吟》《陇西行》《李陵咏》《燕支行》等，皆主要书写少年人立功边塞的理想情怀。这批诗创作时间不详，据《李陵咏》和《燕支行》题下原注，分别为 19 岁和 20 岁。按王维生于 694 年[②]，则《李陵咏》作于 712 年，《燕支行》作于 713 年，则大致可以确定，王维诸作创作于开元前后的一段时间，创作时间甚早。

与王维不同，张说在中年出镇边塞后才开始创作边塞诗，有二十余首。开元六年镇幽州，开元八年镇并州，其边塞诗多作于幽州时。张说的从戎献身精神主要表现在现实斗争中，而于诗中反而很少像那些未至边塞的诗人那样靠想象描写战争场面，表现将士的英勇形象，而是写身处边塞的人生感受。

张说任并州长史期间，太原诗人王翰在幕，颇受器重，其边塞诗《凉州词》二首当作于此时。

王之涣为下层文士，当时富有诗名。靳能《唐故文安郡文安县太原王

① 赵昌平：《开元十五年前后——论盛唐诗的形成与分期》，《赵昌平自选集》，广西师范大学出版社，1997，第 66 页。

② 王维生年众说纷纭，本文取王勋成《王维进士及第与出生年月考》之说，文载《文史哲》2003 年第 2 期。

府君墓志铭并序》云其诗“传乎乐章，布在人口”。其边塞诗曾影响高适。傅璇琮据高适在开元二十年游蓟门时所作《蓟门不遇王之涣郭密之因以留赠》中有“羁离十年别”句，推测他们开元十年左右曾有交往唱和。[①] 其时王之涣 35 岁，高适 20 岁[②]，王之涣为前辈诗人。高适有《和王七听玉门关吹笛》诗，岑仲勉《唐人行第录》认为高适此诗韵脚与王之涣《凉州词》“黄河远上白云间”一首基本相同，认为王七即王之涣。[③] 从王之涣诗题可知其在与高适唱和之前已经远至西北边塞，而高适在开元二十年左右才赴蓟门游边，开元二十六年才创作边塞诗名篇《燕歌行》，可知高适在与王之涣的交游中应受到其边塞诗风的影响。

王昌龄边塞诗的创作时间亦集中在开元十五年之前。王昌龄年辈与王之涣相若，开元早期亦有出塞经历，对于出塞具体的次数、路线、时间，研究者有不同观点。但可以确定，其出塞时间在开元十五年登第之前。[④] 在盛唐此期的边塞诗创作中，无论是数量还是质量，王昌龄的成就都是最高的。

可注意者，王昌龄、王之涣、王翰诸人写诗皆以七绝为主，七绝比之五言豪爽明快，但缺乏七言歌行纵横铺展的大容量。此种诗体的选择是否与河东道尚武侠风与尚俭尚质的思维特征有某种内在联系呢？这尚待进一步研究。

创作边塞诗的外来诗人，受到河东道尚武精神直接影响的是崔颢。

崔颢前后期诗风变化很大，这种创作现象的出现，有来自河东道尚武精神的直接影响。殷璠《河岳英灵集》即指出崔颢前后期诗风的变化：

---

① 傅璇琮：《靳能所作王之涣墓志铭跋》，《唐代诗人丛考》，中华书局，2003，第 65 页。

② 此取傅璇琮之说，见《高适年谱中的几个问题》，《唐代诗人丛考》，中华书局，2003，第 155 页。

③ 岑仲勉：《唐人行第录（外三种）》，上海古籍出版社，1978，第 10 页。

④ 谭优学《王昌龄行年考》、于石《王昌龄》、傅璇琮《王昌龄事迹新探》主张出塞一次，时间有异，谭说在开元十二年、十三年间，于说在开元十五年前后，傅说在开元十二年。李厚培《王昌龄两次出塞路线考》、胡问涛《王昌龄年谱系诗》、蒋长栋《王昌龄评传》主张出塞两次，第一次至河东、河北边塞，第二次至西北边塞，而时间稍异。李说第一次在开元九年，第二次在开元十二年；胡说第一次在开元十一年之前数年，第二次在开元十二年至十三年间；蒋说第一次在开元八年至十一年间，第二次在十二年至十三年间。诸说一致同意西北边塞之游，河东、河北之游则存在争议。实际上，开元十一年玄宗巡幸河东时王昌龄即在太原，太原已临近边塞，唐人诗中亦有将太原视为边塞者，李白《太原早秋》即有“霜威出塞早”之句，则王昌龄居太原时游边之可能性极大。

> （崔）颢年少为诗，名陷轻薄。晚节忽变常体，风骨凛然。一窥塞垣，说尽戎旅。至如“杀人辽水上，走马渔阳归。错落金锁甲，蒙茸貂鼠衣”，又“春风吹浅草，猎骑何翩翩。插羽两相顾，鸣弓上新弦”，可与鲍昭并驱也。[①]

其中“一窥塞垣”所指主要是崔颢在河东道北部边塞从幕的生活经历，傅璇琮考证其从幕地点为杜希望代州都督幕府，时间大约在开元二十一年至二十四年间。

崔颢诗风变化的直接表现，便是前后期诗歌题材的不同选择。其“年少为诗，名陷轻薄”，傅璇琮据崔颢现存诗歌，认为这可能是指他的《长干曲》等描写江南男女相思的一类作品。这类涉及女性的诗作，在他现存四十二首诗歌中有十五首之多[②]，其诗歌内容并不庸俗，格调也不低下，但风格柔婉，主题狭窄，多专注于男女之情，同时代人对其评价较低。相反，对于其边塞题材的诗作，唐人评价甚高，殷璠《河岳英灵集》评其诗风即重在边塞之作；芮挺章《国秀集》选其诗七首，关于边塞的即有四首：《古游侠呈军中诸将》、《赠轻车》、《赠梁州张都督》和《结定襄郡狱效陶体》。可见唐人对于崔颢后期诗风的重视。现存崔颢四十二首诗中涉及边塞的八首，除上述四首外，尚有《雁门胡人歌》《辽西作》《送单于裴都护赴西河》《赠王威古》，诗风昂扬劲健，显示出盛唐气象，与前期之浅狭柔婉迥然有别。虽然这些诗歌非全部创作于代北，但其诗风的转变却是从从军代北开始的，可见他的创作转变直接受地域文化之影响。代北地域尚武精神见前文所述，游牧民族杂居，民风彪悍，习于骑射，轻死好杀。崔颢《结定襄郡狱效陶体》即反映了此种民风。另外，代北浓厚的军事氛围深刻地影响了崔颢的审美趋向，他在诗歌的创作方面向阳刚劲健的方向迈进。代州都督府兵力布置颇为密集，据《新唐书·地理志》，“代州雁门郡，中都督府”，有守捉兵。其北有大同军，西有天安军，又有代北军。[③] 这些驻军不仅要防御代北北部的突厥部落的入侵，还要协助幽燕地区的军事防御。《赠王威古》云“长驱救东北”，《雁门胡人歌》云“闻道辽西无斗战，时时醉向酒

---

① 王克让：《河岳英灵集注》，巴蜀书社，2006，第 212 页。

② 据万竞君注《崔颢诗注　崔国辅诗注》，上海古籍出版社，1982。

③ 欧阳修、宋祁：《新唐书》，中华书局，1975，第 1006 页。

家眠”，即说明代北诸军有援助毗邻边塞的军事义务，可见代北的军事氛围。崔颢在这样的环境中感受和创作，其诗歌自然受到深刻有力的影响。代北军幕的边塞经历主要影响了崔颢后期的诗歌创作，使他的诗歌转入富于盛唐气象的向上一路，此亦河东道尚武精神对于唐代文学贡献之一例。

从以上考察可以看出，河东道尚武精神对于整个唐代文化风貌的形成具有重要的影响。唐王朝的开创者把太原的尚武之风带入长安，对于社会上层的好尚存在必然的影响；河东道一大批文武兼资的将相也成为传递此种地域精神的重要主体；源自河东的《秦王破阵乐》上升为王朝的庙堂之乐，其对唐代音乐艺术的浸染不言而喻；文学方面，盛唐边塞诗的繁荣更是有河东地域精神的贡献，晚唐豪侠传奇的兴盛，也显示了河东道尚武精神的潜在影响。实际上，与河东道同处北方文化区的陇右、燕赵、齐鲁、关中等地域都存在不同程度和不同表现形态的尚武之风，这些地区同样对唐代刚健尚武的文化精神之形成作出了各自的贡献。换言之，河东道尚武精神，只是一个时代文化精神融合过程中的一个因素。北方文化各个不同亚区尚武精神之异同，以及彼此交叉激荡并最终形成合力推动唐代文化形成并进而影响唐代文学风貌的具体过程，需要进一步深入研究。

从吴国青铜乐器铭文看季札观乐*

谭德兴

（贵州大学　人文学院，贵州　贵阳　550025）

摘　要： 季札观乐是春秋时期著名的观乐与评乐活动。自两汉开始，历来关于季札观乐就存在截然相反的两种意见：或认为此事真实可信，只是苦于找不到令人信服之佐证；或认为此事属后人敷衍增饰，只因为坚信春秋时期的吴国不可能具备如此高水平之诗乐批评。历代学者均据传世文献展开论述，各持己见，莫衷一是。随着吴国青铜乐器的大量出土，这一千古悬案如今有了新的突破口。吴国出土青铜乐器铭文蕴含十分丰富的诗乐思想，无论是诗乐批评理论还是批评话语，皆可与季札观乐相互印证。吴国出土文献充分证明，春秋时期，吴国季札完全可能具备高超的诗乐批评水平，季札观乐当真实可信。

关键词： 吴国　青铜乐器铭文　季札观乐

《左传·襄公二十九年》载有吴国公子季札聘问鲁国时的观乐与评乐活动，这是春秋时期南方吴国与北方中原的一次深层次文化交流与互动。关于季札观乐，存在针锋相对的两种意见。持肯定意见者，相信季札观乐是真实发生的事情，并据此断定季札观乐时的《诗经》已经与今本相差不大，则当

---

* 本文为国家社科基金项目“出土文献与先秦时期文学批评思想研究”（项目编号：07BZW007）研究成果之一。

时只有8岁的孔子根本没有删过《诗》。持否定意见者则认为，季札观乐根本不可信，属于后人敷衍、杜撰的事情，进而又肯定孔子确实删过《诗》。两派意见，除涉及季札观乐与孔子删《诗》真伪问题外，都不可避免地又涉及《左传》成书及真伪以及司马迁有没有见过《左传》等问题。历代关于季札观乐及其相关问题的争论，均依据传世文献展开，其结果是谁也说服不了谁，两派意见相持不下，使研究者对这一问题更加众说纷纭，莫衷一是。

关于季札观乐的探讨，实际上从两汉时期便已经开始并分成两派。当信史看者，以司马迁为代表，《史记·吴太伯世家》全录《左传·襄公二十九年》季札观乐原文。[①] 认为属于后人附会增衍者，郑众、服虔已开其端，如《周礼·春官·大师》疏引郑司农《左氏春秋》注云："（孔子）自卫反鲁，在哀公十一年。当此时，雅、颂未定，而云为歌大雅、小雅、颂者，传家据已定录之，言季札之于乐与圣人同。"[②] 《诗谱序疏》引服虔《左传·襄公二十九年》注云："哀公十一年，孔子自卫反鲁，然后乐正。雅、颂各得其所，距此六十二岁。当时雅、颂未定，而云为之歌小雅、大雅、颂者，传家据已定录之。"[③] 汉人去古未远，即已经如是，更何况汉以降历代研究者呢！围绕传世文献，人们对这一问题已经争论2000多年，却仍然各持己见，争持不下。看来，若不从新的视角与新的材料方面突破，是很难解决这桩公案的。

其实，讨论这一问题的关键，是季札有没有可能在鲁襄公二十九年（前544）发表如此高水平的评论。对于这一问题，肯定的答案是肯定派所苦苦寻觅的证据，否定的答案则是否定派持否定意见时最有力的证据之一。例如，翟相君认为季札观乐根本不可信，其罗列了六条怀疑的理由，其中第四条说："季札是吴国（今苏州市）公子，属于孟子说的'南蛮鴃舌之人'，不可能通晓各地的语言和音乐。就是今天，也很难找到这样的人。而二千五百年前的季札，竟然达到如此水平，这可能吗？"[④] 赵制阳认为季札观乐是汉儒杜撰的，并且说："从季札观乐的文章来看：它有可能出于后人的附益。理由是：（1）内容肤浅，没有抓住诗乐的要点。（2）季札与各国贤大夫所说的话，都是熟悉该国政情的明智评断，而且口气也大，不

---

① 司马迁：《史记》，中华书局，1959，第1452~1453页。

② 阮元校刻《十三经注疏》，中华书局，1980，第796页。

③ 阮元校刻《十三经注疏》，中华书局，1980，第263页。

④ 翟相君：《孔子删诗说》，《河北学刊》1985年第6期。

像是一位远居南国的年轻公子能说的话。”① 那么，时处南国的吴国公子季札到底有没有可能通晓音乐？能否说出高水平的诗乐评论话语呢？或者换句话说，季札观乐在吴国文化中有没有相对应的高水平的诗乐文化基础呢？显然，传世文献是无法给出答案的，要想解决此难题，我们只能从出土文献入手。

一 从吴国铜器铭文看吴国文化与周文化之关系

南方古吴国地区出土了大量的青铜器，特别是江苏丹徒等地出土的铜器铭文，深刻揭示了南方吴国与北方周王室之间密切的政治与文化互动关系。例如宜侯夨簋铭文：

> 唯四月，辰在丁未。王省武王、成王伐商图，祉省东国图。王莅于宜。入大飨，王令虞侯夨曰：迁侯于宜。赐䰄鬯一卣、商瓒〔戟〕彤弓一，彤矢百，旅弓十，旅矢千。赐土：厥圳三百……宜侯夨扬王休，作虞公父丁尊彝。②

此铭说的是，西周早期，周王省览武王、成王伐商图以及东国之图，然后册命虞侯夨，赏赐虞侯夨弓箭等物品及奴隶等。是器乃虞侯夨因感激王恩、铭刻功业为父虞公丁作器。陈梦家在《宜侯夨簋和它的意义》一文中说：“若根据簋铭，可以定为成王时，最晚是康王时。”③

历来研究者对该器为西周早期器物没有争议。铭文中的“虞侯”以及出土地丹徒，揭示了西周早期南方吴国与北方周王室之间的密切关系。唐兰认为铭文中的“虞”即“吴”，《宜侯夨簋考释》称：

> 这个簋出土在丹徒，它在春秋时是“朱方”，正是吴国的地域。皇览所说太伯的坟墓在无锡梅里，在它的东南；后来给吴国吞并了的邗

① 赵制阳：《左传季札观乐有关问题的讨论》，中国诗经学会编《诗经国际学术研讨会论文集》，河北大学出版社，1994，第 506 页。

② 中国社会科学院考古研究所编《殷周金文集成释文》（第三卷），香港中文大学出版社，2001，第 452 页。

③ 刘庆柱、段志洪、冯时主编《金文文献集成》（第 28 册），线装书局，2005，第 227 页。

国，在它的对面，长江北岸。那末，簋铭所说的“宜”，可能就在丹徒或其附近地区。[①]

陈梦家《宜侯夨簋和它的意义》亦认为：

此器以宜为东国之鄙，则所谓东国或包括了淮水以南的地区。……若是这一群铜器出土于一墓（很可能），而铭文中的宜是当地的话，则西周初期周人的势力范围已达及东南。[②]

李学勤《宜侯夨簋与吴国》称：

夨为虞侯，父称虞公，“虞”字从“虍”从“夨”，可理解为从“吴”省声，是“虞”字的异构，唐兰先生所释是精确的。《史记·吴世家》载，周太伯奔荆蛮，“自号句吴”，立为吴太伯；其弟仲雍继立，为吴仲雍，《吴越春秋》称吴仲，而《左传》、《论语》称虞仲。这说明太伯、仲雍时称吴，也即是虞，“吴”、“虞”字通。[③]

据传世文献所载，南方吴国与北方周王室之间存在十分密切的政治与文化联系。《史记·周本纪》：

古公有长子曰太伯，次曰虞仲。太姜生少子季历，季历娶太任，皆贤妇人，生昌，有圣瑞。古公曰：“我世当有兴者，其在昌乎？”长子太伯、虞仲知古公欲立季历以传昌，乃二人亡如荆蛮，文身断发，以让季历。

张守节《正义》：

太伯奔吴，所居城在苏州北五十里常州无锡县界梅里村，其城及冢

① 刘庆柱、段志洪、冯时主编《金文文献集成》（第28册），线装书局，2005，第229页。

② 刘庆柱、段志洪、冯时主编《金文文献集成》（第28册），线装书局，2005，第227~228页。

③ 刘庆柱、段志洪、冯时主编《金文文献集成》（第28册），线装书局，2005，第235页。

见存。而云“亡荆蛮”者，楚灭越，其地属楚，秦灭楚，其地属秦，秦讳“楚”，改曰“荆”，故通号吴越之地为荆。及北人书史加云“蛮”，势之然也。①

《吴越春秋》上卷亦曰：

古公三子。长曰太伯，次曰仲雍，雍一名吴仲，少曰季历。季历娶妻大任氏，生子昌。昌有圣瑞。古公知昌圣，欲传国以及昌，曰：“兴王业者，其在昌乎?”因更名曰季历。太伯、仲雍望风知指，曰：“历者，适也。”知古公欲以国及昌。古公病，二人托名采药于衡山，遂之荆蛮，断发文身，为夷狄之服，示不可用。

古公卒，太伯、仲雍归。赴丧毕，还荆蛮，国民君而事之，自号为勾吴。吴人或问：“何像而为勾吴?”太伯曰：“吾以伯长居国，绝嗣者也。其当有封者，吴仲也。故自号勾吴，非其方乎?”荆蛮义之，从而归之者千有余家，共立以为勾吴。数年之间，民人殷富。遭殷之末世衰，中国侯王数用兵，恐及于荆蛮，故太伯起城，周三里二百步，外郭三百余里，在西北隅，名曰故吴，人民皆耕田其中。

古公病，将卒，令季历让国于太伯，而三让不受。故云：太伯三以天下让。于是季历莅政，修先王之业，守仁义之道。季历卒，子昌立，号曰西伯。遵公刘、古公之术，业于养老，天下归之。西伯致太平，伯夷自海滨而往。西伯卒，太子发立，任周、召，而伐殷。天下已安，乃称王，追谥古公为大王，追封太伯于吴。

太伯祖卒，葬于梅里平墟。仲雍立，是为吴仲雍。仲雍卒，子季简，简子叔达，达子周章，章子熊，熊子遂，遂子柯相，相子强鸠夷，夷子余乔疑吾，吾子柯庐，庐子周繇，繇子屈羽，羽子夷吾，吾子禽处，处子专，专子颇高，高子句毕立。是时晋献公灭周北虞虞公，以开晋之伐虢氏。毕子去齐。齐子寿梦立，而吴益强，称王。凡从太伯至寿梦之世，与中国时通朝会，而国斯霸焉。②

---

① 司马迁：《史记》，中华书局，1959，第115页。

② 周生春：《吴越春秋辑校汇考》，上海古籍出版社，1997，第14~16页。

“凡从太伯至寿梦之世，与中国时通朝会”，揭示了吴国与周王室之间十分紧密的政治及文化联系，正可与出土文献宜侯夨簋铭文相互发明。宜侯夨簋铭文正是这种密切关系的一个写照，是西周早期吴国与周王室之间政治文化互动的具体表现。

吴国与周王室间的这种政治文化联系，似乎自太伯奔吴就一直没有间断过。这样，就透露出一种信息，在周王室与南方吴国之间，政治文化交流的渠道是十分畅通的，这就为周王室的礼乐制度能在偏远的南方吴国产生影响奠定了重要基础。这也是周王室的诗乐思想能在吴国铜器铭文中出现的原因之一。

二　吴国青铜乐器铭文中的诗乐思想

吴国青铜乐器铭文中的诗乐思想十分丰富，其所达到的水平一点也不逊于中原。这些吴国青铜乐器铭文所表现出来的诗乐观，在一定程度上展示了春秋时期南方僻壤诗乐批评的发展特点。例如者减钟铭文：

> 唯正月初吉丁亥，工𫊸王皮𦰤之子者减择其吉金，自作䳓钟。不帛不革，不铄不雕。协于我灵龠，卑和卑孚。用祈眉寿，繇釐于其皇祖皇考。若召公寿，若参寿卑。女𩁹𩁹剖剖，和和仓仓。其登于上下，□□闻于四方。子子孙孙永保是尚。[①]

者减钟是典型的吴国铜器。乾隆二十六年，由临江（今江西临江）村民耕田所得。吴国曾数次迁都，今江西境地多为古吴国疆域。铭文中的“工𫊸”，即“句吴”。唐兰《宜侯夨簋考释》：“春秋时期，北方的虞称为‘虞’，南方的虞，因为方言的缘故，称为‘工𫊸’、‘攻敔’、‘攻吴’（称为邗，是所指地名不同，像魏的又称梁，与吴无关），古书称为‘句吴’，一般只称‘吴’，实际‘吴’跟‘虞’是一样的。”[②] 铭文“工𫊸王皮𦰤之子”，即吴王皮𦰤之子。马承源认为皮𦰤即吴王毕轸，者减为毕轸之子，器

① 中国社会科学院考古研究所编《殷周金文集成释文》（第一卷），香港中文大学出版社，2001，第164页。

② 刘庆柱、段志洪、冯时主编《金文文献集成》（第28册），线装书局，2005，第229页。

物当作于春秋中期。[①] 董楚平《吴越徐舒金文集释》说："春秋早中期的吴国铜器很少传世、出土。现有吴器铸明'工𫊸'、'工𫊸'者，以此器为最早。这使它显得特别稀贵。《史记·吴太伯世家》说：'寿梦立而吴始益大，称王。'而据《者減钟》铭辞，皮難（毕轸。《史记》索隐说即句卑）已称'王'，早于寿梦二世。者減钟工艺颇高，风格类同中原，吴国在寿梦二年申公巫臣自晋使吴以前，应该已'通于中国'。"[②] 此言极是。据宜侯夨簋铭文可知，在西周初期，吴国就与周王室保持紧密联系。这恐怕也是者減钟工艺风格类同中原的根本原因，这是吴国深受周文化影响之有力证据，亦是"与中国时通朝会"之必然结果。

者減钟不仅形制、工艺近似中原，而且铭文体例与内容也颇与周王室铜器铭文类同，如其中纪年方式，祈求眉寿、子孙永保等嘏辞句式，皇祖皇考、参寿四方等话语形式，等等。下面仅就其铭文中有关诗乐思想的内容作进一步分析。者減钟铭文中的诗乐思想核心内容就是"和"，具体表现在三个方面。

其一，者減钟形制上的色彩之和——"不帛不苹"。帛即白，苹即赤（骍）。详见马承源《商周青铜器铭文选》、董楚平《吴越徐舒金文集释》等。但马承源将其中的"不"释为语辞，并引《周颂·清庙》"不显不承"为证。[③] 这种解释是有问题的。"不显"为周代诗文中的专用话语，即"丕显"，一般用来赞美先公先王的光辉业绩。例如宗周钟铭文中的"丕显祖考先王"、虢叔旅钟铭文中的"丕显皇考"等皆为此意。而者減钟铭文中的"不"则非"丕"义，而是与"乐而不淫""哀而不伤"的"不"同义。"不帛不苹"意指钟之铜色青黄适中，不白不赤，不过度鲜亮亦不过度红亮。这主要是视觉层面青铜乐器所呈现的中和之美。

其二，者減钟演奏时的声音之和——"䰠䰠剖剖，和和仓仓"。这里用四组叠字来描绘钟声之和。这是听觉层面青铜乐器所呈现的中和之美。周代青铜乐器铭文，多喜用叠字来描绘声音之和。如宗周钟铭文中的"仓仓悤悤，鶬鶬雍雍"、筥叔之仲子平钟铭文中的"𢧵𢧵雍雍"、秦公钟铭文中的"灵音锗锗雍雍"等。这说明，在对青铜乐器声音之中和审美方面，南方吴

① 马承源主编《商周青铜器铭文选》（四），文物出版社，1990，第363页。

② 董楚平：《吴越徐舒金文集释》，浙江古籍出版社，1992，第39页。

③ 马承源主编《商周青铜器铭文选》（四），文物出版社，1990，第363页。

国与北方中原是完全一致的。

其三，者减钟与其他乐器配合之和——“协于我灵龠，卑和卑孚”。马承源说：“卑（俾）和卑（俾）孚（桴），使之相和相应。孚，读为桴。使钟和龠等乐器吹奏相应。《韩非子·功名》：‘至治之国，君若桴，臣若鼓。’”[①] 这是说，者减钟与龠等其他乐器共同演奏时，相互之间相和相应。这是从整个诗乐演奏体制方面所要求的和谐之美。这是基于单个乐器以及具体感官层面的一种诗乐理论升华，强调的是整个诗乐文化理念上的中和审美思想。

以上三个层面所体现的诗乐观之“和”，包含的内容是十分丰富的。既有乐钟本身的形制、色泽、声音之和，也有对整个诗乐演奏体系的协调之和的要求。这反映了春秋中期南方吴国诗乐观已经达到较高水平，与同时期中原乐器铭文所呈现的诗乐思想基本一致。为什么南方吴国在春秋中期能达到如此高的诗乐水平呢？这恐怕也是吴国“与中国时通朝会”之结果。

又如吴王光残钟铭文：

> 是厰（严）天之命，入成（城）不（丕）赓。寺春念岁，吉日初庚，吴王光穆曾（赠）临金，青吕尃皇，以乍（作）寺吁和钟。𢽾（振）鸣虘焚，其宴（音）穆穆。东东（阑阑）和钟，鸣阳（扬）条虡。既孜虘青，埶（艺）孜虘級。维缚临春，苹蔥（英）右（有）庆。敬婴（夙）而（尔）光，沽沽漾漾。往已叔姬，虘（虔）敬命勿忘！[②]

此器1955年出土于安徽寿县蔡侯墓。同墓出土的吴国铜器还有吴王光鉴。吴王光残钟包括一枚较完整的甬钟与四十七块碎片。甬钟铭文残损严重，研究者将四十七块碎片作缀合，得出的释文相互间有些出入，不过各家释文大体内容基本一致。[③] 吴王光残钟的作器背景是：公元前506年，吴、蔡联军攻破楚国郢都，吴王光为纪念战争胜利，铭刻功烈而作。铭文首句“是厰（严）天之命，入成（城）不（丕）赓”即是对事件之记叙，意思是说，吴王光恭敬秉承上天之命，攻破郢城，为楚国及郢都更易人主。这是一篇叙事比较完整

① 马承源主编《商周青铜器铭文选》（四），文物出版社，1990，第363页。

② 董楚平：《吴越徐舒金文集释》，浙江古籍出版社，1992，第50页。

③ 参见祝振雷《安徽寿县蔡侯墓出土青铜器铭文集释》，硕士学位论文，吉林大学，2006，第55~56页。

的历史散文，交代事件发生时间、动因及过程。因战争大获全胜，故吴王光获得大量“临金”，于是将这些临金赠给其女儿寺吁铸造和钟。铭文主要内容是对和钟形制及声音的描写，其基本思想与者减钟铭文一致，核心观念仍然在于一个“和”字。“青吕専皇”是指和钟质地与色泽之和美，这是视觉层面的“和”。而“屘（振）鸣虡焚，其宴（音）穆穆。东东（阑阑）和钟，鸣阳（扬）条虡”，具体描绘了和钟演奏过程中声音的和谐，这是听觉层面之和。这种诗乐观念，与中原同时期乐器铭文是完全一致的。如蔡侯甬钟铭文中的“简简和钟，鸣阳（扬）调畅”、王孙遗者钟铭文中的“阑阑和钟”等，均是从听觉切入，着重对和钟声音之审美。“鸣阳（扬）条虡”亦包含对乐器演奏场景之审美评论，与蔡侯甬钟铭文中的“鸣扬调畅”、郘𦆫钟铭文中的“既伸鬯虡”思想完全一致。

再如臧孙编钟铭文：

> 唯王正月初吉丁亥，攻敔仲终臧之外孙坪之子臧孙择厥吉金，自作和钟，子子孙孙永保是从。①

此为1964年江苏省六合县（今六合区）程桥墓葬出土。该墓共出土铜器57件，其中编钟一共9枚，每枚均有铭文，除缺少个别字外，各枚铭文相同，最完整的铭文有37字。器主“臧孙”不可考，是器为春秋末期之物。据铭文“攻敔”及出土地点可以确定该器为吴国铜器。其诗乐观主要体现在两个方面。其一，“自作”一语，充分体现出作器者的自觉创作意识，亦可以从中窥知春秋晚期吴人对诗乐之热衷。其二，“和钟”，充分体现春秋后期“和”之诗乐观在吴国的继承与发展，说明“和”始终是吴国诗乐观中最核心的思想观念。

又如配儿钩鑃甲器铭文：“□□□初吉庚午，吴王□□□□□子配儿曰：‘余熟臧于戎工且武。余翼恭威忌，不敢謪。余择厥吉金、铉镠鏞铝，自作钩鑃，以宴宾客，以乐我诸父。子孙用之，先人是娱。’”② 配儿钩鑃共两器，于1977年在浙江省绍兴县（今绍兴市）城西南4公里的狗头山南麓出土。据

① 中国社会科学院考古研究所编《殷周金文集成释文》（第一卷），香港中文大学出版社，2001，第64页。

② 此处铭文参考马承源及董楚平释文。见马承源主编《商周青铜器铭文选》（四），文物出版社，1990，第369页；董楚平《吴越徐舒金文集释》，浙江古籍出版社，1992，第65页。

铭文“吴王”可知此乃吴国铜器。沙孟海《配儿钩鑃考释》：“绍兴县是周代越国的都城，甲器铭文首行纪时之下紧接一个‘吴’字，知此是吴国之器。吴后为越所灭，器入于越。”“钩鑃是一种乐器。口向上，下有柄，手执其柄击之。商代已有其制，一般称为‘钲’，军中用之。……春秋时代越国的钩鑃，也就是钲属。看它铭文，是用于祭祀与宴会上的。”①

钩鑃最早源于殷商，原本用于军旅，只是后来用途逐渐拓宽，特别是吴越南方诸国，在中原礼制基础上有所发展，故钩鑃亦兼用于祭祀与宴会。郭沫若《殷周青铜器铭文研究》：“兼用于军旅与享祀，此殆商制也。揆诸情理，制器之初自当以兼用为宜，盖等是乐器耳，用之于军旅可，用之于享祀又何遽不可？”②

配儿钩鑃甲器铭文中的诗乐观主要体现在制器的目的上。作器者对钩鑃这种乐器的功用是有明确认识的。其功用体现在两个方面，即乐人与娱神。这也是该乐器实际运用于宴会与祭祀所承载的功能之显现。另，乾隆五十三年江苏常熟出土的姑冯钩鑃亦为吴国铜器，其铭文所体现的诗乐思想正与配儿钩鑃甲器铭文完全一致。姑冯钩鑃铭文曰：“唯王正月初吉丁亥，姑冯昏同之子，择厥吉金，自作商钩鑃，以乐宾客及我父兄。子子孙孙永保用之。”③

吴国钩鑃铭文与中原及其他地区乐器铭文的功用观是完全一致的。如越王者旨於赐钟铭文所言“自作和钟，我以乐考、帝、祖、大夫、宾客”，王孙遗者钟铭文“阑阑和钟，用宴以喜，用乐嘉宾、父兄，及我朋友”，子璋钟铭文“子璋择其吉金，自作和钟，用宴以喜，用乐父兄诸士”，齐鲍氏钟铭文“择其吉金，自作和钟，俾匀赴好，用享以孝于台皇祖文考，用宴用喜，用乐嘉宾，及我朋友”，之利钟铭文“择吉金，自作和钟，以乐宾客，志劳赙诸侯”，鲜钟铭文“用作朕皇考林钟，用侃喜上下，用乐好宾”，邾公釛钟铭文“陆融之孙邾公釛作厥和钟，用敬恤盟祀，祈年眉寿，用乐我嘉宾，及我正卿”。④ 这种乐人与娱神的诗乐思想，正是《尚书·舜典》所表述的“八音克谐，无相夺伦，神人以和”的诗乐理论。这种思想观念在《诗

① 刘庆柱、段志洪、冯时主编《金文文献集成》（第29册），线装书局，2005，第171页。

② 郭沫若：《殷周青铜器铭文研究》，人民出版社，1954，第84页。

③ 中国社会科学院考古研究所编《殷周金文集成释文》（第一卷），香港中文大学出版社，2001，第458~459页。

④ 参见谭德兴《论周代铜器铭文中的文学批评思想》，《贵州大学学报》（社会科学版）2009年第3期。

经》中也有不少反映。如《小雅·鹿鸣》："呦呦鹿鸣，食野之芩。我有嘉宾，鼓瑟鼓琴。鼓瑟鼓琴，和乐且湛。我有旨酒，以燕乐嘉宾之心。"①《周颂·有瞽》：

> 有瞽有瞽，在周之庭。设业设虡，崇牙树羽。应田县鼓，鞉磬柷圉。既备乃奏，箫管备举。喤喤厥声，肃雍和鸣。先祖是听，我客戾止，永观厥成。②

《鹿鸣》的"以燕乐嘉宾之心"，《有瞽》的"先祖是听，我客戾止"，与配儿钩鑃甲器铭文的"以宴宾客，以乐我诸父。子孙用之，先人是娱"和姑冯钩鑃铭文的"以乐宾客及我父兄"，不但基本思想观念一致，而且话语形式几乎一样。这充分说明，吴国诗乐批评思想的发展与中原几乎完全同步。这显然也是吴国文化与中原文化频繁交融互动的结果。

另外，于鸿志《吴国早期重器冉钲考》将南疆钲视为吴王寿梦之重器，亦颇有意味。其释文如下：

> 隹（唯）正月初吉丁亥，余□□之孙冉择其吉金，自乍（作）钲铁。㠯（以）□（卑，俾，使也）其船其般，□□□（以涉于?）大川。㠯（以）□（通?）其阴其阳……子孙余冉铸此钲铁，女（汝）勿丧勿败。余处此南疆，万枼（世）之外，子子孙孙𠷎（期）堋（朋）乍（作）㠯（以）□□（勤王?）。③

关于该器的断代及所属国别尚存在争议。不过该器属南国之器大概是没什么问题的，具体属于南国哪一国之器，诸家认识似乎有分歧。如果该器真属吴王寿梦之器，则于此可见吴国早期高度发达的政治与文化水平。据南疆钲铭文不难感知吴国高度发达的政治文化背景下相应的诗乐水平。

又，曾宪通认为薛尚功《历代钟鼎彝器款识法帖》中的"商钟四"应为吴王僚之铜器，其曰："去年初夏，重读薛氏《款识》，发现铭中有'子胥宅

① 阮元校刻《十三经注疏》，中华书局，1980，第406页。

② 阮元校刻《十三经注疏》，中华书局，1980，第594页。

③ 刘庆柱、段志洪、冯时主编《金文文献集成》（第29册），线装书局，2005，第181页。

句’及‘楚之客畲辛’字样，于是寻绎字句，考订史实，继而发现铭辞内容与《左传》昭公二十三年（前519年）吴楚鸡父之战有关，铭辞亦稍稍可以通读。所谓‘商钟四’，其实是吴王僚击败楚及其附庸之后所作的‘铭功’重器，应称之为吴王钟。”① 其释文如下：

> 隹王正甬（仲）屯（萅）吉日，子胥宅句之后，集亘豖。夏，王发厚陈（阵）。择吉金，用乍（作）禾（和）亩（锴）。台（以）乐宾客，呿（志）劳尃（父）。者（诸）侯㞷（往）庆。疋（楚）之客畲辛欲圣（声）禾（和）。之后者（诸）侯自宁，四啚（鄙）同安。之后冕（玄）孙皆吟风（讽）。②

若果如曾氏所考证，“商钟四”为吴王钟，则据此不难发现吴王僚时期的诗乐观。其一，以“和”为核心；其二，注重乐人与娱神。与吴国前后诸历史时期诗乐思想吻合。

三　吴国青铜乐器铭文与季札观乐

《左传·襄公二十九年》载：

> 吴公子札来聘……请观于周乐。使工为之歌《周南》、《召南》，曰：“美哉！始基之矣，犹未也，然勤而不怨矣。”为之歌《邶》、《鄘》、《卫》，曰：“美哉，渊乎！忧而不困者也。吾闻卫康叔、武公之德如是，是其《卫风》乎！”为之歌《王》，曰：“美哉！思而不惧，其周之东乎！”为之歌《郑》，曰“美哉！其细已甚，民弗堪也。是其先亡乎！”为之歌《齐》，曰，“美哉，泱泱乎！大风也哉！表东海者，其大公乎！国未可量也。”为之歌《豳》，曰：“美哉，荡乎！乐而不淫，其周公之东乎！”为之歌《秦》，曰：“此之谓夏声。夫能夏则大，大之至也，其周之旧乎！”为之歌《魏》，曰：“美哉，沨沨乎！大而婉，险而易行，以德辅此，则明主也。”为之歌《唐》，曰：“思深哉！其有陶唐氏之遗民乎！不

① 刘庆柱、段志洪、冯时主编《金文文献集成》（第29册），线装书局，2005，第172页。
② 刘庆柱、段志洪、冯时主编《金文文献集成》（第29册），线装书局，2005，第181页。

> 然，何忧之远也？非令德之后，谁能若是？”为之歌《陈》，曰：“国无主，其能久乎？”自《郐》以下，无讥焉。为之歌《小雅》，曰：“美哉！思而不贰，怨而不言，其周德之衰乎！犹有先王之遗民焉。”为之歌《大雅》，曰：“广哉，熙熙乎！曲而有直体，其文王之德乎！”为之歌《颂》，曰：“至矣哉！直而不倨，曲而不屈，迩而不逼，远而不携，迁而不淫，复而不厌，哀而不愁，乐而不荒，用而不匮，广而不宣，施而不费，取而不贪，处而不底，行而不流。五声和，八风平，节有度，守有序，盛德之所同也。”见舞《象箾》、《南籥》者，曰：“美哉！犹有憾。”见舞《大武》者，曰：“美哉！周之盛也，其若此乎！”见舞《韶濩》者，曰：“圣人之弘也，而犹有惭德，圣人之难也。”见舞《大夏》者，曰：“美哉！勤而不德，非禹，其谁能修之？”见舞《韶箾》者，曰：“德至矣哉，大矣！如天之无不帱也，如地之无不载也。虽甚盛德，其蔑以加于此矣。观止矣！若有他乐，吾不敢请已。”[①]

季札观乐，就其诗乐思想来看，主要体现在三个方面。

其一，赞同诗乐风格的多样化。季札观乐时，有明确评述的包括十三国风、小雅、大雅、颂以及三代之舞。季札在欣赏这些不同时期不同地域的诗乐舞时，都能做到评述公允、不偏不倚，足见季札对待不同风格诗乐的平等与客观态度，即不因国力之小大、政区之华夷以及时间之远近、存亡之与否而心存偏颇。顾易生、蒋凡《先秦两汉文学批评史》称：“季札在听到各地区的诗乐时，都给以赞美，虽然分别指出其不足，却已足以反映他对乐调与诗歌风格多样化的欣赏，而不偏取一格。这是‘声一无听’、‘物一无文’观念的反映。”[②] 此言极是。事实上，无论是出土文献还是传世文献，都可以说明“声一无听”思想在吴国是有深厚社会基础的。据《江苏丹徒北山顶春秋墓发掘报告》可知，此吴国墓葬中出土的乐器就有青铜编钟一套 12 件、石编磬一套 12 件、军乐器青铜錞于一套、青铜丁宁、悬鼓（仅存青铜鼓环）、桴（仅存石质桴头）。[③] 这说明，在吴国诗乐中，乐制构成的体系是十分丰富的。而在具体的诗乐活动中，吴人亦确实很好地实践了“声一无听”的思想。《国

---

① 阮元校刻《十三经注疏》，中华书局，1980，第 2006~2008 页。

② 顾易生、蒋凡：《先秦两汉文学批评史》，上海古籍出版社，1990，第 46 页。

③ 刘庆柱、段志洪、冯时主编《金文文献集成》（第 22 册），线装书局，2005，第 554~555 页。

语·吴语》曰："昧明，（吴）王乃秉枹，亲就鸣钟鼓、丁宁、錞于，振铎，勇怯尽应，三军皆哗扣以振旅，其声动天地。"① 据此可见，即使吴国军乐，亦是钟鼓、丁宁、錞于等诸乐器相和相谐，这才是真正地做到了"声一无听"。好处在于，可使"勇怯尽应"，"三军皆哗扣以振旅"，"声动天地"。吴国军乐的"声一无听"，不但"声动天地"，而且使"晋师大骇不出"，足见吴乐之声威。

其二，以诗观风，声音之道与政通。季札论乐，多将各国诗乐与政治兴衰紧密联系在一起，充分揭示了社会政治之发展与诗乐风格之间的互动关系。季札以诗观各国政治之得失、国运之盛衰，将声音之道与政治之本相联系，很好地诠释了"文变染乎世情，兴废系乎时序"。顾易生、蒋凡《先秦两汉文学批评史》说："他在各国诗乐的特征中推测其政治盛衰，这是'观志'方法的继承与发展，后来，《吕氏春秋·适音》云：'凡音乐，通乎政而移风平俗者也，俗定而音乐化之矣。故有道之世，观其音而知其俗矣，观其政而知其主矣。'《礼记·乐记》云：'声音之道，与政通矣。''审乐以知政，而治道备矣。'两者都还提到'治世'、'乱世'、'亡国'之音的不同特点及其与政治民情之关系。这些与季札之论是有渊源的。"② 这种诗乐思想在《毛诗序》中也得到了进一步发展，如"治世之音安以乐，其政和；乱世之音怨以怒，其政乖；亡国之音哀以思，其民困"③。所有这些，溯其源，皆在季札论乐之中。而季札的这种以诗观风的思想，在吴国青铜乐器铭文中亦得到充分体现。例如，者减钟、吴王光残钟、臧孙编钟以及配儿钩鑃等的铭文中均蕴含强烈的政治色彩。首先，这些青铜乐器的铸造本身就与政治有密切关系。据《左传·襄公十九年》《左传·昭公十五年》等可知，青铜器的铸造之因乃"铭其功烈，以示子孙"，而其铭文的核心思想则是"昭明德而惩无礼"。"嘉功"或"昭明德"，颂扬的是符合统治集团要求的道德礼仪，构建的是符合政治需要的社会秩序。④ 者减钟、吴王光残钟之铭文等都是政治繁荣之记录。者减钟铭文通过声音之和，使诗乐理念"登于上下，闻于四方"，则意图将诗乐之和融会贯通于政治之和乃至天下之和。吴、蔡联军攻破楚国郢都，吴王光为纪念

---

① 徐元诰：《国语集解》，王树民、沈长云点校，中华书局，2002，第550页。

② 顾易生、蒋凡：《先秦两汉文学批评史》，上海古籍出版社，1990，第46页。

③ 阮元校刻《十三经注疏》，中华书局，1980，第270页。

④ 参见谭德兴《论周代铜器铭文中的文学批评思想》，《贵州大学学报》（社会科学版）2009年第3期。

战争胜利，铭刻功烈而作钟，铭文“是厰（严）天之命，入成（城）不（丕）赓”的强烈政治色彩不言而喻。而配儿钩鑃甲器铭文“余熟臧于戎工且武。余翼恭威忌，不敢訏”，更是刻画了一个贤明恭敬的执政者形象，将政治与诗乐十分紧密地联结在一起。同时，从者减钟铭文中我们也不难感知处于繁盛期的吴国文化与诗乐之大气，以及“治世之音安以乐，其政和”的基本风格。另外，作为乐人与娱神之用的吴国诗乐，将“乐和同”的精神发挥到极致，无论是宴会还是祭祀活动，吴国诗乐都充分强调诗乐沟通神人的作用，将诗乐维护统治秩序的功能发挥到极致，而且力图将这种维护社会与政治稳定的“和合”文化传达于“四方”。

其三，中和的审美思想。顾易生、蒋凡《先秦两汉文学批评史》说：“季札用‘忧而不困’来赞美《邶》、《鄘》、《卫》风，用‘思而不惧’来赞美《王风》，用‘乐而不淫’来赞美《豳》风，用‘直而不倨，曲而不屈’等十四个分句来赞美《颂》，显然是《尧典》中‘直而温，宽而栗，刚而无虐，简而无傲’等观点以及《诗·唐风·蟋蟀》‘好乐无荒’和赵孟所谓‘乐而不荒，乐以安民，不淫以使之’（见《左传》襄公二十七年）等语的发展，表现出对中和之美的强烈向往，为孔子赞美‘《关雎》乐而不淫，哀而不伤’的前驱，而且比其前人和稍后的孔子所说丰富得多。”① 季札论乐，其中和审美思想是十分强烈的。这种思想如何从尧传至周，又如何从北方传至遥远的南方吴国，这恐怕仍然得归结于吴国与周王室之间频繁的文化互动。而季札的中和审美思想，在吴国的青铜乐器铭文中也得到了充分印证。前文所引者减钟、吴王光残钟的铭文等，更是翔实地阐明了吴人在具体诗乐活动中是如何实践诗乐之中和审美思想的。这些吴国青铜乐器铭文的论述，在某些方面比季札论乐还要具体而有针对性。这无疑可以很好地解释季札观乐时大量中和审美话语形成的诗乐文化基础，同时，也充分说明了春秋时期吴国诗乐批评所达到的高超水平。这远比我们从传世文献中所认知的吴国文化要发达和先进得多。

本文结论如下。从吴国青铜乐器铭文可知，季札观乐中的诗乐思想在当时的吴国文化中是完全存在的，季札完全具备评论诗乐的文化基础。无论从具体的批评话语还是丰富的诗乐理论来看，公元前544年季札观乐的事情都是真实可信的。这对于进一步探究《诗经》的编纂、孔子删《诗》以及《左传》真伪等问题无疑有十分重要的意义。

---

① 顾易生、蒋凡：《先秦两汉文学批评史》，上海古籍出版社，1990，第46页。

天学视域下的“太一”知识考古

——兼论郭店楚简《太一生水》“太一环游”思想的天学背景

王国明　徐克谦

（山西师范大学　文学院，山西　太原　030031；
南京师范大学　文学院，江苏　南京　210097）

摘　要： 郭店楚简是20世纪90年代中国最重要之考古发现。郭店楚简《太一生水》一篇中别开生面的宇宙生成说使学界产生浓厚兴趣，引发诸多讨论，同时也存在诸多未解之谜。本文试图结合传世文献和有关文物，对“太一”的天学源头及“太一”从天学到神学再到哲学的嬗变进行考察，进而为“太一生水”“太一环游”思想的诠释提供天学背景的参照，以期揭示郭店楚简“太一”及“太一生水”丰富而复杂的意蕴所体现的古人独特的思维逻辑。

关键词： 天学视域　《太一生水》　太一环游

1993年10月，郭店楚简在湖北省荆门市沙洋区四方乡郭店村的战国墓葬中出土，其面世给国内外学术界带来了一场不小的震动，之后引发的有关郭店楚简的研究可谓蔚为大观，而围绕《太一生水》的争论则尤为学界瞩目。

学术界对《太一生水》的竹简缀连、文字考释、思想阐发等都做了大量有益的研究，但对《太一生水》背后的知识来源和文化底蕴的探索则尚有较大提升空间。《太一生水》这篇文献所呈现的只是上古知识形态的冰山之一角，对其文本的文字考释固然重要，而对那些没于水下的冰山基层更不可忽视。《太一生水》建构了以太一为中心的宇宙生成论，这种极具形上学色彩的宇宙论背后隐含着先秦时代非常丰富的天象、星占、望气、兵法、地理、历算、神仙等“一般知识、思想与信仰”（葛兆光语），而这些知识的边界本来并不像现代人想象的那般清晰分明。在这些形形色色的充满东方神秘主义的知识形态中，诸如天象、星占等天学术数与“太一生水”关系最为亲密。因此古代天学术数等思想资源及其相关图像、实物等材料，都可以构成对文献进行阐释的不同角度。考诸《汉书·艺文志》，即可发现诸多学说流派之载籍以“太一”、“天一”或“泰一”冠名，其中显然以阴阳术数类所占比重最大（见表1）。

表1 《汉书·艺文志》中与“太一”有关的著录

六略	小类	书目
诗赋略	歌诗类	《泰一杂甘泉寿宫歌诗》十四篇
兵书略	阴阳类	《太壹兵法》一篇 《天一兵法》三十五篇
术数略	天文类	《泰壹杂子星》二十八卷 《泰壹杂子云雨》三十四卷
	五行类	《泰一阴阳》二十三卷 《天一》六卷 《泰一》二十九卷
	杂占类	《泰壹杂子候岁》二十二卷
方技略	房中类	《天一阴道》二十四卷
	神仙类	《泰壹杂子十五家方》二十二卷 《泰壹杂子黄治》三十一卷

注：“太一”“天一”“泰一”“太壹”“泰壹”可互训，其义相近或相同。

我们知道，《汉书·艺文志》开创了古典目录学“辨章学术，考镜源流”之传统，是先秦两汉时期特别是春秋战国时期以来知识形态的重要载录，可以为“太一”问题的研究提供更加广阔的学术背景。众多冠以“太一”的书籍的出现，表明“太一”观念或“太一神”崇拜早已普遍流行，并渗透到当时文化的诸多方面。本文试图在前人研究的基础上，将出土文献与传世文献及相关文物材料相结合，以上古天学为知识背景，对“太一”观念的缘起、演进及思想内涵做一梳理，并对郭店楚简《太一生水》中“太一环游”思想的天学背景做一些补充论述，以就教于方家。

一 “太一”观念的天学缘起

中国古人很早就开始关注天学星象，《尚书·尧典》：“乃命羲、和，钦若昊天，历象日月星辰。”[①]《尚书·洪范》：“王省惟岁，卿士惟月，师尹惟日……庶民惟星。”《史记·天官书》：“昔之传天数者：高辛之前，重、黎；于唐、虞，羲、和；有夏，昆吾；殷商，巫咸；周室，史佚、苌弘；于宋，子韦；郑则裨灶；在齐，甘公；楚，唐昧；赵，尹皋；魏，石申。”可见三代以前已设星官，代有承传。早在殷代以前，古人就有了二十八宿的区划，并且制作了世界上最早的星表——《巫咸星经》，它标明了三十三个星座一百四十四颗星的位置。至战国中期，比较显著的是甘德、石申两个新天文学派。甘德，《史记集解》：“徐广曰：‘或曰甘公名德也，本是鲁人。’”《史记正义》：“《七录》云：‘楚人，战国时作《天文星占》八卷。’”《天文星占》部分残卷保存在今马王堆帛书《五星占》中。据说甘德测定了一百一十八个星座五百一十颗恒星。石申，魏人，著《天文》八卷，汉朝以后尊为《石氏星经》。《史记正义》：“《七录》云：‘石申，魏人，战国时作《天文》八卷也。’”他测量了一百三十八个星座八百一十颗恒星。[②] 由此可见，在《太一生水》流行的时代及以前，天学星象已经形成非常普遍成熟的知识系统。

以往，研究者对太一的认识比较模糊，清人顾炎武尝有“‘太一’之名不知始于何时”[③] 的困惑，其所云“太一”当主要指星官层面的“太一”。近代学者钱宝琮作《太一考》，专文探讨了这一问题。[④] 继之，顾颉刚等作《三皇考》进一步推阐。[⑤] 最引人注目的是葛兆光的《众妙之门——北极与

---

① 孔安国传，孔颖达正义《尚书正义》，黄怀信整理，上海古籍出版社，2007，第 38 页。

② 以上引《史记》及三家注均本于司马迁《史记》，中华书局，2011，第 1249~1250 页。

③ 顾炎武著，黄汝成集释《日知录集释（外七种）》，上海古籍出版社，1985，第 870 页。

④ 钱宝琮：《太一考》，《燕京学报》第 12 期，1932 年。

⑤ 顾颉刚、杨向奎：《三皇考》，吕思勉、童书业编著《古史辨》（第七册·中编），上海古籍出版社，1982，第 20~282 页。

太一、道、太极》一文，他详细论证了太一的四个叠合的意义层——北极、北极神、道、太极，并指出四者语义互通。而这种彼此相通源于古人对宇宙独特的感觉体验。[①] 这一结论极有创见，为后来的研究者所普遍接受和认可，笔者亦是接着葛兆光的鸿论往下说。而彼时郭店楚简《太一生水》尚未出土，这就不由得愈加对葛兆光的远见卓识心生钦佩。葛兆光所说“太一”的四个意义层，可以更加简练地概括为三个意义层，即天学上的北极、神学上的北极神、哲学上的终极本源（“道”“太极”可以统摄到这一意义层，李零看法与此类似）。然而此三者出现的时序先后，又成了一个新的问题，王中江注意到这一点，他指出“这三种意义不可能同时产生，应该有一个大致上的先后关系”[②]，但遗憾的是他并未对这种先后关系进一步深入探析。

我们知道，顾颉刚提出的“层累地造成的中国古史”说影响深远，那么观念的历史是否也有某种“层累地造成”的顺序呢？本文试图沿着这一思路对“太一”的上述三个意义层的演变顺序作一考察。

人类学研究表明，人类的思维普遍有由具体到抽象的发展规律，远古先民的思维首先应该是具体的，在对众多具体事物有了认识之后，才有可能逐渐上升到抽象思维的阶段。《周易·系辞下》：“古者包羲氏之王天下也，仰则观象于天，俯则观法于地，观鸟兽之文与地之宜，近取诸身，远取诸物，于是始作八卦，以通神明之德，以类万物之情。”正是这一认识规律的生动写照。意大利哲学家维柯（Vico）在其名作《新科学》中写道：“最初的诗人们给事物命名，就必须用最具体的感性意象。”[③] 我们倾向于认为“太一”最早发轫于有“最具体的感性意象”的天学意义层，具体言之，其原型为天学星象背景中的北极或“北辰”。

中国古人对天象的重视由来已久，1973 年河南安阳殷墟发掘的殷商甲骨卜辞中就有许多天文历法的记载。天象直观而又神秘，是古人思维灵感的不竭泉源，甚至可以说“法天象地”同构了古人的思维模式。《周易·系辞上》：“天生神物，圣人则之；天地变化，圣人效之；天垂象，见吉凶，圣人象之。”《周易·离卦》：“日月丽乎天。”《周易·观卦·彖传》：“观天之

---

① 葛兆光：《众妙之门——北极与太一、道、太极》，《中国文化》1990 年第 2 期。

② 王中江：《简帛文明与古代思想世界》，北京大学出版社，2011，第 33 页。

③ 〔意〕维柯：《新科学》（第 2 版），朱光潜译，安徽教育出版社，2006，第 239 页。

神道，而四时不忒，圣人以神道设教，而天下服矣。”天体运行对古人生产、生活意义重大，正如恩格斯《自然辩证法》所言：“必须研究自然科学各个部门的循序发展。首先是天文学——游牧民族和农业民族为了定季节，就已经绝对需要它。”① 天文历法和先民的生产生活关系密切，自然会促进古人对天象的热切关注与积极探索，所以顾炎武说“三代以上，人人皆知天文”②。在这个过程中，人们渐渐观察到天象旋转，而正北却有一处似乎永恒不动的中心，众星好似都环绕它而运行，此处即是北极或北辰，而接近北极的小熊座β星就被视为北极的标志，名曰“北辰星”或“北极星”③。《论语·为政》：“为政以德，譬如北辰，居其所而众星共之。”北极星居于天地之中，位置显著。《史记·天官书》曰：“中宫天极星，其一明者，太一常居也。”④ 意谓北极星乃太一之居所。北极星居天之中央，其属于星象中的帝王居所，在“法天象地”思维模式的牵引之下，人们便将紫禁城作为人间帝王模拟星象、统御天下的象征，因而太一常居的北极星又有“帝星”之称，而与之接近的北斗则有“帝车”之称，象征着太一巡行天下，标指季候。如《鹖冠子·环流》云：“斗柄东指，天下皆春；斗柄南指，天下皆夏；斗柄西指，天下皆秋；斗柄北指，天下皆冬。”⑤

二 “太一”观念的历史嬗递

太一居天极之中的特殊位置与指示季候的重要意义，进一步被突出强调，并被赋予神秘色彩，这便很容易演变为神学意义上的神祇，由原来的太一变作太一神，由原来的北极升格为北极神，这种神学信仰在楚地格外流行。如《楚辞·九歌·东皇太一》对东皇太一的崇拜，楚国宋玉《高唐赋》“礼太一”的记载。《鹖冠子·泰鸿》：“中央者，太一之位，百神仰制

① 《马克思恩格斯文集》（第九卷），人民出版社，2009，第427页。

② 顾炎武著，黄汝成集释《日知录集释》，栾保群、吕宗力校点，上海古籍出版社，2014，第660页。

③ 需要指出的是，古今都有不少人将北极、北辰完全等同于“北极星”“北辰星”。但严格地讲北极或北辰并不是一颗星，而是从地球北半球观察天象时所见的天体中心和极点。这个中心和极点是不动的，也是空无的，所以在古人看来显得特别神秘。

④ 司马迁：《史记》，中华书局，2011，第1203页。

⑤ 黄怀信：《鹖冠子汇校集注》，中华书局，2004，第76页。

焉。”[①]《鹖冠子》一书作者，据《汉书·艺文志》班固自注系“居深山，以鹖为冠”的“楚人”。由此亦可证太一信仰在楚地之流布。而近年来出土的包山楚简、望山楚简、新蔡葛陵简等的卜筮祭祷辞中也都有对“太”（据刘信芳、李零等人考证即太一）这一神祇的祭拜，并且在祭祷序列中将“太”列为首位尊神。如：

包山楚简：

1. 赛祷太，備（佩）玉一环；侯（后）土、司命、司禍，各一少环；大水，備（佩）玉一环；二天子，213 各一少环……

2. 大、侯（后）土、司命、司禍、大水、二天子、峗山既皆城（成）。……215

3. 与祷太，一䝁；侯（后）土、司命，各一牂。与祷大水，一犆；二天子，各一牂，俇山……237

4. 与祷祑，一犆；侯（后）土、司命，各一牂。与祷大水，一犆；二天子，各一牂；危山，一羖。与祷卲（昭）王，戠（戠）牛，馈之……243[②]

望山楚简：

1. 遝祷太，萮（佩）玉一环。矦（后）土、司命，各一少（小）环。大水，萮（佩）玉一环。[illegible]（豹）54

2. ⧄吉。祑，一牂。句（后）土、司命，各一羖（羖）。大水⧄55A 一环。遝祷于二天【子】⧄55B

3. 遝祷于祑，一环。句（后）土、司【命】56[③]

出土于楚地的郭店楚简《太一生水》中“太一”的神学色彩，虽然较之以上材料显得没那么浓厚，但显然也是以在楚地早已流行的太一神崇拜为其知识背景的。李零特别指出“避兵”是太一神崇拜的主要意义。他还绘

① 黄怀信：《鹖冠子汇校集注》，中华书局，2004，第 240~241 页。
② 陈伟：《楚地出土战国简册（十四种）》，经济科学出版社，2009，第 93、95 页。
③ 陈伟：《楚地出土战国简册（十四种）》，经济科学出版社，2009，第 273 页。

制了“太一锋”示意图，以图解《太一生水》的宇宙论。[①] 对于李零“太一”避兵的说法，饶宗颐表示怀疑，他发现两个关于“太一”之画的美术史旁证：《历代名画记》里的《太一三宫用兵图》和宋代梁楷的《太一三宫兵阵图》，这两幅画皆言用兵，未讲避兵，所说“避兵”实指“符”而言。所以饶宗颐认为“避兵说”是没有根据的。[②] 实际上，二位学者均言之有据，虽然观点歧异，但是有一点是相同的，即“太一”与兵学有某种神秘的关联。考《汉书·艺文志·兵书略》阴阳类著录有“《太壹兵法》一篇”（按：据李零介绍，在楚帛书中，“一”有两种写法，除常用的“一”之外，还有一种写法即“壹”，主要起防伪的作用，后来时日渐久，两者就常常通用了，此处“壹”或为此用）、“《天一兵法》三十五篇”等。南宋王应麟《汉书艺文志考证》引《武经总要》曰：“太一者，天帝之神也。其星在天一之南，总十六神，知风雨水旱、金革凶馑，阴阳二局，存诸秘式。星文之次舍、分野之灾祥，贵于先知，逆为之备。用军行师，主客胜负，盖天人之际相参焉。”[③] 这说明太一神与军事兵学之关系委实非同寻常。

逮及汉代，汉袭楚俗，受楚文化影响深远，为适应统一的需要，在齐燕方士的撺掇下，统治者将楚地民间信仰中的太一神升格成帝国的至上神，其地位比传说中的五帝还要高，是西汉名副其实的最高祭祀神。汉武帝以降，直至元朝，太一祭祀代有传承，正如章俊卿《山堂考索》所说：“汉立太一祠，即甘泉泰畤也。唐谓之太清紫极宫，宋谓之太一宫，尤重其祠。以太一飞在九宫，每四十余年而一徙，所临之地，则兵役不兴，水旱不作。”[④]

颇有意味的是，“天一”“太一”义本相同，如《史记索隐》引宋均云：“天一、太一，北极神之别名。”可是天学星象意义上的“天一星”“太一星”却实为两星，并不混同，所以敦煌卷子伯 2512 号《全天星图》（见图 1、图 2）将二者分而列之，二者大致位置可参看同卷其他记载。《二十八宿次位经和三家星经》云：“天一星紫微宫门外，右星南。太一一星天一

---

① 李零：《读郭店楚简〈太一生水〉》，《郭店楚简校读记》（增订本），中国人民大学出版社，2007，第 262~279 页；另见其《待兔轩文存·读史卷》，广西师范大学出版社，2011，第 50~52 页。

② 饶宗颐：《“大一”古义及相关问题》，《饶宗颐二十世纪学术文集》（第三卷），（台北）新文丰出版股份有限公司，1988，第 33~34 页。

③ 王承略、刘心明主编《二十五史艺文经籍志考补萃编》（第一卷），清华大学出版社，2011，第 165~166 页。

④ 转引自刘保贞《〈易图明辨〉导读》，齐鲁书社，2004，第 126 页。

南，相近。"《玄像诗》（通俗识星之作）云："天一、太一神，衡北门西息。"[①] "天一""太一"意义相同，皆指北极或北极星神，但作为具体的星官，却各有所指，这似乎令人有些费解。但如果我们知道作为想象中的神的那个"太一"或"天一"其实并不是指哪个具体的星，而是指那个神秘不可测的天之中极，也就不难理解了。所谓"太一星""天一星"只不过是"太一神"或"天一神"附近的两颗星，而并非那个神本身。神本身是神秘不可见的。

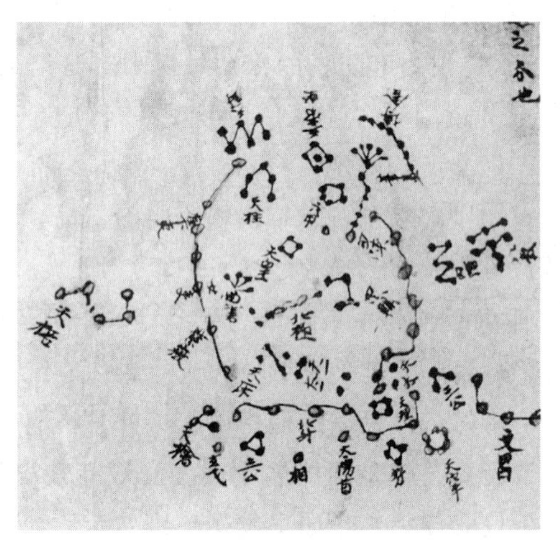

图 1 敦煌卷子《全天星图》原件

资料来源：冯时《中国天文考古学》，中国社会科学出版社，2007，插页图版六。

关于这一点，冯时曾作过解释。他指出，天极与极星并不等同，天极即天球北极，是古人观察到的天体中一个永恒不动的定点，但古人辨识天体位置是以可见星体为依据的，在确定天极位置时遂将最接近天极的某颗星作为天极的标志，"天一""太一"二星的命名或缘于此。二星位置很接近天穹中央不动的中心，因此二星在不同时期被认为是天极所在，也自然被当作天皇大帝之居所。但由于岁差的关系，这两颗星的位置随着时间的变更实际上会有所变化，依陈遵妫推算，天一星约于公元前 2608 年最接近天极，太一星约于公元前 2263 年最接近天极。从这一角度来说，"天一"之称要早于

① 以上所引《二十八宿次位经和三家星经》《玄像诗》均出于敦煌卷子伯 2512 号，详参邓文宽录校《敦煌天文历法文献辑校》，江苏古籍出版社，1996，第 8、38 页。

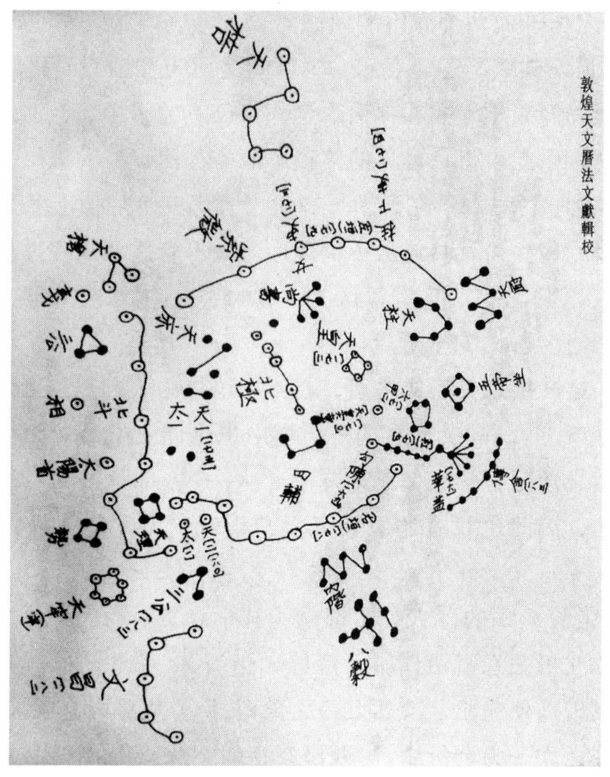

图 2 《全天星图》邓文宽校订版

注：《全天星图》系世界上现存最古老的星图，其绘制年代，李约瑟考订约在 940 年，马世长考订在 705 ~ 710 年。据邓文宽注释，标号一七五的“太一”“天一”实为“阴德”，图系误标，“太一”“天一”的准确位置在标号一八〇处。

资料来源：邓文宽录校《敦煌天文历法文献辑校》，江苏古籍出版社，1996，第 70 页。

“太一”。所以冯时认为“天一、太一名称的不同似留有因不同时期极星的转变所造成的用字变化的痕迹”。①

实际上，古人并没有将“天一”“太一”这两颗星完全混同于“太一”本身，也并没有误认为这两颗星或其中任何一颗星就是天极或天皇大帝的居所。《史记·封禅书》索隐引石氏云：“天一、太一各一星，在紫宫门外，立承事天皇大帝。”可见，作为星的“天一”“太一”只不过是作为真神的

① 主要参见冯时《中国天文考古学》，中国社会科学出版社，2007，第 134 ~ 135 页；冯时《“太一生水”思想的数术基础》，艾兰、邢文编《新出简帛研究》，文物出版社，2004，第 251 页。

“太一”所居之所外面两个守门的而已。

“太一”最终被赋予哲学意涵，则可能是因为在轴心时代理性主义背景下，诸子吸收民间天学术数和神话观念，将已有的天学、神学概念进一步抽象作哲学名词，以此来概括世界的终极本源。当然，一种思想观念的形成过程往往非常复杂，“太一”在天学、神学、哲学三个层面上意义的形成，可能有上述逻辑顺序，而就具体历史情况而言，三者之间演变过渡的时间周期并不是很确定、很具体。但笔者认为，在《太一生水》产生的时代，“太一”的这三层意义都已完全形成。

此外，在这三层意义形成之后，在不同语境中人们仍然可以在其中任何一种意义上理解“太一”，而在同一语境中也可能三层意义并存交叠。但是不管从神学意义还是哲学意义上来理解“太一”，都是以其最初的天学知识背景为底蕴的，因此也只有还原其天学知识背景，才能理解其神学或哲学内涵。

例如，《楚辞》中的“太一”显然为神学意义上的人格神，而这个人格神与天象上的北极关系密切，如《楚辞·惜誓》：“攀北极而一息兮，吸沆瀣以充虚。飞朱鸟使先驱兮，驾太一之象舆。”《楚辞·九叹·远逝》：“北斗为我折中兮，太一为余听之。”西汉祭祀的“太一”则明显是神学意义上的。《史记·封禅书》曰：“天神贵者太一。太一佐曰五帝。古者天子以春秋祭太一东南郊，用太牢，七日，为坛开八通之鬼道。”《索隐》引《乐汁徵图》曰：“天宫，紫微。北极，天一、太一。”又引宋均之语曰：“天一、太一，北极神之别名。”可知，这个作为天上最尊贵的神与天帝之别名的“太一”，是以天学上的北极为原型的。

《庄子·杂篇·徐无鬼》有“知大一”“大一通之”，《庄子·杂篇·天下》说老聃的思想是“建之以常无有，主之以太一”。[①] “太一”在老子乃至道家哲学中的含义，也必须联系“太一”的天学源头才能理解。“太一”源于天学上的北极，这是一个空无而玄妙的中心，但整个宇宙都围绕着它运转，天地四时都随着它的指挥而变化。而它自己却隐身不现、玄妙不测。正

① 安徽阜阳双古堆汉墓《庄子》杂篇残简简文含今本《则阳》、《让王》及《外物》；湖北江陵张家山汉墓中有《庄子·外篇·盗跖》残简；而湖北荆门郭店一号楚墓中获竹简《语丛四》，其中简文内容有见于《庄子·胠箧》《庄子·盗跖》者。可知《庄子》外篇《胠箧》、杂篇《盗跖》之作成年代和《太一生水》同时，亦不晚于公元前300年，《天下》篇据考证系战国晚期庄子后学所作，其他外、杂篇撰作年代最晚也应不晚于西汉初年。

如《庄子·杂篇·列御寇》所说，“太一形虚”。老子强调虚，强调无，以“三十辐共一毂”比喻那个处于中心而又玄虚不测的“众妙之门”，这都与“太一”的天象位置有某种联系。玄虚的“太一”逐渐成为哲学意义上的本源，与“主之以太一”的道家思想有很大关系。《荀子·礼论》《礼记·礼运》《吕氏春秋·大乐》等文献以“太一”或“大一”为礼乐的本源，也是受对“太一”的这种基于天学知识的哲学阐释的影响。

维柯说：“把个别事例提升成共相……替换就发展成为隐喻（metaphor）。”[①]最初的北极被升格为北极神，最后又被发展为宇宙终极本源的隐喻，使殊相的北极引申为生成万物的共相，这正符合维柯的“诗性逻辑”。

三　“太一生水”与“太一环游”思想

《太一生水》中的“太一”观念主要表现在哲学层面，同时也带有一定的神学意味。但其含义也必须结合其天学知识的背景才能获得合理的解释。不少学者对《太一生水》中“太一藏于水，行于时”的说法感到困惑，认为太一生成了水，却又未尝离开水，这貌似一个解释不通的悖论。[②]事实上，倘若从天学术数的视角加以考察，问题便会迎刃而解。

《周易·系辞上》云“天一、地二”。易纬将其和五行相配，遂有“天一生水”之说。李学勤较早发现简文“太一藏于水，行于时”之语唯有以术数解释方可说通，他还指出这正是后世太一九宫占的雏形。[③]关于太一生水与太一九宫占，已有论者作出了深入讨论，并注意到《灵枢经·九宫八风》篇。[④]其主要内容讲太一于冬至日以北极之叶蛰宫（坎宫，数字配一）为起点，依次按顺时针游历天留宫（艮宫，数字配八）、仓门宫（震宫，数字配三）、阴洛宫（巽宫，数字配四）、上天宫（离宫，数字配九）、玄委宫（坤宫，数字配二）、仓果宫（兑宫，数字配七）、新洛宫（乾宫，数字配

① 〔意〕维柯：《新科学》（第2版），朱光潜译，安徽教育出版社，2006，第240页。

② 比如王中江在《简帛文明与古代思想世界》（北京大学出版社，2011，第46页）中就提及这样的疑惑。

③ 李学勤：《太一生水的数术解释》，陈鼓应编《道家文化研究》第十七辑，生活·读书·新知三联书店，1999，第297~300页。

④ 李零：《再读郭店楚简〈太一生水〉》，《郭店楚简校读记》（增订本），中国人民大学出版社，2007，第280~287页。

六）。太一环游九宫由叶蛰宫即坎宫始，依九宫八卦与五行相配之理，坎宫象征水位，又因是太一环游之起点，配数字一，是以太一最先生水，游迄九宫，复始于一，故曰“藏于水”。后世志书也有《太一式经》《太一式经杂占》等书目载录，还有所谓“太一九宫占”图（见图3）。

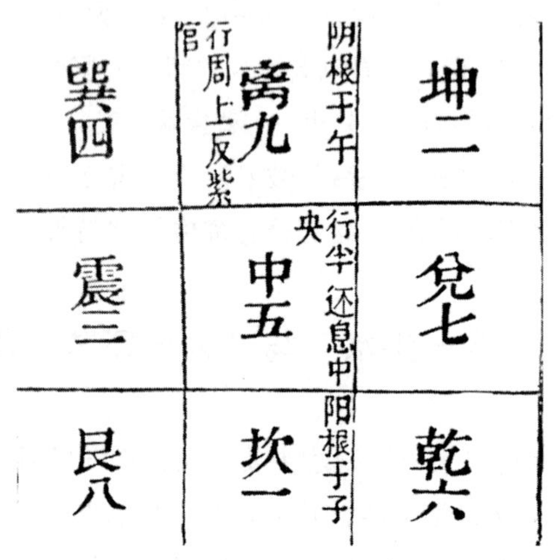

图3 太一九宫占

资料来源：刘保贞《〈易图明辨〉导读》，齐鲁书社，2004，第124页。

此外更有考古物证，即1977年安徽阜阳双古堆西汉早期汝阴侯栻盘与此有密切联系。以上都是从式法的角度来探讨“太一环游”思想，笔者在此补充三则有关“太一环游”的材料。

其一，《史记·乐书》云：“汉家常以正月上辛祠太一甘泉，以昏时夜祠，到明而终。常有流星经于祠坛上。使僮男僮女七十人俱歌。春歌《青阳》，夏歌《朱明》，秋歌《西皞》，冬歌《玄冥》。世多有，故不论。”这里说汉代在正月上辛日祭祀太一神，演唱《青阳》《朱明》《西皞》《玄冥》四首乐歌，但这四首乐歌显然是与春夏秋冬四季节序相对应的。《史记集解》：“瓒曰：‘《尔雅》云春曰青阳，夏曰朱明。’”而且按五行理论，将季节和五色相配，春对应青色，夏对应赤色即朱色。《史记集解》又引韦昭曰：“西方少皞也。”《史记正义》引《礼记·月令》云：“玄冥，水官也。”而且依五行相配原理，秋天与西方、少皞相配，冬天与北方、玄冥相配。因此这四首乐歌起初应该是按四季分别演奏的，后来统一在正月上辛日演唱，但人们出于习惯，仍然保留了春歌、夏歌、秋歌、冬歌的称呼。因为它们是在祭祀太一神的仪式上演奏的，所以这也暗示了太一环游四季的运行轨迹，显现了当时人思想中关于“太一环游”的想象。太一从冬至日始，游历春、夏、秋、冬，则似太一生衍四季，四季寒热各异，故与简文“太一生四时、寒热”相合。太一游历完四季，至冬季最后一天即冬至日为止，完成一个周期，是谓一岁（按：冬至日既是太一环游的终点，又是新一次环游的起点）。所以太一“行于时”，“成岁而止”，最终回归于北极，复居水位，故曰“太一藏于水”。上文已考证太一神原型是北极，而北极有区分寒暑、昏明等性质的标识功能，因而就容易演变成北极生寒暑、昏明的思维，即东晋杨泉《物理论》言北极乃“昏明寒暑之限极”。可见北极是区分昏明、寒暑的界限，昏明与阴阳相近，寒暑与寒热相契，而寒热又与湿燥相关。这与“太一”生“阴阳”“寒热”“湿燥”的说法都是相通的。《周礼·春官·大司乐》云：“冬日至，于地上之圜丘奏之。”圜丘主要用于祭天，今江苏省常州市武进寺墩、浙江省海宁市荷叶地和达泽庙等良渚文化遗址尚有圜丘遗迹，其状为圆形，以象天之圆。据《史记》《汉书》载，汉代尝以圜丘祭祀太一，表明汉代信仰中作为至上神的太一已有与天齐观的神格，同时也暗合了太一环游轨迹为圆形的特征。

值得注意的是，叶舒宪也提及过《史记·乐书》中的这则材料。不过他主张这里以组歌祭祀的太一神“是原始太阳神的抽象化、观念化”[①]。笔者认为这是有待商榷的，上文已细考太一由北极神升格至西汉最高祭祀神的历程，其祭祀时间之所以要选择“昏时夜祠，到明而终”，正是因为北极星在夜间才可见，更何况“常有流星经于祠坛上”一句已经点明祭祀对象与星象有关。再者，《史记正义》亦注：“玄冥，水官也。”又《左传·昭公二十九年》载：“故有五行之官，是谓五官。……木正曰句芒，火正曰祝融，金正曰蓐收，水正曰玄冥，土正曰后土。”水官何以能被称为太阳神呢？而太一的原型北极星处水位，象玄冥之神，则是说得通的。如《淮南子·时则训》：“北方之极……颛顼、玄冥之所司者万二千里。”按阴阳五行之说，颛顼即北方大帝，玄冥即北方之神。此外更有旁证。《史记·乐书》紧接此则材料的下一段再次提到了太一：“又尝得神马渥洼水中，复次以为太一之歌。歌曲曰：‘太一贡兮天马下，沾赤汗兮沬流赭。’”这亦是一首太一之

① 叶舒宪：《中国神话哲学》，陕西人民出版社，2005，第13页。

歌，段首一个“又”字，暗示此“太一”是承接上段而来，所指一致，乃述有关太一神的另一事迹，据《史记集解》注释，乃是南阳新野有暴利长，得一奇马，拟献之，欲神异此马，云从水中出。这既表明太一神在汉人信仰中已深入人心，也暗示了太一与水的神秘联系。《史记正义》接着注解：“太一，北极大星也。”① 直接道出太一神的性质与神格，可见推考以四季组歌祭祀的太一神系北极星神，绝非虚妄之辞。

其二，《周髀算经》卷下云：“欲知北极枢璇周四极，当以夏至夜半时，北极南游所极；冬至夜半时，北游所极；冬至日加酉之时，西游所极；日加卯之时，东游所极。此北极璇玑四游。”② 这表明了北极星环绕着北极随四季移动的意义，同时亦可窥见“太一环游”的思想。

其三，《楚辞·远游》云：“召丰隆使先导兮，问大微之所居。集重阳入帝宫兮，造旬始而观清都。朝发轫于太仪兮，夕始临乎于微闾。”主人公神游天境，在进入北方的天门之后，叩访天帝的居所，即在北斗附近的太微垣，也就是下文所提及的“帝宫”，重阳、清都乃其别称。在抵达天宫之后，主人公又开启了新的巡游：“朝发轫于太仪兮，夕始临乎于微闾。”太仪，即太一之别称，《淮南子·天文训》云“太微者，太一之庭也”，表明太微垣是太一之居所，正与上文相应，同时也证明太一的神格确系北极星神。主人公早上从太仪处驾车出发，傍晚到达医巫闾山边，先“撰余辔而正策兮，吾将过乎句芒”，句芒是东方木神，象征的方位是东方；接着“凤凰翼其承旗兮，遇蓐收乎西皇”，西皇是西方上帝少昊，蓐收是西方金神，少昊之子，象征的方位是西方；然后“指炎神而直驰兮，吾将往乎南疑”，炎神是南方火神，南疑则是南方的九嶷山，可见方位是南方。由于“祝融戒而还衡兮”，主人公被火神祝融劝阻调转车头，所以主人公只好又返还北方，“舒并节以驰骛兮，逴绝垠乎寒门。轶迅风于清源兮，从颛顼乎增冰。历玄冥以邪径兮，乘间维以反顾”，寒门是北极之门，颛顼是北方上帝，而玄冥是北方水神，这些都表明主人公此时已返回北方，在造化之神黔嬴的带领下，主人公得以历览“下峥嵘而无地兮，上寥廓而无天。视倏忽而无见兮，听惝恍而无闻”的至境，最终得以“与

① 以上所引《史记·乐书》及相关《史记》三家注均来自司马迁《史记》，中华书局，2011，第1111~1112页。

② 转引自谢世俊《中国古代气象史稿》，重庆出版社，1992，第281页。

泰初而为邻”，抵达天地万物生化之源的泰初境地。泰初，也就是太一，换言之，即回到原初的起点，正如李炳海所言：“在《远游》中，北方是天宫所在之处，又是道境所处的方位，二者的空间位置是重合的。”① 由此远游轨迹便形成了一个圆周循环。主人公以处于北极的太一之所为起点进行远游，最终又复归于北极，实则也可视作太一环游的拟人化，那么《远游》以文学笔法所描绘的神游情景，便也可看作太一环游的诗性写照了。

质言之，“太一环游”思想不仅体现在式法方面，也体现在四时、神话等方面，究其根源，还是与北极的天体位置以及北极星环绕北极运转的天象有关，正是这种天象引发了古人“天道环周”的观点。《大戴礼记·曾子天圆》云“天道曰圆”，《吕氏春秋·圜道》云“天道圜”，或者说“太一环游”思想同构了古人“天道环周”的观念。如此而言，《太一生水》里“成岁而止”“太一藏于水，行于时，周而又始”的说法就更加形象化了。近年来，随着图像史料出土数量的增多，这些图像史料也可为“太一环游”思想提供实物证据，如马王堆帛画《太一将行图》、长沙子弹库楚缯书“太一环游”图像等，学界对此方面之探讨已非常详备，兹不赘言。

结　语

郭店楚简《太一生水》充满诗一般的谜思，其宇宙生成论别开生面，与古代中国早期天学、神学、哲学思想纵横纠缠，吸引着研究者们竞相探究。本文亦尝试结合《太一生水》对古代文献中多面孔的“太一”肖像进行一次“知识考古”。研究表明，“太一”在神学上、哲学上的丰富意蕴皆源于最初的天学知识，而“太一生水”“太一环游”观念亦应当从“太一”的天学源头上去寻求答案。当然，本文的探究仍然是粗浅的，这一论题仍是魅影依旧，有待今后进一步探索。

作为原质文化的先秦思想，具有原创性、统摄性、复合性、共通性等诸多特质，脱胎于此种文化系统的概念术语和思想观念，也就不可避免地打上了孕育它的母性文化之烙印。此种印记具体表现为：这些概念术语和思想观念具有多重阐释空间，沟通多元学术领域，显示出“元话语”（Metadiscourse）强大的整合力。这种整合力源自古人独特的思维逻辑，即

① 李炳海：《部族文化与先秦文学》，高等教育出版社，1995，第350页。

有论者所指出的“同源同构互感”或“关联式的思考”（coordinative thinking）[①]。而郭店楚简“太一”及“太一生水”思想的多重意蕴，就生动地揭櫫了先秦原质文化的此种独特魅力。

［该文原名《“太一”发微——基于天学视域的考察》，原载《重庆师范大学学报》（社会科学版）2020 年第 1 期，此次收录在其基础上又有修改和大幅扩充］

---

① 参见葛兆光《众妙之门——北极与太一、道、太极》，《中国文化》1990 年第 2 期；另见〔英〕葛瑞汉《阴阳与关联思维的本质》，艾兰、汪涛、范毓周主编《中国古代思维模式与阴阳五行说探源》，江苏古籍出版社，1998。

汉画像“玄猿登高”图升仙含义释读

曹建国

（武汉大学　文学院，湖北　武汉　430072）

摘　要：　在汉代画像材料中，“玄猿登高”是比较常见的造型。汉画中的猿猴登临位置有楼顶、阙顶、榭顶，据此汉画像中的“玄猿登高”图可分为三种类型。汉画中楼阙常有象征意义，尤其是门阙常指向成仙或升天。所以汉画中登高的猿猴有导引墓主升仙的意义，这也是汉画中猿猴常与仙鹤、凤凰、羽人甚或西王母、东王公联袂出现原因之所在。汉画中的“玄猿登高”图及其升仙含义的获得或与战国秦汉间盛行的导引、行气等养生术有关，并在后世猿猴题材的文学创作中得到体现。

关键词：　汉画像　玄猿登高　升仙　文学母题

在汉代画像材料中，我们随处可见猿猴的身影。它们或现身于杂技百戏场中，攀附在建鼓羽葆之上；或跳蹿于亭台楼阙之上，与凤凰羽人为邻；甚或化身为盗玃，盗人妻女而被人攻击。对于如何理解这些汉画中的猿猴形象的内涵，学界颇有争议。或以为是富贵的象征①，或以为是邪魔的符号②。

---

① 邢义田：《汉代画像中的“射爵射侯图”》，《“中研院”历史语言研究所集刊》第七十一本第一部分，2003年3月；又见于邢义田《画为心声：画像石、画像砖与壁画》，中华书局，2011，第138~196页。

② 巫鸿：《汉代艺术中的“白猿传”画像——兼谈叙事绘画与叙事文学之关系》，《礼仪中的美术——巫鸿中国古代美术史文编》（上卷），郑岩等译，生活·读书·新知三联书店，2005，第186~204页。

我们认为，对汉画像中猿猴类图像的理解，需建立在图像分类的基础上。不同的图像类型或同样的图像出现在不同的图像语境中，其意义自然有别。就其中的玄猿登高而言，猿猴登临的楼顶、阙顶常有升仙含义，而与之相伴出现的凤凰、仙鹤乃至西王母、东王公以及羽人等也同样呈现出这一意旨。缘此，我们认为汉画中的登高玄猿有辅助墓主升仙的功能。

一

汉画“玄猿登高”之命名，得自山东嘉祥宋山出土的《许安国墓祠题记》。1980 年山东嘉祥发现的汉代画像石墓，其中标记为 M3 的墓中出土了墓主许安国的墓祠题记。[①] 在这篇题记中，修墓人详记了许安国墓画像石的内容。文曰：

> 琢砺磨治，规矩施张，褰帷反月，各有文章，调文刻画，交龙委蛇，猛虎延视，玄猿登高，阝市熊□戏，众禽群聚，万狩□布，台阁参差，大兴舆驾。上有云气与仙人，下有孝友贤人，遵者俨然，从者肃侍，煌煌濡濡，其色若备。

题记中特意点出“玄猿登高”，可见这是墓葬画像中非常重要的主题。事实上，题记中提到的诸多画像题材，在已出土的汉画像材料中随处可见。根据与题记一同出土的画像石推断，所谓的“玄猿登高”就是指猿猴攀登在楼阁或门阙顶端，也就是 M2 墓出土的第 14、15、16、17 石四石。以第 16 石为例，在二层的楼、阙的顶部，有四只猿猴（见图 1）。尽管宋山墓画像石是二次利用，但根据题记知其为墓祠。再将它与孝堂山、武梁祠等墓祠画像石对比，基本上可以断定这些浅浮雕楼阙猿图应即是题记中所表述的“玄猿登高”。因此，我们将之命名为“玄猿登高”应该无碍。

仔细检视目前出土的同类画像石，不难发现，这种“玄猿登高”图主要出土于山东境内，以及与之毗邻的江苏徐州和安徽淮北一带，而河南、陕

---

① 朱锡禄：《山东嘉祥宋山 1980 年出土的汉画像石》，《文物》1982 年第 5 期。

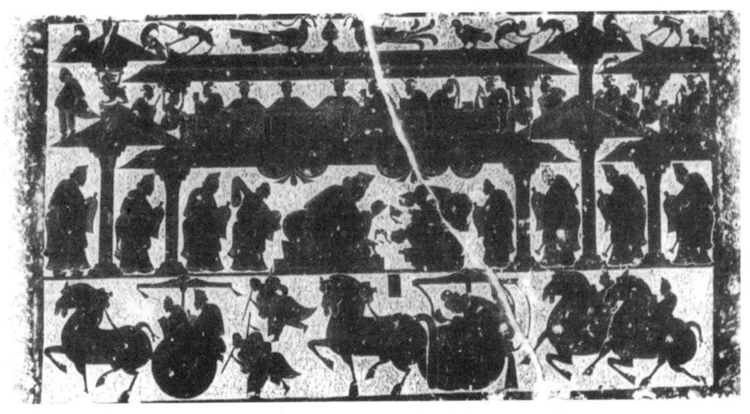

图 1　宋山第二批画像第 16 石（《嘉祥汉画像石》图 64）

资料来源：朱锡禄编著《嘉祥汉画像石》，山东美术出版社，1992。按，本文图片出处相同的，仅在第一处标示资料来源，后面只标示书名及图序。

北以及四川都相对较少。以猿和所登临的位置为这种画像的核心，可以划分出以下三种不同的类型。

（一）阙顶猿猴

具体划分，又可以有几种小类。

1. “楼+阙+猿”型，通常组合为二层楼阁+重檐阙+猿猴，猿在阙顶

在这类“玄猿登高”图中，二层楼房常处于画面中间位置，楼阁每一层都有一人或多人。楼阁的两边则有阙，而猿就在阙顶上，通常与鸟配对。这样的组合按照雕刻技法和画面繁复的程度又可再细化为两种类型。

（1）繁复的浅浮雕类型。除上文所举嘉祥宋山画像石外，同类画像石也见于嘉祥的武梁祠、南武山、旬子村等。这种组合往往画面繁富，重檐阙的上层会高出二层楼房，或二者齐平。而猿猴或在阙顶嬉戏，或正从楼顶向阙顶跳跃。而这样的组合中，二层楼顶多为两只凤凰之类的神鸟相对而立，并有羽人喂食。而重檐阙的上层阙顶往往被一熊状神兽托举，如图 1 左侧的重檐阙。除此以外，在重檐阙外可能还有大树，并有人在树下或站立在阙檐射树上的鸟，如嘉祥南武山画像第 1 石（见图 2）。在武梁祠、宋山等地的画像石中，后一种构图更常见。

（2）简略的凹面线刻型。如长清孝堂山，嘉祥焦城村、纸坊镇敬老院、蔡氏园等地出土的画像石都是这种类型。相比而言，这类风格的画像石构图

图 2 南武山画像第 1 石（《嘉祥汉画像石》图 78）

比较疏朗。如蔡氏园原编号为“画像甲”的画像石，画像正中为二层楼阁，上层中间为门，门中立一人，左右各有两妇人。下层为拜谒图，墓主凭几而坐，接受拜谒。二层楼房的旁边各有一重檐阙，右阙顶有一猿，左阙下层檐外侧立一鹤。此外有人站立两旁，右侧有车（见图 3）。

图 3 蔡氏园画像第 1 石（《嘉祥汉画像石》图 7）

2. “门阙+猿”型

与楼阙猿相比，这种图像没有楼阁，只有门阙，或双阙，或单阙。如 1976 年山东沂水后城子出土一块画像石，左残，右部四周饰十字穿璧纹，中为一门亭，左右有子母阙。门亭两旁各有一执戟武士，或为亭长与亭卒，门中一女子半身往外探望，阙顶与门亭上有两只猿（见图 4）。又如四川大邑县出土的画像砖图中为一单阙，阙两边各立一人，或以为即亭长和亭卒。阙顶檐两边各悬挂一猿，其中右边猿旁有菱形纹饰（见图 5）。而 1976 年微山县沟南村出土的双阙画像石，猿猴站在双层阙下层内侧，上层为双鹤啄鱼。双阙间一人持戟，两边各站立一人（见图 6）。

图 4 门亭、双阙画像［《中国画像石全集》（3）图 77］

资料来源：中国画像石全集编辑委员会编《中国画像石全集》，山东美术出版社，2000。

图 5 单阙（《四川汉代画像砖》图 92）

资料来源：高文编《四川汉代画像砖》，上海人民美术出版社，1987。

图 6 《山东汉画像石选集》图 50

资料来源：山东省博物馆、山东省文物考古研究所编《山东汉画像石选集》，齐鲁书社，1982。

另外有一些特例，如在“捞鼎”图或“建鼓乐舞”图中配一阙，阙顶有猿猴。1990 年，邹城郭里镇高李村发掘了一座画像石墓。[①] 其中标记为第 2 石的画像石位于前室西壁，画面正中为“捞鼎”图，左边为一阙，重檐四阿顶，檐两边各攀附一猿猴。阙右上方为凤凰之类的仙鸟及喂鸟的仙人（见图 7）。标记为第 3 石的画像石位于前室东壁，画面正中为建鼓，建鼓下

① 邹城市文物管理处：《山东邹城高李村汉画像石墓》，《文物》1994 年第 6 期。

有两个骑虎人，两虎共一头，比较奇特。画面的最右端为一重檐四阿阙，阙顶攀附两只猿猴，阙下为两条鱼（见图8）。

图7　高李村汉画像第2石（《山东邹城高李村汉画像石墓》图5）

资料来源：邹城市文物管理处《山东邹城高李村汉画像石墓》，《文物》1994年第6期。

图8　高李村汉画像第3石（《山东邹城高李村汉画像石墓》图6）

（二）楼顶猿猴

顾名思义，这种画像中的猿猴站立在楼阁顶部。依据楼阁的形式及其组合，这类画像也可分为几种小的类型。

1.“楼+楼顶猿猴+阙”型

其实这种类型可以看作阙顶猿猴的对应画像。根据楼层多寡，可以再分为两小类。

（1）“两层楼阁+楼顶猿猴+阙”型。如嘉祥五老洼画像第6石，画面分两层，上层正中刻有两层楼房，楼顶上是两只猿猴，楼旁为重檐阙（见图9）。而滕州桑树镇大郭村出土的画像石，中间为双层楼阁，楼左为伸出去的双层重檐阙，右侧为大树及树上的凤凰和羽人。在楼阁的下层楼檐上站立一猿，另有一猿似正从树上往楼檐上跳。值得注意的是，二楼两边楼檐盘旋伸出的龙头，正包裹着楼阁上层（见图10）。汶上县先农坛出土画像石则更为繁复（见图11）。

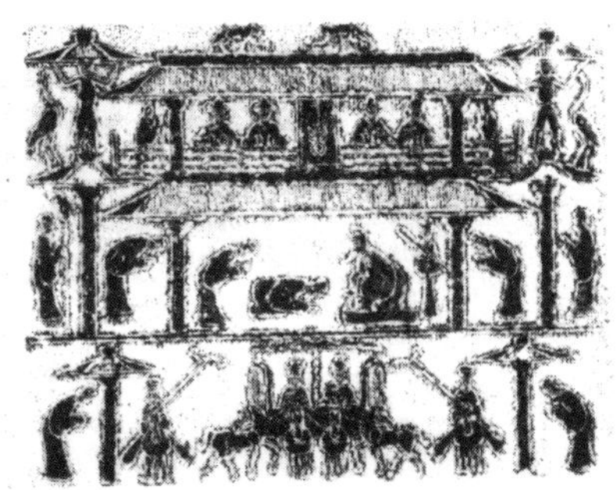

图9　五老洼画像第6石（《嘉祥汉画像石》图90）

图10　《山东汉画像石选集》图285

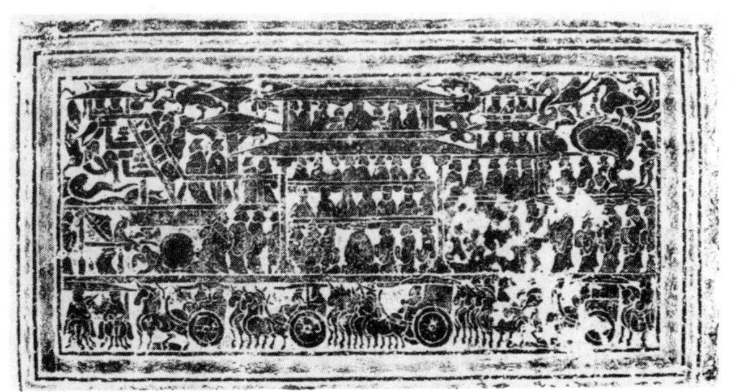

图11　《山东汉画像石选集》图224

（2）“堂+阙+堂顶猿猴”型。《山东汉画像石选集》图 2 收录的是近年微山县出土的一块画像石，画面上层为一堂两阙，墓主人端坐堂中，两旁为侍者。堂有四阿顶，顶两边各攀附一只猿猴，作向上状，在猿猴下方堂的重檐边，各站立一只鸟，似正望着阙顶的鸟。墓主人似乎正专心致志欣赏下层的建鼓百戏表演，其中三个裸体舞女尤为引人注目（见图 12）。

图 12 《山东汉画像石选集》图 2

2. “楼+猿猴”型

此类型无阙，且根据楼层多寡，可以再细分为两小类。

（1）“两层楼+猿猴”型。这种图像见于武梁祠，武梁祠东阙子阙身南面画像分三层，上层为两层楼阁，楼下为马、饲马人和站立的武士，楼上端坐二人，侧面有两个侍者，楼脊上攀附一猿猴（见图 13）。而陕西四十铺出土的墓室横额画像的双层楼阁中，墓主或其妻妾被安置在楼下，楼上空置，楼顶为猿猴和羽人组合（见图 14）。

图 13 武氏东阙子阙身南面画像［《中国画像石全集》（1）图 32］

（2）“堂+堂顶猿猴”型。这种画像发现很多，尤其集中分布于山东微山南部及江苏徐州和安徽北部地区。皖北、苏北的此类画像石一般多用浅浮雕方法，构图简单，猿猴一般攀附在房脊上。如江苏铜山汉王墓出土的一块画像石，中间为四阿式建筑，两边各有一合欢树，树下各立一人。房中两人似正在玩六博，房屋的阿顶站立一凤凰，两边檐脊各有一猿猴（见图 15）。比较而言，鲁南地区出土的此类画像石构图繁富且充满神话气息。如 1990 年邹城郭里镇高李村 M1 墓出土的一块画像石，画面正中为高大的庑堂式建筑，四阿顶，双重檐显示出建筑的幽深。墓主人端坐堂中，堂外两边各坐四人，屋顶左右各有一猿（见图 16）。当然，最具神话色彩的当数微山出土的此类画像石。如微山两城出土的“永和四年铭文题记画像石”，是祠堂的后壁。画面正中刻庑堂式建筑，重檐垂幔，男女主人端坐堂中，两边分立侍者。四阿顶上站立两羽人正在喂食凤凰，或正从凤凰口中接珠状仙药。凤凰两侧为飞鸟，凤凰尾下各攀附一猿，似正拉凤尾。左侧凤凰尾巴旁有一怪兽，似为熊（见图 17）。根据题记可知，此是文山、叔山为他们的哥哥桓孨所建。

图 14 墓室横额（《绥德汉代画像石》图 59）

资料来源：绥德汉画像石展览馆编《绥德汉代画像石》，陕西人民美术出版社，2001。

图 15 宴饮画像［《中国画像石全集》（4）图 19］

图 16　建筑、祠主受祭画像（《邹城汉画像石》图 42）

资料来源：胡新立《邹城汉画像石》，文物出版社，2008。

图 17　《山东汉画像石选集》图 1

如果说到楼或堂顶猿猴，应提及汉画中表现庭院或联体楼阁的画像。这种画像石见于山东、陕西等地，其中围墙或楼顶往往也会有猿猴的身影。如绥德白家山汉墓画像石，画面表现为三层楼阁，其中三楼的楼檐有两只猿猴正在向上爬，楼顶上相向而立的是两只凤凰（见图 18）。而曲阜旧县村出土的画像石，庭院的平面延展效果更加明显，其中最深处左侧庭院的楼脊上有猿（见图 19）。关于联体楼阁，可以 1966 年山东费县潘家疃出土的画像石为例，画面中两栋楼阁有回廊相连，楼中有人，楼上有羽人、凤凰和猿猴（见图 20）。

图 18 白家山汉墓·前室西壁（《绥德汉代画像石》图 29）

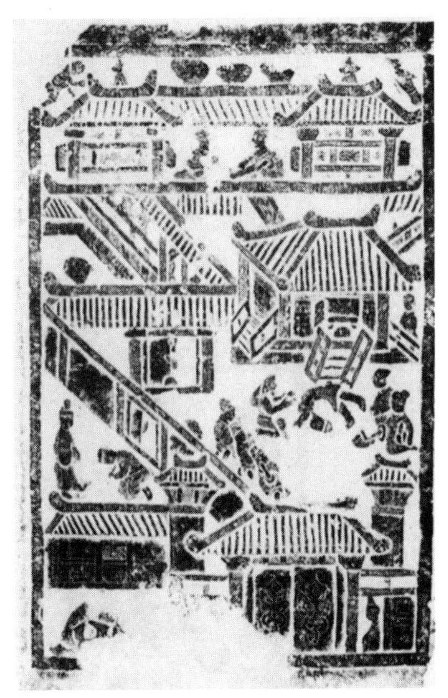

图 19 《山东汉画像石选集》图 165

图 20 《山东汉画像石选集》图 434

（三）榭顶猿猴

在中国古代，榭可以是无室的厅堂，用于藏器或讲武习射；也可以是高台上的木屋，用作临观或临时休息的场所。而水榭作为中国古代园林建筑的重要组成部分，主要用于休息或赏景。在汉画像中，我们经常会看到水榭图，而榭顶常有猿猴穿梭跳跃。1959 年邹城郭里镇黄路屯征集的一块画像石，画像右侧为一水榭，榭中有人垂钓，榭顶有猿和凤。榭旁有狭长楼梯，有六人沿梯登楼。水中有三鱼共头，有鹤啄鱼，也有人正在水中捉鱼（见图 21）。在这类图像中，榭中人、水中鱼、啄鱼之鹤及捉鱼之人等构成要素较固定，唯登楼者常常有变。其可以是人，如《邹城汉画像石》图 44；也可以是人、凤组合，如 1962 年邹城郭里镇下镇头村所征集画像石（见图 22）；还可以是人与猿组合，如《中国画像石全集》（2）图 187 著录的出土于滕州的一块画像石（见图 23）。这样的画像石在微山县也有多次发现，如马汉国主编《微山汉画像石选集》著录的图 51、图 68、图 76、图 86、图 88、图 91、图 95 等。[①] 这些画像石极具神话意味，与猿猴组合在一起的通常是人首鸟身的扁鹊形象（见图 24）。

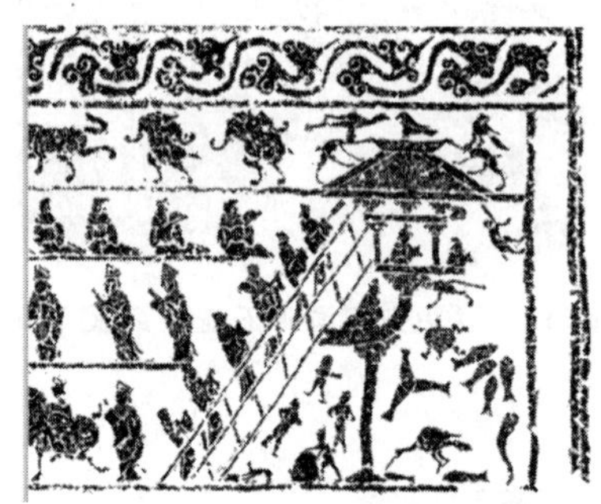

图 21 水榭、人物、异兽、车骑出行画像（《邹城汉画像石》图 74）

图 22 水榭、人物、钓鱼画像（《邹城汉画像石》图 68）

图 23 水榭、庖厨、人物画像［《中国画像石全集》（2）图 187］

图 24 《山东汉画像石选集》图 38

① 马汉国主编《微山汉画像石选集》，文物出版社，2003。

二

在上文中，我们统计分析了汉画像中三种类型的“玄猿登高”图。那么，我们该如何理解汉画像中登高玄猿形象的内涵呢？

就“玄猿登高”图本身来说，诸如猿猴登临的位置、和猿猴一起出现的物象，以及猿猴的替代物都可以帮助我们理解汉画“玄猿登高”图的含义。这类图像中和猿猴一起出现的大致有三类物象，最常见的是凤凰，如图15、图18、图20、图22所示；也可以是羽人，如图14、图17所示[①]；还有人首鸟身的扁鹊，这主要见于嘉祥[②]、邹城、微山，如图24所示。此外在水榭图境下还存在猿和鱼的组合，如图21～24所示。鱼有多子之义，又有化生之义，如《庄子·逍遥游》鲲化为鹏之类，所以汉墓中的鱼和长生及祈福有关。总之，凤凰、羽人、人首鸟身的扁鹊以及鱼等物象含义都不难理解，大抵指向成仙、升天和祈福。而就替代物而言，在汉画中经常和猿猴相互替换的也是凤凰，如楼阁图中楼顶上最常见的是凤凰或仙人饲凤，而五老洼画像楼顶则是两只猿猴（见图9）。

如果我们不局限于“玄猿登高”，而是结合汉画中猿猴的伴随物象来看，其长生或升仙意义会更加明显。猿猴常和仙鹤一起出现，如四川内江大梁山M31崖墓中的仙鹤群猴图（见图25）。有时猿猴甚至骑在鹤背上，如密县打虎亭猴子骑鹤图（见图26）；也可骑在凤凰的背上，如邹城出土的人物、凤凰画像中便有猿猴骑凤的场景（见图27）。而如果它出现在西王母、东王公座下，其表长生或成仙的意义功能就更加明确无疑了。如早年滕州西南乡出土的西王母、群兽、车骑出行画像石，西王母座下神兽中就有猿的身影（见图28）。而1982年在滕州官桥镇后掌大村发现的石椁画像，画面分两层，其中下层为神仙题材。在西王母和东王公的座下，都有猿猴（见图29）。尤其是1973年山东省苍山县（今兰陵县）出土的纪年为元嘉元年的画像石墓，其中墓门左立柱上格刻西王母坐在符号化的昆仑山上，手执仙草，座下有九尾狐和猿猴（见图30）。

① 更加明确的例子见于宋山出土第二批画像第17石，在左边的阙顶上，一个长发羽人正在逗弄一只猿。详见朱锡禄《山东嘉祥宋山1980年出土的汉画像石》，《文物》1982年第5期。

② 在1978年嘉祥宋山M1墓出土的画像石第1、3、5石中，这种人首鸟身的扁鹊形象出现在西王母或东王公旁边。参见朱锡禄《山东嘉祥宋山发现汉画像石》，《文物》1979年第9期。

下格刻两仙女，似行走在山巅云间。墓石题记解释这幅画像曰“左有玉女与仙人”，与画面若合符契。①

图 25　内江岩边山崖墓　仙鹤·群猴［《中国画像石全集》（7）图 28］

图 26　猴子骑鹤石刻画像残块（《密县打虎亭汉墓》图 225）

资料来源：河南省文物研究所《密县打虎亭汉墓》，文物出版社，1993。

图 27　人物、凤凰画像（《邹城汉画像石》图 179）

图 28　西王母、群兽、车骑出行画像（《中国画像石全集 2》图 167）

当然，最重要的是位置即登高的猿猴经常出现的位置——楼顶和阙顶的意义。先看楼顶。在汉画语境中，楼顶是仙界与凡界的交界处，楼顶上常是仙人活动的场所。如微山两城山出土的水榭图，在水榭的上端，有仙人骑龙列队经过（见图 31）。同样的图像也见于微山出土的其他汉画像石。正因如

① 张其海：《山东苍山元嘉元年画象石墓》，《考古》1975 年第 2 期。该文把画像石题记中的“元嘉元年”理解为刘宋元嘉，当据其他学者意见解释为汉桓帝元嘉元年（151）。

图 29　人物故事、东王公、西王母画像［《中国画像石全集》（2）图 176］

此，在汉画楼阁或阙的顶端，常有一些仙气十足的图像，如图 17。在图 1 中，房顶上的两只凤凰对着一座博山炉。在汉代人的思想观念中，博山炉和微观宇宙相类，也可能和某种重要的圣山相关联，其背后的意趣指向成仙。① 1998 年在绥德白家山征集的左右门柱画像中，有猿猴站在博山炉上饲凤或从凤凰嘴里接取仙药（见图 32）。

图 30　墓门左立柱图像局部

资料来源：张其海《山东苍山元嘉元年画像石墓》，《考古》1975 年第 2 期。

图 31　水榭、人物画像［《中国画像石全集》（2）图 46］

① ［英］杰西卡·罗森：《中国的博山炉——由来、影响及其含义》，《祖先与永恒：杰西卡·罗森中国考古艺术文集》，邓菲等译，生活·读书·新知三联书店，2011，第 463~482 页。

图 10、图 11 双龙环绕楼阁的画像石尤其值得注意，类似的图像还有一些，大多出土于鲁南地区。双龙环绕也即《许安国墓祠题记》所说的“交龙逶迤”，表阴阳和合，带有强烈的祈求长生之义。1958 年滕州西户口出土的画像石中有双龙环绕托举东王公的图像（见图 33），可以看作这种双龙环绕楼阁图像的变体。而这种双龙环绕图像在某些情况下也可视为伏羲、女娲蛇体缠绕的变体，如著名的微山两城永和四年桓孨祠左壁画像（见图 34）。伏羲、女娲在汉墓画像中可表示阴阳，也可表示东、西方位，象征墓葬中宇宙空间模式。缠绕的双龙与蛇躯缠绕的伏羲、女娲，在结构功能上是一致的，而它们托举的东王公、西王母与楼阁中的墓主、墓主妻妾也有一定的对应性，表达出墓主对升仙的祈求。

图 32　墓室竖石（《绥德汉代画像石》图 101）

图 33　《山东汉画像石选集》图 220

再看阙顶。学术界对汉墓门阙图像的认识经历了一个逐渐深化的过程。起始，门阙被认为是地位的象征①，随着“天门”题记等画像材料出现，“天门说”逐渐成为主流②。最近我国台湾学者刘增贵及日本学者佐竹靖彦提出门阙象征死者下赴黄泉的神门，并批评“天门说”的不完备性。③ 其实

① 冯汉骥：《四川的画像砖墓及画像砖》，《文物》1961 年第 11 期。

② 赵增殿、袁曙光：《“天门”考——兼论四川汉画像砖（石）的组合与主题》，《四川文物》1990 年第 6 期。在该文中，作者给出了六幅与天门相关的图像资料，涉及铜牌和画像砖。

③ 刘增贵：《汉代画像阙的象征意义》，《中国史学》（第十卷），（日本）朋友书店，2000，第 97~127 页；〔日〕佐竹靖彦：《汉代坟墓祭祀画像中的亭门、亭阙和车马行列》，朱青生主编《中国汉画研究》（第 1 卷），广西师范大学出版社，2004，第 35~69 页。

图 34　西王母画像（《微山汉画像石选集》图 2）

资料来源：马汉国主编《微山汉画像石选集》，文物出版社，2003。

所谓“天门”“神门”，准确地说应该为“魂门”。“魂门”常见于汉墓祷祝辞令，与之相应的还有“魂门亭长”，在汉代门阙画像中习见。死后魂魄入地，此即汉乐府《蒿里》《薤露》之所歌，反映汉代人生死观之共识。但问题在于，汉代人对死或持二分态度，即真死与假死。《老子想尔注》“没身不殆”注云：“太阴道积，练形之宫也。世有不可处，贤者避去，托死过太阴中，而复一边生像，没身不殆也。俗人不能积善行，死便真死，属地官去也。”又云：“道人行备，道神归之，避世托死过太阴中，复生去为不亡，故寿也。俗人无善功，死者属地官，便为亡矣。”① 积善得道之人以死为生，步入“不殆”“不亡”之境。故而汉画中的门阙既是进入“练形之宫”的入口，又是仙宫的符号化象征。这在一定程度上可以解释为什么汉墓画像极力宣扬俗世道德以及热衷于祥瑞。因为这些都是贤者的标志，也是他们能死而复生的表征。同时持戈或戟的魂门亭长的功能也可以得到解释，他守护练形之宫，辟邪趋吉，保护墓主顺利升仙。②

正因为门阙有此意义，所以除“天门”榜题外，其还有一些异乎寻常的配置，以表示其意义。如 1957 年邹城峄山镇东颜村收集的一块画像石上，中间为楼阁，楼顶有凤凰、白猿，左右立双阙，各被双龙缠绕（见图 35），很显然有提举升天之义。这可以算作门阙乃“天门”的一个辅证。此外还有“半启门”，如图 4，这一母题通常被认为和成仙有关。③

所以，无论是替代物、伴随物还是其登临的位置，汉画中猿猴的意义都指向成仙或升天。我们认为，汉画像中的猿和龙、凤等一样，有引导墓主灵魂升天的功能。而这一意义在陕西绥德军刘沟出土的一块墓门横梁画

① 饶宗颐：《老子想尔注校证》，上海古籍出版社，1991，第 21、43 页。

② 姜生：《汉阙考》，《中山大学学报》（社会科学版）1997 年第 1 期。

③ 巫鸿：《礼仪中的美术——巫鸿中国古代美术史文编》（下卷），郑岩等译，生活·读书·新知三联书店，2005，第 481、491~492 页；吴雪杉：《汉代启门图像性别含义释读》，《文艺研究》2007 年第 2 期；罗二虎：《东汉墓“仙人半开门”图像解析》，《考古》2014 年第 9 期。

图 35　双阙、建筑、人物、车马画像（《邹城汉画像石》图 189）

像中得到了鲜明的展示。这幅图可以称为墓主升仙图，图像采取自右向左的叙事方式。画像的左段刻的是西王母，其旁边围坐三位仙人，另外还有三足乌、九尾狐和捣药的玉兔等常见的汉画西王母图配制物。画像的右段，墓主由羽人引导，乘坐鸟拉仙车从东向西进发，去拜见西王母。墓主乘坐的仙车前，上有飞翔的羽人，前有载歌载舞并击打乐器的蟾蜍、玉兔。而值得关注的是，在羽人的下方有一只猿，拿着不知名的乐器和蟾蜍等一起，引导墓主向西王母处进发（见图 36）。这可以算作猿猴具有引导墓主升仙意义的确证。

图 36　绥德墓门楣画像局部［《中国画像石全集》（5）综述插图］

在此需要注意的是，不仅在黄泉背景下，在现实世界的楼阁装饰中汉人也喜欢猿猴造型。王延寿《鲁灵光殿赋》中记载灵光殿富丽堂皇的“丹彩之饰”曰：

> 虬龙腾骧以蜿蟺，颔若动而躨跜。朱鸟舒翼以峙衡，腾蛇蟉虬而绕榱。白鹿孑蜺于欂栌，蟠螭宛转而承楣。狡兔跧伏于柎侧，猿狖攀椽而相追。玄熊舑锬以龂龂，却负载而蹲跠。齐首目以瞪眄，徒脈脈而狋

> 狋。胡人遥集于上楹，俨雅跽而相对。仡欺猓以雕䀯，幽颟顡而睽睢。状若悲愁于危处，憯嚬蹙而含悴。神仙岳岳于栋间，玉女窥窗而下视。忽瞟眇以响像，若鬼神之仿佛。

王延寿赋中所描述的图景，很多可以在汉画像中找到。如墓门楣画满蟠螭纹，龇牙咧嘴承负着阙顶的熊，而“胡汉战争”和“仙女窥窗”也是汉画常见题材。当然，我们感兴趣的是“狡兔跧伏于柎侧，猿狖攀椽而相追”。关于兔子，我们在汉画中常可以见到，如西安交大壁画墓，又如陕西省定边县郝滩东汉墓画像中的兔子，其被六颗星星包围，表示西方星宿中的昴宿。[①]《鲁灵光殿赋》中描绘的兔子或也有此意义，因为灵光殿“规矩制度，上应星宿”，并且这被认为是它遭遇汉室中微而不毁坏的原因。那么猿或也有此意义。在汉人的观念中，猿也对应天上的星宿，如《五行大义》引《春秋运斗枢》：“枢星散为龙马，旋星散为虎……摇光散为猴猿，此皆上应天星，下属年命也。”[②]

（本文后发表于《文史哲》2018 年第 1 期）

① 陕西省考古研究院编著《壁上丹青：陕西出土壁画集》（上册），科学出版社，2009，第 27、56 页。

② 〔日〕中村璋八：《五行大义校注》，（日本）汲古书院，1984，第 220~221 页。

星占与东汉政治*

——以陈蕃、窦武之谋为例

陈金星

（闽南师范大学　文学院，福建　漳州　363000）

摘　要：　陈蕃、窦武谋诛宦官体现出星占与汉代政治的密切关系。传世文献表明，汉重日食，汉代儒家学说特别是纬书掺杂着不少星占话语。汉代出土文献揭示出汉代星占知识的原始面貌，还揭示出星占信仰在汉代的普及与深入。汉代救食仪式、天文仪器、天文观测建筑以及星象图体现出官方与民间共享着天人感应的灾祥观念。传世文献、出土文献、仪式以及物象四重证据交织呈现出汉代星占文化图景。

关键词：　陈蕃　窦武　星占　汉代政治　天人感应

《滕王阁序》中有一名句："物华天宝，龙光射牛斗之墟；人杰地灵，徐孺下陈蕃之榻。"此句提到的"陈蕃"为汉代名人，其幼年时有一壮语："大丈夫处世，当扫除天下，安事一室乎！"就是这位陈蕃，在史家的笔下，其死有天象异常之兆。具体地说，陈蕃之死，与"太白入太微"天象存在关联。

* 本文为国家社科基金西部项目"当代心理学派神话研究反思与本土化开拓"（项目编号：20XZW030）成果。

司马彪《续汉书·天文志》记载："孝灵帝建宁元年六月，太白在西方，入太微，犯西蕃南头星。"据司马彪解释，"太白入太微"预示着"宫门当闭，大将被甲兵，大臣伏诛"。[①] 其具体事件应为陈蕃与窦武谋诛宦官事泄，反遭宦官矫制杀害。陈蕃、窦武之死的始末在袁宏《后汉纪》与范晔《后汉书》中有更详尽的记述。汉灵帝建宁元年（168），刚刚即位的灵帝才 13 岁，陈蕃任太傅，窦太后之父窦武任大将军。陈蕃与窦武都对宦官专权不满，共谋诛除宦官，窦武于是安排尹勋、刘瑜等一些志同道合的人担任要职。建宁元年五月丁未朔，天现日食，"诏公卿以下各上封事"，陈蕃劝窦武借日食之机"斥罢宦官，以塞天变"。窦武遂说服窦太后诛除管霸、苏康，但此后在诛曹节一事上，太后一直拿不定主意。同年八月，太白出西方，精通星占的刘瑜认为是不祥之兆，上书太后："太白犯房左骖，上将星入太微，其占宫门当闭，将相不利，奸人在主傍。愿急防之。"[②] 同时，刘瑜致信陈蕃、窦武二人，建议速做决断："星辰错缪，不利大臣，宜速断大计。"[③] 窦武上奏收捕中常侍曹节、长乐食监王甫等。但由于朱瑀偷看窦武奏本，他先下手为强，纠集亲信宦官歃血为盟。曹节矫诏发兵讨伐窦武，窦武兵败自杀，太后迁至南宫，陈蕃、尹勋、刘瑜、冯述被夷族。

回顾陈蕃与窦武的谋划过程，可以注意到其两次行动时机的选择皆与异常天象有关，一为日食，一为"太白入太微"。这两次行动时机抉择的原因在于参与者所持的星占信仰。星占信仰的基础是"天人感应"观念，这一观念相信人间政治的美恶可以在自然现象中显现。也就是说，政治有缺则天降灾异，政治美善则天降祥瑞。陈蕃劝窦武借日食之机"斥罢宦官，以塞天变"不是偶然的，天人感应观念在其《因火灾上疏》一文中已有体现。汉桓帝延熹八年（165），诸宫寺连月有火灾。陈蕃上疏，其中云："前始春而狱刑惨，故火不炎上。"[④] 又云："夫气弘则景星见，化错则五星开，日月蚀。灾为已然，异为方来，恐卒有变，必于三朝，唯善政可以已之。"[⑤] 窦武同样怀有天人感应观念。永康元年（167），窦武向桓帝上疏，建议贬黜

① 范晔：《后汉书》，中华书局，1965，第 3258 页。
② 范晔：《后汉书》，中华书局，1965，第 2243 页。
③ 范晔：《后汉书》，中华书局，1965，第 2243 页。
④ 范晔：《后汉书》，中华书局，1965，第 3296 页。
⑤ 范晔：《后汉书》，中华书局，1965，第 3296 页。

宦官，信任忠良，这样“咎征可消，天应可待”。[①]

星占信仰在陈蕃、窦武谋诛宦官过程中具有关键性作用。联系距陈蕃之死不过两年的“党锢之祸”，可以发现它们不是孤立的历史事件。“党锢之祸”的起因不过是河内术士张成通过风角得知将有赦令，故意教子杀人。由于河南尹李膺抓获罪犯后不顾赦令坚持处决罪犯，张成弟子牢脩遂诬告李膺结党，于是桓帝震怒，大捕党人。因此还可以追问：陈蕃劝窦武借日食之机斥罢宦官的理论依据何在？“宦官”与日食有何对应关系？天现日食，“诏公卿以下各上封事”有何“故事”可据？“太白犯上将星入太微”有何信仰意涵？以上问题皆涉及考察当时星占信仰的文化语境，围绕这些问题，下文将结合四重证据呈现东汉星占信仰的文化语境。

一 第一重证据：以“汉重日食”为中心

“四重证据法”的一重证据指传世文献，二重证据指出土文献和文字，三重证据指人类学的口传与非物质文化遗产，四重证据指图像和实物。[②]

考古发现与文献记载表明，天文观测在中国具有悠久的历史。《史记·天官书》云：“自初生民以来，世主曷尝不历日月星辰？”[③] 历代王朝统治者之所以重视观测天象，其缘由在于“天人感应”的宇宙观在王朝意识形态中占有一席之地，特别是作为统治合法性依据的“天命观”是星占学源头。汉代，在董仲舒的倡议下，儒家逐渐定于一尊。儒家意识形态相信“美事召美类，恶事召恶类”，一旦出现“慧孛飞流，日月薄食”之类的天象，皇帝或移过于臣下，或作出罪己之举，大臣们也会伺机上疏，陈述对天象的看法。而对那些试图“取而代之”者来说，对统治者不利的天象成为他们起事的有力借口。

儒学在东汉十分兴盛，东汉设立的五经博士共十四家，太学在鼎盛时学生人数超过三万，这与执政者的提倡分不开。汉光武帝刘秀本为儒生，虑事深远，在天下尚未完全平定时就已非常重视儒学。《后汉书·光武帝纪》记载：“（建武）五年……齐地平。初起太学。车驾还宫，幸太学，赐

① 范晔：《后汉书》，中华书局，1965，第2240页。

② 叶舒宪：《物的叙事：中华文明探源的四重证据法》，《兰州大学学报》（社会科学版）2010年第6期。

③ 司马迁：《史记》，中华书局，1959，第1342页。

博士弟子各有差。”[①] 中元元年（56），处于晚年的光武帝又兴建明堂、灵台、辟雍及北郊兆域，颁布图谶于天下。追随光武帝的“云台二十八将”也大都是儒生出身。在光武帝的好尚之下，东汉初期就已兴起崇尚儒学之风。明帝时行三雍之礼，飨射礼毕，明帝亲自讲经，诸儒执经问难于前。《后汉书·儒林列传》夸张地说：“冠带缙绅之人，圜桥门而观听者盖亿万计。”[②] 章帝时大会诸儒于白虎观，论《五经》异同，章帝亲临称制，班固奉命撰成《白虎通》。

当时的儒说掺杂着不少星占话语，《齐诗传》、《韩诗外传》、《春秋公羊传》及诸家《礼》学、《尚书》学、《易》学中均可以发现星占话语。以日食为例，日食在两汉之时还不能被精确预报，属于异常现象。《白虎通》云：“日食必救之何？阴侵阳也。”[③] 此说与董仲舒之说一致。《春秋繁露·精华》云：“大水者，阴灭阳也。阴灭阳者，卑胜尊也，日食亦然，皆下犯上、以贱伤贵者，逆节也。”[④] 《洪范五行传》以为“王之不极”则有“日月乱行，星辰逆行”。《汉书·五行志》“皇之不极”条按年代顺序列举了春秋与西汉时期的日食记录，并附以董仲舒、刘向、刘歆、谷永、京房等诸家解说。其中，京房的日食理论较为系统，其日食占二十条，共二十四种情状，如“内臣外乡兹谓背，厥食食且雨，地中鸣。冢宰专政兹谓因，厥食先大风，食时日居云中，四方亡云”[⑤]。

西汉末期，谶纬之说日盛。光武帝封禅以后，颁布图谶于天下，自此谶纬成为内学，在儒生当中刮起了争学谶纬之风。不过谶纬的流行，除了皇帝的提倡外，还有更广阔的文化背景，应当注意到谶纬相当多的内容由数术知识构成。所谓“数术”，包括天文、历谱、五行、蓍龟、杂占、形法，“数术”与“方技”合称为“方术”。谶纬的兴起是儒家思想与方术知识交融的结果，二者共享着天人感应的宇宙观，儒家意识形态寻求方术知识的支持，而方术知识则通过响应主流意识形态的“召唤”进入了话语圈。当时官方颁布的谶纬共有八十一篇，即《河图》《洛书》四十五篇与《七经纬》三十六篇。仅就《七经纬》而言，其所含的星占观念就特别丰富。

---

① 范晔：《后汉书》，中华书局，1965，第 40 页。
② 范晔：《后汉书》，中华书局，1965，第 2545~2546 页。
③ 陈立：《白虎通疏证》，吴则虞点校，中华书局，1994，第 272 页。
④ 苏舆：《春秋繁露义证》，钟哲点校，中华书局，1992，第 86~87 页。
⑤ 班固：《汉书》，中华书局，1962，第 1480 页。

以《尚书》纬为例，《尚书》纬包括《尚书璇玑钤》《尚书考灵曜》《尚书刑德放》等。从题名来看，《尚书璇玑钤》存在星占背景："璇玑"既是观测天文之器，又指涉北斗七星中的天璇、天玑。《尚书璇玑钤》曰："北斗第一星变色数赤不明，七日内日蚀。"① 《尚书考灵曜》题名亦与星占相关，"考灵曜"意为考察日月星辰之运行，其中心思想是观象授时、按时施政，因此《尚书考灵曜》对周天度数、日月行度、二至影长、历元之始皆有记载。《尚书考灵曜》还把一年分成春、夏、季夏、秋、冬，并与五星相配，如果政事亏缺，对应的星就会出现反常天象。

再以《诗》纬为例，《诗》纬包括《诗推度灾》《诗泛历枢》《诗含神雾》等。《诗推度灾》以分野观念解释《诗经》方国名称，又以"天人感应"观念解释日食、二日相争、月食、荧惑黑圆、流星等反常天象，如"日蚀，君伤""月蚀，大臣刑"等。《诗泛历枢》具体解释"四始五际"，还罗列了不少星占知识，如"房为天马，主车驾"之类。《诗含神雾》记载庖牺、黄帝、颛顼、尧、舜、契等圣王的感生神话，也收录了不少星占知识，如"日之蚀，帝消"之类。

汉明帝在诏书中说："日食之变，其灾尤大，《春秋》图谶所为至谴。"②可见《春秋》及其纬书是东汉日食理论的一个重要来源。《春秋》纬记载了不少日食占断方法。一是根据日食的干支日作出预测。《春秋潜潭巴》曰："甲子日蚀，有兵，狄强起。乙丑日蚀，大旱，大夫执纲。……壬戌日蚀，群山崩。癸亥日蚀，大人丧。"③ 二是根据日食的时辰占断。《春秋纬感精符》曰："日蚀寅卯辰木域，招谋者司徒也。日蚀己午未火域，招谋者太子也。日蚀申酉戌金域，招谋者司马也。日蚀亥子丑水域，招谋者司空也。"④三是根据日食位置作出占断。《春秋纬感精符》曰："日蚀亢中，其邦君有忧。日在心而蚀，兵丧并起。……日蚀张，王者失礼，宗庙不亲，急退太常，以廷尉伐之。不者，不安，期在十二月与五月。"⑤ 四是根据日食时太阳的形状作出占断。《春秋纬感精符》曰："群臣争则日裂，主偏任则日裂

---

① 赵在翰辑《七纬（附论语谶）》，齐鲁书社，1997，第584页。

② 范晔：《后汉书》，中华书局，1965，第111页。

③ 赵在翰辑《七纬（附论语谶）》，齐鲁书社，1997，第880~882页。

④ 赵在翰辑《七纬（附论语谶）》，齐鲁书社，1997，第828页。

⑤ 赵在翰辑《七纬（附论语谶）》，齐鲁书社，1997，第828~829页。

为五。”[①] 除此之外，《春秋》纬还大量记载彗星占、五星占、月占及二十八宿星官等星占知识。

赵翼《廿二史札记》指出，汉重日食。汉文帝前元二年（前 178）十一月发生日食，文帝下诏，诏书称：“日有食之，适见于天，灾孰大焉！”[②]《后汉书》载有灾异诏书 57 道，与日食有关的诏书一共有 21 道，而按照司马彪《续汉书·五行志》的统计，东汉共发生日食 72 次。在诏书中，皇帝或者表示自己“不德”“德薄”“无德”，或者要求臣僚“上封事”“极言无讳”，或者表达自己的内疚、忧惧之意。如光武帝“永念厥咎，内疚于心”“谪见日月，战栗恐惧”，明帝“永览前戒，竦然兢惧”“咎在朕躬，忧惧遑遑”，章帝“忧心惨切”，桓帝“祗惧潜思，匪遑启处”，所谓“汉诏多惧词”也。还有些皇帝采取“避正殿，寝兵，不听事五日”的举措，表明自己的反省之意。如建武七年（31）三月癸亥晦日食、永平十八年（75）十一月甲辰晦日食、兴平元年（194）六月乙巳晦日食，光武帝、章帝、献帝都采取“避正殿，寝兵，不听事五日”的举措，正所谓“太上修德”。在日食理论中，刑罚不中则民怨郁结，怨气干天则日月不光，因此有时候朝廷会采取理冤狱、大赦天下、减刑、赎罪、薄征赋之举，如明帝永平十三年日食制令“刺史、太守详刑理冤”。又如延熹九年正月辛卯朔日食，桓帝下诏云“灾异日食，谴告累至”，并下令大司农免除当年调度征求及上年所调未完成者。[③]

按照星占理论，日食的原因为“阴侵阳”，而“阴”具有阐释的不确定性，可以是诸侯王、女主、外戚、后妃、宦官、小人。东汉历史中，批评矛头指向外戚的奏疏以丁鸿的封事为典型。和帝时，窦太后临政，窦宪兄弟各擅威权，永元四年发生日食，丁鸿借此上封事。所谓“封事”，《文心雕龙·奏启》云：“自汉置八仪，密奏阴阳，皂囊封板，故曰‘封事’。”[④] 丁鸿奏疏中说：

> 臣闻日者阳精，守实不亏，君之象也；月者阴精，盈毁有常，臣之表也。故日食者，臣乘君，阴陵阳；月满不亏，下骄盈也。……宜因大

① 赵在翰辑《七纬（附论语谶）》，齐鲁书社，1997，第 827 页。

② 班固：《汉书》，中华书局，1962，第 116 页。

③ 范晔：《后汉书》，中华书局，1965，第 317 页。

④ 周振甫：《文心雕龙今译》，中华书局，1986，第 216 页。

变，改政匡失，以塞天意。[①]

丁鸿在奏疏中认为日食是“臣乘君，阴陵阳”的征象，接着引据《诗经》与《春秋》来说明“变不空生，各以类应”的道理。在历数权臣倾国的史实后，他指出，最近月满不亏，表明“臣骄溢背君，专功独行”，这次日食是上天再次告诫皇帝，因此应该有所行动。封事上达十余天之后，和帝就让丁鸿掌管兵权，担任太尉与卫尉，收了窦宪的大将军官印，窦宪兄弟其后自杀。日食而导致外戚垮台的史实还有一例。元初六年（119）二月地震，其年十二月戊午朔日食，是时邓太后临朝听政，太后兄弟邓遵多兴师重赋出塞妄攻，司空李郃上书指出，一年之中出现两次灾异，“祸在萧墙之内，臣恐宫中必有阴谋其阳，下图其上，造为逆也”[②]。李郃的书奏十分大胆，他认为祸在萧墙之内，矛头已经直指太后。他接着建议贬退太后兄弟群从内外之宠，举荐贤才。邓太后崩后，安帝收考宦官赵任等，查问出所谓的“废立之谋”，再加上乳母王圣等人的诬告，于是邓氏宗族皆免官，邓骘与邓遵自杀。

当然，大臣因日食进言并不一定都会被采纳，桓、灵二帝时大臣关于日食的书奏多被置之不理。比如，灵帝光和元年（178）共出现两次日食，十月丙子晦的日食从巳时持续到午时，日食过后，云雾迷蒙，卢植上书。他认为日食缘于阳失阴侵，并陈八事以消灾——用良、原禁、御疠、备寇、修礼、遵尧、御下、散利，即任用贤良、赦恕因党锢获罪之徒、收葬宋皇后家属等。卢植的奏章没有被采纳。书奏被置之不理已经算是幸运，更悲惨的是，因日食上奏而遭杀身之祸。如延熹元年，太史令陈授以为灾异日食之变咎在梁冀，结果梁冀“讽洛阳令收考授”，致使陈授死于狱中。尽管不乏因日食而进言失败的案例，但我们仍可以从这些案例中窥见东汉士大夫所信仰的“天人感应”神话政治。

二 第二重证据：以汉代出土文献中的日占为中心

传世文献中最早的日食传说见于《尚书》，《尚书·胤征》记载夏朝仲康在位时，羲和沉湎于酒，误了公事，最终伏诛：“乃季秋月朔，辰弗集于房，瞽奏鼓、啬夫驰，庶人走。羲和尸厥官，罔闻知，昏迷于天象，以干先

---

① 范晔：《后汉书》，中华书局，1965，第 1265~1267 页。

② 严可均校辑《全上古三代秦汉三国六朝文》，中华书局，1958，第 733 页。

王之诛。”[①] 有论者称这次日食发生于公元前 2043 年，但《尚书·胤征》日食记录还不确切可靠。商代甲骨文已有可靠的日食记录。商人关注日食，日食发生之前，卜官多次卜问是否将发生日食，日食发生之后，还向祖灵报告。公元前 1161 年 10 月 31 日（殷历为乙巳日）出现日食（见图 1），时值殷王武丁在位。乙巳日食之前 53 天为壬子日，商人已经开始占问甲寅日是否发生日食（“壬子卜，贞：日蚀于甲寅?”），甲寅日并未发生日食，壬子日后 13 天再次卜问日食（“乙丑贞：日有蚀，其告于上甲？……其六牛？不用。”），乙丑日还是未发生日食。乙丑日之后又多次卜问，直至乙巳日，日食终于发生，当天晚上为此告祭先王上甲，并祭献了九牛：“乙巳贞：酌彡，其召小乙？兹用。日有蚀，夕告于上甲，九牛。”[②]

图 1　商代乙巳日食见食记录

资料来源：冯时《中国天文考古学》，社会科学文献出版社，2001，第 244 页。

《上海博物馆藏战国楚竹书》第 5 册第 1 篇《竞建内之》记载隰朋与鲍叔牙借日食向齐桓公进言一事。专家认为，《竞建内之》和《鲍叔牙与隰朋之谏》实为一篇。重新编排后的简文大意如下：日食过后，桓公问日食的征象，鲍叔牙答为“星变”“害将来，将有兵，有忧于公身”。齐桓公问祷祝之法，隰朋回答说，桓公自身无道，不践于善，祷祝无益。接着，鲍叔牙与隰朋引殷商高宗肜日故事劝谏桓公。桓公接受鲍叔牙与隰朋的谏言，采取

① 《十三经注疏·尚书正义》，北京大学出版社，1999，第 183 页。

② 冯时：《中国天文考古学》，社会科学文献出版社，2001，第 232~250 页。

了整顿祭祀典礼、登记户籍、增开田亩、修路等措施。专家认为，《竞建内之》简文有托古性质，所载日食不可尽信。[①] 尽管如此，《竞建内之》仍是了解战国时期儒家灾异思想的重要史料。

《汉书·艺文志》云："天文者，序二十八宿，步五星日月，以纪吉凶之象，圣王所以参政也。"[②] "天文"条下收录二十一家，计四百四十五卷，包括《汉日旁气行事占验》（三卷）、《汉日旁气行占验》（十三卷）、《汉日食月晕杂变行事占验》（十三卷）等。《汉书·艺文志》"天文"条所录文献今皆已佚。传世文献中，《淮南子·天文训》《史记·天官书》《汉书·天文志》等是了解汉代星占思想的重要史料，但其内容经过整理者加工，难以尽显原貌。因此，汉代"天文"类出土文献便显得弥足珍贵，现有文献主要为湖南长沙马王堆帛书《五星占》、《天文气象杂占》、《日月风雨云气占》（甲乙本），安徽阜阳汉简《五星》《星占》，以及山东临沂银雀山汉简《占书》等。

阜阳汉简 1977 年出土于双古堆一号汉墓，墓主夏侯灶卒于汉文帝十五年（前 165）。阜阳汉简数术类文献包括《日书》《五星》《星占》《楚月》《天历》《刑德》等。《五星》内容目前尚未正式发表。据介绍，《五星》简为一张排列五星顺序的表，间有地支名插入，如 1 号简"辰、水、土、土"，16 号简"【戌】、亥、火、火、金"。结合双古堆一号汉墓出土栻盘来看，古代数术家可能通过观测和运转栻盘并结合《五星》表来查看五星方位，占卜吉凶。[③] 阜阳双古堆汉简《星占》内容零碎，简文中多次出现"日、辰星"，可能是以日与辰星（水星）的方位来占卜吉凶。简文中有一些某月日于某地的简文，疑为星宿经过某地的记载，或者是星辰交会给所对应的分野影响的推算等，应与星占有关。[④]

1972 年，在山东临沂银雀山出土了一批简牍，年代处于汉武帝元光元年至元狩五年之间（前 134~前 118）。银雀山汉简"阴阳时令占候之类"数术文献计十二篇，包括《占书》《迎四时》《曹氏阴阳》《三十时》等。银

---

① 李学勤：《试释楚简〈鲍叔牙与隰朋之谏〉》，《文物》2006 年第 9 期。

② 班固：《汉书》，中华书局，1962，第 1765 页。

③ 胡平生：《阜阳双古堆汉简数术书简论》，《出土文献研究》（第 4 辑），中华书局，1998，第 13 页。

④ 胡平生：《阜阳双古堆汉简数术书简论》，《出土文献研究》（第 4 辑），中华书局，1998，第 14 页。

雀山汉简《占书》题名为整理者所拟定，其主要内容为天文月晕占、客星占、雷霆占、司德占、人事杂占以及星宿与分野等。天文月晕占存六简，简文保持完整，其主要用于军事。简文列举古之亡国的月晕征象，如“月十三垣，共工亡，离民亡。……月十一垣，昆吾氏亡，有狄民亡。月九垣，有快民亡”。客星占存两简，其一云：“……有忧，非中乱则主兵国亡，后客星复舍焉，其国将复立，客星抵月，布衣试其君。”①

马王堆帛书1973年出土于长沙马王堆三号墓，墓主可能为西汉初期长沙国丞相利仓的儿子或兄弟，其下葬年代为汉文帝前元十二年（前168）。马王堆帛书“天文”类文献主要为《五星占》《天文气象杂占》《日月风雨云气占》等。《五星占》主要记载木、火、土、金、水五星的占测与行度，原文计8000余字。《五星占》具有天人感应思想，如论太白星云：“凡是星不敢经天，经天，天下大乱，革王。”②《天文气象杂占》主要内容为云气占、日月旁气占及彗星占等。兹举日占为例：“日有珥，邦君有行；有行而珥，行不成。”③“日出赤，上有二珥，岁熟。”④“日适为忧，其占善吉，则后有喜。”⑤“日斗，其邦内乱，战，不胜，亡地，其君不死。玄、白斗，邦多死者。”⑥《日月风雨云气占》主要内容为日月旁气占、云气占、风占、雨占、雷占及二十八宿分野等。略举数例：

日左珥，左国有喜；日右珥，右国有喜；左右皆珥，三军喜和。⑦

日连晕，人主大遇。尽白，大和；尽赤，兵起，攻，忧国，先者得地多。⑧

日晕九重，天下有立公伯。⑨

① 连劭名：《银雀山汉简〈占书〉述略》，《考古》2007年第8期。
② 刘乐贤：《马王堆天文书考释》，中山大学出版社，2004，第62页。
③ 刘乐贤：《马王堆天文书考释》，中山大学出版社，2004，第147页。
④ 刘乐贤：《马王堆天文书考释》，中山大学出版社，2004，第147页。
⑤ 刘乐贤：《马王堆天文书考释》，中山大学出版社，2004，第147页。
⑥ 刘乐贤：《马王堆天文书考释》，中山大学出版社，2004，第149页。
⑦ 刘乐贤：《马王堆天文书考释》，中山大学出版社，2004，第169页。
⑧ 刘乐贤：《马王堆天文书考释》，中山大学出版社，2004，第170页。
⑨ 刘乐贤：《马王堆天文书考释》，中山大学出版社，2004，第174页。

日食，为王；月食，为后。[①]

汉代出土文献揭示出汉代灾异思想具有深厚的方术背景。从董仲舒灾异说到京房、谷永、刘向、刘歆、班固、襄楷、蔡邕等人的灾异说，其间的演进大势为儒家吸收方术知识并不断旁衍发皇。

星气之占在汉代具有广泛的社会基础。在东汉，除了皇家天文观测机构成员外，一些机构外的人也精通天官（见表1）。他们的社会身份或为儒师，如廖扶；或为官员，如张衡、蔡邕、郎顗；或为平民，如襄楷。其中一些星占家兼有儒师与官员两种社会身份，如樊英在壶山教授图纬，顺帝时官拜五官中郎将、光禄大夫；杨厚在安帝时担任过中郎，由于答问不合邓太后意旨而免归，以教授门生为业，学生人数超过三千，学生著名者为任安、董扶；董扶也以教授学生为业，灵帝时拜为侍中，董扶似乎通晓望气之术，他告诉太常刘焉益州有天子气，于是刘焉求出为益州牧，与董扶一起入蜀。

星占知识的流通存在师徒授受与家学承传两种方式，一些传授天文之学的知识分子还是通儒，如马融、郑玄。马融曾经上书曰："星孛参、毕，参西方之宿，毕为边兵，至于分野，并州是也。西戎北狄，殆将起乎！宜备二方。"[②] 郑玄在太学学习期间，师事第五元先，学习过《三统历》《九章算术》《京氏易》《公羊春秋》，后来又向张恭祖与马融学习，晚年撰写过《乾象历》《天文七政论》等与天文历法相关的著作。

当然，有些星占家采取了家学承传的形式。例如，杨厚之父杨统就学于同郡郑伯山，学习《河洛书》及天文推步之术，杨厚自小受父亲熏陶，子承父业（"少学统业"）；任文公的父亲任文孙通晓天官风角，任文公之学得自家传（"少修父术"）；郎顗的父亲郎宗学《京氏易》，善风角、星算、六日七分，能望气占候吉凶，郎顗也是"少传父业"。

女性也可以学习天文之学。《后汉书·皇后纪》记载和熹邓后自入宫掖就向班昭学习经书与天文算数（"从曹大家受经书，兼天文、算数"）。班固去世时，《汉书·天文志》尚未完成，班昭（曹大家）与马续奉命共同续撰，可见她具有相当深厚的星占功底。

戍边吏卒亦或多或少知晓一点星气之占。如《敦煌汉简》567条："云

① 刘乐贤：《马王堆天文书考释》，中山大学出版社，2004，第174页。

② 范晔：《后汉书》，中华书局，1965，第1971页。

气将出，湿，有理，天不耐雨，空阴耳。”[①]《居延新简·破城子探方六五》中可见到有关风占的三条材料，具体内容为：

266　□二月土音西食酉申地

278　四月土音西食酉戌地☑

308　□九月土音南食午未地　治南方吉治北方匈[②]

与破城子探方同出的有纪年的简，上限为西汉宣帝甘露元年（公元前53），下限为东汉光武帝刘秀建武年间。破城子探方六五的年代大约为汉成帝至更始年间，如260简为新始建国地皇四年（23），313简为更始二年（24），528简为河平二年（公元前27）。宫商角徵羽五音中宫属土，故宫风之音可称土音。“食”为“受纳”之义，“西食”指的是风向的西来，申、酉在方位上亦属西方[③]，故266简云“西食酉申地”。从《居延新简》中我们可以推测出风占术在戍边中的运用。

表1　东汉精通天官者社会身份及其知识

姓名	社会身份	知识
樊英	儒师、官员	习《京氏易》，兼明《五经》。又善风角、星算，《河》、《洛》七纬，推步灾异
郎宗	卜者、官员（吴令）	善《京氏易》、风角、星算，推步吉凶
翟酺	卜相工、官员	好《老子》，尤善图谶、天文、历算
张衡	官员	善机巧，尤致思于天文、阴阳、历算
蔡邕	官员	好辞章、数术、天文，妙操音律
王景	官员	少学《易》，广窥众书，又好天文术数之事
高获	平民（与光武帝有旧，但不曾任职）	素善天文，晓遁甲，能役使鬼神
廖扶	儒师	尤明天文、谶纬，风角、推步之术
单飏	官员（太史令）	善明天官、算术
何敞	官员	通经传，能为天官
崔瑗	官员（济北相等职）	明天官、历数、《京房易传》、六日七分
苏竟	官员	明《书》《易》，善图纬，能通百家之言
杨由	官员（郡文学掾）	少习《易》，并七政、元气、风云占候

---

① 甘肃省文物考古研究所编《敦煌汉简》，中华书局，1991，第241页。

② 甘肃省文物考古研究所等编《居延新简·甲渠候官与第四燧》，文物出版社，1990，第437~440页。

③ 刘昭瑞：《考古发现与早期道教研究》，文物出版社，2007，第394~395页。

续表

姓名	社会身份	知识
唐檀	官员(郎中)	习《京氏易》《韩诗》《颜氏春秋》,尤好灾异星占
郅恽	官员(长沙太守等职)	理《韩诗》《严氏春秋》,明天文历数
刘瑜	官员(侍中等职)	好经学,尤善图谶、天文、历算之术
郎𫖮	官员	少传父业,兼明经典
李郃	官员	袭父业,游太学,通《五经》,善《河》《洛》风星
杨统	官员(彭城令、光禄大夫等职)	善图谶,习《河洛书》及天文推步之术
杨厚	短暂任职,以教授门徒为业	少学统业,晓读图书
任文公	官员(治中从事等职)	少修父术,明晓天官风角秘要
韩说	官员(侍中、江夏太守)	博通五经,尤善图纬之学
班昭	曹世叔妻,与闻政事	博学高才,和熹邓后从其受经书,兼天文算数
襄楷	平民	善天文阴阳之术
董扶	教授、侍中	图谶

资料来源:笔者据《后汉书》汇总。

三 第三重证据:日食与东汉禳灾之礼

日食发生之后,人事政治方面,汉代执政者往往采取下诏求言、举贤良、策免三公、责后妃、遣诸王、退权臣、远宠宦等措施;弭灾救灾方面,执政者采取素服、避正殿、寝兵、去乐、省费、理冤狱、大赦天下、弛力、赈贷、免租等多种措施;祈禳方面,通常为鼓用牲于社。[①]《白虎通·灾变》云:

> 日食必救之何?阴侵阳也。鼓用牲于社。社者,众阴之主,以朱丝萦之,鸣鼓攻之,以阳责阴也。故《春秋传》曰:"日有食之,鼓用牲于社。"所以必用牲者,社,地别神也。尊之,故不敢虚责也。日食,大水则鼓用牲于社,大旱则雩祭求雨,非苟虚也。助阳责下求阴之道也。[②]

"日有食之,鼓用牲于社"为古礼,《左传·昭公十七年》中昭子与平子关于日食礼仪的对话解释得较为详细:

---

① 黄启书:《试探汉代灾变之礼——以日食为例》,《孔德成先生学术与薪传研讨会论文集》,台湾大学中文系,2009,第395~432页。

② 陈立:《白虎通疏证》,吴则虞点校,中华书局,1994,第272~273页。

夏，六月，甲戌，朔，日有食之。祝史请所用币。昭子曰："日有食之，天子不举，伐鼓于社。诸侯用币于社，伐鼓于朝。礼也。"平子御之，曰："止也。唯正月朔，慝未作，日有食之，于是乎有伐鼓用币，礼也。其余则否。"①

从昭子与平子的对话中可知，天子日食禳灾之礼与诸侯有别：天子伐鼓于社；诸侯用币于社，伐鼓于朝。"伐鼓"有鸣鼓而攻之之意。东汉将"鼓用牲于社"纳入王朝礼仪，《续汉书·礼仪志》记载甚详：

朔前后各二日，皆牵羊酒至社下以祭日。日有变，割羊以祠社，用救日变。执事者冠长冠，衣皂单衣，绛领袖缘中衣，绛裤袜，以行礼，如故事。②

刘昭注引挚虞《决疑要注》指出，日将食，天子素服避正殿；日食发生，伐鼓闻音，侍臣戴赤帻并带剑入侍，三台令史以上都要持剑立于户前，卫尉及卿要驱驰绕宫，气氛很紧张，日食过后这套仪式才结束。③ 戴赤帻之目的是助阳，三台令史以上皆要持剑显然是保护君王——"太阳王"。卫尉及卿驱驰绕宫一方面以示防卫之意，另一方面可能具有巫术性质。如奇尔科廷印第安人在日食时撩起长袍，像背负重物一般拄着棍子，不停地绕圈走，直到日食结束。显然，这种做法是为了扶助太阳无力的脚步。④《续汉书·五行志》熹平二年（173）日食，刘昭注引蔡邕书奏言："四年正月朔，日体微伤，群臣服赤帻，赴宫门之中，无救，乃各罢归。天有大异，隐而不宣求御过，是已事之甚者。"⑤ 可见这套救日礼仪确实行用过。

"鼓用牲于社"属于巫术性质仪式，在世界各地可以发现同类日食禳灾行为。奥吉布威人将日食视为太阳的火焰熄灭，日食之时，他们将带火的箭头射入天空，希望这样可以重新点燃太阳已熄灭的火焰。秘鲁森西人同样在日食时向太阳射去火箭，其目的是驱赶想象中的与太阳搏斗的野兽。正所谓

---

① 《十三经注疏·春秋左传正义》，北京大学出版社，1999，第1358页。
② 范晔：《后汉书》，中华书局，1965，第3101页。
③ 范晔：《后汉书》，中华书局，1965，第3102页
④ 〔英〕弗雷泽：《金枝》，徐育新等译，新世界出版社，2006，第80页。
⑤ 范晔：《后汉书》，中华书局，1965，第3370页。

“以阳责阴”也。日食时，堪察加人把火带到屋外，并祈祷太阳像以前一样发光。[①] 印加人认为日食很危险，一旦日食发生，他们就向术士询问其含义。印加术士普遍相信，日食意味着某个王子的死亡，太阳为此哀悼。当日食发生时，所有女性专心祭拜太阳，她们穿上丧服，不断献上祭祀品。印加人隐遁于某个秘密处所，与世隔绝，禁食多日，其间整个城镇不得生火。[②] 维京人的《埃达》讲述两只狼试图吞吃日月，其中一只狼（斯科尔）追逐着太阳和另一只狼（哈提），当太阳被追上时，日食就发生了，于是地上的人们努力造出声响来吓跑狼以拯救太阳。中国汉族民间信仰中，日食缘于天狗吃太阳。1941 年 9 月 21 日，武汉出现日食，不少民众燃放鞭炮，敲打锣鼓铜磬、脸盆和撮箕，以驱赶天狗。[③]

四 第四重证据：星占与灾祥观念

蒲慕州指出，汉代的官方宗教与民间信仰存在相互纠缠的情况。具体而言，官方宗教与民间信仰在崇拜者身份与崇拜对象两个方面存在重叠。[④] 葛兆光也指出，在精英和经典的思想与普通的社会和生活之间，还存在一个“一般知识、思想与信仰的世界”[⑤]。在东汉王朝礼仪中，存在“避正殿，寝兵，不听事五日”、伐鼓救日、割羊祠社等因应举措。东汉民俗文化中也存在以日月之食时饮酒作乐为禁忌的观念。《风俗通义》曰：“俗说：临日月薄蚀而饮，令人蚀口。谨案：日，太阳之精，君之象也，日有蚀之，天子不举乐。里语：‘不救蚀者，出行遇雨。’恐有安坐饮食，重惧也。”[⑥] 这说明王朝礼仪与民间禁忌存在共同的心理基础，即天人感应神话思维。在此种思维方式作用下，自然现象与人事现象被归类为祥瑞与灾异，这种思维方式不仅存在于官方意识形态中，还植根于一直持续不断的民间信仰中。

---

① 〔英〕弗雷泽：《金枝》，徐育新等译，新世界出版社，2006，第 79~80 页。

② Mariusz Ziółkowski, “Observations of Comets and Eclipses in the Andes,” in *Handbook of Archaeoastronomy and Ethnoastronomy*, New York: Springer Science + Business Media, 2015, pp. 913-920.

③ 顾俊泉：《幼时亲睹日蚀追记》，《湖北档案》2001 年第 4 期。

④ 蒲慕州：《追寻一己之福——中国古代的信仰世界》，上海古籍出版社，2007，第 114 页。

⑤ 葛兆光：《七世纪前中国的知识、思想与信仰世界》，《中国思想史》（第 1 卷），复旦大学出版社，1998，第 13 页。

⑥ 应劭撰，王利器校注《风俗通义校注》，中华书局，1981，第 563 页。

西汉汝阴侯夏侯灶墓出土六壬栻盘、太乙九宫占盘及二十八宿圆盘各一件。夏侯灶墓出土的二十八宿圆盘分上下两盘。上盘盘中央画着十字交叉线，盘面画有北斗七星；下盘盘中心同样画着十字线，边缘标有二十八宿名称与各宿“距度”。专家对这一对圆盘的功能看法不一，严敦杰推测其为璇玑玉衡或者圆仪；刘金沂推测其为天文测角仪器；美国学者夏德安（Donald J. Harper）推测夏侯灶墓二十八宿圆盘为星占仪器，并称之为“斗盘”（Dipper dial）；英国学者古克礼（Christopher Cullen）推断其为辅助星占的天文计算器，并称之为“宿盘”（Lodge dial）。石云里等学者的研究表明，夏侯灶墓二十八宿圆盘及其支架组合后，形成了一架赤道型观测仪器（见图 2）。[①] 夏侯灶墓太乙九宫占盘分上下盘，上盘为圆形，有四条直线相交于圆心，分圆为八等份，交线的一端分别刻着“一君”“六”“七将”“二”“九百姓”“四”“三相”“八”等篆文；下盘为正方形，盘内又有一正方形，线外刻四时八节。太乙九宫占盘下盘格线内，以“当者有忧”为起点，按顺时针方向刻着“当者有忧”“当者病”“当者有喜”“当者有僇”“当者显”“当者死”“当者有盗争”“当者有患”诸篆文（见图 3）。[②] 显然，该盘主要用于以天象占测人事。

图 2 西汉汝阴侯夏侯灶墓二十八宿圆盘与盘架复制件

资料来源：石云里等《西汉夏侯灶墓出土天文仪器新探》，《自然科学史研究》2012 年第 1 期。

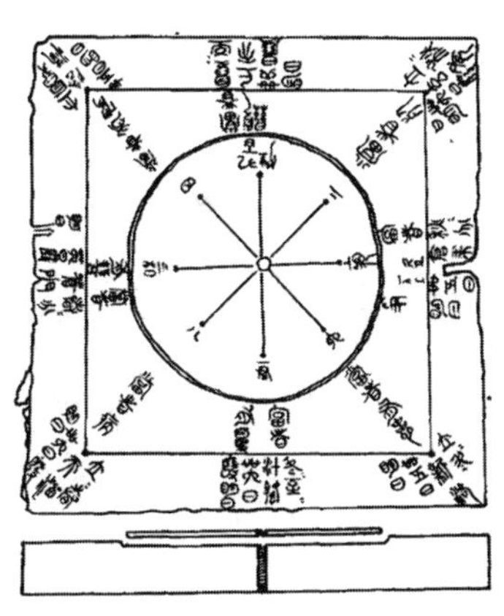

图 3 西汉汝阴侯墓太乙九宫占盘

资料来源：殷涤非《西汉汝阴侯墓出土的占盘和天文仪器》，《考古》1978 年第 5 期。

---

① 石云里等：《西汉夏侯灶墓出土天文仪器新探》，《自然科学史研究》2012 年第 1 期。

② 殷涤非：《西汉汝阴侯墓出土的占盘和天文仪器》，《考古》1978 年第 5 期。

据石云里等学者的研究，双古堆汝阴侯夏侯灶墓出土的一件“不知名漆器”可能为一种特殊圭表（见图 4）。[①] 1965 年，在江苏仪征石碑村一号墓出土一件折叠式铜圭表（见图 5），墓葬年代为东汉中期。墓主可能为一生漂泊的道教信徒，或者是一生潦倒的民间教师。圭表为古老的测日影与确定节气的仪器。2002 年，陶寺遗址ⅡM22 发现一根漆杆，即ⅡM22：43，漆杆残长 171.8 厘米，复原后长度为 187.5 厘米，漆杆颜色为黑绿相间色段并以粉红色带分割。考古专家何驽认为漆杆是用以测量日影的“圭尺”，制作年代大约是陶寺文化中期偏晚。[②] 仪征圭表表高汉尺八寸，圭长汉尺一尺五寸。《三辅黄图》云：“（长安灵台）又有铜表，高八尺，长一丈三尺，广尺二寸，题云‘太初四年造’。”[③] 仪征出土的东汉铜圭表约为官方圭表尺寸的十分之一。仪征铜圭表显示出星占学在社会的普及与深入。[④]

图 4　西汉汝阴侯夏侯灶墓圭表复制件

资料来源：石云里等《西汉夏侯灶墓出土天文仪器新探》，《自然科学史研究》2012 年第 1 期。

东汉灵台是体现天人感应灾祥观念的“纪念碑性”建筑（见图 6）。《东观汉记》载：“是岁（中元元年，即公元 56 年），起明堂、辟雍、灵台，及北郊兆域。”[⑤] 张衡《东京赋》言灵台之功能：“冯相观祲，祈褫禳灾。”[⑥] 这种集观象与祈禳功能于一体的建筑可以追溯至陶寺观象台遗址。班固

① 石云里等：《西汉夏侯灶墓出土天文仪器新探》，《自然科学史研究》2012 年第 1 期。

② 何驽：《山西襄汾陶寺城址中期王级大墓ⅡM22 出土漆杆“圭尺”功能试探》，《自然科学史研究》2009 年第 3 期。

③ 何清谷：《三辅黄图校释》，中华书局，2005，第 279 页。

④ 车一雄等：《仪征东汉墓出土铜圭表的初步研究》，中国社会科学院考古研究所编《中国古代天文文物论集》，文物出版社，1989，第 154～161 页。

⑤ 吴树平校注《东观汉记校注》，中州古籍出版社，1987，第 13 页。

⑥ 费振刚、胡双宝、宗明华辑校《全汉赋》，北京大学出版社，1993，第 441 页。

图 5　仪征东汉墓铜圭表

资料来源：中国社会科学院考古研究所编《中国古代天文文物论集》，文物出版社，1989，第 489 页。

图 6　东汉灵台遗址

资料来源：中国社会科学院考古研究所编《中国古代天文文物论集》，文物出版社，1989。

《东都赋》后附《灵台》诗："乃经灵台，灵台既崇。帝勤时登，爰考休征。三光宣精，五行布序；习习祥风，祁祁甘雨。百谷蓁蓁，庶卉蕃芜。屡惟丰年，於皇乐胥。"① 灵台是东汉国家天文机构，下设灵台丞 1 人，灵台待诏 41 人，其中候星 14 人、候日 2 人、候风 3 人、候气 12 人、候晷景 3 人、候钟律 7 人。考古发现，灵台遗址位于今河南偃师，遗址中心为方形高台，台的四周有上下两层平台。下层平台有环廊，上层平台四面各有五间建筑，南面建筑涂朱粉，北面涂黑粉，东面涂青粉，西面涂白粉。

① 费振刚、胡双宝、宗明华辑校《全汉赋》，北京大学出版社，1993，第 332 页。

观天之器与观天建筑为星占学发展提供物质基础的同时，也强化了灾祥观念。在马王堆帛书《天文气象杂占》中可以看到不少配有文字的日食图、云气图以及彗星图。与日食相关部分配字如“戊食”“地食”“阴食”“不胜食”“岁食”（见图7）。与云气相关部分配字如：“圣王出，霸。”“大火出，烧，兵至，其胜日淬，战胜。”“大水亡一邦。”“贤人动”。“不出五日，大战，主人胜。”（见图8）与彗星相关部分配字如：“是胃（谓）赤灌，大将军有死者。”“蒲彗，天下疾。”“蒲彗星，邦疢，多死者，北宫。”“是胃（谓）秆彗，兵起，有年。”（见图9）出土于新疆尼雅遗址的一件汉晋时期织锦护臂，上织星、云、白虎、朱雀等祥瑞纹样，并织出篆文“五星出东方利中国”，可见星占观念之深入人心。

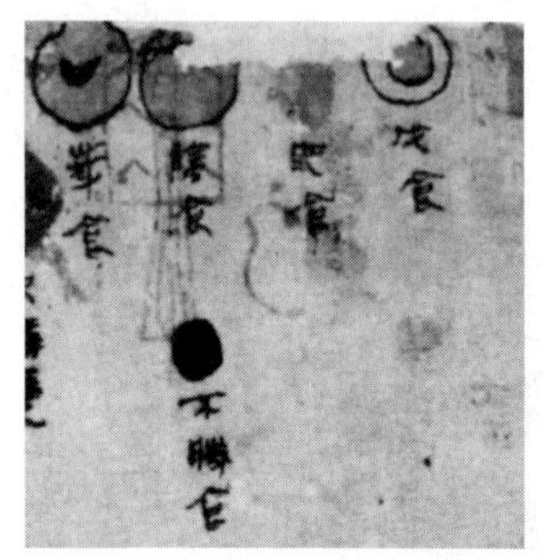

图7　马王堆汉墓帛书日食图局部

资料来源：傅举有、陈松长编著《马王堆汉墓文物》，湖南出版社，1992。

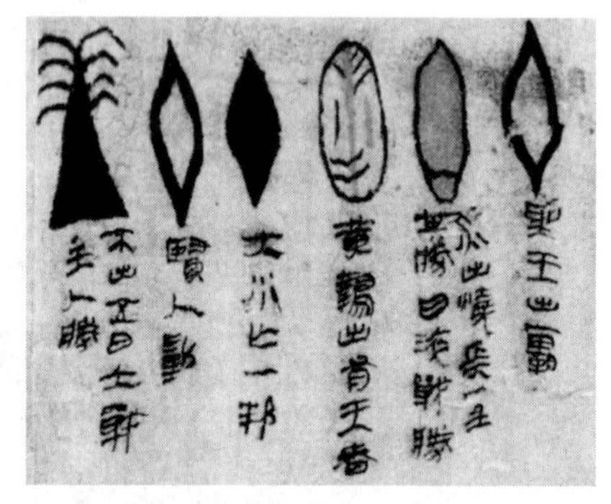

图8　马王堆汉墓帛书云气图局部

资料来源：傅举有、陈松长编著《马王堆汉墓文物》，湖南出版社，1992。

值得一提的是，在不少汉墓中发现了星象图，如西安交通大学西汉墓壁画二十八宿星图（见图10）、洛阳烧沟61号西汉墓天汉图、洛阳尹屯新莽壁画墓星象图、陕西定边四十里铺东汉墓星象图、江苏盱眙东阳汉墓木刻星象图以及众多南阳汉墓星象图等。在汉代祠堂与墓阙中也有一些天文画像，如山东武梁祠的北斗帝车图与山东孝堂山郭氏墓石祠星象图（见图11）等。汉代墓室星象图通常位于前室墓顶、主室墓顶或前室过梁石下，具有象征天界的含义。冯时指出，死者再现生者世界的做法在中国古代墓葬中得到特别运用，“其中最显著的就是使墓穴呈现出宇宙的模式并布列星图”[①]。汉墓星

① 冯时：《中国天文考古学》，社会科学文献出版社，2001，第295页。

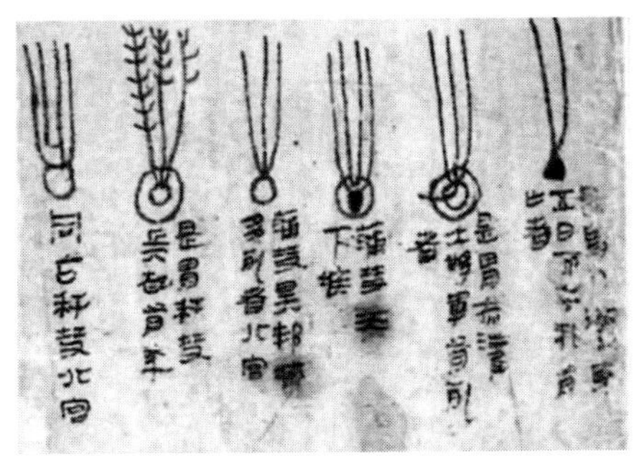

图 9　马王堆汉墓帛书彗星图局部

资料来源：傅举有、陈松长编著《马王堆汉墓文物》，湖南出版社，1992。

图 10　西安交通大学西汉墓星象图

资料来源：冯时《中国天文考古学》，社会科学文献出版社，2001，第 310 页。

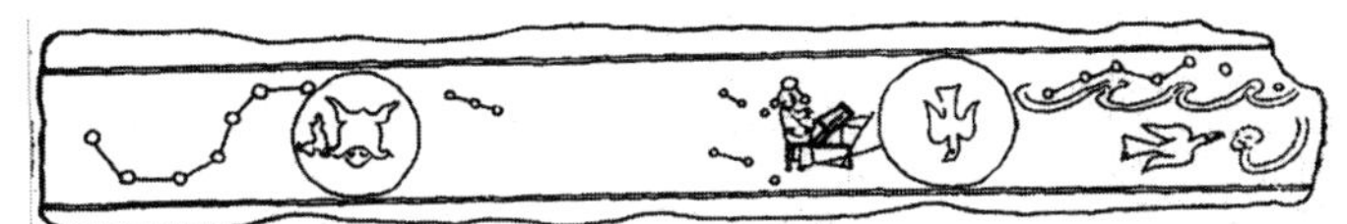

图 11　山东孝堂山郭氏墓石祠星象图（摹本）

资料来源：罗哲文《孝堂山郭氏墓石祠》，《文物》1961 年第 Z1 期。

象图营造出一种天界景观，同时也传达了一种祥瑞意味。汉墓天文画像主要为阳乌图、日月同辉图、伏羲捧日图、女娲捧月图、阳乌北斗七星图、苍龙星座图、白虎星座图、牛郎织女图、彗星图等。南阳汉画中多见金乌、蟾蜍同处一个画面，甚者金乌所负日轮中画有蟾蜍，这表示“日月合璧”。东汉人相信，天下太平会出现五星连珠或日月合璧之类的天象。苍龙星座图与白虎星座图也具有祥瑞性质。《三辅黄图·未央宫》曰：“苍龙、白虎、朱雀、玄武，天之四灵，以正四方，王者制宫阙殿阁取法焉。”① 东汉铜镜铭文中常刻有“左龙右虎辟不祥”之辞，如“尚方作竟大毋伤，巧工刻之成文章，左龙右虎辟不祥，朱鸟玄武顺阴阳，上有佚人不知老，渴饮玉泉饥食枣。永平七年九月造真镜”②。彗星本为“妖星”，为不祥之兆，但在南阳罐山汉墓与王寨汉墓中均有彗星图像出现，或许是取其祓除不祥之义。

① 何清谷：《三辅黄图校释》，中华书局，2005，第 160 页。

② 王士伦编著《浙江出土铜镜》（修订本），文物出版社，2006，第 52 页。

结 语

以天人感应为基础的星占信仰在陈蕃、窦武谋诛宦官这一事件中发挥了关键性作用。通过考察当时的儒家流行学说，可以发现儒家正统学说特别是纬书中包含了丰富的星占知识。通过家学承传与师徒授受，儒家学说无时无刻不在灌输“天人感应”思想观念，纬书与儒家经书共同编织了一张东汉王朝意识形态之网。以“汉重日食”为例，可以发现星占知识在东汉政治中具有重要话语权力。马王堆帛书《天文气象杂占》、银雀山汉简、敦煌汉简等出土文献揭示出汉代星占理论的具体面貌，还揭示出星占信仰在汉代的普及与深入。汉代救食仪式、天文仪器、天文观测建筑以及星象图体现出官方与民间共享着天人感应的灾祥观念。传世文献、出土文献和文字、以仪式为代表的人类学的口传与非物质文化遗产，以及图像和实物四重证据交织呈现出汉代星占文化图景。

（本文后发表于《百色学院学报》2016 年第 2 期）

出土墓志与北朝赵郡李氏家族研究

——以东祖李顺房支为中心

杨艳华

（阜阳师范大学　文学院，安徽　阜阳　236037）

摘　要：　赵郡李氏在北朝是与清河崔氏、范阳卢氏、荥阳郑氏齐名的高门大族，其中东祖李顺一支最为著名，目前出土墓志也较多。本文将出土墓志和传世文献相结合，探讨李顺一支第三代李宪的生平仕历及家族遭际，并探讨这一支在北齐的家族发展特色。

关键词：　出土墓志　赵郡李氏　东祖　李宪　家族特色

赵郡李氏在北朝是与清河崔氏、范阳卢氏、荥阳郑氏齐名的一流世族。东汉在“党锢之祸”中遇难的名士李膺之子李瑾在父亲遇害后，为避难把家由颍川襄城迁到赵郡。至李瑾的五世孙东汉治书御史李楷时，有五子，在常山（今元氏县西北）定居，分居东巷、西巷、南巷，即后所谓“李氏三祖”——东祖、西祖和南祖。其中东祖李顺及其子孙在北朝影响较大，目前与该支相关的出土墓志也最多，故本文以东祖李顺房支为中心，将出土墓志和传世文献相结合，探讨李顺一支第三代李宪的生平仕历及家族遭际，并探讨这一支在北齐的家族发展特色。

一 东祖李顺一支出土墓志情况及其反映的家族世系关系

目前与东祖李顺一支相关的出土墓志情况如表1所示。

表1 东祖李顺一支出土墓志汇总

墓志名称	卒葬时间	出土时间	出土地点	著录文献
李宪墓志	孝昌三年(527)卒，元象元年(538)葬	清同治九年(1870)	河北赵县西段村	《汇编》328页，《校注》7册217页
李希宗墓志	兴和二年(540)卒，武定二年(544)葬	1975年	河北赞皇南邢郭乡南邢郭村	《汇编》363页，《校注》7册398页
李希宗妻崔幼妃墓志	武平六年(575)卒	1975年	河北赞皇南邢郭乡南邢郭村	《汇编》475页，《校注》10册111页
李希礼墓志	天保七年(556)八月卒，十一月二十日葬	1975年	河北赞皇南邢郭乡南邢郭村	《校注》8册391页
李骞墓志	武定七年(549)卒，天保元年(550)葬	墓志藏于私人，信息未明	墓志藏于私人，信息未明	赵生泉《〈李骞墓志〉跋》，金传道《北朝〈李骞墓志〉考释》
李祖牧墓志	天统五年(569)卒，武平五年(574)葬	1975年	河北临城东镇乡西镇村	《疏证》219页，《校注》10册65页
李祖牧妻宋灵媛墓志	皇建二年(561)卒，武平五年(574)葬	1975年	河北临城东镇乡西镇村	《疏证》216页，《校注》10册68页
李君颖墓志	武平四年(573)卒，五年(574)葬	1975年	河北临城东镇乡西镇村	《疏证》223页，《校注》10册71页
李难胜墓志	武平元年(570)卒	1978年	河北磁县西南申庄乡	《疏证》194页

注：《汇编》指赵超的《汉魏南北朝墓志汇编》，《疏证》指罗新、叶炜的《新出魏晋南北朝墓志疏证》，《校注》指毛远明的《汉魏六朝碑刻校注》。

上述赵郡李氏家族成员的事迹，主要见于《魏书》卷三十六及《北史》卷三十三的《李顺传》。借助出土墓志，可以梳理出李顺一支的家族世系（有墓志出土者以下画线标记）：

东祖始祖：李叡（晋高平太守）；

叡生三子：勰、系、曾；

系生二子：顺、修基；

顺生四子：敷、式、弈、冏；

式生子<u>宪</u>；

宪生五子：希远、<u>希宗</u>、希仁、<u>骞</u>、<u>希礼</u>；

长子希远：生<u>祖牧</u>；

祖牧生君荣、君明、<u>君颖</u>、君弘；

次子希宗：生祖昇、祖勋、祖纳、祖揖、祖钦；

三子希仁：生公源；

四子骞：生元卿、仲卿；

五子希礼：生孝贞、孝基、孝俊、孝威、孝平。

根据《魏书》和《北史》的记载，李顺活跃在北魏太武帝时期。其子李敷、李式、李弈活跃于北魏献文帝时期，其孙李宪活跃于北魏孝文帝、宣武帝、孝明帝时期。李宪五子，均在东魏、北齐任职。已出土的九方墓志中，一方为《李宪墓志》；四方是李宪之子李希宗（及其妻）、李骞、李希礼的墓志；两方为李宪嫡长子李希远之子李祖牧及其妻墓志；另外两方墓志中，李君颖乃李祖牧第三子，李难胜为李祖勋之女。

二　《李宪墓志》中记载的李宪生平事迹及家族遭际

《李宪墓志》为石质，出土时即缺失志盖，仅见志底。志石呈正方形，边长 90 厘米，厚 17 厘米，左下角残缺，右上方仅漫灭 13 字，志文基本完善。后来由于风化腐蚀，字体残损增多，至今已达数十字。首题为“魏故使持节侍中都督定冀相殷四州诸军事骠骑大将军定州刺史尚书令仪同三司文静李公墓志铭”。志文 47 行，满行 47 字，全文 2000 余字，魏碑体。记李宪世系、历任官职、卒葬年月及子女名字、官职、婚嫁等。李宪墓志铭已由赵县文物保管所收藏，现定为国家二级文物。关于李宪的事迹，《魏书》《北史》的记载较为简略。而《李宪墓志》篇幅较长、内容较详，二者参照，可理清李宪本人的生平事迹，为研究李氏家族兴衰史及北朝门阀制度提供重要史料。

（一）李氏家族之难及李宪的童年遭遇

《李宪墓志》曰："初在庚寅，遭家多难，事切赵孤，获全鲁保。有客汲□（固），勇义忘身。慕程婴之高范，怀李善之忠节，恩斯鞠我，同群虎狼。虽事穷人迹，而年周天道。忠而为戮，卒逢宽政，遗薪复荷。"①

李宪祖为李顺，《魏书》《北史》皆有传，《魏书》本传记其"博涉经史，有才策"②。他曾 12 次出使北凉，表现出高超的外交才能。蒙逊不为礼，李顺引经据典、言辞斥责，使其"拜伏尽礼"。李顺还以其对北凉的了解献言献策，为世祖拓跋焘制定了消灭北凉的战略，从而得到拓跋焘的倚重。世祖欲讨伐北凉，李顺以"赤地无草，又不任久停军马"进行阻止，结果世祖到凉州后发现"多饶水草"。崔浩因嫉妒李顺的才能，称其"不忠误国"，又揭发其在与北凉来往中多贪纳财货，导致李顺最终为世祖所杀。

但李顺被杀仅止其身，其四子李敷、李式、李弈、李冏，在高宗及文明太后执政时再次崛起，一度为李顺平反并恢复爵位。但因李弈有宠于文明太后，最终给李顺第二代带来灭顶之灾。"太后行不正，内宠李弈，显祖因事诛之，太后不得意。"③《魏书·李顺传附李敷传》："敷既见待二世，兄弟亲戚在朝者十有余人。弟弈又有宠于文明太后。李䜣列其隐罪二十余条，显祖大怒，皇兴四年冬，诛敷兄弟，削顺位号为庶人。"④ 此即墓志文所谓"初在庚寅，遭家多难"。

李宪的父亲李式也与众兄弟同时蒙难，当时李宪仅满月。据《魏书·节义列传》，义士汲固设法藏匿李宪，并养至十多岁。故《李宪墓志》曰："有客汲□（固），勇义忘身。慕程婴之高范，怀李善之忠节，恩斯鞠我，同群虎狼。""太和初，文明太后追念弈兄弟，乃诛李䜣，存问宪等一二家，

① 毛远明编著《汉魏六朝碑刻校注》（第 7 册），线装书局，2008，218 页。

② 魏收：《魏书》，中华书局，1974，第 829 页。

③ 魏收：《魏书》，中华书局，1974，第 328 页。

④ 魏收：《魏书》，中华书局，1974，第 834 页。

岁时赐以布帛。”[①] 孝文帝太和元年（477），李宪8岁，几年后，方由汲固送还家中。此则墓志所谓“卒逢宽政，遗薪复荷”。

（二）李宪的仕历

《李宪墓志》中对李宪仕历的记载，与《魏书》《北史》基本相合，但更加详尽，二者结合，可以勾勒出李宪的仕历，现简要梳理如下。

（1）《李宪墓志》：“年十有二，为秘书内小。投刺公卿，拊麈街巷。等伟器之倾坐，同璧人之移市。高皇深加宠异，礼袟稍增。及尔同□，□而不逮。年十七，继立为濮阳侯，寻除散骑侍郎。”

《魏书》：“太和初，袭爵，又降为伯。拜秘书中散，雅为高祖所赏。稍迁散骑侍郎。”

按：李宪生于北魏献文帝皇兴四年（470），由上文可知，李宪12岁时，即孝文帝太和五年（481）时为秘书中散，17岁时，即太和十年袭封濮阳侯，不久迁散骑侍郎。

（2）《李宪墓志》：“属养祉云及，念切闾井，始露丹衿，终回白日。乃除建威将军、赵郡内史。”

《魏书》：“以母老乞归养，拜赵郡太守。赵脩与其州里，脩归葬父母也，牧守以下畏之累迹，惟宪不为之屈，时人高之。”

（3）《李宪墓志》：“及将巡五岭，亲御六师，幕府上寮，事归佥属。乃征为大将军长史，寻除吏部郎中。以忧去任。复征为太子中庶子。公孝思天至，羸顿过人，屡表求哀，久不获命。既而一人在天，百官总己，司辖朝端，任殊往日。征为尚书左丞。复固辞不起。后除骁骑将军、尚书左丞，未拜，仍除吏部郎中。经综流品，抑扬雅俗，草莱自尽，隐屈无遗。转司徒左长史，守河南尹。”

《魏书》：“转授骁骑将军、尚书左丞、长兼吏部郎中。迁长兼司徒左长史、定州大中正。寻迁河南尹，参议新令于尚书上省。”

按：此段《李宪墓志》较《魏书》更为详尽，“及将巡五岭，亲御六师”，指的是太和十九年孝文帝南征事。李宪曾因母忧去官，对此《魏书》没有提及。

（4）《李宪墓志》：“出为使持节、都督兖州诸军事、左将军、兖州刺

① 魏收：《魏书》，中华书局，1974，第841页。

史。……既而萋斐内构，瘢疵外成；反顾三河，龙门日远。……阖门靖轨，十载于兹。”

《魏书》：“永平三年，出为左将军、兖州刺史。四年，坐事除名。后以党附高肇，为御史所劾。”

按：永平三年（510），李宪41岁时为左将军、兖州刺史。第二年，坐事除名。延昌四年（515），高肇谋权被杀。李宪因党附高肇，为御史所劾，闲居十年。

（5）《李宪墓志》：“既体中庸，时来不逆，乃为光禄大夫，银章青绶。属西戎滑序，猬起狼顾……加安西将军，以本官行雍州事。未几，征为抚军将军、七兵尚书。”

《魏书》：“正光二年二月，肃宗讲于国子堂，召宪预听，又以子骞为国子生。四年，拜光禄大夫，复本爵濮阳伯。五年，除持节、安西将军、行雍州刺史。寻除七兵尚书，加抚军将军。”

按：正光二年（521），孝明帝讲学于国子堂，召宪预听。《李宪墓志》“属西戎滑序，猬起狼顾”指的是“正光五年三月，沃野镇人破落汗拔陵聚众反，杀镇将，号真王元年。夏四月，高平酋长胡琛反，自称高平王，攻镇以应拔陵。六月，秦州城人莫折太提据城反，自称秦王，杀刺史（李彦）”。[①] 李宪在此年加安西将军，以本官行雍州事。未几，征为抚军将军、七兵尚书。此年，闲居十年的李宪已55岁，终于迎来其仕途的复苏。

以上经历中，有几个时间节点值得注意。

第一，“及将巡五岭，亲御六师”，指的是太和十九年孝文帝南征事。从这段记述来看，李宪成了孝文帝南征的幕僚，得到孝文帝的重用，故而在其母丧守制时，孝文帝为他连续封官。但李宪谨守礼法，均辞却。《李宪墓志》曰：“既而一人在天，百官总己，司辖朝端，任殊往日。”可见此时李宪贵显一时。另据《魏书》，李宪任河南尹后，曾“参议新令于尚书上省”，可见他也是孝文帝“太和新政”的积极推行者。

第二，延昌四年，高肇谋权被杀，李宪因党附高肇，为御史所劾。直到正光五年加安西将军，以本官行雍州事，正好十年。因此李宪曾有“阖门靖轨，十载于兹”的十年远离权力中心的乡居生活。

第三，《魏书》：“正光二年二月，肃宗讲于国子堂，召宪预听，又

① 毛远明编著《汉魏六朝碑刻校注》（第7册），线装书局，2008，第220页。

以子骞为国子生。”正光元年（520）七月，元叉因反对灵太后摄政，逼肃宗于显阳宫，幽禁太后于北宫，遂与太师高阳王雍等辅政。正是此事件，成为李宪仕途复苏的转机。因此，《李宪墓志》曰：“既体中庸，时来不逆。”

（三）李宪之死

关于李宪临死前的遭际，《魏书》本传用了占全传将近一半的文字进行叙述。孝昌元年（525），徐州刺史元法僧反叛，孝明帝以李宪为征东将军、东讨都督平乱。大获全胜后，李宪被朝廷封为扬州刺史、淮南大都督。孝昌二年十一月，萧衍派平北将军元树、右卫将军胡龙牙、护军将军夏侯亶等从三面进攻寿阳，李宪兵败投降。因请求还国，萧衍听归，回国后即下狱。第二年七月，李宪的女婿相州刺史安乐王元鉴居邺谋反，依附于北齐葛荣，逾月被斩。灵太后“遂诏赐宪死，时年五十八”。

对此，《李宪墓志》的记载是：

> 徐州刺史元法僧窃邑与贿，策名境外。朝廷乃眷东顾，日昃忘飡。以公为征东将军、东讨都督。清济河如拾遗，举彭沛于覆手。皆奇闻并立，声实俱行。所以役未踰时，而功不世出。寻除使持节、都督扬州诸军事、征东将军、扬州刺史、淮南大都督。梁氏举吴越之众，堙桐柏之流。刀斗沸于堞下，艕歌起于城上。负户而汲，易子而炊，□□丸积，势若棋累。国家经营内难，非遑外图，故载离寒暑，而终于沦陷。吴人雅挹风概，义而还之。乃盘水氂缨，自拘司败。虽蘖异人生，而祸从地出。知与不知，莫不衔涕。时年五十八。

李宪因平定元法僧叛乱而升官，但《魏书》又载：“诸将逼彭城，萧综夜潜出降，萧衍诸将奔退，众军追蹑，免者十一二。”[①]《李宪墓志》所谓“清济河如拾遗，举彭沛于覆手”“役未逾时，而功不世出”，虽意在赞颂李宪克复徐州的迅捷，但似乎也在暗示这次平叛侥幸成功，是因为萧综投魏的阵前倒戈。

耐人寻味的是，《魏书·灵征志》记载了李宪在孝昌二年十月给肃宗所

---

① 魏收：《魏书》，中华书局，1974，第241页。

上之表。全文如下：

> 门下督周伏兴以去七月患假还家，至十一日夜梦渡肥水，行至草堂寺南，遥见七人，一人乘马著朱衣，笼冠，六人从后。兴路左而立，至便再拜。问兴何人。兴对曰："李公门下督，暂使硖石。"其人语兴："君可回，我是孝文皇帝中书舍人，遣语李宪，勿忧贼堰，此月破矣。"兴行两步，录兴姓字，令兴速白。兴寤，晓遂还城，具言梦状。七月二十七日，堰破。①

孝昌元年（525），灵太后再次摄政，剪除元叉，同时借故放逐或处死反对自己的人。在上表中，李宪把平叛的功劳归于孝文帝拓跋宏的托梦指示，似乎有避嫌之意。第二年，李宪在寿阳之战中力屈投降，《李宪墓志》以"刁斗沸于堞下，艕歌起于城上"表现当时战斗的激烈。"负户而汲""易子而炊"分别出自《后汉书》和《左传》，表现了当时战争中生灵涂炭之景象。而"国家经营内难，非遑外图"中的"内难"，指刘腾、元叉与灵太后的权力争斗，这导致了"朝政疏缓，威恩不立，天下牧守，所在贪惏。……文武解体"的局面。《李宪墓志》所述虽不无"为亲者讳"之意，但也含蓄地指出了当时的政治现状。

三　由墓志看赵郡李氏在北齐时的家族发展特色

李宪是李顺一支家族承传中的重要人物，因其子息较多，且多与博陵崔氏、范阳卢氏、广平宋氏、河间邢氏、渤海高氏等结成姻亲关系，遂缔造了李顺一支第四代人物的辉煌。据《李宪墓志》，李宪夫人出自河间邢氏，有五子五女。其长子李希远，娶吏部尚书广平宋弁之女；二子李希宗，娶仪同三司博陵崔楷之女；三子李希仁，娶仪同三司博陵崔孝芬之女；四子李骞，娶开府谘议范阳卢文翼之女；五子李希礼，娶正员郎范阳卢文符之女。李希远的儿子李祖牧娶广平宋维之女。长女长辉，嫁龙骧将军、营州刺史、安平男、博陵崔仲哲；二女仲仪，嫁冀州司马渤海高氏；三女叔婉，嫁兖州刺史博陵崔巨；四女季嫔，嫁司空公、安乐王博陵元鉴；五女稚媛，嫁骠骑将

① 魏收：《魏书》，中华书局，1974，第2956页。

军、左光禄大夫荥阳郑道邕。《北史》评曰："宪之子弟，特盛衣缨，岂唯戚里是凭，固亦文雅所得。"[①]

（一）"戚里是凭"——与北齐皇室的姻亲关系对赵郡李氏的影响

关于赵郡李氏的婚姻情况，学界已多有所述。在赵郡李氏与北齐皇室的姻亲关系中，嫁于文宣帝高洋的昭信皇后李祖娥影响最大，而李祖娥与高洋的婚姻，首先源于其父李希宗与高欢的渊源关系。

1.《李希宗墓志》透露的其与高欢的渊源关系

李希宗（501~540），字景玄，其仪表学识俱佳。《魏书》曰："性宽和，仪貌雅丽，涉猎书传，有文才。"《李希宗墓志》亦载："清猷素论，袁阆仰而心惭；瑰姿奇表，王武睹而自秽。"《李希宗墓志》中突出了他和高欢间的亲密关系：

> 小雅俱寝，大盗移国。丞相勃海王拥长彗以扫除，纳苍生于仁寿。经营四方，唯日不暇。君受磻溪之神策，得谷城之秘图。冥契等于雨沙，神交密于鱼水。幕府既开，任长□吏；绸缪荣宠，契阔□行。借箸而数利害，聚米以图夷崄。阴谋不唯九事，奇策非止六条。及西登陇头，北临卑耳；缪信交通，军书狎至；起草骑上，飞文□端。□公省以愈疾，燕将执而垂涕。所以同心同德，幽赞冥符；抚背扼喉，共成匡合。蔚为社稷之臣，俄有台辅之望。[②]

"丞相勃海王"即指高欢，《魏书》本传载李希宗曾任"齐献武王（高欢）大行台郎中。迁散骑常侍、中军大将军、金紫光禄大夫。献武王擢为中外府长史，为齐王纳其第二女。希宗以人望兼美，深见礼遇"[③]。《李希宗墓志》则透露出李希宗受到高欢礼遇的原因。他善于智谋，"借箸而数利害，聚米以图夷崄。阴谋不唯九事，奇策非止六条"。他随高欢南征北战，文思敏捷，随军打仗能于马上写就公文，且能以情动人。"及西登陇头，北临卑耳；缪信交通，军书狎至；起草骑上，飞文□端。□公省以愈疾，燕将执而垂涕。"因此成为

① 李延寿：《北史》，中华书局，1974，第1243页。

② 毛远明编著《汉魏六朝碑刻校注》（第7册），线装书局，2008，第399页。

③ 魏收：《魏书》，中华书局，1974，第836页。

高欢深可信赖的谋士，高欢还为其次子高洋娶李希宗女李祖娥。李希宗四十而卒时，“相王舍繁驵而行哭，登鸿波而垂涕”（《李希宗墓志》）。

与北齐宗室的通婚，确实有助于提高赵郡李氏的仕宦地位，带来了切实可观的政治和现实利益。《李希宗妻崔幼妃墓志》中体现出家族对李祖娥的婚姻倍感荣宠，并称“五子告归，铙管相次”“五侯同拜、四马俱来”。崔幼妃也被封为博陵郡君，后加号“太姬”。在李希宗夫妻合葬墓中，出土了三枚拜占庭金币、一件六瓣仰莲银杯及鎏金酒具等，都是极为珍贵的文物，应是北齐皇室所赐礼物。①

2.《李难胜墓志》所折射出的婚姻及政治关系

自李祖娥起，李宪孙辈嫁入宗室者渐增。“诸房子女，多有才貌，又因昭信后，所以与帝室姻媾重叠。”② 据统计，另有6例之多。分别是：李骞女及李祖牧女同嫁给安德王高延宗；李祖勋之女李难胜嫁废帝高殷；李祖钦二女，一为后主高纬左昭仪，一为琅邪王高俨王妃；（李希礼子）李孝贞之女嫁高纬。③ 李氏与宗室姻亲关系之所以集中于东祖一支，是因为“赵郡李氏的显著支派徙居柏仁后，和北齐国都邺城近在咫尺，地缘接近遂为双方婚媾创造了有利条件。同时，高欢在河北起兵反对尔朱兆时，首先得到了赵郡李元忠及其宗族的武装支持，政治军事上的联盟也密切了他们之间的婚姻关系”④。

李难胜（549~770），为昭信皇后李祖娥之兄李祖勋女，十一岁时嫁给高洋与李祖娥所生的长子高殷。天保十年（559）高洋死后，太子高殷继立，第二年被其叔父高演废为济南王。皇建二年（561）被害于晋阳，死时十七岁。李皇后为儿子娶自家侄女，本欲加强赵郡李氏的政治地位，不意在此后的皇室政权斗争中将其陷入不幸的境地。高殷被害时，李难胜才十三岁，后出家为尼姑，成为妙胜寺住持，法名“等行”。《李难胜墓志》记其遭际曰：

> 至愍悼王逊居别馆，降为济南王，妃盖亦恬然，无惊得丧。俄而悼王即世，冤颈为苦，哥黄鹄以告哀，咏柏舟而下泣。乃悟是法非法，如幻如梦，厌离缠染，托情妙极，遂落兹绀发，归心上道。⑤

① 可参见李晋栓等《河北赞皇东魏李希宗墓》，《考古》1977年第6期。

② 李延寿：《北史》，中华书局，1974，第1218页。

③ 唐华全：《赵郡李氏与北齐皇室通婚考论》，《齐鲁学刊》2010年第5期。

④ 高诗敏：《北朝赵郡李氏的婚姻及其特点》，《许昌师专学报》（社会科学版）1990年第3期。

⑤ 罗新、叶炜：《新出魏晋南北朝墓志疏证》，中华书局，2005，第194页。

即使李皇后本人，也在武成帝高湛继位后遭受百般凌辱，被迫出家妙胜寺。"由于高齐皇室婚姻的汉化是在鲜卑化的娄氏主导下进行的，因此胡汉士族无法通过皇后、嫔妃渠道掌握北齐朝廷大权，而出自胡汉士族之家的北齐多位皇后、嫔妃被辱乃至被杀，政治地位和生命没有丝毫保障的原因也就在于此。"[①] 虽然与北齐皇室的姻亲关系有利于赵郡李氏获取较丰厚的政治利益，但嫁入皇室的女子往往成为政治的牺牲品。当然，此种现象也由胡汉之间的文化观念差异所致。

（二）"文雅所得"——赵郡李氏家族文化传承

赵郡李氏能成为北朝一流高门大族，与其家族文化传承有关。东祖李顺一支的家族文化主要体现在以下几个方面。

第一，以儒传家，兼及玄道。《魏书》："敷兄弟敦崇孝义，家门有礼，至于居丧法度，吉凶书记，皆合典则，为北州所称美。"[②] 《李祖牧墓志》："崇仁笃礼，门训家诰，率由义方。轻财重士，好赒能散。"《李希宗墓志》评其"研寻道术，陶冶性灵"。《李希宗妻崔幼妃墓志》记其"爱好冲虚，崇尚黄老。食止一珍，衣无□色"。《李希礼墓志》："君神情秀异，风则清远，动必以礼，行不由径。"《李难胜墓志》："敦诗悦礼，好善亲仁。畏慎女典，尊明柔克。"

第二，擅长诗文辞赋，有较高的文学修养。李敷"性谦恭，加有文学，高宗宠遇之"。李希宗"性宽和，仪貌雅丽，涉猎书传，有文才"。李骞，《魏书》本传载其"博涉经史，文藻富盛。年十四，国子学生。以聪达见知"。[③]《李希礼墓志》称其"思比风驰，辞同河泻，五言之作，妙绝时人"。其子李孝贞，著有文集三十卷行于世，《北史》本传载其武平中待诏文林馆，"以美于词令，敕与中书侍郎李若、李德林别掌宣传诏敕"。[④]

第三，能言善辩，有高超的外交才能。李顺十二次出使北凉，善于应对。李宪曾接待南朝萧衍的使者萧探、范云。孝昌二年（526），他在寿阳之战中兵败投降，后被萧衍放归，即是因"吴人雅挹风概，义而还之"

---

① 薛海波：《东魏北齐统治集团婚姻特征试探——以高齐皇室与怀朔镇勋贵婚媾为中心》，《黑龙江民族丛刊》2012 年第 6 期。

② 魏收：《魏书》，中华书局，1974，第 834 页。

③ 魏收：《魏书》，中华书局，1974，第 833、836 页。

④ 李延寿：《北史》，中华书局，1974，第 1218 页。

（《李宪墓志》）。《魏书·孝静纪》载，兴和三年（541）“八月甲子，遣兼散骑常侍李骞使于萧衍”①。《李骞墓志》：“君辞擅翰林，言穷辩囿，莫不心醉神骇，怀我好音。”②《李希礼墓志》：“及梁人内款，聘使相寻。东南之美，或非竹箭。延陵有辩声之察，诸发有应对之敏。”李孝贞曾作为副使和李骞一起使陈。逯钦立《先秦汉魏晋南北朝诗》所收《巫山高》，即为其南聘时与南方士人的酬唱之作。

综上，将出土墓志和传世文献相结合，可以发现赵郡李氏作为高门大族在北朝政权更迭中的因应变化。其中既有以儒道相兼、文学风流和才辩应对为特色的深厚家族文化底蕴，又有以奇谋异策、姻亲纽带为手段来谋求家族利益和发展的随机应变之道。从这种意义上说，赵郡李氏可谓“李虽旧族，其世唯新”③。

（本文后发表于《北方文物》2017 年第 4 期）

---

① 魏收：《魏书》，中华书局，1974，第 304～305 页。

② 转引自金传道《北朝〈李骞墓志〉考释》，《河南科技大学学报》（社会科学版）2014 年第 6 期。

③ 魏收：《魏书》，中华书局，1974，第 849 页。

宋初馆阁文士编纂的创新及其重要性考论*

王照年

（闽南师范大学　文学院，福建　漳州　363000）

摘　要： 盛世修文应当是太平时代的正常需求。仅以宋初馆阁修纂创新过程中的国家行为体现而言，所创制出的主要成果有两个方面：一是以当时社会文化发展的实际需求为据，进行以整理或编纂前代先贤文献为主的创新活动，凭借馆阁之力先后官修的重大成果有《太平广记》《太平御览》《文苑英华》《册府元龟》四部大书，集中体现出宋初盛世修典的文化功业；二是以史馆为主，官方照例编纂前代史籍和当朝国史，实为沿袭前代政府修史之职。不管是尽力依据时代的需求而创制出属于那个时代的全新典籍，还是充分利用新技术、新发明、新方法对宋前典籍进行全面的整理和印行，均表现出了极高的社会文化创造激情。

关键词： 北宋　馆阁文士　编纂　四部大书

引　言

北宋馆阁（昭文馆、史馆、集贤院和秘阁），不但不是单纯的国家藏书制度或国家藏书之府，而且不是单纯的中央政府的人事制度或中央政府的行政

* 本文系2015年度国家社科基金一般项目“北宋馆阁藏书与文士研究”（项目编号：15BZW096）的阶段性成果。

机构，更不是单纯的最高级人才的培育制度或最高级人才的储备之所，而是将最精良的国家藏书与最优秀的天下文士相结合的制度。在这一制度之下，本着朝廷重典重士、崇尚儒术的主旨，进行搜集、寻访、收藏、校勘、编纂等整理典籍的活动，既是为了从朝廷的最高层面落实右文政策、扭转唐五代以后的历史发展局势，也是为了引导世俗风尚转变、重塑社会价值观。总之，均有助于北宋王朝的长治久安。

特别是在宋初，随着国家层面广泛搜集、寻访典藏活动的进行，提上日程的是如何利用日益丰富的国家典藏创制出新的典籍。相对于之前的搜集、寻访前代遗书而言，这一阶段进行的工作显然具有更大的创新性。仅以馆阁藏书创制过程中的国家行为体现而言，主要成果有两个方面：一方面，以当时社会文化发展的实际需求为据，进行以整理或编纂前代先贤文献为主的创新活动，太祖时虽无太多这方面的活动可述，但在太宗、真宗两朝，凭借馆阁之力先后官修的重大成果有四部大书——《太平广记》五百卷、《太平御览》一千卷、《文苑英华》一千卷、《册府元龟》一千卷（以下分别简称《广记》《御览》《文苑》《册府》），集中体现出宋初盛世修典的文化功业；另一方面，以史馆为主，官方照例编纂前代史籍和当朝国史，实为沿袭前代政府修史之职。

一　馆阁文士编纂四部大书的创新活动及其重要性

宋初馆阁文士通过集体协作方式，在太宗至真宗朝共同编成《广记》《御览》《文苑》《册府》四部大书的重要性在于，此举不仅奠定了北宋创建文化功业的基础，而且对后世的影响十分深远。

（一）《广记》与《御览》的编纂及其重要性

据《续资治通鉴长编》（以下简称《长编》）载，宋太宗太平兴国二年（977）三月[①]“戊寅，命翰林学士李昉等编类书为一千卷，小说为五百

① 从太平兴国二年“春正月丙寅”条起，到“夏四月辛卯朔”条之前，计有59条，可分为三部分内容，其间并无明确的月份记载，其中“戊寅”条处在第三部分中，故断定为此年三月。又该条之下有注文曰：“《宋朝要录》：诏李昉、扈蒙等以《御览》《艺文类聚》《文思博要》及前代类书，分门编为一千卷。野史、传记、故事、小说编为五百卷。”可见，在李焘编纂《长编》之时，该条记载的内容及其具体时间就已经存疑，故引《宋朝要录》证之。详见李焘《续资治通鉴长编》卷十八《太宗》太平兴国二年“戊寅”条。

卷"[①]。可见，《广记》与《御览》同是在太平兴国二年三月奉诏开修，且在编纂之始，就已经确定所修之书的内容、性质以及卷帙。专收野史、传记、故事与小说之类的《广记》五百卷（另有《目录》十卷，共计五百一十卷，内容有五十五部，分为九十二大类），是在太平兴国三年八月十三日完成所有编纂工作的，且在当月二十五日奉敕送史馆，应为宋修三大类书中最早完成的一部。

先后参与编纂的在朝文臣有吕文仲、吴淑、陈鄂、赵邻幾、董淳、王克贞、张洎、宋白、徐铉、汤悦、李穆、扈蒙、李昉等十余人。[②]

在该书卷前所列《太平广记引用书目》中，从《史记》到《梦苑》，共列所引图书三百四十三种，但这个数目并不精确。据统计，该书目所列入而不见其引用的书有十五种，该书目所未列入而见其引用的书有一百四十七种。亦即"《太平广记》实际征引宋及宋前稗官小说凡四百七十五种"[③]。不过，正是编纂成《广记》的这一年二月，处在宋沿用后周的西馆旧址上的三馆整体迁入新建崇文院内，既从实质上表明宋初三馆所处的"西馆时期"结束了，也从形式上表明北宋以馆阁为核心的国家藏书制度之初创阶段完结，继而建立阶段开始。因此，宋初以三馆中的史馆文士为主，倾在朝文士之力，于太平兴国三年八月率先完成《广记》的编纂工作，所具现实意义在当时确实不同凡响。仅以《广记》的地位而言，其无疑属于宋初三馆整体迁入新建崇文院后的第一项具有重大历史意义的开创性成果。

与《广记》同时奉诏开修的《御览》，初定名为《太平总类》，直到太平兴国八年（983）十月完成编纂[④]，藏于史馆。当年十一月"庚辰，置侍读官。帝性喜读书，诏史馆所修《太平总类》，日进三卷。宋琪等言：'日阅三卷，恐圣躬疲倦。'帝曰：'开卷有益，不为劳也。此书千卷，朕欲一年遍读。'寻改名《太平御览》"[⑤]。该书作为大型类书，从天、地、皇

---

① 李焘：《续资治通鉴长编》，中华书局，1992，第 401 页。

② 李昉等编《太平广记》，中华书局，1961，第 1~2 页。

③ 曾贻芬、崔文印：《中国历史文献学史述要》（增订本），商务印书馆，2010，第 269~270 页。

④ 阮元《仿宋刻太平御览叙》："《太平御览》一书，成于太平兴国八年。北宋初，古籍未亡，其所引秦、汉以来之书多至一千六百九十余种，考其书传于今者十不存二、三焉。然则存《御览》一书，即存秦、汉以来佚书千余种矣。"见载于鲍崇城刻本卷首，亦见《揅经室三集》卷五。本文引自《艺文类聚》，上海古籍出版社，1999，"前言"第 4 页。

⑤ 毕沅：《续资治通鉴》，中华书局，1957，第 287 页。

王到菜、香、药、百卉，共分五十五部；每部下又设若干子目，共有四千五百五十八个子目；每个子目之下再按时间先后顺次引证有关资料；共引书一千六百九十种，若将所引诗、赋也计入其内，则达两千八百多种。

《御览》与《广记》虽为同一道诏令之下进行编纂的两部大型类书，但二者之间是一种既各自独立又互有关联的关系，并不存在彼此之间的从属关系。[①] 即便是在所记载的内容方面，也有很大的不同。宋人郑樵在其《通志二十略》之《艺文略第七・类书类第十一》中记载"《太平御览》，一千卷，又目录，十卷"，之下有小字释曰："太平兴国中诏李昉等十四人编集，八年书成。初名《太平总类》，后改曰《太平御览》，盖以年号命名。"接下来的"《太平广记》，五百卷"之下亦有小字释，从二者选材的角度做对比后称："李昉编[②]，《御览》之外采其异事而为《广记》。"[③] 此外，郑樵还以批评的角度指出，北宋馆阁文士在《崇文总目》中著录《御览》和《广记》时，多强为之一一新说，却没有真正点出区分二者的关要所在，故而显得颇为烦琐，接着又曰："且《太平广记》者，乃《太平御览》别出，《广记》一书，专记异事。"[④] 显然，从这些生活在宋朝晚期的文士的言论中，实可窥测得出，宋初继《广记》之后，《御览》乃是处在以馆阁为核心的国家藏书制度建立阶段[⑤]的又一项重大开创性成果。加之，在该书成书的过程中，太宗皇帝坚持"日阅三卷"而计划用一年时间"遍读"之，并盛称读此书"开卷有益"达到自认为"不为劳也"的程度，足见比《广记》略晚一点成书的《御览》在当时所产生的社会影响之广大，其所具有的现实意义和历史地位之高，绝不容后世小觑。

（二）《文苑》的编纂及其重要性

不知何故，有关编纂《广记》和《御览》的具体情况，在《宋会要辑稿》（以下简称《辑稿》）、《麟台故事》、《长编》、《宋史》等相关文献中存留的记载甚少。可是相比之下，有关《文苑》的编纂情况则记载得十分

---

① 曾贻芬、崔文印：《中国历史文献学史述要》（增订本），商务印书馆，2010，第 270~271 页。

② 《广记》应由参与编修《御览》的人员中分出的十数人共同完成，故此处仅仅云李昉编，应不确切，当为李昉等撰。

③ 郑樵：《通志二十略》，王树民点校，中华书局，1995，第 1733 页。

④ 郑樵：《通志二十略》，王树民点校，中华书局，1995，第 1818 页。

⑤ 王照年、罗玉梅：《论北宋国家藏书制度建立的标志》，《东南学术》2013 年第 6 期。

详尽，甚至具体到参与编纂者、各部类的目录[1]和篇数都有明确记载，如《麟台故事残本》卷三下《修纂》篇引旧本《宋会要》内容记载参与编纂《文苑》的成员及该书成书时间曰：

> 太平兴国七年九月，诏翰林学士承旨李昉、翰林学士扈蒙、给事中直学士院徐铉、中书舍人宋白，知制诰贾黄中、吕蒙正、李至，司封员外郎李穆、库部员外郎杨徽之、监察御史李范、秘书丞杨砺，著作佐郎吴淑、吕文仲、胡汀，著作佐郎直史馆战贻庆、国子监丞杜镐、将作监丞舒雅等阅前代文集，撮其精要，以类分之，为《文苑英华》。[2] 雍熙三年上之，凡一千卷。[3]

---

① 据诸多文献记载来看，《文苑》的编纂者均以“李昉”或“李昉等”两种形式署名，如中华书局1966年版影印本即是如此。但也有诸多文献记载《文苑》由宋白撰，《目录》为五十卷。如《宋史》所谓“宋白《文苑英华》一千卷。《目》五十卷”（详见《宋史》卷二百九《艺文八》，中华书局，1985，第5393页）。再如《续资治通鉴》所谓“十二月，壬寅，翰林学士宋白等上《文苑英华》一千卷，诏书褒答”（毕沅：《续资治通鉴》卷十三《宋纪十三》，中华书局，1957，第322页）。其实，宋白是在《文苑》编纂到后期才加入编纂工作人员的行列，并与李昉共同主持工作的。宋白参与编纂的情况即如《宋史》本传所谓“太平兴国五年，与程羽同知贡举，俄充史馆修撰，判馆事。八年，复典贡部，改集贤殿直学士，判院事。未几，召入翰林为学士。雍熙中，召白与李昉集诸文士纂《文苑英华》一千卷”（详见《宋史》卷四百三十九《文苑一》，中华书局，1985，第12998页）。后因李昉等“继领他任”，则具体负责编纂工作的应是宋白，故书成之后，当以宋白等署名上之，所以《文苑》的编纂者署名为“宋白”或“宋白等”，亦属常理。

② 此后有原注曰：“其后李昉、扈蒙、吕蒙正、李至、李穆、李范、杨砺、吴淑、吕文仲、胡汀、战贻庆、杜镐、舒雅等并改领他任，续命翰林学士苏易简、中书舍人王祐、知制诰范杲、宋湜与宋白等共成之。”

③ 程俱撰，张富祥校证《麟台故事校证·麟台故事残本》卷三下《修纂》，中华书局，2000，第293页。另据有关编纂《文苑》的材料可知，南宋嘉泰元年（1201）春至四年秋，周必大主持校勘和刻印该书之时，已将当时所能够见到的《三朝国史艺文志注》《麟台故事》《国朝会要》《崇文总目》《长编》《中兴馆阁书目》等所载修纂《文苑》的材料做了全面辑录，并撰成《纂修〈文苑英华〉事始》一文，置于所刻印的该书卷前。周氏所撰《纂修〈文苑英华〉事始》一文，有幸保存至今，现仍按旧式，置于中华书局1966年影印本卷前（处在目录页之后，第8~9页）。在此特别值得一提的是，学术界至今还未发现有关《麟台故事》在南宋时期刻印过的直接记载，故一时难以作出定论。但在周必大撰《纂修〈文苑英华〉事始》时，所罗列的记载修纂《文苑》的材料共有五种，其中并没有当时程俱的《麟台故事》记载的至今还有幸存留在残本和辑本中的有关修纂《文苑》的内容。对此，周必大作出的处理结果为，在所引证的《三朝国史艺文志注》的材料之下加注曰：“近印程俱《麟台故事》全录此段。误以‘兴国七年’为‘淳化七年’。”今据四部丛刊续编本收录的影印宋刊本《麟台故事残本》卷三下《修纂》篇可知，“淳化七年”之误，确实正如周氏所云（例如《麟台故事校证》即在该条下作校证云：“‘太平兴国七年九月’（转下页注）

另外，有关馆阁文士奉旨修纂《文苑》的具体事宜，现今见于《辑稿》中的记载内容较为全面，且因篇幅量大而显得十分翔实。为了便于探讨，此处仅举与编纂相关的记载情况。

> 太平兴国七年九月，命翰林学士承旨李昉、学士扈蒙、直学士院徐铉、中书舍人宋白，知制诰贾黄中、吕蒙正、李至，司封员外郎李穆、库部员外郎杨徽之、监察御史李范、秘书丞杨砺，著作佐郎吴淑、吕文仲、胡汀，著作佐郎直史馆战贻庆、国子监丞杜镐、将作监丞舒雅，阅前代文集，撮其精要，以类分之，为千卷。雍熙三年十二月书成，号曰《文苑英华》。昉、蒙、蒙正、至、穆、范、砺、淑、文仲、汀、贻庆、镐、雅继领他任，续命翰林学士苏易简、中书舍人王祐、知制诰范杲、宋湜与宋白等共成之①。帝览之，称善，降诏褒谕。以书付史馆，赐器

（接上页注②）原作‘淳化七年九月’，显误。淳化止五年，无‘七年’；且淳化年号晚于雍熙，尤不得进书在前，诏修反居其后。今据辑本及《宋会要》等改正。”详见《麟台故事校证·麟台故事残本》卷三下《修纂》，中华书局，2000，第294页）。而周氏所谓“近印程俱《麟台故事》全录此段”中的“近印”二字，则十分明确地记载了其所见《麟台故事》属于刻印本而绝非抄本。再依据周氏主持校勘和刻印《文苑》的时间，则可以进而断定：《麟台故事》在南宋的刻印时间下限，应该是宋宁宗嘉泰元年（1201）。

① 参与编纂《文苑》的人员历来都以此为准，实际上远不止此数，特别是还有一些较为重要的人员并未列出。如据《宋史》所载，赵昌言、王旦、盛度等均为参与编纂《文苑》的馆阁文士。“赵昌言字仲谟，汾州孝义人。……昌言少有大志，赵逢、高锡、寇准皆称许之。太平兴国三年，举进士，文思甚敏，有声于场屋，为贡部首荐。廷试日，太宗见其辞气俊辩，又睹其父名……擢置甲科，为将作监丞，通判鄂州。拜右拾遗、直史馆，赐绯鱼。选为荆湖转运副使，迁右补阙，会省副职，改知青州。入拜职方员外郎，知制诰，预修《文苑英华》。雍熙初，加屯田郎中。明年，同知贡举，俄出知天雄军。”“王旦字子明，大名莘人。……旦，幼沈默，好学有文……太平兴国五年，进士及第，为大理评事、知平江县。……代还，命监潭州银场。何承矩典郡，荐入为著作佐郎，预编《文苑英华·诗类》。迁殿中丞、通判郑州。表请天下建常平仓，以塞兼并之路。徙濠州。淳化初，王禹偁荐其才，任转运使。驿召至京，旦不乐吏职，献文召试，命直史馆。二年，拜右正言、知制诰。”“盛度字公量，世居应天府，后徙杭州余杭县。……度举进士第，补济阴尉。选为封丘主簿，改府仓曹参军，为光禄寺丞、御史台推勘官，改秘书省秘书郎。试学士院，为直史馆、三司户部判官，累迁尚书屯田员外郎。……度好学，家居列图书，每归，未尝释手。敏于为文，而泛滥不精。尝奉诏同编《续通典》、《文苑英华》，注释御集。”详见《宋史》卷二百六十七《赵昌言传》、卷二百八十二《王旦传》、卷二百九十二《盛度传》，中华书局，1985，第9194~9195、9542~9543、9759~9761页。

币①各有差。②

---

① 此处“币”，原作“弊”字，应为“幣”之讹，故改之。

② 此记载见于《辑稿》第五十六册《崇儒五·编纂书籍·宋朝会要》（中华书局，1957，第2247页）。但文献本身存在以下问题，有必要在此加以说明或考证。《辑稿》此条有眉批曰：“自此下皆非《会要》，宜销。”应为清人徐松从唐文馆中以假公济私的途径录出当时存于《永乐大典》中的旧本《宋会要》后，历经江阴缪荃孙、武进屠寄、仪征刘富曾、吴兴费有容等先后整理时所加。所谓“自此下皆非《会要》，宜销”的文字，实则包括本文所引《辑稿》该条材料在内，均与存留于今本《文苑》卷前周必大《纂修〈文苑英华〉事始》中的三部分内容大致一样，故参照《文苑》整理列出。其一，引《崇文总目》：“《文苑英华》一千卷，宋白等奉诏撰。采前世诸儒杂著之文。”其二，引李焘《长编》：“太宗以诸家文集其数实繁，虽各擅所长，亦榛芜（按：‘榛芜’，《文苑》作‘蓁芜’）相间，乃命翰林学士宋白等精加铨择，以类编（按：‘编’原文作‘偏’，据上下文义应为误，《文苑》亦作‘编’，故改之）次为《文苑英华》一千卷。雍熙三年十二月壬寅上之，诏书褒答。”文下原注曰：“熊克《九朝通略》并川本小类书所载，并取诸此。名世《姓氏辨证》，元有战姓，后汉初战兢为谏大夫，今修书官战贻庆，殆其后欤？《国史》并《会要》，并作‘战’，惟淳熙馆阁官以稀姓为疑，偶失稽考，既修《中兴馆阁书目》，乃改为戴贻庆，误矣。今有忠训郎战迪，两任汀州差遣，见居于汀。”又按：此处原注“诸此”至“名世”之间，《文苑》有“陈骙等《中兴馆阁书目》：太平兴国七年，命翰林学士承旨李昉及扈蒙、徐铉、宋白、贾黄中、吕蒙正、李至、李穆、杨徽之、李范、杨砺、吴淑、吕文仲、胡汀、战贻庆、杜镐、舒雅等，阅前代文集，撮其精要，以类分为千卷，号曰《文苑英华》。昉、蒙、蒙正、至、穆、范、砺、淑、文仲、汀、贻庆、镐、雅继领他任，续命苏易简、王祐、范杲、宋湜与白等共成之。雍熙三年上，帝览之，称善，诏付史馆”一段文字，并不见载于《辑稿》，致使此处因缺文而前后文义不通。况且据《文苑》所载，《辑稿》在“名世”之前还缺一个“邓”字，即应作“邓名世”。又此注中“淳熙”，《辑稿》原文作“惇熙”，据宋太宗年号应为误，故改之。至于此注文考证战姓者，即为了考证《辑稿》原文中所载的作为《文苑》编纂者之一的著作佐郎直史馆战贻庆之姓。今本《麟台故事》四库辑本卷二《修纂》所载为“戴贻庆”，残本卷三下《修纂》所载为“战贻庆”。可见，宋代文献中“战”与“戴”姓之讹误，早在周必大校勘《文苑》时就已有定论。不过，今见于《辑稿》此记载原注文字作为今本《辑稿》中的原材料之一，则至少说明：文献中“战”与“戴”之讹误，也是由来已久的问题之一。其三，周必大校勘《文苑》之卷前《序》曰：“臣伏睹，太宗皇帝丁时太平，以文化成天下。既得诸国图籍，聚名士于（按：‘于’原作‘丁’，据上下文义以及《文苑》所载，断定‘丁’为‘于’之误，故改之）朝，诏修三大书，曰《太平御览》，曰《册府元龟》，曰《文苑英华》，各一千卷。今二书闽、蜀已刊，惟《文苑英华》，士大夫家绝无而仅有。盖所集止唐文章，如南北朝，间存一二，是时印本绝少，虽韩、柳、元、白之文，尚未甚传。其他如陈子昂、张说、九龄、李翱等诸名士文集，世尤罕见。故（按：《文苑》此处无‘故’字）修书官于宗元、居易、权德舆、李商隐、顾云、罗隐辈，或全卷收入。当真宗朝，姚铉铨择十一，号《唐文粹》，由简故精，所以盛行。近岁唐文摹（按：《文苑》此处‘摹’作‘纂’字）印浸多，不假《英华》而传，况卷秩（按：《文苑》此处‘秩’作‘帙’字）浩繁，人力难及，其不行于世则宜。臣事孝宗皇帝，间闻圣谕，欲刻江钿《文海》。臣奏其去取差谬，不足观。帝乃诏馆职裒集《宋（按：《文苑》此处‘宋’作‘皇’字）朝文鉴》。臣因及《英华》，虽秘阁有本，然舛误不可读。俄闻传旨取入，遂经乙览。时御前置校正书籍一二十员，皆书生稍习文墨者，月给餐钱，满数岁，补进武校尉。既得此为课程，往往妄加涂注，缮写装饰，付之秘阁，后世将遂为定本。臣过计，有三不可。国初，文籍（按：《文苑》此处 （转下页注）

如果说之前朝廷编纂《广记》，并在太平兴国六年诏令镂版印行，是因为社会广大民众历来嗜好此类著述，故具备一定的文化消费基础和具有普及民众文化的需求，那么后来编纂《文苑》，则是由于“《广记》镂本颁天下，言者以为非学者所急，墨板藏太清楼”①，即将《广记》束之高阁，而急文人之所急，遂开修《文苑》。具体的修纂情况及结果，正如《文苑》卷前“出版说明”所述，太平兴国七年九月，“《太平广记》早已完成，《太平御览》也接近定稿，于是宋太宗下令从《御览》的纂修人员中抽调了李昉、宋白、徐铉等将近半数的人力，加上杨徽之等一共二十多人，重新编纂一部上继《文选》的总集，这就是篇帙达一千卷的《文苑英华》。全书上起萧梁，下迄晚唐五代，选录作家近二千二百人，作品近两万篇，分‘赋’、‘诗’等三十八类。其中以唐代的作品为最多，约占十分之九”②。

《文苑》原稿完成于雍熙三年十二月（987 年 1 月），鉴于原稿不是十分精善，还有一些需要更进一步完善的方面，故在宋真宗时期又先后重新进

（接上页注②）‘籍’作‘集’字，但有注文云：‘集作籍。’）虽写本，然雠校颇精，后来浅学改易，浸失本指，今乃尽以印本易旧书，是非相乱，一也。凡庙讳未祧，止当阙笔，而校正者于赋中以商易殷，以洪易弘，或值押韵，全韵随之，至于唐讳及本朝讳，存改不定，二也。元阙一句或数句，或颇用古语，乃以不知为知，擅自增损，使前代遗文幸存者，转增庛颣，三也。顷尝属荆帅范仲艺、均倅丁介，稍加校正。晚幸退休，遍求别本，与士友详议，疑则阙之，凡经、史、子、集、传、注、《通典》、《通鉴》及《艺文类聚》、《初学记》，下至乐府、释老、小说之类，无不参用。惟是元修书时，历年颇多，非出一手，丛脞重复，首尾衡决。一诗或析为二，二（按：《文苑》此处‘二’作‘三’字）诗或合为一。姓氏差互，先后颠倒，不可胜计。其间赋多用‘员来’，非读《秦誓正义》，安知今之‘云’字乃‘员’（按：《文苑》此处‘员’作‘贠’字）之省文？以‘尧韭’对‘舜荣’，非（按：《辑稿》原文为‘服’字，文义不通；据《文苑》载，则此处为‘非’；故改之）《本草注》，安知其为菖蒲？又如切瑳（按：《文苑》此处‘瑳’作‘磋’字。下同之）之瑳、驰驱之驱、挂帆之帆、仙装之装，《广韵》各有侧音，而流俗（按：《辑稿》原文为‘浴’字，文义不通；据上下文义及《文苑》，应为‘俗’，故改之）改切瑳为效课，以驻易驱，以席易帆，以仗易装。今皆正（按：‘正’原文作‘止’字，据上下文义及《文苑》应为‘正’之误，故改之）之，详注逐篇之下，不复遍举。始雕于嘉泰（按：宋宁宗年号，1201～1204 年。下文四年，即为嘉泰四年）改元春，至四年秋讫工。盖欲流传斯世，广熙陵右文之盛，彰阜陵好善之优，成老臣发端之志。深惧来者莫知其由，故列兴国至雍熙成书岁月，而述证误本末如此。阙疑尚多，谨俟来哲。七月七日，少傅、观文殿大学士致仕、益国公（按：‘益国公’原文作‘益公’，据《文苑》加之）、食邑一万伍（按：《文苑》此处‘伍’作‘五’字。下同之）千六百户、食实封伍千八百户臣周必大谨记（按：《文苑》此处‘记’作‘识’字）。”此上所引参证周必大撰《纂修〈文苑英华〉事始》部分内容，详见《文苑英华》卷前《纂修〈文苑英华〉事始》，中华书局，1966，第 8～9 页。

① 王应麟：《玉海》，《景印文渊阁四库全书》第 944 册，台湾商务印书馆，1986，第 453 页。

② 《文苑英华》，中华书局，1966，“出版说明”第 1 页。

行过两次修订和校勘。其中，第一次是在景德四年（1007）八月，即“选三馆、秘阁直官、校理，校勘《文苑英华》、李善《文选》，摹印颁行”①。可见，这一次修订和校勘《文苑》的目的十分明确，就是为刊印做准备。第二次是在大中祥符二年（1009），又命石待问和张秉、陈彭年、张耒、薛映、戚纶等覆校②，但是否刊刻，没有记载。当时如此重视《文苑》的编纂与一再修订，足见《文苑》在当时有不同寻常的重要性。而该书在后世屡经刊行，且在南宋时期学者就已经围绕该书展开研究，产生了诸如高似孙《文苑英华纂要》、彭叔夏《文苑英华辨证》等与之直接相关的一些重要著述。至清代，《文苑》在六朝至唐代文献校勘、辑佚等方面的价值越加凸显，相关研究成果也日益丰富，清四库馆臣称：“盖六朝及唐代文章，南宋初存者尚多，故必大之言如是。迄今四五百年间，唐代诗集已渐减于旧，文集则《宋志》所著录者殆十不存一。即如李商隐《樊南甲乙集》，久已散

① 此记载见于《麟台故事校证·麟台故事残本》卷二中《校雠》（中华书局，2000，第285页）。若据此记载，则在当时，《文苑》应与《文选》一并校雠之后便镂板印行了。然而，另据《辑稿》详载此事，却并非如此。即“（景德）四年八月，诏三馆、秘阁直馆、校理分校《文苑英华》、李善《文选》，摹印颁行。《文苑英华》以前所编次未精，遂令文臣择古贤文章，重加编录，芟繁补阙，换易之，卷数如旧。又令工部侍郎张秉，给事中薛映，龙图阁待制戚纶、陈彭年校之。李善《文选》校勘毕，先令刻板，又命官覆勘。未几，宫城火，二书皆烬。至天圣中，监三馆书籍刘崇超上言：‘李善《文选》援引该赡，典故分明，欲集国子监官校定净本，送三馆雕印。’从之。天圣七年十一月板成，又命直讲黄鉴、公孙觉校对焉”（详见《辑稿》第五十五册《崇儒四·勘书》，中华书局，1957，第2231~2232页）。可见，屡经周折之后，《文选》可以确定当时已经镂板刊行了，但对于一开始就与《文选》同时校勘而欲刊刻的《文苑》，并未明确述及后来是否镂板刊行。于是，这便成为至今整理《文苑》时不得不存疑的问题（参见《文苑英华》，中华书局，1966，“出版说明”第1页）。不过，我们认为《文苑》在北宋时期应该刊刻过。《辑稿》载有“（哲宗元祐元年，即1086年）五月，赐高丽《文苑英华》”（详见《辑稿》第四十二册《礼六二·赉赐五》，中华书局，1957，第1718页）。《宋史》详载其事为“哲宗立，遣使金上琦奉慰，林暨致贺，请市刑法之书、《太平御览》、《开宝通礼》、《文苑英华》。诏惟赐《文苑英华》一书，以名马、锦绮、金帛报其礼”（详见《宋史》卷四百八十七《外国列传三·高丽》，中华书局，1985，第14048页）。高丽国使臣在宋哲宗初年出使宋王朝时，有购求《文苑》等典籍的目的，则至少说明：此前已经有《文苑》刊行，且所产生的影响已波及远在域外的高丽国。更何况这件事正好发生在宋哲宗即位之初，朝廷能够当即拿出《文苑》当作馈赠高丽国的贵重礼品，足证当时的国家藏书中不止有一两套《文苑》。既然有这样的情况，则显然所赠该书不是抄本，而极有可能是之前已经刊刻印行的成套书。当然，在当时的情况下，能够刊刻这样的大型典籍，必须有相当庞大的人力和物力作为支撑。这足以说明当时朝廷对该书的重视程度极高。

② 此处所述相关内容，可参见《文苑英华》卷前“出版说明”（中华书局，1966，第1页）和《中国历史文献学史述要》（商务印书馆，2010，第262页）。

佚，今所存本，乃全自是书录出。"[①] 及至今日，《文苑》早已是研究六朝至唐代弥足珍贵的资料，尤以校勘、辑佚等方面的文献价值称著，正如 20 世纪 60 年代出现的《文苑》"出版说明"所称："宋初统治者利用他们的人力、物力和馆阁藏书的优越条件，给后世留下了一部文献资料，这个客观效果我们可以给予恰当的估计。"[②]

（三）《册府》的编纂及其重要性

宋真宗年间所编纂《册府》的性质，应与《广记》《御览》一样，为官修大型类书。但相比之下，《册府》又是一部较为特殊的、具有专题性质的、旨在以所选史料进行龟鉴的大型类书。正如当今学人所认为的："如果说以前的类书大都具有百科性质的话，那么，《册府元龟》则是一部大型专题性质的类书。这种专题类书的出现，是宋代对类书编纂的巨大贡献。"[③] 尤其是《册府》有别于《广记》《御览》的一些基本特征，早在修纂之初就已经十分明确，诸如工作进行至第二年（1006），真宗亲临崇文院，王钦若、杨亿"以其草数卷进呈"，真宗当场阅览之后，"命亿指述起例、编附门目之意"。于是就有了针对此次修纂的一段君臣对话。真宗重点强调此次修纂不同于之前的《御览》和《广记》："卿等编阅群书，用功至广，旧称《御览》、《广记》，此书尤更不同。"杨亿则明确地应对曰："《御览》止载故实，而无善恶之别，《广记》止是小说琐语，固与此书有异。"[④]

仅从异同的比较来看，《册府》的编纂缘起，应与宋真宗继承太宗朝编纂《广记》《御览》《文苑》等三大类书的传统有关。景德二年（1005）九月，《册府》开始编纂之际，编纂者先依据编入该书的主题内容，将书名拟定为《历代君臣事迹》，肯定与帝王喜读书有关。后至大中祥符六年（1013）八月"壬申，枢密使王钦若等上《新编修君臣事迹》一千卷"[⑤]。于是，历经近八年之久，最终编纂成了一部专记历代君臣事迹的千卷大书，且宋真宗亲阅之后，既为之作序，又御赐书名为"册府元龟"，对编修官大加赏赐。至于该书的释名，则正如王绍曾所言：

---

① 纪昀等：《钦定四库全书总目》（整理本），中华书局，1997，第 2608 页。

② 《文苑英华》，中华书局，1966，"整理说明"第 2 页。

③ 曾贻芬、崔文印：《中国历史文献学史述要》（增订本），商务印书馆，2010，第 273 页。

④ 程俱撰，张富祥校证《麟台故事校证》，中华书局，2000，第 295 页。

⑤ 李焘：《续资治通鉴长编》，中华书局，1992，第 1845 页。

册府，意思是典籍的渊薮；元龟，即大龟，商周时代用龟甲占卜，所以古人以龟为宝物，认为可以预见未来。“册府元龟”即典策之总汇、文苑之鸿宝。从该书初名《历代君臣事迹》，可以发现，该书以汇集上古至五代君臣事迹为限，目的在提供为政之鉴。①

至于编纂该书的翔实经过，从现存文献记载的情况来看，当数《麟台故事残本》卷三下《修纂》所载当时编纂《册府》的相关事宜最为详尽。据《麟台故事残本》卷三下《修纂》载，相关内容有以下六条。

其一，景德二年（1005）九月受诏编纂《册府》（初名《历代君臣事迹》）的人员均属馆阁文士。

景德二年九月，命刑部侍郎资政殿学士王钦若、右司谏知制诰杨亿修《历代君臣事迹》。钦若等奏请以太仆少卿直秘阁钱惟演、都官郎中直秘阁龙图阁待制杜镐、驾部员外郎直秘阁刁衎、户部员外郎直集贤院李维、右正言秘阁校理龙图阁待制戚纶、太常博士直史馆王希逸，秘书丞直史馆陈彭年、姜屿、太子右赞善大夫宋贻序、著作佐郎直史馆陈越同编修。

其二，对初期参与编纂《册府》的人员分工、执事确定以及相应的特殊待遇进行规定。

初令惟演等各撰篇目，送钦若等参详。钦若等又自撰集上进，乃以钦若等所撰为定，有未尽者奉旨增之。又令宫苑使胜州刺史同勾当皇城司刘承珪、内侍高品监三馆秘阁图书刘崇超典掌。编修官非内殿起居当赴常参者免之，非带职不当给实俸者特给之，其供帐饮馔皆异于常等。

其三，景德三年，宋真宗临幸崇文院，表彰参与编纂《册府》的馆阁文士，听取右司谏知制诰杨亿建言，并赏赐参与编修的各级人员。

明年，真宗幸崇文院阅新编《君臣事迹》，王钦若、杨亿以其草数

① 王绍曾：《目录版本校勘学论集》，上海古籍出版社，2005，第428页。

卷进呈……上因喻以著书难事，尤当尽心者。其编修次序有未允者，亲改正之，且曰："朕编此书，欲著明历代君臣德美之事，为将来法，至于开卷览古，亦有资于学者。"自后日以草稿二卷进御，上览之，翼日必条其误而谕之，以谓："前代诏令，皆事出于一时，必有所为而作。今悉除之，即不见本意，尤当区别善恶，务在审正。苟前史褒贬不当，及诏敕厘革时事，当时因权臣专恣，挟爱恶而为者，亦辨悉于后，庶览之即明邪正。修书若贵速成，必难精要。大业末撰著尤多，而罕传者，岂非芜杂之甚邪？此书本欲存君臣鉴戒，所以经史之外，异端小说咸所不取。每篇撰序以冠其首，深可为之兴法。今所著序，皆引经史，颇尽体要，然于戒劝，或有未尽。如《直谏》门但旌谠直，若帝王饰非拒谏，苟不极言，即为邦国之患，褒之可矣；若国家常务，偶有阙失，又帝王率情违法，或以言比讽，致有感悟，即为美事；苟亟加暴扬，使恶归于君，显闻于世，而卖己直，非忠臣也。"因赐编修官器帛、书吏等缗钱有差。

其四，详叙编纂《册府》过程中出现的人员变动情况，以及最终至大中祥符六年（1013）编成该书一千卷并"赐名《册府元龟》"的实际情形。

初命钦若、亿等编修，俄又取秘书丞陈从易、秘阁校理刘筠。及希逸卒，贻序贬官，又取直史馆查道、太常博士王曙，后复取直集贤院夏竦。又命职方员外郎孙奭注撰《音义》。凡九年，至大中祥符六年成一千卷上之。总三十一部，部有总序，一千一百四门，门有小序，又《目录》、《音义》各十卷。上览久之，赐名《册府元龟》，召钦若等赐坐。钦若等表请制序；上谦挹再三，辅臣继请，从之。

其五，叙述《册府》编成之后，朝廷赏赐参与编纂人员的概况。

丙子，诏枢密使王钦若、翰林学士陈彭年、李维，龙图阁学士杜镐、知制诰钱惟演、龙图阁待制孙奭、查道各赐一子官；以太常少卿杨亿为秘书监，依前分司西京；刑部郎中直秘阁刁衎为兵部郎中；祠部员外郎直史馆姜屿为度支员外郎；秘书丞直集贤院夏竦为左正言，依前充职殿中丞；秘阁校理刘筠为右正言直史馆。并赐器币有差，赏编修之劳也。

其六，宋真宗密切关注《册府》的编纂进度，并亲自参与校勘活动。同时，记载了君臣围绕编纂该书展开的讨论，以及编纂所用材料的来源。又述及编纂过程中形成的副产品《彤管懿范》。

初修书也，每门具草即进，上亲览摘其舛误，多出手书，或召对指示商略。令宫苑使刘承珪置簿，录修书官课，精勤脱误者皆条记以奏。上尝谓王钦若："比著《君臣事迹》，皆以经籍为先。昨览《将帅》门止自汉将韩信为始。"因出《尚书·嗣（胤）征》言"掌六师为大司马"，又《诗》有《采薇》、《出车》，皆将帅之事，即以手札付编修官，参取《正义》修入。二年[①]十月，内出手札赐王钦若等曰："《君臣事迹》有门目不相应者，自今令钦若看讫署名于卷前，杨亿看详讫署名于卷末，初编、再修官亦署于后，其当否增损悉书之。"所采正经史外，惟取《国语》、《战国策》、《韩诗外传》、《吕氏春秋》、《管》、《晏》、《韩》、《孟》、《淮南子》、《修文殿御览》。又录妇人事迹为八十卷，赐名《彤管懿范》。[②]

依据《麟台故事》这一记载，可以很清晰地看到宋真宗时期编纂《册府》的主旨在于为效法历代君臣美德提供借鉴。前后参与的编纂者有王钦若、杨亿、钱惟演、杜镐、刁衎、李维、戚纶、王希逸、陈彭年、姜屿、宋贻序、陈越、刘承珪、刘崇超、陈从易、刘筠、查道、王曙、夏竦、孙奭等，其中从不同阶段的分工来看，"全书先由钱惟演等撰初稿，王钦若、杨亿笔削定稿，总其成者一般认为是杨亿。而任职精勤者是陈越、陈从易、刘

① 此处"二年"，当为景德二年，即 1005 年。

② 程俱撰，张富祥校证《麟台故事校证》，中华书局，2000，第 294～297 页。此上所引六条记载，均据《麟台故事校证·麟台故事残本》卷三下《修纂》。另，《宋史》《辑稿》《长编》等文献所载编纂《册府》的相关事宜，皆无出《麟台故事》之右，且因较为阔略而令人难以详知，故本文以《麟台故事》所载为据。又《麟台故事辑本》卷二《修纂》所载此事仅有一条，与此处所引《麟台故事残本》卷三下《修纂》所载相比，则正如张富祥所云："此条辑本为卷二之四，然仅存首尾，删落殊多。"故亦不以《麟台故事辑本》为据。

筠”。[①] 所参考的宋前典籍除正史外，又有《国语》《战国策》《韩诗外传》《吕氏春秋》《管》《晏》《韩》《孟》《淮南子》《修文殿御览》等。整体卷帙除正文一千卷外，又有《目录》和《音义》各十卷，共计一千零二十卷，且在编纂的同时别录妇人（实即后妃）事迹为八十卷，由真宗另赐名为《彤管懿范》，可算作这次编纂工作中的副产品，则这项编纂工程结束后，实创制新典籍两部，合计一千一百卷。

以今观之，则《册府》所载具体内容计有帝王、闰位、僭伪、列国君、储宫、宗室、外戚、宰辅、将帅、台省、邦计、宪官、谏诤、词臣、国史、掌礼、学校、刑法、卿监、环卫、铨选、贡举、奉使、内臣、牧守、令长、宫臣、幕府、陪臣、总录、外臣等三十一部。部首有总序，概言该部所录诸事迹之经制；每部之下又分小类，称作“门”，门前有小序，概述该门所录诸事迹之指归；总序与小序虽性质相同，但彼此处在不同的部位，相互照应，自成一体。其具体状况，正如王绍曾枚举其例而论证之曰：

> 各部之下又分若干门，据《册府元龟》宋真宗序：“凡勒成一千一百四门。”但胡道静先生说：“用明刊本逐门点下来，实际的门类是一千一百一十六。”（《中国古代的类书》）每部之首是一篇总叙，详述本部沿革，等于一篇专科性的通论或小史。例如《国史部总叙》：“古之王者，世有史官。君举必书，书法不隐。所以慎言行，示劝戒也。自伏羲始造书契，神农之世民风尚朴，官设未备。黄轩之臣曰仓颉，取象鸟迹以作文字，记诸言行，竹册而藏之。史官之作，盖自此始。夏商皆有太史。周监二代，并建众职。春官宗伯之属有太史，掌建邦之六典……原夫史事之职，肇于上世。所以记人君之言动，载邦国之美恶。著为典式，垂之来裔。申褒贬之微旨，为惩劝之大法……”这些总叙长的达数千言，一般千余言，极为详赡。从上面这段《国史部总叙》，我们可以认识到历代史官设置之源流、史官之使命、史官之选拔以及《国史部》采录之原则。每门之前也各有小序，议论本门内容，例如《台省部·选任门》小序：“夫知人则哲，能官人安民则惠，大禹之训也。‘慎简乃僚，其惟吉士’，穆周之命也。盖邦国治乱，在乎庶官。选贤任能，其来尚矣。自舜命众职，以熙帝载。西汉之后，政归尚书。机务

① 王绍曾：《目录版本校勘学论集》，上海古籍出版社，2005，第 428 页。

所出，推择斯妙。或以政事用，或以文学升。内则参侍左右，论思治道。外则坐曹夙夜，修明官业。厥职尤重，其才益难。详求遗策，铺观历代，曷尝不慎选众之举，致得人之盛哉！”小序比总叙短小，但性质相似。《册府元龟》的这些大小序，具有颇高的学术价值。明末曹胤昌曾辑大小序为《册府元龟独制》30卷，清初张尔岐也曾专辑引门大叙为《册府元龟总叙》5卷。可见学者对大小序之重视。各门小序之下即罗列历代君臣事迹，例如《国史部·公正门》首列董狐为晋太史，直书“赵盾弑其君”的故事。……依次罗列，直到五代为止。[①]

按照如此体例编纂成的《册府》三十一部之下，具体内容共有一千一百二十七门，宋真宗的序及《玉海》（还有《麟台故事》《辑稿》等）皆称一千一百零四门，明刊本称一千一百一十六门，其实都不够准确。后世多有陈陈相因而误者，皆属援引文献所载而失之不察。究其因何所致，确如当今学人所谓：“这大概是因为书的部头太大，不易清点所致。”[②] 该书的部头确实很大，若与之前宋太宗年间所编同为一千卷的《御览》相比，则其卷帙浩繁的体量程度、内容“不采说部”的独特之处、刊刻行世的具体情形、可校补正史的学术价值等基本状况，正如陈垣在《影印明本册府元龟序》中很明确地指出的：

《册府元龟》为宋朝四大部书之一，亦为清《四库全书》中最大部书之一，库本凡二万七千二百余页，其数比《太平御览》多一倍。二者同是类书，然前人每重《御览》而轻《册府》，故《御览》自明以来有数刻，《册府》只有一刻。《御览》采摭范围较广，每条皆著出处，便于引据，为校雠辑佚家所喜用。《册府》所采大抵以正史为主，间及经子，不采说部，故《枫窗小牍》谓其开卷皆目所常见，无罕觏异闻，不为艺林所重。明末诸儒如顾炎武等对《册府》尚不断引用，其后致力者遂稀。……《册府》材料丰富，自上古至五代，按人事人物，分门编纂，凡一千一百余门，概括全部十七史。其所见史，又皆北宋以前

① 王绍曾：《目录版本校勘学论集》，上海古籍出版社，2005，第430~431页。

② 曾贻芬、崔文印：《中国历史文献学史述要》（增订本），商务印书馆，2010，第273页。

古本，故可以校史，亦可以辅史。[①]

又如，王绍曾在《〈册府元龟〉浅谈》中介绍说：

该书在北宋编成后即有刻本，但已失传。南宋有两次刻印，都有残本流传。一为南宋四川眉山坊刻本，今国内外残存有576卷。二是南宋十三行本《新刊监本册府元龟》，今残存8卷，藏北京图书馆。合计两个宋本，共得584卷，无重复。……该书原有正文1000卷，目录10卷，音义10卷。音义是夏竦、孙奭所撰，已佚。今存正文和目录。以中华书局影印明崇祯刻本计，全书共9392千字。从卷数上看，本书与《太平御览》同为1000卷，但实际分量超出《御览》一倍，成为宋代四大书中最大的一部。该书被收入《四库全书》，是《四库》中仅次于《佩文韵府》的第2大书。[②]

再以当时的重要性而言，以下三个方面的例证足以说明《册府》在这方面的实际情况。

首先，分外优遇编纂、校勘该书的文臣。上文所引《麟台故事残本》卷三下《修纂》篇中，已见宋真宗屡屡赐宴饮、器币等，以酬劳参与编纂《册府》的臣僚。宋真宗甚至还会特赐编修者方物，以示优礼。如宋真宗景德三年正月“癸酉，赐编修《君臣事迹》官太仆少卿、直秘阁钱惟演等茯苓。旧制，方物之赐止及近臣，至是，优礼此职故也”[③]。除此之外，更有分外优遇编纂、校勘该书文臣之特例，如大中祥符七年（1014）七月，即完成编纂任务的第二年，“诏吏部尚书王钦若、户部尚书陈尧叟月俸支实钱，仍添给三十千。以钦若编修《册府元龟》及校《道经》、尧叟充群牧制置使，故有是命”[④]。又如大中祥符九年正月，即完成编纂任务的第四年，该书处于进行校勘的情况下，“枢密使王钦若言：‘编修《册府元龟》官太

---

① 陈垣：《影印明本册府元龟序》，张舜徽选编《文献学论著辑要》，中国人民大学出版社，2011，第226页。

② 王绍曾：《目录版本校勘学论集》，上海古籍出版社，2005，第428~429页。

③ 李焘：《续资治通鉴长编》，中华书局，1992，第1385页。

④ 徐松：《宋会要辑稿》，中华书局，1957，第3666页。

常博士、秘阁校理聂震丁所生母忧，嫡母尚在，望特免持服[①]。’诏礼仪院参详以闻。礼仪院言：‘按周制，庶子在父之室，则为其母不禫……南齐褚渊遭庶母郭氏丧，葬毕，起为中军将军。后嫡母吴郡公主薨，葬毕，令摄职。若此，则震当解官行服，心丧三年；若特有夺情之命，望不以追出为名。自今显官有类此者，亦请不称起复。’诏震依旧赴宣徽院编修。时议谓震难于抑夺，故止遣厘职，盖从宜[②]之制也”[③]。可见，宋真宗对王钦若、聂震等馆阁文士的分外优厚之待遇，皆由编纂或校勘《册府》的重要性所致。

其次，再次校勘并刊刻印行。先是在宋仁宗即位的乾兴初年，“令侍读学士李维、晏殊取《册府元龟》，撮善美之事为之”[④]。而后在宋仁宗天圣四年十二月（1027 年 1 月），“至是成，亦令刻板，命秘阁校理陈诂校勘”[⑤]。这是在校勘刻印《南史》《北史》等书的同时，再次校勘并刊刻印行《册府》。要知道，在当时的情况下，能有如此浩大而繁重的刻印工程，绝非易事。当然，从编纂到一再校勘，再到最终得以刊刻，其间馆阁文士与藏书之间形成的互动也显得更为重要。

最后，李维上表陈乞可赐而夏国进马求之不易之比。起先是在宋真宗天禧五年（1021）“五月，赐翰林学士承旨李维[⑥]《册府元龟》一部。维上表陈乞，帝以维尝同编修此书，故赐之”[⑦]。而后是在宋仁宗嘉祐七年（1062）

---

① “持服”，原作“特服”，据《长编》卷八十六，“特”应为“持”之讹，故改之。

② “宜”，原作“官”，据《长编》卷八十六，“官”当为“宜”之讹，故改之。

③ 《辑稿》第一百四册《职官七七·起复》（中华书局，1957，第 4133~4134 页）。有关聂震丧母之事，亦可参证《长编》所载之文，即“先是，太常博士，秘阁校理聂震丁所生母忧，而嫡母在。礼官言：‘按周制，庶子在父之室，则为其母不禫。晋解遂问蔡谟曰：“庶子丧所生，嫡母尚存，不知制服轻重。”答曰：“士之妾子服其母，与凡人丧母同。”又胡澹所生母丧，自有嫡兄承统，而嫡母存，疑不得三年，问范宣，答曰：“为慈母且犹三年，况亲所生乎？嫡母虽贵，然厌降之制，父所不及。妇人无专制之事，岂得引父为比而屈降支子？”南齐褚渊遭庶母郭氏丧，葬毕，起为中军将军。后嫡母吴郡公主薨，葬毕，令摄职。’即令震解官，震时校《册府元龟》，枢密使王钦若总其事，言震嫡母在，当免持服。事下礼仪院，奏云：‘若特有夺情之命，望不以追出为名。自今显官有类此者，亦请不称起复，第遣摄职。’甲子，诏震依旧赴宣徽院校《册府元龟》，盖从宜之制也”（李焘《续资治通鉴长编》卷八十六《真宗》大中祥符九年正月“癸亥”条，中华书局，1992，第 1966~1967 页）。

④ 徐松：《宋会要辑稿》，中华书局，1957，第 2233 页。

⑤ 徐松：《宋会要辑稿》，中华书局，1957，第 2233 页。

⑥ “李维”，原作“学维”，据上下文义断定“学”应是“李”之讹，故改之。再据《宋史》所载，此事亦合，实为“李维”。详见《宋史》卷二百八十二《李维传》，中华书局，1985，第 9541 页。

⑦ 徐松：《宋会要辑稿》，中华书局，1957，第 1712 页。

四月，“夏国主谅祚进马五十四，上表求《太宗御制真草》、国子监《九经》、《册府元龟》、《唐书》，并本朝贺正旦、冬至二节仪。诏止以《九经》赐之，还其马”①。宁可将如此巨著赐予曾经编纂过该书的馆阁文士，以示皇恩浩荡，而不将其赐予慕名而来上表求书的夏国主，且退还其原本作为交易条件的五十四马，足见该书之分量和地位，以及宋真宗对参与编校文臣之优遇。

二 修纂四大书之外的其他馆阁编纂活动

除馆阁修成《广记》《御览》《文苑》《册府》四大书外，太宗至真宗年间，官方还编纂了一些新的典籍。如上文述及的在编纂《册府》的同时别录后妃事迹八十卷为《彤管懿范》，即属此类。再如《大中祥符封禅记》与《九域志》的编纂，《麟台故事残本》卷三下《修纂》载：

> 大中祥符元年，将幸兖州行封禅之礼，龙图阁待制戚纶请令修图经官先修东巡所过州县图经进内，仍赐中书、枢密、崇文院各一本，以备检讨。从之。至四年，将祀汾阴，亦命直集贤院钱易、直史馆陈越、秘阁校理刘筠、集贤校理宋绶修所过图经。后朝谒太清宫，亦命官修所过图经。又命集贤校理晏殊同修。
>
> 十二月，刑部员外郎直史馆龙图阁待制陈彭年请以天书降后至上尊号已前制敕章表仪注等编为《大中祥符封禅记》。诏翰林学士李宗谔、权三司使丁谓、秘阁校理龙图阁待制戚纶与彭年编录，送五使②看详。
>
> 六年九月③，权判吏部流内铨慎从吉言：“格式司用《十道图》较郡县上、赤、紧、望以定俸给，法官亦如之定刑，而户口岁有登耗，未尝刊修，颇误程品。请差官取格式司、大理寺《十道图》及馆阁天下图经，校定新本，付逐司行用。”诏秘阁校理慎镛、邵焕、集贤校理晏殊校定，翰林学士王曾总领之。此盖详定《九域图志》之权舆也。至熙宁八年六月，尚书都官员外郎刘师旦言：“今《九域图》涉六十余

① 徐松：《宋会要辑稿》，中华书局，1957，第1714~1715页。

② 五使，即宋真宗封禅泰山所设置的大礼使王旦、礼仪使王钦若、仪仗使冯拯、卤簿使陈尧叟、桥道顿递使赵安仁。

③ 此处“九月”，据下文所引《长编》所载此事，则在“冬十月”。二者有出入，故存疑。

年，州县有废置，名号有改易，等第有升降，而所载古迹有出于俚俗不经者。”诏三馆、秘阁删定。其后又专命太常博士集贤校理赵彦若、卫州获嘉县令馆阁校勘曾肇删定，就秘阁不置局。彦若免删定，从之。以旧书不绘地形，难以称图，更赐名曰《九域志》。[①]

又《长编》卷七十《真宗》大中祥符元年十二月“壬辰”条亦载此事：

壬辰，谒启圣院太宗神御殿。

命丁谓、李宗谔、戚纶、陈彭年等编修《封禅记》，从彭年之请也。[②]

《长编》卷七十四《真宗》大中祥符三年冬十月“庚申”条继续记载此事：

庚申，丁谓等上《大中祥符封禅记》五十卷。上[③]制序，藏秘阁，赐谓等器帛。[④]

《长编》卷八十一《真宗》大中祥符六年冬十月“丁亥”条再继续记载此事：

权判吏部流内铨慎从吉言：“格式司用《十道图》较郡县上、下、紧、望，以定俸给，法官亦用定刑，而户岁有登耗，未尝刊修，颇误程品。请差官取格式司、大理寺、刑部《十道图》及馆阁天下图经校定新本，付逐司行用。”诏秘阁校理慎镛、邵焕，集贤校理晏殊校定[⑤]，

---

① 程俱撰，张富祥校证《麟台故事校证》，中华书局，2000，第297~301页。

② 李焘：《续资治通鉴长编》，中华书局，1992，第1580页。

③ 按，《长编》此条中，有中华书局标点本出《校勘记》曰：“上制序‘上’字原脱，据宋本、宋撮要本及《长编纪事本末》卷一七《封泰山》补。”

④ 李焘：《续资治通鉴长编》，中华书局，1992，第1692页。

⑤ 按，《长编》此条中，有中华书局标点本出《校勘记》曰：“请差官取格式司大理寺刑部《十道图》及馆阁天下图经校定新本，‘校’字原脱，据宋本、宋撮要本及《宋会要·职官》一一之七七补。”又存原注曰：“天禧三年，书成，凡三卷，诏付有司。”再据上文记载中亦有“校定新本”语，故可补之。事实上，当时的“校定”正是馆阁校理的主要职责之一，类似于现在的审定和校勘文字的工作。

> 翰林学士王曾总领之。[①]

参照以上《麟台故事》与《长编》所载，则可知，馆阁臣僚在编纂《册府》的同时，又相继编成《大中祥符封禅记》五十卷与《九域志》三卷，这都是因为宋真宗时期国力相对强盛，社会经济繁荣，域内出现了自唐末开始少有的太平景象，于是催生了宋真宗封禅泰山、巡游各地的政治活动，也出现了《大中祥符封禅记》等文化产品，用以粉饰和歌功。这些文化产品并无多大学术价值可言，但无论如何，其毫无疑问地属于新创制的当朝典籍，且表现出馆阁文士利用馆阁藏书迎合时政，并与之进行积极互动的一面。

又如《御集》与《圣政纪》的编纂，《麟台故事残本》卷三下《修纂》载：

> 天禧四年夏，翰林学士杨亿、钱惟演、盛度，枢密直学士薛暎、王曙，龙图阁直学士陈尧咨，知制诰刘筠、晏殊、宋绶，待制李行简请出《御集》笺解其义。诏亿等并同注释，宰相寇准都参详，参知政事李迪同参详。[②] 直馆、校理二十八人充检阅官，成一百五十卷。是冬，中书、枢密院又请重编《御集》，钱惟演、王曾领之，成三百卷。又采至道、咸平后至大中祥符九年[③]《时政记》、《起居注》、《日历》嘉言美事，为《圣政记》一百五十卷。[④]

另《辑稿》之《崇儒六·御制·真宗》中亦载此事，可以依据宋真宗时修建天章阁于禁中，专门安放真宗皇帝的御书、御制品，且记其具体细目以及相关内容卷帙的情况，进一步见证当时此类典籍的编纂实况。先是在

---

① 李焘：《续资治通鉴长编》，中华书局，1992，第1851页。

② 此后有原注曰："准寻罢，丁谓、李迪相，并充都参详。后又以冯拯、曹利用充，复命参知政事任中正、王曾，枢密副使钱惟演同参详。注释官盛度、薛暎、王曙、陈尧咨相继外补，又以知制诰吕夷简、祖士衡、钱易、枢密直学士张士逊、翰林学士李谘充。夷简寻知开封府，遂罢。绶使契丹，亿俄卒，刘筠亦出官也。"

③ 此处所载"至道"是宋太宗在位时的最后一个年号，即995~997年。而后的"咸平"即998~1003年，"大中祥符九年"即1016年，是真宗年号。由此可见，《圣政记》所记以太宗、真宗两朝事迹为主，应属于当时人修纂当世史的范畴。

④ 程俱撰，张富祥校证《麟台故事校证》，中华书局，2000，第301~302页。

《御制·真宗》中详载修建天章阁及阁中职官设置的情况，而略载编纂宋真宗御集事宜；而后则是尤为重要的事实：宋仁宗即位之初，时常赏赐辅臣先帝御制品，以示特恩。很显然，其中所见《御集》《释奠文集》《清景殿诗》《三惑论》《敧器论》《天童经》《圣政纪略》等典籍，应为宋仁宗即位之前，馆阁文臣就已经编纂成的御制文集。

真宗天禧四年十一月壬戌，诏从丁谓等请，作天章阁，奉安御集①。十二月己巳兴工，五年三月戊戌阁成②。庚子，有司具两街僧道威仪，教坊作乐，奉御书自玉清昭应宫安于天章阁。四月，召近臣、馆阁、三司、京府官观御书、御集于阁下，遂宴于群玉殿。时辅臣集《御制》三百卷，又取至道元年四月讫大中祥符岁中书枢密院《时政记》③、史馆《日历》《起居注》善美之事，录为《圣政纪》，凡百五十卷。并命工镂板。又以御书石本为九十编，命中使岑守素等主其事。至是毕功焉④。阁在真宗时未尝建官，至仁宗天圣八年十月初置，特⑤命范讽、鞠咏充职。景祐四年增置侍讲，以贾昌朝、赵希言、王宗道等为之。庆历七年，又置学士、直学士。⑥

《辑稿》之《职官七·天章阁学士·直学士》略载修建天章阁及阁中职官设置的情况，而详载编纂宋真宗御集事宜，且较为全面地罗列了当时所编纂成的御制品三百余卷的详细卷目。

真宗天禧五年二月，修天章阁功毕，令两街僧道具威仪，教坊作

① 原文在该条“天章阁”所处当页的天头有眉批曰：“按《方域》内亦有天章阁，南宋建置也。”应为清代徐松以来的整理者所加。又在“奉安御集”后有原注曰：“十一月，中书言：‘圣制已约分部帙，望命内臣规度禁中严净之所，别创殿阁缄藏。’从之。又出御制七百二十二卷，付之宰相。十二月，辅臣以御书、御制共二卷进呈，皆帝亲笔及亲作草本。诏藏御集阁以天章为名。”

② 此后有原注曰：“五年二月，修天章阁功毕。”

③ 此处“时政记”，原作“时正记”，据上下文义，应为误，故改之。

④ 此后有原注曰：“五年四月，诏以御书石本为九十编，藏天章阁。”

⑤ 此处“特”，原作“待”，据上下文义，“待”应为“特”之讹，故改之。

⑥ 徐松：《宋会要辑稿》，中华书局，1957，第2269页。此段文字后有原注曰：“仁宗于乾兴元年八月辛亥，赐辅臣先帝《御集》三百卷、《释奠文集》一部、《清景殿诗》二卷、《三惑论》并《敧器论》《天童经》各一册、《圣政纪略》一百五十卷。”

> 乐，奉真宗御集、御书自玉清昭应宫安于天章阁。四月，召近臣、馆阁、三司、京府官观御书、御集于阁下，遂宴于群玉殿。时辅臣集御制三百卷，凡《颂、铭、碑文》十八卷、《赞》八卷、《诗》三十七卷、《赐中宫歌诗手书》七卷、《赐皇太子歌诗箴述》五卷、《龙图阁歌诗》四卷、《西凉殿歌诗》一卷、《清景书事诗》二卷、《宜圣殿四园歌诗》三卷、《读经史诗》四卷、《维城集》三卷、《奉道诗》十卷、《岁时新咏》五卷、《歌》十五卷、《词》四卷、《乐章》一卷、《乐府集》三卷、《乐府新词》二卷、《论述》十卷、《序》八卷、《箴七条》各一卷、《记文》三卷、《祭文、挽歌词》一卷、《书》十卷、《正说》十卷、《承华要略》二十卷、《静居集》三卷、《法音集》七卷、《玉宸集》五卷、《春秋要言》五卷、《试进士题目》一卷、《密表密词》六十九卷，又有《玉京集》三十卷、《授时要录》二十四卷。又取至道元年四月讫大中祥符岁中书枢密院《时政记》、史馆《日历》《起居注》善美之事，录为《圣政记》，凡一百五十卷，并命工镂板。又以御书石本为九十编，命中使岑守素等主其事，至是功毕焉。①

参照以上《麟台故事》与《辑稿》所载，则可很清晰地看到，馆阁文臣从天禧四年夏天到冬天的半年多时间内，集中精力初步编成《御集》一百五十卷；到第二年四月，又在钱惟演、王曾的主持下，终成专门收集宋真宗御书、御制品的《御集》三百卷；且同时以宋太宗后期至宋真宗大中祥符年间的枢密院所修《时政记》、史馆所修《日历》《起居注》为主，采摭其中的“善美之事”，速成《圣政纪》一百五十卷。由于深受宋太宗建秘阁专藏其御书、御制品的影响，宋真宗新建天章阁，用以专门珍藏这一时期所创制的典籍。以馆阁文臣为主的此类文化典籍创制之举，其旨虽在粉饰太平盛世和极力颂扬宋王朝的功绩，但是，结合刚刚编纂成巨著《册府》并继续为刊刻而进行常年校勘，以及一再校雠并刻印儒家经典和宋前史书来看，对这样的典籍创制活动不能予以全盘否定和彻底批判，至少在鼓动天下文士之心、营造社会文化氛围方面，此举还是起到了很大的积极性作用。尤其是对于北宋立国以后倾力推动右文政策的目标而言，此举所具有的社会现实意义更是不容忽视。

---

① 徐松：《宋会要辑稿》，中华书局，1957，第2540页。

结　语

正因为自上而下营造出如此浓重的社会文化氛围，且保持影响力长期存在，才会在当时形成一种从上层社会到平民阶层、从官方到民间都普遍存在的热衷于典籍创制的潮流。不仅政府在大力搜集、编纂、校雠、整理、刊刻典籍，个人也是如此。就以当时编纂的典籍而言，除上文逐一探讨的官方编纂的典籍外，肯定还有许多我们没有涉及甚至还未知的由当时官方创制出的新编典籍。同时，这一时期也是民间私家编纂著述的高峰期，影响较大的有吴淑《事类赋注》三十卷、姚铉《唐文粹》一百卷等，至今依旧被学界视为珍宝。应该说，在这一时期，不管是尽力依据时代的现实需求创制属于那个时代的全新典籍，还是充分利用新技术、新发明、新方法对宋前典籍进行全面的整理和印行，均表现出了后来历朝实难企及的那种如火如荼的社会文化创造激情。这一时期的创造力之强、成果之丰硕，足令后世叹为观止，无怪乎整个宋代所创建的文化功业能够最终达到一种登峰造极的程度。

从“二重证据法”到“三重证据法”

——闻一多古代文学研究之于出土文献研究的启示*

陈良武

（闽南师范大学　文学院，福建　漳州　363000）

摘　要：　闻一多是现代著名诗人，也是学贯中西的学者。作为学者的闻一多，其学术成就主要体现在中国古代文化与文学研究领域，尤其体现于上古及先秦文学研究。闻一多学术成就的取得，离不开对新出材料的重视和对多重文献的自觉运用。其之所以能够成功运用出土文献并取得令人瞩目的成就，既得力于其对朴学传统的继承，也与其对近、现代西方学术方法的自觉借用息息相关。闻一多的这种研究进路已由“二重证据法”发展为“三重证据法”，具有重要的学术典范意义。所有这些，无疑对今天的出土文献与中国文学史研究具有很好的启示。

关键词：　闻一多　出土文献　朴学传统　“三重证据法”

闻一多（1899~1946）是现代著名诗人，也是学贯中西的学者。作为学者的闻一多，其学术成就集中体现在中国古代文化与文学研究领域。闻一多的古代学术研究始于1928年《杜甫》《庄子》的发表。其研究内容极其广

---

* 本文为国家社科基金西部项目“百年来出土文献与中国文学史研究史论”（项目编号：14XZW019）阶段性成果。

泛，除唐诗外，在《诗经》、《楚辞》、《庄子》、神话等先秦学术与文学方面用力尤多。对于闻一多的学术研究，郭沫若曾赞曰：“就他所已成就的而言，我自己是这样感觉着，他那眼光的犀利，考索的赅博，立说的新颖而翔实，不仅是前无古人，恐怕还要后无来者的。”[①]

梳理与分析闻一多的学术实践，不难发现，闻一多学术成就的取得，离不开对出土文献等新出材料的自觉运用。闻一多之所以能够成功运用新出材料并取得诸多富有开拓性的学术成果，既得力于其对朴学传统的继承，也与其对近、现代西方学术方法的自觉借用息息相关。所有这些，无疑对今天的出土文献与中国文学史研究具有很好的启示意义。

一　重视新出材料，多重文献综合使用

从闻一多的学术实践看，其治学路径无疑受到了王国维“二重证据法”的影响，并且在对“二重证据法”继承的基础上有所发展。

由于意识到新出材料对于古代学术与文学研究的意义，闻一多在其研究中多能够有意识地对新出材料加以自觉的利用。1940 年 11 月 11 日，闻一多在致梅贻琦的信中汇报了自己的年度研究报告，确定了了解文学作品、考察时代背景两项研究旨趣。其中，对于“了解文学作品”，他说：

> 文学作品为文学史之最基本，最直接的材料。学者对于文学作品，苟无较深了解，而遽侈谈其渊源流变，何异无的放矢？唯是上古文学，最为难读。乾嘉以来学者凭其校勘训诂诸工具，补苴旧□，发扬幽隐，厥功伟矣，然而古书之不可索解者，犹十有四五。今拟遵清人旧法，佐以晚近新出材料（如敦煌残卷，及殷墟卜辞，商周铜器等），对于先秦两汉诸古籍之奇文滞义，作更进一步的探索，冀于昔贤传注，清儒考订之外，有所补充焉。[②]

闻一多认为：其一，文学史研究的最基本、最直接的材料是文学作品，没有

---

① 郭沫若：《开明版〈闻一多全集〉序》，孙党伯、袁謇正主编《闻一多全集》（第 12 卷），湖北人民出版社，1993，第 432 页。

② 闻一多：《致梅贻琦》，孙党伯、袁謇正主编《闻一多全集》（第 12 卷），湖北人民出版社，1993，第 367 页。

文学作品作为基础的文学史研究是无的放矢的研究，它根本无法厘清文学史的渊源及流变；其二，要读懂、读通文学作品，尤其是上古作品，固然需要借助乾嘉学者的考据训诂成果，但更需要佐以敦煌残卷、殷墟卜辞及商周铜器等新出材料。唯有如此，方可对先秦两汉古籍中的“奇文滞义”有进一步的发明与补充。从这段论述中，不难看出闻一多对新出材料的重视，以及对“二重证据法”的理解。阅读闻一多的古代文学研究成果，尤其是其先秦文化与文学研究成果，这方面的例子俯拾皆是，稍加翻检，即可发现，故此处不一一枚举。

需要注意的是，闻一多在研究中所使用的新出材料所指对象甚广，不仅包括他自己所说的敦煌残卷、殷墟卜辞、商周铜器等，还包括诸多域外汉文文献。闻一多在研究中能够自觉将新出材料与多种传世文献结合起来加以使用，在二者相互发明中得出结论。这样，多种文献综合使用，多重证据互为印证，不仅使新出材料的作用得以充分发挥，而且增强了其研究结论的说服力。

以闻一多的楚辞研究为例。闻一多在其《楚辞斠补甲》《楚辞校补》中多次使用清末在日本发现的唐写本《文选集注》校读楚辞。例如，在校读《离骚》“皇览揆余初度兮”一句时，闻一多首先分析指出：“初度以天言，不以人言。今本余下脱于字，则是以天之初度为人之初度，殊失其旨。”[①]接着，闻一多引唐写本《文选集注》残卷，并结合今本《文选》、宋朱熹《楚辞集注》、宋钱杲之《离骚集传》、明正德王鏊刊本、明朱燮元重刊宋本、大小雅堂本等多种文献，肯定“皇览揆余初度兮”一句中“余”下当有“于”字。[②] 这样的研究，既有理论上的推演，又有多重证据的支撑，其结论确当引起重视。

考察闻一多的学术研究，不难发现，闻一多之所以能够成功使用新出材料开展学术研究，不仅与其对新出材料的认识和重视有关，而且得益于其对传世文献的熟悉以及其对各种传世文献的辛勤搜检。闻一多熟悉传世文献，除了上面所举“皇览揆余初度兮”一句的校补外，类似的例子很多。《楚辞·招魂》一篇有“十日代出，流金铄石些”一句，其中“代”字亦有作

---

① 闻一多：《楚辞校补》，孙党伯、袁謇正主编《闻一多全集》（第5卷），湖北人民出版社，1993，第123页。

② 闻一多：《楚辞校补》，孙党伯、袁謇正主编《闻一多全集》（第5卷），湖北人民出版社，1993，第123页。

“并”字的。闻一多综合征引了10种文献，以证“十日代出”当为“十日并出”之误，所论确凿不移。[①] 有了对传世文献的熟悉，研究者方能以其为参照系，更好地观照新出材料的价值。试想，如果没有对传世文献的熟悉和搜检功夫，研究者就很难发掘和确定新出材料的学术价值，更不用说恰当使用了。闻一多在这方面作出了很好的榜样。

重视新出材料，综合使用多种传世文献，使传世文献与新出材料二重证据互相发明，这既是闻一多取得诸多学术成就的重要原因，也是闻一多的学术研究给我们的重要启示。

二 承继朴学传统，重视训诂考据

读书先识字是中国的传统，历代著名学者都曾反复强调这一点。《汉书·艺文志》云：“古者八岁入小学，故《周官》保氏掌养国子，教之六书。”[②] 这里，“六书”所指即今日所谓文字学。对此，郑樵在其《六书序》中进一步发挥道：“经术之不明，由小学之不振。小学之不振，由六书之无传。圣人之道，惟借六经。六经之作，惟借文言。文言之本，在于六书。六书不分，何以见义？”[③]

此种传统，在乾嘉学者那里得到了大力提倡和实践。戴震在为段玉裁《六书音均表》作序时曾说：“夫《六经》字多假借，音声失而假借之意何以得？训诂音声，相为表里。训诂明，六经乃可明。后儒语言文字未知，而轻凭臆解以诬圣乱经，吾惧焉。”[④]

闻一多生活于世代耕读的三世同堂之家，其父闻廷政为晚清秀才，居家以读书教子为乐。闻一多尝在其自撰小传《闻多》中言：“先世业儒，大父尤嗜书，尝广鸠群籍，费不赀，筑室曰‘绵葛轩’，延名师傅诸孙十余辈于内。”[⑤] 成长于这样的家庭环境，闻一多早年即打下良好的传统学问的根底。他六岁入私塾，开始接受传统的启蒙教育，“读的是《三字经》、《幼学琼

① 闻一多：《楚辞校补》，孙党伯、袁謇正主编《闻一多全集》（第5卷），湖北人民出版社，1993，第213页。

② 班固：《汉书》，中华书局，1962，第1720页。

③ 郑樵：《通志二十略》，王树民点校，中华书局，1995，第233页。

④ 许慎撰，段玉裁注《说文解字注》，上海古籍出版社，1981，第801页。

⑤ 闻一多：《闻多》，孙党伯、袁謇正主编《闻一多全集》（第2卷），湖北人民出版社，1993，第295页。

林》、《尔雅》和《四书》之类"[①]。塾中归来，夜晚则"从父阅《汉书》，数旁引日课中古事之相类者以为比。父大悦，自尔每夜必举书中名人言行以告之"[②]。1912年入清华学校后，闻一多"每暑假返家，恒闭户读书，忘寝馈。……所居室中，横胪群籍，榻几恒满"[③]，"虽值炎午，汗挥雨注，犹披览不辍，比薄暮，蚊蚋袭人，以扇摇曳，油灯照影，伴汝书声"[④]。正因其好学不倦，"故其造诣愈深，而所学亦猛进"[⑤]。

早年好学不倦的学问经历，使闻一多不仅对清代朴学的传统较为熟悉，而且能够自觉"遵清人旧法"[⑥]，在自己的研究中特别重视朴学方法的继承和运用。闻一多这种由文字训诂入手的治学方法，对于廓清学术史上的种种迷雾尤为重要，故有学者誉其为可以"自辟道路，直探本源"[⑦] 的研究进路。对此，郭沫若亦曾评价道：

> 闻先生治理古代文献的态度，他是承继了清代朴学大师们的考据方法，而益之以近代人的科学的致密。为了证成一种假说，他不惜耐烦地小心地翻遍群书。为了读破一种古籍，他不惜在多方面作苦心的彻底的准备。这正是朴学所强调的实事求是的精神，一多是把这种精神彻底地实践了。唯其这样，所以才能有他所留下的这样丰富的成绩。但他的彻底处并不是仅仅适用于考据，他把考据这种工夫仅是认为手段，而不是认为究极的目的的。[⑧]

---

① 季镇淮：《闻一多先生年谱》，季镇淮编著《闻朱年谱》，清华大学出版社，1986，第3页。

② 闻一多：《闻多》，孙党伯、袁謇正主编《闻一多全集》（第2卷），湖北人民出版社，1993，第295页。

③ 闻一多：《闻多》，孙党伯、袁謇正主编《闻一多全集》（第2卷），湖北人民出版社，1993，第295页。

④ 闻展民：《哭四弟一多》，《闻一多纪念文集》，生活·读书·新知三联书店，1980，第99页。

⑤ 闻展民：《哭四弟一多》，《闻一多纪念文集》，生活·读书·新知三联书店，1980，第99页。

⑥ 闻一多：《致梅贻琦》，孙党伯、袁謇正主编《闻一多全集》（第12卷），湖北人民出版社，1993，第367页。

⑦ 季镇淮：《闻一多先生的学术途径及其基本精神——在全国首届闻一多研究学术讨论会上的发言》，《黄石师院学报》（哲学社会科学版）1983年第4期。

⑧ 郭沫若：《开明版〈闻一多全集〉序》，孙党伯、袁謇正主编《闻一多全集》（第12卷），湖北人民出版社，1993，第433页。

考诸闻一多的学术实践，可知郭沫若此言不虚。闻一多的学术发现多是由字词的考释入手，再结合其他方法而取得的，这在其《诗经》《楚辞》研究方面表现得尤为突出。这种进路正与戴震所云“训诂明，六经乃可明”具有内在的一致性，避免了“轻凭臆解”的弊端，体现的“正是朴学所强调的实事求是的精神”。关于这一点，闻一多自己也屡有说明。在《匡斋尺牍》中，闻一多曾说：

> 一首诗全篇都明白，只剩一个字，仅仅一个字没有看懂，也许那一个字就是篇中最要紧的字，诗的好坏，关键全在它。所以，每读一首诗，必须把那里每个字的意义都追问透彻，不许存下丝毫的疑惑——这态度在原则上总是不错的。因此，这里凡是稍有疑义的字，我都不放松，都要充分的给你剖析。虽然我个人却认为《芣苡》之所以有讨论的必要，乃是因为字句纵然都看懂了，你还是不明白那首诗的好处在那里。[①]

闻一多认为：“要解决关于《诗经》的那些抽象的、概括的问题，我想，最低限度也得先把每篇的文字看懂。”[②] 由文字训释、名物考据入手，以此为手段，进而结合其他方法逐渐深入，这是闻一多古代文学研究的重要特色，是其成果众多、新论迭出的重要原因之一。

反观今天，过细的学科分类导致很多学者小学训练严重不足，这不可避免地使不少学者尤其是青年一辈学者缺乏朴学方法的严格而系统的训练。从出土文献与中国文学史研究看，凡取得突破者无不是重视朴学方法者。廖名春曾概括其研究进路说：“近二十年来我由古汉语而中国思想史，再由中国思想史而中国学术史，走的基本是从语言到历史的路子。从方法上讲，主要是从考据求义理。”[③] 从其所发表的成果看，的确如此。

重视朴学方法，这是闻一多给当下出土文献与中国文学史研究的又一个重要启示。

---

① 闻一多：《匡斋尺牍》，孙党伯、袁謇正主编《闻一多全集》（第 3 卷），湖北人民出版社，1993，第 202 页。

② 闻一多：《匡斋尺牍》，孙党伯、袁謇正主编《闻一多全集》（第 3 卷），湖北人民出版社，1993，第 198 页。

③ 廖名春：《中国学术史新证》，四川大学出版社，2005，“前言”第 10 页。

三 对西方学术传统与研究方法的接受与运用

闻一多早年接受传统教育，后进入清华学校接受现代教育，开始接触西方学术。留学美国后，更是眼界大开。因此，闻一多的古代学术研究深受西方学术传统和研究方法的影响，不仅具有传统的朴学方法，而且具有开放的学术视野，表现出不同于传统研究的新特点。正是借助这种“他山之石”，闻一多的古代学术与文学研究往往能够在旧题中生发新意，给人耳目一新之感。闻一多的《诗经》研究集中体现了这一点。

对于过去的《诗经》研究，闻一多颇为不满。梁实秋曾经回忆道：

> 有一天他到图书馆找我，我当时兼任图书馆长，他和我商量研究《诗经》的方法，并且索阅莎士比亚的版本以为参考，我就把刚买到的佛奈斯新集注本二十册给他看，他浩然长叹，认为我们中国文学虽然内容丰美，但是研究的方法实在是落后了。他决心要把《诗经》这一部最古的文学作品彻底整理一下……他的研究的初步成绩便是后来发表的《匡斋尺牍》。[①]

在《匡斋尺牍》中，闻一多曾提及研究的三桩困难，其中第二桩困难是以何种标准去读《诗经》。闻一多认为，对于诞生在2500年前的《诗经》，断不可以“用我们自己的眼光，我们自己的心理”[②] 去读，而是需要确立一个客观的标准。他认为，“要建立客观的标准，最低限度恐怕也只有采用推论法一途”[③]。在闻一多看来，推论的根据与前提必须“性质相近，愈近愈好”[④]，这具体可以从空间与时间两方面考虑：

> 就空间方面看，与我血缘最近的民族，在与《诗经》时代文化程度相

---

① 梁实秋：《谈闻一多》，刘天华、维辛选编《梁实秋怀人丛录》，当代世界出版社，2007，第97~98页。

② 闻一多：《匡斋尺牍》，孙党伯、袁謇正主编《闻一多全集》（第3卷），湖北人民出版社，1993，第200页。

③ 闻一多：《匡斋尺牍》，孙党伯、袁謇正主编《闻一多全集》（第3卷），湖北人民出版社，1993，第200页。

④ 闻一多：《匡斋尺牍》，孙党伯、袁謇正主编《闻一多全集》（第3卷），湖北人民出版社，1993，第200页。

> 当时期中的歌谣，是研究《诗经》上好的参考材料……从时间方面打算，万一，你想，一个殷墟和一个汲冢，能将那紧接在《三百篇》前后的两分“三百篇”分别的给我们献回来，那岂不更妙？有了《诗经》的前身和后身作参考的资本，这研究《诗经》的企业，不更值得一做了吗？[①]

但是，闻一多感慨空间与时间两方面推论的材料都没有，因而客观标准也就无法建立。[②] 这就是闻一多所谓的研究的第二桩困难。

这里，闻一多关于“空间方面”的论述隐隐透露出其对其他民族学术传统的关注，表现在其研究中就是对西方学术传统和研究方法的借鉴。正因如此，闻一多的《诗经》研究得以在音韵训诂等朴学方法的基础上更进一步，“于音韵训诂之外再运用西洋近代社会科学的方法”[③]。

《芣苢》一诗历来解说者众多，分歧亦不少。闻一多《匡斋尺牍》在解说《芣苢》时，首先运用乾嘉朴学的方法，从“芣苢”二字的音、形、义的考释入手，认为“芣苢”与“胚胎”古音不分，“在《诗》中这两个字便是双关的隐语”。[④] 接着，闻一多进一步从生物学、社会学等角度对《芣苢》进行了阐释。他认为：

> 先从生物学的观点看去，芣苢既是生命的仁子，那么采芣苢的习俗，便是性本能的演出，而《芣苢》这首诗便是那种本能的呐喊了。……结子的欲望，在原始女性，是强烈得非常，强到恐怕不是我们能想象的程度。……
>
> 再借社会学的观点看。你知道，宗法社会里是没有“个人”的，一个人的存在是为他的种族而存在的，一个女人是在为种族传递并蕃衍生机的功能上而存在着的。如果她不能证实这功能，就得被她的侪类贱视，被她的男人诅咒以致驱逐，而尤其令人胆颤的是据说还得遭神——祖宗

---

① 闻一多：《匡斋尺牍》，孙党伯、袁謇正主编《闻一多全集》（第3卷），湖北人民出版社，1993，第200页。

② 闻一多：《匡斋尺牍》，孙党伯、袁謇正主编《闻一多全集》（第3卷），湖北人民出版社，1993，第200页。

③ 梁实秋：《谈闻一多》，刘天华、维辛选编《梁实秋怀人丛录》，当代世界出版社，2007，第98页。

④ 闻一多：《匡斋尺牍》，孙党伯、袁謇正主编《闻一多全集》（第3卷），湖北人民出版社，1993，第204页。

> 的谴责。……总之，你若想象得到一个妇人在做妻以后，做母以前的憧憬与恐怖，你便明白这采芣苡的风俗所含的意义是何等严重与神圣。[①]

这样，闻一多剖析出了《芣苡》所包含的“一种意义，一个故事的 allegory（意义的暗号，故事的引线，就是那字音）”[②]。

对于这种研究方法，闻一多曾在不同的著述中有多次表述。在《风诗类钞甲 · 序例提纲》中，闻一多即提到了关于《诗经》的“三种旧的读法”，即“经学的”“历史的”“文学的”，而他自己的读法是“社会学的”。[③] 由于引入了社会学的方法，闻一多《匡斋尺牍》对《芣苡》《狼跋》等诗篇的解读，不仅“确有新的发明”，而且“指示出一个崭新的研究方向”。[④] 正是在这个意义上，梁实秋评价其《匡斋尺牍》在《诗经》研究上是“一个划时代的作品”。[⑤]

闻一多的《诗经》研究如此，《楚辞》、神话等其他研究亦新见迭出，往往能够发前人所未发，这同样与其对考古学、民俗学、文化人类学等方法的自觉借鉴与运用关系极大。虽然某些结论可能会有争议，但这种研究进路本身已由“二重证据法”发展为“三重证据法”，具有“转移一时之风气，而示来者以轨则”[⑥] 的典范意义。

以闻一多的神话研究为例。闻一多神话研究一方面重视对传世文献的解读，另一方面大量采用墓室出土之石刻、绢画等图像材料加以说明，以推测先民的意识。在此过程中，重视从民俗学、人类文化学等角度去阐释则是其屡有创见的重要原因。

《伏羲考》是闻一多神话研究的重要成果之一。关于伏羲、女娲之关

---

① 闻一多：《匡斋尺牍》，孙党伯、袁謇正主编《闻一多全集》（第 3 卷），湖北人民出版社，1993，第 205~206 页。

② 闻一多：《匡斋尺牍》，孙党伯、袁謇正主编《闻一多全集》（第 3 卷），湖北人民出版社，1993，第 204~205 页。

③ 闻一多：《风诗类钞甲 · 序例提纲》，孙党伯、袁謇正主编《闻一多全集》（第 4 卷），湖北人民出版社，1993，第 456 页。

④ 梁实秋：《谈闻一多》，刘天华、维辛选编《梁实秋怀人丛录》，当代世界出版社，2007，第 98 页。

⑤ 梁实秋：《谈闻一多》，刘天华、维辛选编《梁实秋怀人丛录》，当代世界出版社，2007，第 98 页。

⑥ 陈寅恪：《王静安先生遗书序》，《陈寅恪集 · 金明馆丛稿二编》，生活 · 读书 · 新知三联书店，2001，第 247 页。原载《海宁王静安先生遗书》，商务印书馆，1940。

系，史上有兄弟说、兄妹说、夫妇说等多种说法。闻一多在充分使用传世文献与出土材料的基础上，利用现代考古学、人类学的研究成果，再辅以语言学的理论与方法，加以拓展与深入，对人首蛇身像的起源、流变及人首蛇身的超自然的形体所代表的意义等作了进一步的探讨，最后得出“兄妹配偶”这一结论。这个结论就是闻一多综合运用传世文献、出土材料以及民俗学和考古学材料“三重证据”的结果，是对西方人类学等学术传统与方法的借鉴与运用的结果。对此，闻一多总结道：

> “兄妹配偶”是伏羲、女娲传说的最基本的轮廓，而这轮廓在文献中早被拆毁，它的复原是靠新兴的考古学，尤其是人类学的努力才得完成的。①

闻一多不仅继承朴学的治学传统，自觉运用新发现的材料，开展“二重证据”的研究，而且在借用考古学、人类学等近现代西方学术方法的基础上对其实现了超越，“将民俗和神话材料提高到足以同经史文献和地下材料并重的高度，获得三重论证的考据学新格局”②。这种发展与超越，对于今天“三重证据法”“四重证据法”的提出、完善乃至文学人类学学科的建立具有开拓性的意义。③

闻一多的学术研究启示我们，出土文献与中国文学史研究者既需要传统的学问，又需要他者的眼光；既要将传世文献与新出材料相结合，又要将中国传统研究方法与西方近现代治学手段相结合。由此出发，研究者当努力使自己具备坚实的小学功底、开阔的学术视野和善于借鉴“他山之石”的开放包容态度。研究闻一多等前辈学者的治学路径，回顾和反思学术史，其意义正在于此。

[本文后发表于《闽南师范大学学报》
（哲学社会科学版）2021 年第 4 期]

---

① 闻一多：《伏羲考》，孙党伯、袁謇正主编《闻一多全集》（第 3 卷），湖北人民出版社，1993，第 59 页。

② 叶舒宪：《诗经的文化阐释》，陕西人民出版社，2005，“自序”第 5 页。

③ 对于这个问题，叶舒宪等人有较多论述。例如，叶舒宪在其《诗经的文化阐释》（陕西人民出版社，2005）的自序《人类学的“三重证据法”与考据学的更新》中就有较为详细的梳理与分析。

附录："第五届出土文献与中国文学史研究学术研讨会"综述

杨艳君

（闽南师范大学　文学院，福建　漳州　363000）

摘　要： 2016 年 4 月 16～17 日，由闽南师范大学主办、文学院承办的"第五届出土文献与中国文学史研究学术研讨会"在闽南师范大学国际学术交流中心举行。来自国内外近 20 所高校的 40 余位专家学者参加了此次研讨会。会议期间，与会代表围绕出土文献与文本考释、出土文献与文体研究、出土文献与古代文学研究中的多学科交叉研究、出土文献与古代文学研究的总结与反思等四个方面展开研讨，展示了出土文献与中国文学史研究的最新成果，推动了该领域研究的不断深入。

关键词： 会议综述　出土文献　中国文学史

2016 年 4 月 16～17 日，由闽南师范大学主办、文学院承办的"第五届出土文献与中国文学史研究学术研讨会"在闽南师范大学国际学术交流中心举行。来自中国人民大学、武汉大学、贵州大学、南京师范大学、福建师范大学、济南大学、山西大学、马来西亚大同韩新学院等国内外近 20 所高校的与会代表齐聚一堂，就出土文献与中国文学史研究的相关议题展开热烈讨论。会议研讨分四个时段依次展开，与会代表围绕出土文献与文本考释、出土文献与文体研究、出土文献与古代文学研究中的多学科交叉研究、出土文献与古代文学研究的总结与反思等四个方面展开研讨,展示了出土文献与中国文学史研究的最新成果,推动了该领域研究的不断深入。

一 出土文献与文本考释

近年来,大量出土文献的公布引起了学界的广泛关注。对这些文献进行研究所面临的第一个问题便是文本的考释,因为出土文献的文本考释工作若得不到落实,就必然会影响以其为基础的相关研究。因此,加强对出土文献的字词考释、简文训读就成为出土文献与文学研究中首先要解决的问题。

本次会议上,不少学者在自己的论文中对部分出土文献的字词进行了重新考释。济南大学张海波《银雀山汉简 803 至 805 号简新解》一文详细考释了银雀山汉简 803~805 号简中的“圉”与《墨子·号令》中的“葆宫”两个词语的本义及二者间的关联性。闽南师范大学副教授吴文文针对《唐代张文俱墓发掘报告》所公布的墓志在文字隶定方面存在的部分问题进行了校正。同样来自闽南师范大学的魏平老师依据《日本京都大学藏中国历代碑刻文字拓本》对“一千人为孝文帝造九级一塭碑”的释文做了进一步校理。济南大学何家兴副教授结合上博简《容成氏》中的“尃(博)亦(弈)以为槿(嬉)”通假用例,指出《左传·庄公十一年》中“宋公靳之”的“靳”字应读“嬉”,是“嬉戏、戏弄”的意思,同时对“宋闵公之死”进行了相关文献梳理。

除对出土文献的文本进行校释、训读外,还有不少学者通过传世文献与出土文献的对读互证,在细致、周密的字词训释、历史考察基础上,对与之相关的学术问题展开了研究。中国人民大学李炳海教授在《一桩值得系统梳理的学术公案——〈老子〉“大器晚成”命题研讨的判评》中将帛书本《老子》的“大器免成”与传世本“大器晚成”进行对读互证,指出竹简本《老子》的“大器曼成”,“曼”当指“无”,而该命题中的“成”字,当是完整、圆满之意。扬州大学贾学鸿副教授《清华简〈赤鹄〉与〈庄子·至乐〉篇的“陵”“屯”义辨——简帛文献与传世文献对读个案献疑》一文通过对“陵”“屯”本义的探究,纠正了清华简《赤鹄》中“陵屯”所存在的误读,并指出应对《庄子·至乐》篇的“陵”和“屯”的传统句读进行调整。

湖北文理学院宋玉研究中心刘刚教授的《〈楚辞·招魂〉"庐江"地望续考》一文以出土鄂君启节所记泸江与《招魂》庐江相参互证，并对鄂君启节体例及《招魂》文本等进行深入辨析与考证，认为今安徽省舒城县之杭埠河（古之龙舒水）应为《招魂》里的庐江。闽南师范大学王朝华教授《兔子山出土秦简〈秦二世元年十月甲午诏书〉训读及其与〈史记〉记事的关系》以湖南益阳兔子山简牍中的《秦二世元年十月甲午诏书》木牍为研究对象，对其进行断句和词语训释，并对诏书内容进行了逐句解释，指出该诏书内容可与《史记》所载史实相互印证。

由上可知，与会学者不仅对出土文献的文本考释给予了足够的关注，而且充分利用文本考释的成果对相关学术问题进行了重新检讨和深入研究。这些基础性工作的深入展开，既充分反映了学界对出土文献校释、训读等基础工作的重视，又为学界提供了更为可靠的文本和尽可能合乎其本义的解说，有重要的现实意义。

二 出土文献与文体研究

我国古代"文体"研究有很长的历史，"文体"一词的含义也经历了一个逐渐演变的过程。伴随出土文献与中国古代文学研究的持续深入，我们对古代"文体"有了更为清晰的认识。这些丰富多样的出土文献，不仅推动了对不同文体传世作品的研究，而且加深了我们对"文体"发展演变的认识，引发了研究者对古代文体学的进一步思考。

（一）出土文献与不同文体作品的研究

1. 出土文献与《诗经》《楚辞》等韵文研究

《诗经》和《楚辞》是我国文学园地赫然耸立的两座丰碑，历来研究者众多，成为千百年来学术界持续关注的两大专门学问。上博简《孔子诗论》、清华简《耆夜》《周公之琴舞》及陆续出土的多批楚简，引发了学者们对《诗经》《楚辞》研究中许多重要问题的深入探讨。

本次会议上，杭州师范大学张树国教授在《由乐歌到经典：出土文献对〈诗经〉诠释的启迪与效用》中分析了《诗经》"六义"与仪式关系研究现状，认为清华简《耆夜》是"仪式乐歌"的重要文本。该文以《孔子诗论》为例，谈论了古之学者对经文的玩味与解读，讨论了《诗经》经典化后阐释的多样性及对其功过的看法，指出了今文经学的某些特点和贡献。贵州大学谭德兴教授《从吴国青铜乐器铭文看季札观乐》一文认为，吴国出土青铜乐器铭文蕴含十分丰富的诗乐思想，在诗乐批评理论和批评话语上皆可与季札观乐相互印证，季札观乐当真实可信。徐林云《从阜阳汉简〈诗经〉看汉代〈诗经〉流传情况》以阜阳汉简《诗经》为线索和依据，认为它打破了汉代"三家诗"、"四家诗"流传的局限，是"四家诗"之外有关汉代《诗经》流传的新线索。韩旭、徐克谦在《"饮至祈福"：屈原〈九歌·礼魂〉性质新探》中结合葛陵简、包山简的相关卜筮简文，探讨了《礼魂》的性质，认为《礼魂》篇所记乃是祭祀仪式的最后一个环节，其性质可确定为"饮至祈福礼"。

此外，还有一些学者利用出土文献研究了除《诗经》《楚辞》之外的其他韵文，拓展了出土文献与古代文学研究的领域。济南大学颜建真从故事情节、形象体系以及思想内容三个方面对《神乌赋》与《聊斋志异·竹青》的关系进行分析，认为前者为后者的本事。海南热带海洋学院智宇晖将传世文献和出土文献相结合，指出唐代河东道对尚武之风的继承，并认为其尚武精神对唐代边塞诗的繁荣产生了重大影响。

2. 出土文献与先秦散文研究

先秦时期是中国古代散文蓬勃发展的第一阶段，这一时期的散文对后世散文的发展有深远的影响。长期以来，学界论及先秦散文，都将其分作"历史散文"和"诸子散文"两大相互独立的部分。但是，随着郭店简、上博简、清华简中一些儒家竹简的出现，学者们对先秦散文的发展提出了不少新的看法。

广东外语外贸大学陈桐生教授《出土文献冲击原有先秦散文史框架》一文指出郭店简和上博简中的儒家竹书应是孔门七十子后学作品，它们可与传世儒家礼学散文统称为"七十子后学散文"。通过七十子后学散文枢纽，不仅可以打通先秦历史散文与先秦诸子散文，而且可以突破先秦诸子散文发展的"三段论"旧模式。文章提出，要以全新的学术眼光来审视先秦散文发展史，要利用出土文献重新构建先秦散文史。这种观点具有启发性，有助于推进学界在重写文学史议题上的深入。

（二）出土文献与文体学研究

如前所言，我国文体学的发展及研究历史悠久，但由于古代"文"的内涵十分复杂，而有关“体”的标准也十分多样，文体学在不同历史时期往往有不同的界定。时至今日，诚如吴承学在其《中国古代文体学研究》中所言，“我们今天所说的‘文体’这个词，已经更多的是一个现代合成概念”①。近年来，出土文献中丰富多样的文体作品及其相关记载，也引发了学者们对古代文体学研究的思考。

闽南师范大学黄金明教授结合出土文献对七言诗的起源问题发表了自己的见解，认为七言诗的写作在汉代具有十分深厚的背景，七言诗的发展经历了由汉代的“程式化”到魏晋的“去程式化”的过程。中南民族大学赵辉教授在《从汉代“传书”看正史向历史演义的演化》中认为，汉代“传书”以正史记载的史料为主要内容，同时融合了小说、传说虚构的文体元素，具有较强的娱乐目的和功能，是正史向历史演义演化过程中重要的一环。福建师范大学郭丹教授在《出土简帛文献的文体学意义》中指出了20世纪以来出土的先秦两汉简帛文献中“言”“事”“志”的文体与功能，并认为这些出土文献已包含后代多种文体及其滥觞，对文体的研究具有重要的意义。湖南师范大学谭梅《试论楚系金文的文体类型》一文将出土楚系金文的文体分为记事、祭祀、赞颂、宴飨等类型，并概括了各类文体的特征。

三　出土文献与古代文学研究中的多学科交叉研究

根据相关研究成果，“文献”一词指的是“任何具有一定历史或科学价值的含有知识信息的物质载体”。② 从这一角度来看，地下出土的一切附着历史信息的发现物皆可称为“出土文献”，它不仅包括有字的简牍，也当然包括各种无字的文物。纵观近百年来的出土文献类型，不难发现，出土简帛只是其中数量很少和规模很小的一部分，而占绝大多数的是其他各类出土文物。这些文物几乎包括了古代社会生活的各类物品，它们保存了岁月的印迹，蕴含多方面、多学科的历史信息。可以想见，利用这类材料开展出土文献与古代文学的研究，必然会出现多学科交叉研究的现象。

（一）出土画像石、石窟艺术作品、戏曲碑刻等与古代文学的研究

随着考古工作的进展，不少汉画像石、画像砖、石窟艺术作品、戏曲碑

① 吴承学：《中国古代文体学研究》，人民出版社，2011，第16页。

② 赵国璋、潘树广主编《文献学辞典》，江西教育出版社，1991，第186页。

刻等出土文献得到鉴定，其相关实物及图片资料也陆续公布。这些出土文献中所蕴含的文学因素随即引起了不少文学研究者的关注，出现了一批具有新的研究视角的研究成果。

武汉大学曹建国教授《汉画像"玄猿登高"图升仙含义释读》一文通过解读诸多出土汉代画像石图片中"玄猿登高"形象，认为汉画中玄猿的意义都指向了成仙或升天，它们有辅助墓主升仙的功能。济南大学刘雯在《浅谈汉画对文学创作手法的运用》中结合汉代出土画像砖图片实例，介绍了汉画像砖在内容、创作手法、审美观念上与文学的相通性，并指出其符号化、赋比兴、省略、夸张、变形等文学创作手法。

闽南师范大学汤漳平研究员《石窟艺术与中国文学研究——以河南巩县石窟寺为例》一文以其对河南巩县石窟寺的调查为例，对其实地调查中所见到的相关文献资料进行了介绍与分析。文章认为，石窟艺术除了众多形象的塑造外，其中数量可观的文字同样具有重要的文献价值，这是古典文学研究者需要加以关注的。山西师范大学范春义教授《戏曲碑刻的求全与保真——从非专业型到专业型》论述了戏曲碑刻整理的非戏曲专业型、戏曲专业型二者间的密切联系，指出了未来戏曲文物及戏曲碑刻的研究应关注的重要领域。另外，还有少数学者以金文谱牒和家族墓志为研究对象，探讨了其中的文学因素。济南大学俞林波介绍了上古金文谱牒的叙事方式及主要叙事特点。闽南师范大学杨艳华将出土墓志和传世文献相结合，介绍了赵郡李氏在北朝政权更迭中的因应变化及家族文化底蕴。

（二）基于出土文献的文、史、哲多学科的交叉研究

自古"文史哲"不分家，这一点在中国古代文学中尤为明显。古代文人大多怀抱经世致用的为文理想，由于这一理想与热情的鼓舞，他们著书立说来阐发对时政、历史甚至宇宙天文的看法。正是在这股内在情感的涌动之下，这些学术文章与文学也生发出千丝万缕的联系，值得我们文学研究者关注。

本次会议上，有不少学者关注出土文献中哲学、史学等学科的研究成果，为我们了解古人为文的思想情感和时代特色提供了许多线索和材料，对古代文学研究有重要意义。王国明、徐克谦《天学视域下的"太一"知识考古——兼论郭店楚简〈太一生水〉"太一环游"思想的天学背景》一文结合传世文献和有关出土文物，对郭店楚简《太一生水》一篇中"太一"的

天学源头及“太一”从天学到神学再到哲学的嬗变进行考察，探讨了郭店楚简“太一”及“太一生水”的意蕴所体现的古人独特的思维逻辑。黑龙江大学副教授杨栋在《〈淮南子·缪称〉与郭店简儒家佚籍的学术关联》中将《缪称》篇与郭店简《性自命出》《穷达以时》等篇对读，认为二者在行文及思想上多有相合之处，并推测郭店简这些篇章很可能是子思的作品。闽南师范大学陈金星《星占与东汉政治——以陈蕃、窦武之谋为例》一文结合相关文物图片，介绍了汉代星占知识的原始面貌和星占信仰、天人感应观念在汉代的普及与深入情况，揭示了汉代星占文化图景。马来西亚大同韩新学院王琛发教授通过对《明实录》与《马来纪年》等文献的对读，探讨了“汉丽宝叙事”的来源、流变，并由此分析了马六甲王朝后裔对华态度转变等历史问题。

四 出土文献与古代文学研究的总结与反思

利用出土文献研究中国文学已有相当长的历史了。从1925年王国维首倡“二重证据法”至今，已近百年；从1999年在北京广播学院召开的“首届出土文献与中国文学研究学术研讨会”至今，也近20年了。经过几代学者的积极提倡和探索，出土文献之于文学史研究的重要性越来越受到学者们的认可，这一研究路径也开始广泛运用于各种文体、各个时段的古代文学研究中。为了推动出土文献与中国古代文学研究的健康发展，有必要对出土文献与文学研究的历史进行回顾与反思。

本次研讨会上，有不少与会代表就出土文献与中国文学史的研究进行了回顾与思考，并提出了自己的看法。杨艳君《出土文献与秦文学研究综述》一文将出土文献与秦文学的研究成果在诗歌、神话和散文等方面做了梳理和总结，指出了未来秦文学研究的方向。厦门城市职业学院郭常斐在《出土文献与汉代文学研究述论》中介绍了出土文献与汉代文学研究的概况，分析了其中存在的问题，并探讨了出土文献与汉代文学研究的未来趋势。

闽南师范大学陈良武副教授《从“二重证据法”到“三重证据法”——闻一多古代文学研究之于出土文献研究的启示》一文认为，闻一多古代文学研究成就的取得在于其不仅重视继承朴学传统，还极为注重新出材料及西方近现代学术方法的使用，他的研究进路对今天的出土文献与中国文学史研究具有很好的启示作用。李炳海在其前文提到的论文中也谈论了出土文献之于文学研究的多方面的思考与启示。他指出，小学功夫、文献考释、逻辑推理在出土文献与文学研究过程中具有十分重要的作用，有助于发现问题及给出合理性结论。因此，应重视出土文献与相关传世文献的对读、比较，并把同类出土文献加以贯通、互证。

四个时段的研讨结束后，会议进入自由发言环节。在此环节中，与会代表就出土文献与华夏民族溯源、出土文献与“文学自觉”、出土文献与中华文化传播等问题各抒己见，讨论十分热烈。

总体来看，此次研讨会既有汤漳平、李炳海、陈桐生等老一辈专家，又有刘刚、赵辉、谭德兴、陈良武等一批中青年学者，更有一些风华正茂的在读研究生，显示出该领域研究的勃勃生机。会议期间，与会学者畅所欲言，不但使研讨会原定议题得到了充分的探讨，而且有所延伸，体现了研究内容的丰富性及研究视域进一步拓宽等突出特点。可以说，此次研讨会是出土文献与中国文学研究最新成果的一次集中展示，必将推动该领域研究走向深入。

[本文后发表于《闽南师范大学学报》（哲学社会科学版）2016年第2期]

图书在版编目(CIP)数据

出土文献与中国文学史研究论集 / 黄金明,陈良武编. --北京:社会科学文献出版社,2025.3
(出土文献与中国文学研究丛书)
ISBN 978-7-5228-3033-9

Ⅰ.①出… Ⅱ.①黄… ②陈… Ⅲ.①出土文物-文献-中国-文集②中国文学-文学史研究-文集 Ⅳ.①K877.04-53②I209-53

中国国家版本馆 CIP 数据核字(2024)第 019227 号

出土文献与中国文学研究丛书
出土文献与中国文学史研究论集

编　　者 / 黄金明　陈良武

出 版 人 / 冀祥德
组稿编辑 / 宋月华
责任编辑 / 杜文婕
文稿编辑 / 李月明
责任印制 / 岳　阳

出　　版 / 社会科学文献出版社 · 人文分社(010)59367215
地址:北京市北三环中路甲 29 号院华龙大厦　邮编:100029
网址:www.ssap.com.cn
发　　行 / 社会科学文献出版社(010)59367028
印　　装 / 三河市东方印刷有限公司

规　　格 / 开　本:787mm × 1092mm　1/16
印　张:22.5　字　数:390 千字
版　　次 / 2025 年 3 月第 1 版　2025 年 3 月第 1 次印刷
书　　号 / ISBN 978-7-5228-3033-9
定　　价 / 168.00 元

读者服务电话:4008918866